In memoriam

Karlrobert Kreiten

1916–1943

TOD EINES PIANISTEN

KARLROBERT KREITEN
UND
DER FALL
WERNER HÖFER

EDITION HENTRICH BERLIN

Titelbild:
Roland Freisler, Präsident des Volksgerichtshof, verurteilte
am 7. September 1943 Karlrobert Kreiten zum Tode

Foto: Ullstein Bilderdienst

Stätten der Geschichte Berlins
Band 28
Redaktion: Klaus H. Jans

© 1988 Edition Hentrich Berlin im Druckhaus Hentrich GmbH
© 1983 Emmy Kreiten (»Wen die Götter lieben ...«)
© 1988 Heinrich Riemenschneider (»Der Fall Karlrobert K.«)
© 1988 Hartmut Lange (»Requiem für Karkrobert Kreiten«)
Alle Rechte sind vorbehalten
Fotomechanische Wiedergabe nur mit
Genehmigung des Verlages
Edition Hentrich Berlin
Gesamtherstellung: Druckhaus Hentrich, Berlin
Buchbinder: Heinz Stein, Berlin

ISBN 3-926175-48-6
1. Auflage 1988
Printed in Germany

Herausgeber: Friedrich Lambart

TOD EINES PIANISTEN

KARLROBERT KREITEN UND DER FALL WERNER HÖFER

Friedrich Lambart wurde 1917 in Düsseldorf geboren, besuchte dort gemeinsam mit Karlrobert Kreiten das Rethel-Gymnasium. Militärdienst von 1937–1945. Musikstudium bei Raoul von Koczalski. Von 1947–1983 Leiter des Kunstamtes Berlin-Tiergarten. Veranstaltete dort u. a. 1953 die van-Gogh-Ausstellung zum 100. Geburtstag. Durchführung von 8 internationalen Holzschnittausstellungen »Xylon«. Gründer der Meisterkonzerte der Kammermusik im Englischen Garten und der Konzerte im Schloß Bellevue, Berlin. In der Edition Hentrich hat Lambart, gemeinsam mit Mary Tucholsky, das Buch »Kurt Tucholsky und Deutschlands Marsch ins Dritte Reich« herausgegeben. 1984 Herausgeber der Schallplatte »In memoriam Karlrobert Kreiten« zum 90. Geburtstag der Mutter, Emmy Kreiten. Am 24. Februar 1988 wurde ihm das Bundesverdienstkreuz am Bande verliehen.

Ich erinnere mich, wie Sie damals, vor etwa 10 Jahren, voller Unmut darüber sprachen, daß niemand mehr sich dieses von den Nazis zerstörten Lebens erinnere. Sie sind offensichtlich beharrlich gewesen in Ihren Bemühungen, das Gedenken an Karlrobert Kreiten nicht nur wachzuhalten, sondern in ganz neuem Maße der Allgemeinheit bewußt zu machen. Das ist ein seltener Akt der Freundestreue, der über das Persönliche hinaus eine Renaissance von Kreitens Leben und Kunst bewirkt hat, die ihresgleichen wohl suchen dürfte. Mir jedenfalls ist nichts Vergleichbares bekannt. Auch wenn ich bedenke, daß Sie in Düsseldorf und Berlin Gedenkveranstaltungen mit ins Leben gerufen haben, weitere planen, so scheint mir das doch im Hinblick darauf, daß der Name Karlrobert Kreitens bisher unbekannt und so zu Unrecht vergessen war, nun aber auf einmal jedem Interessierten zum Begriff werden kann, eine ganz ungewöhnliche Tat für einen so lange Jahre schon nicht mehr lebenden Menschen zu sein. Ich möchte Ihnen zu den Erfolgen Ihrer Bemühungen um Karlrobert Kreitens Andenken nicht gratulieren, das wäre wohl ein unangemessener Ausdruck meiner aufrichtigen Anerkennung Ihres Tuns, aber ich denke, daß die Art und Weise, wie Sie sich hier eines einzigen unter tausenden von ähnlichen Schicksalen angenommen haben, vorbildlich ist.

(Auszug aus dem Brief von Frau Dorothee Ehrensberger, langjährige Leiterin der Rias-Musikabteilung, vom 26. 9. 1985 an den Herausgeber.)

Vorwort

Nach der Affäre Uwe Barschel, die den tiefen Sturz eines deutschen Politikers markiert, gab es in der Bundesrepublik 1987 überraschend eine zweite, die Affäre Werner Höfer. Sie fiel in die Weihnachtszeit, kostete einem der prominentesten deutschen Journalisten sein quasi-öffentliches Amt und hat die Gemüter der Deutschen nicht weniger erhitzt. Die Kritik an der nationalsozialistischen Vergangenheit Werner Höfers, den man »den Außenminister des deutschen Fernsehens« nannte, hat – in der Wirkung – eine zuvor selten dagewesene Links-Rechts-Koalition zweier sonst so gegnerischer Meinungsführer wie »Spiegel« und Springers »Bild« und einen Pressekrieg ausgelöst, in den sich der »Donaukurier« ebenso wie die »New York Times« einschaltete.

Dieses Buch kann die zahllosen Presseartikel, die in den Wochen nach dem »Spiegel«-Report vom 14. Dezember 1987 erschienen sind, natürlich nur unvollkommen präsentieren, und der Herausgeber bittet um Nachsicht dafür, daß Berliner Blätter gelegentlich überwiegen. Auch war es aus rechtlichen Gründen leider nicht möglich, die im »Spiegel«, aber auch in vielen anderen Zeitungen veröffentlichten Leserbriefe zu berücksichtigen; die wenigen dennoch ausgewählten wurden mit ausdrücklichem Plazet der Absender neu abgedruckt. Das Nachrichtenmagazin übrigens hat zur Höfer-Affäre mehr als 500 Leserbriefe bekommen, die sehr verschiedene Handschriften trugen: Sie dienten der weiteren Aufklärung über Höfers Vergangenheit oder wünschten den »Spiegel«-Autor in ein »Hitler-KZ«.

Die Absicht des Herausgebers, die wichtige ZDF-Diskussion »Journalisten fragen – Werner Höfer antwortet«, die am 14. Januar 1988 gesendet wurde, in voller Länge abzudrucken, wurde vom ZDF nicht gestattet, da Werner Höfer und Carola Stern die Zustimmung zum Abdruck ihrer »Parts« verweigerten.

Die Anwälte Werner Höfers, die publizistischen, haben, um dessen Nazi-Propaganda zu bagatellisieren, auch die verstiegensten Plädoyers nicht gescheut (vgl. beispielhaft das Gutachten von Erich Küchenhoff ab Seite 265). Nur zum Schicksal Karlrobert Kreitens haben sie meist beharrlich geschwiegen. Dieses Buch jedoch möchte an das Schicksal des Opfers Kreiten erinnern. Aus diesem Grunde macht es die Biographie »Wen die Götter lieben« aus der Feder Theo Kreitens, des Vaters, im Faksimile wieder zugänglich, die zum ersten Male 1947 erschien.

Der Buchtitel »Tod eines Pianisten« ist gleichnamig mit dem Titel des »Spiegel«-Reports von Harald Wieser. Für die freundliche Überlassung dieses Titels sind Herausgeber und Verlag dem »Spiegel« zu Dank verpflichtet. Unser Dank gilt auch allen anderen Verlagen und Autoren für die uns erteilte Nachdruckgenehmigung ihrer Artikel.

Friedrich Lambart
Berlin-Zehlendorf
Ostern 1988

Albrecht Dümling

Merkwürdige Verstrickungen zweier »Unschuldiger«
oder
Das Trauerspiel vom unpolitischen Deutschen

Der Fall Karlrobert Kreiten und der Fall Werner Höfer sind in diesem Buch vereint. Was aber eigentlich verbindet den heute fast vergessenen Pianisten mit dem prominenten Fernsehjournalisten? Wie Kreiten niemals eine Zeile von Höfer gelesen haben dürfte, so hat dieser nie ein Konzert des jungen Künstlers besucht. Wenigstens dieser Versicherung Höfers wird man rückhaltlos vertrauen können. Auch von einer direkten Schuld des ehemals so gewandten Nazi-Schreibers an dem schändlichen Todesurteil wird wohl niemand reden wollen. Wenn also auch die klassische Opfer-Täter-Konstellation nicht zutrifft – was sonst haben die beiden Figuren miteinander zu tun? Ist es wirklich nur jener zynische, dem armen Höfer angeblich von oben hineinredigierte Satz, daß hier ein gerechtes Urteil an einem »ehrvergessenen Künstler« gefällt worden sei?

Das Schicksal der beiden, der jähe Abbruch einer glänzend begonnenen, viel zu kurzen Künstlerlaufbahn und der kontinuierliche Aufstieg eines Virtuosen der Massenmedien, sind kaum vergleichbar. Was beide Männer aber verbindet, ist – und das mag schockierend wirken – ihre Einstellung zum »Prinzip Verantwortung« (Hans Jonas). Sowohl die Kreiten-Familie wie auch Höfer selbst scheuen davor zurück, sich zu den so extrem unterschiedlichen Äußerungen vom Jahre 1943 zu bekennen. Karlrobert Kreitens Zweifel am »Endsieg« werden ebensowenig ernsthaft verteidigt wie Werner Höfers Durchhalte-Artikel. Beide Seiten gehen davon aus, diese Äußerungen seien doch eigentlich »unpolitisch« – und damit entschuldbar. Diese merkwürdige Gemeinsamkeit wirft ein scharfes Licht auf Verhaltens- und Denkweisen in Deutschland und damit auf die Voraussetzungen für die relative Stabilität des deutschen Faschismus.

Wenn Theo Kreiten über seinen Sohn schreibt, er sei »als Künstler politisch nicht interessiert« gewesen, so meint er dies keineswegs als Vorwurf, sondern als Entschuldigung – als verstünde sich das politische Desinteresse bei einem Künstler ohnehin von selbst, als gälte es aber auch nach 1945 noch den Verdacht einer möglichen Schuld abzuwehren. Mit eben dieser Argumentation, mit dem Hinweis auf »seine Qualitäten als Künstler und seine, soweit mir bekannt, völlig unpolitische Persönlichkeit« des jungen Pianisten hatte auch Wilhelm Furtwängler das Urteil noch verhindern wollen. Er meinte dies nicht bloß verhandlungstaktisch – als Zubilligung verminderter Zurechnungsfähigkeit; vielmehr entsprachen diese Worte vollkommen seinem Verständnis von der überzeitlichen Mission des Künstlers.

Um 1914 hatte sich auch ein Thomas Mann – nachzulesen in seinen »Betrachtungen eines Unpolitischen« – stolz zu politischer Abstinenz bekannt; man war »unpolitisch«, aber deutsch-national. Aus dieser Sicht konnte er damals den ungeheuerlichen, von ihm bald revidierten Satz formulieren: »Der politische Geist, widerdeutsch als Geist, ist mit logischer Notwendigkeit deutschfeindlich als Politik.« Mit eben dieser Begründung wurden 1933 die politischen Bücher und Schriften von Brecht und Tucholsky verbrannt. Die Vorstellung vom unpolitischen Künstler, die konservativer Tradition entsprach, wurde in der NS-Zeit weitergepflegt und zugleich umgedeutet. Goebbels forderte eine unpolitische, eine »wirkliche, deutsche« Kunst. Indem er die nationalsozialistische Weltanschauung mit dem deutschen Wesen identifizierte, umging er das traditionelle Mißtrauen vieler deutscher Künstler gegen Politik. Sie konnten nun NS-Kunst schaffen und sich dennoch weiter als »unpolitisch« begreifen.

Wo ein Führer Gefolgsleute brauchte, war politisches Denken in der Tat schädlich und gefährlich. War es einst eine Selbstverständlichkeit gewesen, wenn man den Menschen als politisches Wesen, als zoon politikon bezeichnete, so wurde unter den Nazis die Sphäre des Politischen anrüchig. Sie blieb dies auch noch nach 1945. Selbst ein Mann wie Werner Höfer, den doch sein Beruf täglich mit Politik konfrontiert und zur Stellungnahme herausfordert, bekannte jüngst in einem Interview: »Ich bin im Grunde der unpolitische Intellektuelle.« Daß er sich damit als politischer Journalist selbst disqualifizierte, scheint er nicht einmal bemerkt zu haben. Wenn er diese »unpolitische« Haltung auf Vergangenheit wie Gegenwart bezieht, so dürfte dies wohl auch für sein Eingeständnis gelten, ein Mitläufer gewesen zu sein. Es überrascht zwar, daß ein bloßer Mitläufer in der NS-Zeit zum politischen Leitartikler avancieren konnte; aber vielleicht erklärt sich tatsächlich aus dieser agilen Anpassungsfähigkeit die erstaunliche Wandlung vom Kriegspropagandisten zum liberalen Frühschoppen-Gastgeber. Höfer war Mitläufer jeweils in den vorderen Reihen und auf dem Boden der jeweiligen Ideologie und Rechtsauffassung. Seine publizistischen Artikel aus der Kriegszeit will er heute deshalb auch nicht prinzipiell, sondern nur »aus heutiger Sicht« verurteilen. Auf peinliche Weise bleibt hier die Frage nach der persönlichen Verantwortung, nach einem bleibenden ethischen oder moralischen Prinzip, offen. Der Journalismus gerät damit in die Nähe zu Auftragsarbeit und Propaganda, oder, um einen modernen Begriff zu gebrauchen, zu Public Relations.

Als Propagandisten wollte Werner Höfer aber auch den Künstler verstehen. In seinem Artikel »Künstler – Beispiel und Vorbild«, aus dem 12-Uhr-Blatt vom 20. September 1943 verlangte er vom Künstler nicht nur, wie von jedem Deutschen, Einsatzfreudigkeit und Opferwillen, sondern auch eine besondere Empfindlichkeit und Empfänglichkeit für »alle Schwingungen und Strömungen der Zeit. In diesem gesteigerten Aufnahmevermögen ist er dem Politiker ähnlich. Der Künstler aber reagiert auf diese Wahrnehmungen unpolitisch: er registriert, aber er wertet nicht.« Liest man den Text weiter, so wird man erkennen, daß Höfer dem Künstler nicht jegliches Recht zur Wertung abspricht, sondern nur das Recht zu eigenständiger Wertung. Vom Handeln des Künstlers erwartet sich der Mitläufer-Kolumnist eine Wertung, die »politischen Erfolg« verspricht. Der Künstler, »der sich auf Grund seines Ansehens doppelt auffällig bemerkbar machen muß«, besitzt sogar eine besonders starke Eignung zum Propagandisten für Nazi-Ziele. Nur von dieser Propaganda-Aufgabe des Künstlers spricht Höfer; seine Worte sollen »einen Zuwachs an aufrechter Gesinnung bewirken« – gerade auch im Krieg –, seine Taten »einen Gewinn an unverdrossener Haltung wecken« – gerade auch im Angesicht eines bombardierten Hauses. Als Förderer von kriegerischer Durchhalte-Moral hatten Künstler und Journalist, ganz im Sinne von Joseph Goebbels, eine gemeinsame Aufgabe. Es ist erschreckend, wenn es auch heute noch Menschen gibt, die eine solche Aufgabe und ein solches Verhalten für unpolitisch halten. Thomas Mann hat bereits im Jahr 1937, als er der Philosophischen Fakultät der Universität Bonn die Ehrendoktorwürde zurückgab, die Orientierung aller, auch der »unpolitischen« NS-Aktivitäten an der Kriegsvorbereitung klar vorhergesagt: »Sinn und Zweck des nationalsozialistischen Staatssystems ist einzig der und kann nur dieser sein: das deutsche Volk unter unerbittlicher Ausschaltung, Niederhaltung, Austilgung jeder störenden Gegenregelung für den kommenden Krieg in Form zu bringen, ein grenzenlos willfähriges, von keinem kritischen Gedanken angekränkeltes, in blinde und fanatische Unwissenheit gebanntes Kriegsinstrument aus ihm zu machen.« Für wie gefährlich die Nazis das Delikt der »Wehrkraftzersetzung« hielten, zeigt mit exemplarischer Deutlichkeit das Kreiten-Urteil. Karlrobert Kreiten hätte seine Zweifel am Endsieg wohl kaum geäußert, wenn er sich bei seiner Gastgeberin nicht in einem privaten Rahmen und damit in Sicherheit gefühlt hätte. Ihm war entgangen, daß es für die Nazis einen Unterschied zwischen Öffentlichkeit und Privatheit nicht mehr gab. Über diese Entgrenzung hätten ihn beispielsweise die makabren Erlasse der Reichsmusikkammer zu den »Tagen der Hausmusik« ab 1939 belehren können. Ganz in diesem Sinne verkündete auch der Kolumnist Höfer, daß der Künstler immer im Brennpunkt der öffentlichen Aufmerksamkeit stehe und deshalb stets Vorbild sein müsse. Auch die Richter des Volksgerichtshofes gingen von dieser Auffassung aus. In ihrer Begründung, die in Günther Weisenborns Buch »Der lautlose Aufstand« nachzulesen ist, hatten sie geschrieben: »Er (Kreiten) hat … öffentlich unsere Kraft zu mannhafter Selbstbehauptung in unserem Schicksalskampf angegriffen (§ 5 KSSVO). Öffentlich, denn jeder muß damit rechnen, daß ein deutscher Volksgenosse, der so etwas hört, das … der nächsten zuständigen Stelle in Partei oder Staat weitergibt.« Es war der tragische Irrtum Kreitens gewesen, daß er, der in einem offenen, nichtnationalsozialistischen Hause aufgewachsen war, noch an der alten Trennung von Öffentlichkeit und Privatheit festhielt. Höfer bekannte immerhin, kein Held und kein Widerstandskämpfer gewesen zu sein. Auch Kreiten war – seines schrecklichen Todes zum Trotz – kein Widerstandskämpfer. So kritisch und realistisch seine Einschätzung der Kriegslage auch war – nach außen hin verhielt er sich angepaßt, um seine Karriere nicht zu gefährden. Zwar hatte er 1933 bis 1935 in Wien bei einer jüdischen Lehrerin studiert, jedoch verschwieg er in seinen biographischen Unterlagen den Mendelssohn-Preis, der ihm 1933 verliehen worden war. In der Urteilsbegründung des Volksgerichtshofes ist sogar von einem Aufnahmeantrag in die NSDAP die Rede.

So grell nun auch das Licht auf Höfer und Kreiten fällt – Einzelfälle waren sie beide nicht. Zu Recht erinnert Peter Wapnewski in seinem bewegenden FAZ-Artikel »Karlrobert Kreiten, ich und wir« an die vielen anderen Opfer der Nazi-Gewaltherrschaft. Zu diesen Opfern zählten der Musikwissenschaftler Kurt Huber, der der Widerstandsgruppe »Weiße Rose« angehörte, der hochbegabte Schönbergschüler Viktor Ullmann, der Komponist Erwin Schulhoff und der Dirigent Kurt

Singer. Nicht zu vergessen ist auch, daß Kreitens Leben grausam an Fleischerhaken endete, an denen zuvor schon die Mitglieder der großen Widerstandsgruppe »Rote Kapelle« zu Tode gehenkt worden waren. Als Mitglied dieser Gruppe war auch ein mutiger Künstlerkollege Kreitens, der Pianist Helmut Roloff, verhaftet worden. Ihn rettete nur die Aussage seiner Freunde vor dem sicheren Tod; übereinstimmend erklärten sie, daß es sich bei den Gruppentreffen in Wahrheit um Hausmusik-Abende gehandelt hätte.

Ebensowenig wie Kreiten war Höfer ein Einzelfall. Auch andere prominente Journalisten der Bundesrepublik, der einstige ZEIT-Chefredakteur Josef Müller-Marein, der Bonn-Korrespondent der FAZ Walter Henkels, der WELT-Wirtschaftler Ferdinand Friedrich Zimmermann, der Verleger Henri Nannen, der Adenauer-Presseberater Hans Edgar Jahn sowie das Allensbacher Demoskopen-Ehepaar Erich Peter Neumann und Elisabeth Noelle-Neumann, hatten bereits in verschiedenen Goebbels-Publikationen »herausragende« Arbeit geleistet. Waren sie vielleicht alle unpolitische Mitläufer, sie wie auch die beiden Kreiten-Denunziantinnen? Trifft am Ende auch den Landeskulturwalter und Gaupropagandaleiter Brouwers, der das Begnadigungsgesuch verzögerte, und jene Richter, die unter dem Vorsitz des Volksgerichtshof-Präsidenten Freisler das Todes-Urteil fällten, keine Schuld? – Vielleicht kann das Nachdenken über den Fall Kreiten-Höfer, über diese merkwürdige Verstrickung zweier »Schuldloser«, dazu beitragen, das Verantwortungsgefühl zu wecken, den wahren Ursachen des Faschismus nachzugehen und die Legende vom unpolitischen Deutschen ad absurdum führen.

Hinrichtungsraum Berlin-Plötzensee, heute Gedenkstätte

Martha Argerich

spielte im Rahmen der Berliner Festwochen
am 6. September 1983
in der Berliner Philharmonie
das 3. Klavierkonzert C-dur op. 26
von Sergei Prokofjew
zur Erinnerung an den 40. Todestag
von Karlrobert Kreiten

Theo Kreiten (1886–1960) war Pianist, Komponist sowie Klavierpädagoge und als Dozent am Robert-Schumann-Konservatorium in Düsseldorf beschäftigt.

Er war Schöpfer vieler Werke für Klavier und Gesang, Klaviersonatinen und einem Klavierkonzert. Nach Studienjahren in Aachen und Köln erhielt er einen Lehrauftrag am Saarbrückener Konservatorium. Von Bonn wurde er 1917 als Klavierpädagoge an das Düsseldorfer Konservatorium, dem späteren Robert-Schumann-Konservatorium, berufen. Er war Meisterschüler bei dem Münchner Lisztschüler Kellermann.

1945 schrieb er das Buch über seinen Sohn Karlrobert »Wen die Götter lieben...«.

Theo Kreiten starb am 27. Januar 1960 in Düsseldorf.

»Wen die Götter lieben...« erschien in einer ersten Auflage im Droste-Verlag, Düsseldorf 1947. Die zweite Auflage erschien, mit einer kleinen Dokumentation, anläßlich des 40. Todestages von Karlrobert Kreiten am 7. September 1983, im Druckhaus Hentrich, Berlin.

THEO KREITEN

Wen die Götter lieben …

ERINNERUNGEN AN
KARLROBERT KREITEN

KARLROBERT
KREITEN

1916–1943

Tonplastik: Dolly v. Roedern, Berlin

Karlrobert Kreiten, 25 Jahre

Auf einen erschlagenen Jüngling!

(Dem Gedächtnisse Karlrobert Kreitens)

Von Dr. Walter Kordt

Wen die Götter geliebt,
Den nehmen sie heim
In der Blüte der Jahre!
— War den Hellenen
Ein heilig ermessenes Wort.

Immer
Haben ihm Dichter
Lieder geweiht.
Preisend ergreifend
Den Jüngling,
Wo er sich arglos
Schmiegt in den Tod,
Zärtlich sich selber verschwendend
Ans Ewige hin,
Das ihn verschwistert
Dem Gott!

Trunken,
Sich selbst zu vermählen
Dem feurigen Wagen,
Den Helios
Täglich,
— Der glühende! —,
Steuert
Die Bahn der Aeonen,
Schwang,
Da ihm Flügel erschuf
Des Vaters
Kundiger Geist,
Ikarus
Jauchzend den Fittich.

Aber das maßlose Licht
Zu bestehn,
Ist Göttern allein
Wie Helios
Eigen.
Und nur,
Wer im Unendlichen
Nimmer des Menschlichen
Braucht,
Ihr zur Seite zu stehn,
Brennt ihm,
Der Flamme verwandt,
Frei und geschwisterlich
Zu!

Ikarus
Stürzt es ins Meer,
Daß er,
Ein Jüngling
Zeuge im Tode,
— Unsterbliches Gleichnis! —,
Allen die Mahnung,
Nie sich selbst
Zu vermessen,
Gleich sich zu wähnen
Dem Gott!

Aber, wen Schicksal erkor,
Göttlichem Bruder zu sein,
Lockt nicht ein törichter Sinn
Eitel berauscht
Dem Ewigen zu.

Ganymed gleich,
Da ihn der Adler ergriff,
Trägt ihn
Auf Schwingen
Das Nimmererfaßliche
Jäh überrascht
In das Licht.

Und es schauern
Wir Sterblichen
Leicht wohl bestürzt
Vor dem Raube,
Den hier das Schicksal
Bitter uns nahm,
Da es,
— Ein Untier

Entsetzlich
Wie aus Dämonen
Gekommen! —,
Jäh auf ein Menschliches fiel.
Und es,
— Wie Windsbraut! —,
Entreißt
Einen Liebling der Götter
Der Not dieser Welt.

Ach,
Da der Adler
Ganymed nahm
Blieb er doch
Bote der Götter!
Wem ziemt hier
Zu klagen?

Doch ungeheuer
Ziemt uns
Gewaltige Klage,
Wo statt der Götter
Menschen,
Frevelnde,
Dreist sich erfrecht
Zu tun,
Was einzig
Dem Richtspruch der Götter
Gehört,
Leben zu enden,
Das wuchs
Im Strahle
Des göttlichen Lichts,
Und solchen Jünglings
Wachsend Erblühn
Frevelnd
Zu stoßen
Abwärts
Den Schatten des Tartarus zu!

Denn vor der ruchlosen
Menschlichen Tat
Bleichen nicht Himmel allein!
Maßlos
Häuft sich die Schuld
Und heischet sich
Sühnung,
Gerechte,
An frevelnden Richtern,

Und wandelt
Untilgbar,
Ein Mahnmal der Schande
Und Ruf der Eurinnys,
Über die Welt!

Da stehen wir Menschen
Bestürzt,
Und fassen nur schwer,
Daß Opfern zwar
Kronen verleiht das Geschick;
— Und trauern doch schwerer
In Klagen!

Was gelten denn Kronen,
Und seien sie noch so geweiht,
Solange die Stimme nicht schweigt,
Die wissend uns grausam erfüllt
In jeglicher Stunde
Und brennend uns spricht:

Hier hatten die Götter
Der Sterblichen einen
Gerufen,
Reifend zu wachsen
Aus eigenem Geist
Dem Unerfaßlichen
Ewigen
Zu!
Und dieser,
Den liebend gewählt
Sein Geschick,
Tönend
Klang ihm und Stimme zu sein,
Starb sinnlos gemordet
Durch bitter Verblendeter
Schmachvolle Hand!

Es klagt nun die Erde
Die Blindheit an
Des Geschicks!
Denn Torheit,
Die sich aus Blinden erhebt,
Maß eines Lebens zu sein,
Ist furchtbar
Und Schuld!

Zeichnung von D. Wohlgemuth, München

Karlrobert Kreiten

„Aber weh, es wandelt in der Nacht,
es wohnt wie im Orkus, ohne Göttliches, unser Geschlecht!"

Zu welch unmittelbarem Erlebnis ist diese bittere Klage
Hölderlins in den verflossenen Jahren der Seelenfinsternis in
den an geistiger Tradition so reichen deutschen Landen so
manchem geistigen Bürger dieser Lande geworden! Denn was
die Zeitströmung als flimmernde Oberfläche zeigte, war Frevel,
und was geschah, stets unverhüllte Verleugnung von Geist und
Seele. Trotzdem faßten immer wieder frische geistige und
seelische Kräfte Wurzel und sandten herrliche Blüten an die
Oberfläche der entgöttlichten Welt. Die Menschen guten Willens wußten darum; und sahen sie das Göttliche auch — wie
oft! — entweiht und mißbraucht, es blieb ihnen die Zuversicht,
daß das Reich des Geistigen auf die Dauer unzerstörbar und
unverlierbar bleiben würde. Wie wollten denn die Widersacher
den Quell der geistigen Welt zum Versiegen bringen? Den Weg
zu den Müttern versperren, den sie gar nicht kannten? Die
Sprache der Kunst und damit der Künstler war ihnen verdächtig, zeugte sie doch von jener anderen Welt, die mißbraucht
ward. Aber wurde sie von den Mächtigen und den ihnen zu-
jubelnden Massen überhaupt verstanden? Wo war die Basis für
eine Auseinandersetzung zwischen Frevlern und Künstlern?

Nur durch Verrat aus den eigenen Reihen konnte der Zugriff
auf die Künstler kommen! Nur durch Menschen, deren Wur-
zeln auch einmal Nahrung aus jenen Quellen der geistigen Welt
gezogen hatten, durch Menschen, die, Frevel mit Würde ver-
wechselnd, jenes schauerliche Drama wiederholten, durch das
der frevelnde Mensch seine grundsätzliche Bereitschaft zeigte,
mit Ohren, die nicht hören, und Augen, die nicht sehen, das
Höchste und Edelste, in dem sich Gott den Menschen schenkte,
zu verraten und der anderen Welt auszuliefern.

Und solche Menschen hat es gegeben! Immer wieder, und vor allem in diesem Jahrzehnt der Finsternis über Deutschland. Diese Tragik ist nicht nur ein Sonderfall der allgemeinen Haltung des Nationalsozialismus zum Geistesleben. Sie vollzieht sich vielmehr auf der höheren Ebene des Menschentums überhaupt. Wir sehen, daß Menschen, die ihrem Wesen nach bestimmt wären, Bürger jener geistigen Lebenssphäre zu sein, fanatisiert die Pole wechseln und Gut und Böse nicht mehr erkennen. — Das Judasproblem schlechthin!

Und dies ist der Grund, warum dieses Buch der Öffentlichkeit zugedacht wurde.

Es waren zunächst Aufzeichnungen, die ohne literarische Prätention nur Gedächtnisblätter für die nächsten Angehörigen sein und das Leben, das künstlerische Wirken unseres unvergeßlichen Karlrobert Kreiten und sein unfaßbares Ende durch die Hand des Scharfrichters in Erinnerung halten sollten. Dem Drängen vieler Freunde seiner Kunst nachgebend, die jene Besonderheit seines Opferganges miterlebten und empfanden, habe ich dem Buch den Charakter persönlicher Aufzeichnungen genommen und Geist und Ungeist der Zeit, in welcher Karlrobert Mensch und Künstler ward, nur kurz gestreift, Karlroberts Menschentum und seine Künstlerschaft dagegen so eindrucksvoll herauszustellen versucht, wie ich es seiner Persönlichkeit zu schulden glaube, damit so die Freude, daß es einen solchen Menschen gab, und der Schmerz darüber, daß er aus den eigenen Reihen verraten und dem Henker mit Judaskuß ausgeliefert wurde, allgemein sein können.

„Siehe, da weinen die Götter, es weinen die Göttlichen alle,
Daß das Schöne vergeht, daß das Vollendete stirbt!
Auch ein Klaglied zu sein im Mund der Geliebten ist herrlich,
Denn das Gemeine geht klanglos zum Orkus hinab."

(Schiller)

Nancy, im Juli 1945.

Theo Kreiten.

Jugend und Jahre des Reifens

Karlrobert Kreiten wurde im zweiten Jahre des ersten Weltkrieges, am 26. Juni 1916, zu Bonn am Rhein geboren. Doch sollte diese freundliche Universitätsstadt, die auch als Beethovens Geburtsort Gewicht und Gesicht erhält, dem jungen Erdenbürger nicht lange Heimat bleiben. Im nächsten Jahre bereits siedelten seine Eltern nach Düsseldorf über, wo sein Vater, einem ehrenvollen Rufe von Professor Julius Buths folgend, eine Lehrstelle für Klavier und Komposition am Konservatorium annahm. Trotz der stillen Friedlichkeit, die abseits der lauten Kriegswirren noch in jenen Tagen über dem Lande ausgebreitet lag, hatte sich der Druck des Krieges spürbar geltend gemacht. „Unter der Hand" nahm, wie immer in solchen Zeitläuften, überhand, und es erforderte viel Zeit und Mühe, etwas an der Hand oder gar in der Hand zu haben.

Karlrobert, der gesund und kräftig heranwuchs, war ein ungewöhnlich ruhiges Kind, und nichts deutete darauf hin, daß hier latent ein Feuergeist schlummerte, der sich einmal in solch leidenschaftlicher Glut an der Kunst entzünden sollte. Ein Liebling aller, hatte ihn besonders seine Grand'maman ins Herz geschlossen, die seit dem Tode ihres Gatten im Hause anwesend war. Sie war eine noch jugendliche, vielseitig gebildete und interessierte Großmutter, die in Regsamkeit und Redsamkeit in nichts ihre französische Herkunft — sie wurde von französischen Eltern in Spanien geboren — verleugnete. Mit feinem Verständnis für die Psyche des Kindes nahm sie in allem Anteil an seiner Erziehung. Frühzeitig schon führte sie Karlrobert mit sicherer Hand in die reale Welt des Abc und des Einmaleins, überwachte seine ersten Übungen in Klavier- und Geigenspiel und lehrte ihn die französische Sprache, in der er sich, dank seiner guten Auffassungsgabe, bald mit gleicher

Mühelosigkeit zu verständigen vermochte wie in seiner Muttersprache. Ihre sorgende Liebe, die von Karlrobert mit inniger Dankbarkeit erwidert wurde, begleitete ihn sein ganzes Leben hindurch, bis zu dem frühen und bitteren Ende, da ein grausames Schicksal ihn uns entriß.

Manche kleine Begebenheit ließ erkennen, wie schon sein kindliches Fühlen und Denken nach Verinnerlichung strebte. Eines Tages, er mochte etwa drei Jahre alt sein, war er dem Kindermädchen, das ihn täglich im Hofgarten spazierenführte, davongelaufen. Trotz eifriger Nachforschungen blieb er unauffindbar. Plötzlich, am späten Nachmittag, ertönte die Hausschelle, und es erschien der kleine Ausreißer, der freudestrahlend mit den Worten „Pour grand'maman" einen in den Wiesen gepflückten kleinen Blumenstrauß überreichte. Ein anderes Mal, einige Jahre später, weilte er in dem kleinen elsässischen Städtchen Rothau. Es war Firmung, und der Bischof von Straßburg war eigens zu dieser Feier gekommen. Grand'maman schrieb darüber:

„Girlanden aus frischem Grün schmückten die Straßen, und die Pfarrkirche prangte im Festtagsgewande. Die weiß gekleideten Mädchen und die Buben mit ihren Myrtensträußchen am schwarzen Anzug wurden in Prozession vom Schulhaus zur Kirche geführt. Die Orgel erklang, und der Gesang des Kirchenchores gab der Feststimmung feierlichen Ausdruck. All dieses machte auf Karlrobert einen großen Eindruck. Abbé Robert Eber, Privatsekretär des Bischofs, ein Verwandter, der wohl Gefallen an Karlrobert gefunden hatte, fragte ihn, als er uns im Hotel besuchte: ‚Na, Karlrobert, was willst du denn später einmal werden?' Ohne viel Besinnen antwortete er: ‚Ich will ein Herr Pastor werden wie du!' — ‚Ei, warum denn?' meinte Abbé Eber, worauf ihm prompt erwidert wurde: ‚Um näher beim lieben Gott zu sein.' Erstaunt über diese Antwort, sagte der geistliche Herr: ‚Das hast du wohl von deiner Grand'maman?' Doch der kleine Karlrobert berichtigte: ‚O nein, mein Herz sagt es mir.' Von dieser Unterhaltung muß der Bischof unterrichtet worden sein, denn am Abend wurde eine große

Bonbonnière für Karlrobert überbracht, mit dem Vermerk des Bischofs: ‚A mon futur petit collègue.'"

Zwar ist Karlrobert kein Pfarrer geworden, die Reinheit seiner Gesinnung aber und die absolute Wahrheitsliebe bildeten bei ihm zeitlebens das unerschüttert feste Fundament einer Weltanschauung, die in stetem Ringen nach höchster Erkenntnis ihren sinnfälligen Ausdruck fand.

Enge und Strenge der Schule haben ihm nie recht behagt. Er war kein guter Schüler und hatte auch nicht den Ehrgeiz, einer zu werden. Trotzdem erfreute er sich, dank seines aufgeschlossenen Wesens, allgemeiner Beliebtheit bei Lehrern und Schülern. Immer war er heiter und aufgeräumt, liebte einen guten Witz und besaß viel Sinn für Humor. Zu musikalischen Schulfeiern wurde er stets gerne herangezogen, und viele bei solchen Anlässen überreichte Buchgaben, mit schönen Widmungen versehen, zeugen von dankbarer Anerkennung.

An unterhaltenden Romanen und sogar an Karl May hat er als Junge seltsamerweise niemals Gefallen gefunden. Er suchte und fand, nachdem er das Rethelgymnasium in Düsseldorf als „Einjähriger" verlassen hatte, Erweiterung seines Wissens vornehmlich in der Lektüre und im Studium naturwissenschaftlicher und philosophischer Schriften sowie im Verkehr mit geistig bedeutenden Persönlichkeiten. Mit vielen von ihnen verband ihn eine innige, dauernde Freundschaft. Begeistert sprach er oft von seinem Aufenthalt in der Benediktinerabtei Maria-Laach, wo er einige Male als gern gesehener Gast weilte. Da konnte er mit dem ihm wohlgeneigten feinsinnigen Pater Anselm, der hier als Organist waltete, nach Herzenslust über alle Fragen diskutieren, die sich dem denkenden Menschen in jenem Alter aufdrängen. Gerne nahm er für solchen geistig-philosophischen Diskurs die strenge Hausordnung mit in Kauf, zumal dieselbe dem Gast gegenüber gelockert war. „Am ersten Tage", so erzählte er lachend, „wurde ich am frühen Morgen durch ein dreimaliges dumpfes Pochen an meine Schlafzimmertür mit den Worten ‚Gelobt sei Jesus Christus!' geweckt. Erschrocken, noch halb im Schlafe, antwortete ich: ‚In alle

Ewigkeit, Amen!', legte mich auf die andere Seite und schlief weiter."

Wie viele namhafte Musiker schätzte er auch die gute Küche. Mit großem Interesse durchblätterte er in seinen Mußestunden das Kochbuch des berühmten französischen Koches Escoffier und entnahm ihm mancherlei Anregung für seine eigene Kochkunst. Nie, so behaupteten erprobte Feinschmecker, hätten sie so köstliche Sauce béarnaise oder Cumberlandsauce oder sonstige Leckereien der gehobenen Küche genossen wie solche, die von Karlrobert mit Eifer und Verständnis für deren vergänglich-unvergänglichen Wert zubereitet worden waren. Dem Alkohol war er weniger zugetan, und den Kummer seines Vaters, daß eine Zigarre beim Rauchen kürzer und nicht länger wird, hat er zwar verstanden, aber nie geteilt. Seine bei aller geistigen Aufgeschlossenheit in sich gekehrte und besinnliche Wesensart, sein Hang und Drang zur Kunst in all ihren vielfältigen Erscheinungformen, dies alles ließ frühzeitig schon seine künstlerische Berufung klar erkennen.

An ständiger musikalischer Anregung fehlte es im Elternhause nicht. Es wurde fleißig musiziert. Wie sein Vater als Pianist, trat auch seine Mutter als Sängerin hervor. Sie verfügte über einen ausgezeichnet geschulten Mezzo und beglückte wohl des öfteren, auch im Konzertsaal, mit ihrer durch musikalisch lebendigen Vortrag verfeinerten Liedkunst. Musikalische Veranstaltungen im Hause, bei denen sich immer ein kleiner interessierter Kreis von Freunden und Bekannten zusammenfand, waren hier nicht nur an der Tagesordnung, sondern nicht selten auch — horribile dictu — an der Nachtordnung.

Diese künstlerische Atmosphäre, in welcher der junge Karlrobert heranwuchs, blieb auf sein empfängliches Gemüt nicht ohne starke Einwirkung, so daß es ihn frühzeitiger, als es sonst wohl der Fall gewesen wäre, zu eigener musikalischer Betätigung trieb. Obwohl diese ersten tastenden Versuche, die Melodie und Harmonie oft erstaunlich richtig zu verbinden wußten, seine·musikalische Begabung deutlich hörbar werden ließen,

Emmy Kreiten-Barido

Theo Kreiten

wurde von einem vorzeitigen geordneten Klavierunterricht doch Abstand genommen. Seine Eltern waren der Ansicht, daß der Unterricht, soll das Spiel nicht Spielerei werden, von vornherein geistig unterbaut sein müsse. Karlrobert war etwa sieben Jahre alt, als er zusammen mit seiner jüngeren Schwester Rosemarie die ersten planmäßigen Unterweisungen im Klavierspiel erhielt. So sehr vorher die eigenen Experimente am Klavier sein ganzes Interesse beanspruchten, so wenig behagte ihm nachher der Zwang eines regelrechten Unterrichts. Es bedurfte oft der ganzen Strenge seiner Lehrerin, den ungestümen Vorwärtsdrang des Schülers zu zügeln. Liesel Röder, eine Schülerin seines Vaters, die mit Auszeichnung das Staatsexamen gemacht hatte, erwies sich dabei als eine vorzügliche Pädagogin und konnte schon nach kurzer Zeit bedeutende Erfolge ihres gewissenhaft durchgeführten Unterrichts aufweisen.

Generalmusikdirektor Professor Balzer, damals Erster Kapellmeister am Düsseldorfer Stadttheater und häufiger Gast im Hause Kreiten, erzählt wohl auch heute noch mit vergnügtem Schmunzeln, wie in später Abendstunde der kleine Karlrobert und die noch kleinere Rosemarie aus den Betten heraus im langen, weißen Nachtgewand ins Musikzimmer beordert wurden, um hier zum Stolz ihrer Eltern ihre Kunstfertigkeit vorzuführen, wobei sich Bruder und Schwester beim Spiel am Flügel zu überflügeln trachteten. Die vierhändigen russischen Tänze von Bortkiewiz bildeten dann jedesmal den harmonischen Ausklang.

Rhythmische Prägnanz und eine im ersten Entwicklungsstadium nur selten anzutreffende Farbigkeit des Anschlags gaben dem Spiel Karlroberts alsbald das besondere Gepräge. Mit zehn Jahren bereits konnte er sich mit Mozarts D-dur-Sonate und zwei Impromptus von Schubert in einem Konzert in der Düsseldorfer Tonhalle öffentlich hören lassen, dann auch im Rundfunk, worüber die Rundfunkzeitung vom 5. Februar 1927 schrieb: „Als ein ausgesprochenes, erstaunlich reifes Klaviertalent offenbarte sich der zehnjährige Karlrobert Kreiten." In dieser Zeit konnte Karlrobert ebenfalls im Aus-

Grand'maman mit ihrem zweijährigen Enkel Karlrobert

Der elfjährige Karlrobert, der unter Generalmusikdirektor Hans Weisbach als Klaviersolist im A-dur-Mozartkonzert mitwirkte, welches aus dem Planetarium der Stadt Düsseldorf übertragen wurde.

land seine ersten Lorbeeren pflücken. In dem französischen Badeort Bains-les-Bains, wo er die Sommerferien verbrachte, war dem Kapellmeister des Kurorchesters das Klavierspiel Karlroberts, der auch in Ferienzeiten sein Studium nicht vergaß, zu Ohren gekommen. Interessiert erkundigte er sich nach dem jungen Künstler und ließ nicht locker, bis Grand'maman ihre Zustimmung für sein solistisches Auftreten im Rahmen eines Kurkonzertes gab. Mit den beiden Arabesken von Debussy, dem Perpetuum mobile von Weber und anderen Stücken fand er den ungeteilten Beifall eines begeisterten Auditoriums.

Bald wurden auch größere Aufgaben gelöst. Am 21. Januar 1928 spielte er zusammen mit dem Orchester des Düsseldorfer Konservatoriums unter Leitung von Generalmusikdirektor Hans Weisbach Mozarts Klavierkonzert A-dur. Beherzte Bewältigung alles Technischen, sichere Erfassung des Musikalischen sowie eine zupackende Art des Spiels formten abrundend eine Wiedergabe, die bei allen Zuhörern helle Begeisterung auslöste.

Diese ungewöhnlich schnellen Fortschritte waren nicht zuletzt einem konzentrierten Üben zu verdanken. Auf solch sinngemäßes Üben, das geübt sein will, wurde das Hauptaugenmerk gerichtet. Namentlich Grand'maman überwachte aufmerksam nicht nur, was ihr Enkel übte, sondern auch wie er übte, eine Aufgabe, die in späteren Jahren sein Vater übernahm.

Die nach mannigfachem Ausdruck drängende künstlerische Veranlagung brachte Karlrobert in diesen Jahren für geraume Zeit auch in Berührung mit dem Geigenspiel. Die oft langwierigen und beschwerlichen Übungen vom quälenden zum quellenden Ton wurden mit der ihm eigenen Gabe der Anpassung und Erfassung schnell durchstrichen. Eine tonreine und tonschöne Wiedergabe des A-moll-Konzerts von Johann Sebastian Bach ließ erkennen, daß auch hier eine große Begabung vorhanden war. Nach Aussage seines Lehrers, des hervorragenden Konzertmeisters Eugen Sachse, waren bei ihm alle Voraussetzungen für die große Virtuosenlaufbahn auch als

Geiger gegeben. Die Entscheidung, ob er sich dem Klavier oder der Geige oder gar beiden widmen solle, war demnach nicht leicht. Der Weisheit des alten Spruches „Non multa, sed multum" folgend, wurde die Geige zugunsten des Klaviers in den Kasten gelegt. Dieser blieb auch fürderhin verschlossen. Was hier „zu Kasten getragen" wurde, war somit nicht jene große, echte Liebe, die allen Irr- und Wirrnissen zum Trotz sich letztlich sieghaft behauptet.

Besonders hingezogen fühlte sich Karlrobert auch zur Malerei. Seine scharfe Beobachtungsgabe und sein phantasiereicher Sinn für Form und Farbe schufen Zeichnungen und Aquarelle, die nach dem Urteil berufener Maler durch eigene Ausdrucksgestaltung weit aus dem Rahmen des Alltäglichen fielen. Diese seine Neigung für die Zeichenkunst blieb ihm auch in späteren Jahren erhalten, und immer wieder hat er in seinen Mußestunden gern einmal Zeichenblock und Stift zur Hand genommen.

Während eines Ferienaufenthalts 1928 in dem kleinen französischen Badeort Loon-Plage, am herrlichen Nordseestrand gelegen, fand ein traditioneller Jugendwettbewerb für am Strande zu modellierende Sandfiguren statt. Das Verwaltungskomitee hatte für die besten Arbeiten Diplome und Preise in Aussicht gestellt, und die Namen der Preisträger sollten in den Zeitungen veröffentlicht werden. Karlrobert, der natürlich nicht abseits stehen wollte, machte sich mit Eifer an die Arbeit, und nach kurzer Zeit erwuchs unter seinen Händen ein Krokodil, das inmitten der Burgen und Kastelle durch seinen prächtigen Wuchs Aufsehen erregte. Er erhielt ein „Diplôme d'honneur" nebst einer silbernen Uhrkette, und sein Name und sein Krokodil fanden in den französischen Zeitungen besondere Erwähnung. Er war auf diesen Erfolg außerordentlich stolz.

Tun und Trachten galten aber nicht ausschließlich dem Künstlerischen. Wachen Sinn hatte er auch für die kleinen Dinge des Alltags, wobei sein außerordentliches manuelles Geschick sich oft an Konstruktion und Reparatur von Haus- und Spielgerät aller Art erprobte und auch erwies. Der Wahrheit gemäß muß aber festgestellt werden, daß seine Mutter doch sehr ungehalten war, als einmal bei solcher Behandlung die schöne Standuhr ihre „Schlagfertigkeit" einbüßte.

Sportlich hat sich Karlrobert weniger betätigt. Er radelte, spielte ein wenig Tennis und war ein passionierter Schwimmer. Schi- und Schlittschuhlaufen — wie leicht kommt man hier durch Zufall zu Fall! — mußte er sich seiner Finger wegen versagen.

Wenn es allerdings galt, anderen Menschen zu helfen, dann traten bei ihm solche Rücksichten vollständig in den Hintergrund.

„So mancher Passant, dem es besser angestanden hätte, mit anzupacken, als müßig zuzuschauen, ahnte wohl nicht, daß nach dem Bombenangriff auf Düsseldorf im September 1942 der zu dieser Zeit bereits als großer Künstler gefeierte Karlrobert Kreiten einer der Eifrigsten unter denen war, die einen ganzen Tag hindurch die schweren, scharfen und harten Dachziegel vier Stockwerke hoch von der Straße bis unter das Dach trugen, und dieses nicht für sich, sondern für seine Freunde. Obwohl er sich gerade für ein neues Konzert vorbereitete, konnte ihn keiner bewegen, diese schwere und für ihn auf jeden Fall unzuträgliche Arbeit einzustellen, die selbst von den Dachdeckern als der anstrengendste und unangenehmste Teil ihrer Tätigkeit bezeichnet wird. Er erkannte, daß schnelle Hilfe not tat, und sah statt Hilfsbereitschaft Gleichgültigkeit und Neugier bei denen, die gut hätten helfen können. Das genügte für ihn, daß er die Rücksicht, die er sich selbst schuldete, gänzlich hintanstellte. Ein schönes Beispiel, das sein Wesen treffend charakterisiert und den sittlichen Kern auch seiner so seltenen künstlerischen Persönlichkeit klar herausleuchten läßt: die Hilfsbereitschaft."

Diese kurze Schilderung entnehme ich einem Schreiben seines Freundes Dr. Winterhager, einer feingeistigen, künstlerisch sehr interessierten Persönlichkeit, mit dem er in den letzten Jahren manche philosophische Klinge kreuzte.

Nachdem endgültig beschlossen war, Karlrobert zum Pianisten auszubilden, eine Ausbildung, die zutiefst seinem eigenen Wunsche entsprach, wurde einzig auf dieses hohe Ziel hingearbeitet.

In einer Zeit, da Kunst und Wissenschaft schwer Einlaß finden — Sport sperrt —, soll ein geistiger Beruf nur von den wirklich Berufenen erkoren werden.

Im Jahre 1929 wurde Karlrobert Schüler der Musikhochschule in Köln, wo ihm nach glänzend bestandener Aufnahmeprüfung als seltene Ausnahme eine ganze Freistelle eingeräumt wurde. Zugleich besuchte er das Rethelgymnasium in Düsseldorf weiter. Für die Wahl der Kölner Hochschule war bestimmend gewesen, daß hier Professor Peter Dahm lehrte, dessen Ruf als Klavierpädagoge weit über die Grenzen Kölns hinausgedrungen war. Als Mensch und Künstler gleich hoch zu werten, hat es Professor Dahm von der Warte einer musikalisch gefestigten Anschauung aus verstanden, in den nachfolgenden fünf Jahren die Ausbildung seines jugendlichen Schülers straff und sicher zu leiten und seine verblüffende technische Veranlagung mit den Erfordernissen einer musikalischen Durchdringung wohl erwogen auszubalancieren.

In der vom Nationalsozialismus noch nicht verseuchten Atmosphäre konnte sich ein künstlerisches Studium ungehindert entfalten, so daß Karlroberts Entwicklung in steilem Aufstieg zu jenem musikalisch-geistigen Virtuosentum führte, wie es in der Pianistenwelt immer nur vereinzelt anzutreffen ist. Welch anderes Bild bot sich, als einige Jahre später der Nationalsozialismus seinen Einzug in die zivilisierte Welt hielt! Eine denkwürdige Begebenheit, die noch wenig in die breite Öffentlichkeit kam, konnte auch die Kölner Hochschule für Musik buchen: Eines Tages, zur frühen Stunde am Vormittag, erschienen diese neuen Kulturträger in den Räumen der Hochschule und schleppten die mißliebigen Lehrer in den Saal, wo sie mit Faust- und Stockhieben „ausgerichtet" wurden.

Der Bettler

Federzeichnung des dreizehnjährigen Karlrobert

Als Eigenpersönlichkeit, die gerne für sich allein denkt, hatte sich Karlrobert im Jahre 1933 von vornherein der Einordnung in eine studentische Organisation widersetzt.

Die volle Inanspruchnahme seitens der Schule, die Reise nach und von Köln sowie eine hin und wieder aufflackernde Leidenschaft zum Malen erforderten eine Menge Zeit, die sonst ungeteilt für das Klavierstudium hätte aufgewendet werden können. Zum Glück beanspruchte die technische Seite seiner Kunst nur geringen Zeitaufwand. Sie wurde sozusagen überschlagen, und der von vielen auf Czerny, Clementi, Cramer usw. verwendete Fleiß wäre bei ihm verschwendet gewesen. Die Bravour, mit der er etwa als Fünfzehnjähriger Brahms' Paganini-Variationen meisterte, wie er mit hauchzartem Pianissimo in geisterhafter Schnelle Chopins A-moll-Etüde aus op. 10 zum Ablauf brachte, die technische Leistung konnte von ihm auch als Fünfundzwanzigjährigem kaum überboten werden.

Auch die reine Poesie eines Chopin wußte er zum Erklingen zu bringen. Nach einer musikalischen Soiree bei der polnischen Gräfin S. wurde ihm von der kunstsinnigen Frau eine wertvolle Chopinbiographie überreicht mit der Widmung:

„Heldentum und Schönheit müssen frühzeitig untergehen zur Freude des Pöbels und der Mittelmäßigkeit, aber großmütige Dichter entreißen sie der Gruft und bringen sie rettend nach irgendeiner glückseligen Insel, wo weder Blumen noch Herzen welken.

So möge es Deinen gebenedeiten Händen beschert sein, die Schönheit in Ewigkeit zu tragen."

Während der Studienzeit und bei späteren gelegentlichen Besuchen in Köln hat er im Hause seines Onkels Clemens Füllenbach eine überverwandtschaftlich herzliche Aufnahme gefunden. Clemens Füllenbach, ein wohlhabender und wohlgebender Mann, war Inhaber des weithin bekannten Café Füllenbach am Hohenzollernring und als solcher eine stadtbekannte Persönlichkeit. Kulinarischen Genüssen und einem guten Tropfen nicht abhold, hatte sich Onkel Clemens doch

Karlrobert Kreiten, 16 Jahre

mit Seele der Musik und anderen schönen Künsten verschrieben. Mit Paul, seinem hochbegabten jüngsten Sohne, der ebenfalls Pianist oder Dirigent werden wollte, war Karlrobert in inniger Freundschaft verbunden. Paul Füllenbach ist im November 1942 als Zweiundzwanzigjähriger in Rußland gefallen.

Auch in seinem Onkel Paul Kreiten, dem bekannten Kölner Hofjuwelier, hatte Karlrobert einen wohlgeneigten Förderer gefunden. Als sangesbegeisterter Musikfreund führte Onkel Paul seinen jungen Neffen in den Kreis des berühmten Kölner Männergesangvereins ein, der nicht jedem zugänglich war. Hier konnte er gelegentlich eines Gesellschaftsabends im Beisein von Richard Strauß des Meisters „Stimmungsbilder" vorspielen.

In der Zeit vom 26. Mai bis 15. Juni 1933 fand in Wien ein internationaler Wettbewerb für Klavier statt. Den Vorsitz führte Clemens Kraus. Der Jury gehörten die namhaftesten Klaviervirtuosen und Professoren des In- und Auslandes an, darunter Moritz Rosenthal, Hedwig Rosenthal-Kanner, Emil Sauer, Wilhelm Backhaus, Isidor Philipp (Paris), Adolf Wieniawski (Warschau), Franz Langer (Prag), Theodor Szanto (Budapest) und viele andere. Berechtigt zur Teilnahme waren Pianisten im Alter von 16 bis 30 Jahren jeder Nationalität, die auf Grund eines erfolgreichen Hochschulstudiums oder öffentlichen Auftretens die notwendigen Vorbedingungen nachweisen konnten. Karlrobert wollte bei diesem Wettspiel nicht abseits stehen, weniger in der Hoffnung, einen Preis zu erringen, als vielmehr in der Erwartung wertvoller Anregungen, die eine Elite der klavierspielenden Welt ihm hier geben konnte. Kurz entschlossen, gewappnet mit drei gewichtigen Vortragsstücken, begab er sich nach Wien. Annähernd tausend Anwärter aus aller Herren Ländern hatten sich eingefunden, von denen aber nach der ersten Scheidung von Weizen und Spreu nur 252 Aspiranten zum Wettbewerb zugelassen wurden. Mit seinen sechzehn Jahren war Karlrobert wohl der jüngste unter ihnen. Seine Grand'maman, die ihn begleitet hatte, erzählt in ihren Briefen sehr anschaulich, wie das trotz seiner Jugend bravouröse und leidenschaftlich durchglutete Spiel ihres Enkels die Jury in Erstaunen versetzte und ihn in die engste Wahl der ersten Preisträger brachte.

In der großen holländischen Tageszeitung „Algemeen Handelsblad" umreißt Georg Nypels in einem ausführlichen Bericht Karlroberts äußere Erscheinung und sein Spiel unter der Überschrift „Karlrobert Kreiten favoriet voor den eersten prijs." Dr. Ernst Descey, der bekannte Musikschriftsteller und Kritiker, schrieb in der Wiener Zeitung anläßlich dieses Wettbewerbs u. a.: „Man hörte vorzügliche ungarische Pianisten, einen ausgezeichneten italienischen und französischen Pianisten, eine Japanerin, die Beethoven und Liszt geradezu verblüffend spielte, und den noch verblüffenderen Karlrobert Kreiten."

Von dem öffentlichen Konzert im großen Philharmonischen Saal, wo die Preisträger zu Worte kamen, schrieb das „Neue Wiener Journal" über Karlroberts Wiedergabe der Dante-Fantasie von Liszt: „ . . . der in der Dante-Sonate von Liszt alle Himmel und Höllen virtuoser Pianistik stürmte, mit künstlerischer Ekstase seine Kantilenen sang und durch seine blendende Technik in Erstaunen setzte."

Bei seiner Rückkehr nach Köln wurde der Preisgekrönte von der Lehrer- und Schülerschaft der Musikhochschule mit vielen Ehrungen bedacht, und der Direktor, Professor Abendroth, beglückte ihn sogar mit einem Fahrrad erster Marke. Auch Onkel Clemens ließ es sich nicht nehmen, zu Ehren seines sieghaften Neffen mit einem Festessen aufzuwarten, auf dem u. a. der köstliche Rheinsalm, der „Debussy der Fische", wie ihn Karlrobert nannte, vertreten war. Dem edlen Festgeber wurde abends zum Dank das Forellenquintett von Schubert dargebracht, wobei, ich muß es leider sagen, die ausführenden Künstler infolge des genossenen Alkohols bei der Wiedergabe merklich „schwammen". Doch Schwamm darüber.

Am 7. Oktober des gleichen Jahres kam in Berlin der nur alle drei Jahre zur Verteilung gelangende „Große Mendelssohn-

Preis" zur Ausspielung. Zugelassen waren alle Schüler deutscher Hochschulen, gleich welcher Nationalität, im Alter bis zu dreißig Jahren. Durch den Wiener Erfolg ermutigt, stellte sich Karlrobert auch hier zum Kampf. Im schärfsten Wettbewerb wurde ihm, namentlich dank der außergewöhnlichen Wiedergabe der „Waldstein-Sonate" von Beethoven, einstimmig der Mendelssohn-Preis zuerkannt.

Professor Abendroth, der den erfolgreichen Schüler der Hochschule nun auch der breiteren Öffentlichkeit Kölns vorstellen wollte, fand dazu bald Gelegenheit in einem von ihm geleiteten Konzert der Kölner Musikhochschule im Großen Gürzenichsaal. Hier spielte Karlrobert das Es-dur-Klavierkonzert von Liszt, das er trotz der geringen Vorbereitungszeit von etwa zwei Wochen mit allem diesem Werk eigenen Glanz zum Vortrag brachte.

Der Erfolg bei Publikum und Presse war durchschlagend. Über dieses Konzert schrieb u. a. das „Kölner Tageblatt" vom 25. November 1933: „Der solistische Glanzpunkt des Abends war ohne Zweifel Karlrobert Kreiten, ein Wunderknabe von etwa sechzehn bis siebzehn Jahren, welcher der Klasse des Kölner Hochschullehrers Professor Dahm entwachsen ist, im wahrsten Wortsinne entwachsen ist, weil er das Es-dur-Konzert von Liszt in technisch und musikalisch nahezu ausgereifter Form spielte. Dieser junge Fant im Knabenanzug und Schillerkragen disponiert über die klanglichen und technischen Möglichkeiten seines Instruments wie ein alter routinierter Klaviervirtuose, modelliert die musikalische Phrase mit höchster Plastik, hämmert mit unbeirrbarer Sicherheit Oktaven und Akkordmassen aus dem Klavier, versprüht im Allegretto vivace des Konzerts glitzerndes pianistisches Feuerwerk und behauptet sich auch im Schluß siegreich gegen den schmetternden Orchesterklang. Dieser Jüngling, fast noch ein Knabe, ist wieder ein Triumph moderner Klavierpädagogik und berufen, in die Reihe der bedeutendsten Vertreter des Instruments einzutreten. Unzählige Male mußte sich der junge Virtuose nach seinem Klaviersieg auf dem Podium zeigen."

Karlrobert Kreiten

als Solist der Berliner Philharmonie 14. 3. 39

Berliner Morgenpost: Eine tadellose Technik, ein hervorragender Kunstgeschmack verhalfen dem Solisten zum rauschenden Erfolg.

B. Z. am Mittag: Saubere, absolut zuverlässige Technik, Lust am klavieristischen zeichneten sein Spiel aus.

Berliner Tageblatt: . . . . bot mit Mozarts Klavierkonzert A-dur eine Leistung, die sein grundmusikalisches Empfinden offenbarte.

Berliner Börsenzeitung: Wer die Entwicklung dieses jungen, hochbegabten Pianisten verfolgen konnte, ist erfreut über diesen Aufstieg.

Signale der Musik: . . . . spielte mit technischer und stilistischer Reife.

Allg. Musikzeitung: Spielte kristallklar und sehr objektiviert.

Die Innenansicht der Alten Philharmonie (Bernburger Straße) nach einem Stich des 19. Jahrhunderts. Zweimal war es Karlrobert Kreiten auf Vermittlung Wilhelm Furtwänglers hin vergönnt, dort mit den Berliner Philharmonikern aufzutreten: Im März 1939 spielte er Mozarts A-dur-Konzert und im Juni 1941 Beethovens C-moll-Konzert.

Manch junger Künstler hätte sich wohl durch diese Folge der Erfolge einer eitlen Selbstgefälligkeit hingegeben. Für Karlrobert, dessen Wesen von unkomplizierter, herzgewinnender Einfachheit und von natürlicher Bescheidenheit war und blieb, der nur dem Drange innerer Berufung folgte, waren diese Auszeichnungen lediglich Ansporn zu harter, unablässiger Weiterarbeit.

Die eigentliche Bestimmung der Kölner Hochschule als Mittlerin zur Kunsterziehung war durch den Einfluß des Nationalsozialismus immer mehr in den Hintergrund gedrängt worden, so sehr auch Professor Dahm und andere Lehrkräfte bemüht waren, die Tradition zu wahren. Der in Wien gewonnene Eindruck eines lebendigen und freizügig sich auswirkenden künstlerischen Lebens hatte in Karlrobert den Wunsch aufkommen lassen, einige Zeit seines Studiums in dieser Stadt zu verbringen. Die hier zu erwartende Erweiterung des Gesichtskreises mußte notwendig auch seiner Kunst erweiterten Spielraum bringen.

Die Erwartungen und Hoffnungen, die der junge Künstler für seine Wiener Studienzeit hegte, sollten sich in reichem Maße erfüllen. Zwar hatte das in diesen Jahren am politischen Himmel heraufziehende dunkle Gewölk auch diese Lichtstadt überschattet und die Bewohner mit banger Zukunftssorge belastet. Der Zauber aber, den diese schöne Stadt an der Donau in ihrer überquellenden musikalischen Tradition ausströmte, mußte jedes Künstlerherz höher schlagen lassen. Die beiden Studienjahre, die Karlrobert hier verbrachte, sollten seiner künstlerischen Laufbahn entscheidend Richtung geben.

Bestimmenden Einfluß übte vor allem die einzigartige künstlerische Unterweisung durch Frau Professor Hedwig Rosenthal-Kanner aus. Diese geniale Frau, Gattin des berühmten Klaviervirtuosen Moritz Rosenthal, hatte einen großen Schülerkreis, dem u. a. auch Poldi Mildner angehörte und dessen internationale Färbung ihren Ruf als außerordentliche Pädagogin bedeutsam unterstrich. Die sprühend lebendige Geistigkeit, mit der sie in den Lehrkursen aus ihren reichen Erfahrungen vermittelte, förderte wohl auch jenen vereinzelten Schüler, der da von weit her kam, dessen Können jedoch nicht weit her war. Wenn Hans von Bülow in seinen Aperçus, die nie ganz richtig, aber auch nie ganz falsch sind, sich einmal dahin äußert, daß es keinen guten Lehrer, sondern nur gute Schüler gäbe, so würde er sicherlich in Anbetracht dieser Leistungen seine Ansicht revidiert haben.

Frau Hedwig Rosenthal-Kanner nahm sich des ungewöhnlichen Talentes ihres neuen Schülers mit besonderer Hingabe an. Sein Spiel erhielt hier den Finish touch und steigerte sich unablässig zu einer Höhe hin, wie sie nur den Größten erreichbar ist.

Wenn Karlrobert als seltene Ausnahme Moritz Rosenthal vorspielen durfte und Meister Rosenthal als Gegengabe verschwenderisch köstliche Chopinperlen ausstreute, so waren das Anregungen, die neben dem Unterricht mit Freude und Gewinn aufgenommen wurden.

Unter der Überschrift „Karlrobert Kreiten auf dem Wege vom Wunderkind zum Virtuosen" brachte der Wiener Korrespondent des „Algemeen Handelsblad" vom 1. Januar 1936 einen ausführlichen Bericht über den traditionellen Silvesterabend, den der niederländische Gesandte, Exzellenz van Hoorn, in den Festräumen der Gesandtschaft gab, und wo der junge Künstler durch sein wundervolles Spiel eine erwählte Gesellschaft zur Begeisterung brachte. Diese Begeisterung erreichte ihren Höhepunkt mit dem zum Vortrag gebrachten „Wiener Karneval" von Moritz Rosenthal, einem Werk, das in seiner kontrapunktisch geistreichen Bindung dreier Themen aus der „Fledermaus" alle hier gebannten frohen Geister in kühner Pianistik entfesselt.

In den Sommermonaten fand Karlrobert Wochen einer wohlverdienten geistigen Entspannung im Hause seines Onkels José Kreiten, der als Direktor der ungarischen Kohlenbergwerksgesellschaft in Felsögalla, nahe Budapest, ein großes Anwesen besaß. Es war für ihn, in musikalischer Terminologie, eine „Luftpause", die er auch als Naturfreund mit vollem Behagen auf sich einwirken ließ — neben den gärtnerischen Anlagen mit dem Farbenreichtum exotischer Pflanzengewächse in den Treibhäusern, an denen er sich ergötzte —, und die Fahrten durch die schönen ungarischen Lande, in die Weinberge, wo ungarische Gastfreundschaft manchen edlen Tropfen bot, brachten in gleichem Maße seelische Auffrischung und leibliche Erfrischung.

Ein löblicher Brauch in den weitläufigen Kellereien des Grafen Esterhazy war es, den Gästen einen Wein jenes Jahrganges zu kredenzen, der dem Geburtsjahr des jeweiligen Gastes entsprach. Was Wunder, daß unter solchen Umständen diese Gäste hier im Nu um viele Jahre alterten! Karlrobert, und etwas widerstrebend sogar seine Mutter, schlossen sich von diesem Alterungsprozeß nicht aus.

In Budapest, der pittoresken Donaustadt, deren flutendes Leben ihn packte, machte er die Bekanntschaft vieler führender Musiker und fand auch bei einem Hauskonzert des berühmten Geigers Jenö Hubay Gelegenheit, sich und seine Kunst bekannt zu machen.

Die fruchtbaren Wiener Studienjahre mußten leider ein vorzeitiges Ende nehmen. Die immer mehr sich zuspitzende politische Lage veranlaßte seine Lehrmeisterin, Frau Professor Rosenthal-Kanner, 1937 nach Amerika überzusiedeln. Sie hätte gern gesehen, wenn Karlrobert ihr gefolgt wäre, und schrieb deshalb aus Chicago am 8. Juni 1938: „Lieber Karlrobert, sehr gern wüßte ich, wie Dein Berliner Konzert am 21. April im Beethovensaal verlaufen ist, wüßte überhaupt gerne etwas über Dein und Deiner lieben Eltern Befinden, Deine Pläne, Dein Repertoire etc. etc. Da mein Mann einige Sommerengagements hat, die ihn verhinderten, nach Europa zu reisen, so habe ich mich entschlossen, zu ihm zu fahren. Die Reise war auf dem italienischen Dampfer Conte di Savoia sehr angenehm, und Amerika interessierte mich schon lange. Ich war zuerst vier Wochen in New York, dann hatten wir beide in Chicago drei Wochen Meisterkurse, die sehr gut besucht waren. Die Leute kamen tausende Meilen weit her. Nun geht

KARLROBERT

KREITEN

STUDIEN- UND WERDEGANG

Karlrobert Kreiten, geboren in Bonn am Rhein, Sohn des bekannten Düsseldorfer Pianisten. Komponisten und Kunstrefe-
renten Theo Kreiten, zeigte früh seine besondere musikalisch
pianistische Begabung. Schon mit elf Jahren trat er öffentlich auf,
sowohl im Rundfunk wie im Konzertsaal, wo er als Solist des
A-dur-Klavierkonzerts von Mozart die ersten Lorbeeren errang.
Im Jahre 1933 wurde er als 16jähriger bei dem Großen Intern
Klavier-Wettbewerb in Wien preisgekrönt und erspielte sich
im gleichen Jahre in Berlin einen Staatspreis.

Geradezu sensationell war der Erfolg, den der junge Künstler
kurz darauf als Interpret des Klavierkonzertes Es-dur von Liszt
in einem Gürzenich-Konzert, Köln, unter Generalmusikdirektor
Prof. Abendroth hatte. Dann hörte man ihn des öfteren in ver-
schiedenen städtischen Konzerten und in den Reichssendern
Berlin, Köln, Frankfurt und dem holländischen Rundfunk. Eigene
Klavierabende in Berlin, Beethovensaal, und als Solist mit dem
Philharmonischem Orchester erbrachten dem jugendlichen
Pianisten bei der gesamten Berliner Presse die höchste Aner-
kennung.

Karlrobert Kreiten, zunächst Schüler seines Vaters, absolvierte
die Musikhochschule in Köln, 1930 bis 1934, in der Ausbildungs-
und Meisterklasse von Prof. Dahm und war zuletzt Meisterschüler von Prof. Claudio Arrau, Berlin.

Anfragen usw. an alle ersten Konzertdirektionen
oder direkt: Sekretariat Kreiten, Berlin W 30, Hohenstaufenstraße 36 · Telefon: 25 15 12

es langsam wieder nach New York, wo mein Mann am 21. Juli im Stadion vor ungefähr 300 000 Personen spielt. — Daumen halten! Dann spielt er am 4. August in Philadelphia, am 8. August wieder in Chicago im Grand-Park-Konzert, dann am 2. September in Toronto, und am 6. September sind wir in Atlantic City, Hotel St. Charles, um beide in der Franz-Liszt-Akademie Meisterkurse zu leiten.

Möchtest Du nicht im September mittels Touristenvisa auf einem billigen, guten deutschen Dampfer nach Atlantic City kommen? Du spielst die Lisztsonate so phänomenal, daß Du damit Aufsehen machen und den Grundstein zu einer amerikanischen Karriere legen könntest. Die Reise ist im Sommer angenehm, das Leben für einen jungen Mann nicht teurer als in Europa. Ich bitte Dich um einiges Reklamematerial von Dir, Kritiken, Prospekte, Bilder und auch ein gutes Bild für mich mit einigen Worten darunter. Ich habe das Gefühl, daß Du in U.S.A. einschlagen würdest. Horowitz ist krank, Gieseking kommt heuer anscheinend nicht, hat die Sommerkonzerte abgesagt, Poldi Mildner kommt erst im Januar, bekommt hier die höchsten Honorare. Es wäre also gewissermaßen eine Chance. Natürlich müßten Dich hier einige große Impresarios hören, auch einige Klavierfabrikanten. Überlege mit Deinen lieben Eltern die Sache und schreibe mir am besten an die Hauptadresse New York, Hotel Ansonia. Viel hat sich ereignet, und viel hätte ich Dir zu berichten! Schreibe baldigst. Mein Mann und ich erwarten Dich mit Freude.‘‘

Wäre das Buch des Lebens vor ihm aufgeschlagen gewesen, würde Karlrobert sicherlich keinen Augenblick gezögert haben, diesem Ruf übers Meer, der von anderer Seite früher schon an ihn ergangen war, bereits jetzt zu folgen.

Göttliche Weisheit aber hat uns Menschenkindern diese Einsicht versagt, und so hatte er vor, die Reise in die Neue Welt erst anzutreten, sobald er sich in der Alten Welt einen Namen erspielt haben würde, der seinem Auftreten jenseits des Ozeans von vornherein die erwünschte Zugkraft geben konnte. In diesem Vorhaben wurde er von kompetenter Seite bestärkt.

Um möglichst bald in den Besitz eines solchen künstlerischen Beglaubigungsscheines zu gelangen, verlegte er 1937 seinen Wohnsitz nach Berlin, dessen Votum in musikalischen Fragen noch internationale Geltung hatte.

Ein vor seiner Abreise nach Berlin geplanter Klavierabend in Köln konnte erst Anfang Dezember stattfinden. Seine Absicht, diesen Abend im Großen Gürzenichsaal zu veranstalten. erregte in den konservativen Musikkreisen einiges Aufsehen, Der meist nur den städtischen Konzerten vorbehaltene Saal war von einem einzelnen Solisten noch nie beansprucht worden.

Karlroberts Wagemut wurde durch den dichtbesetzten Großen Gürzenichsaal glänzend gerechtfertigt. Der „Neue Tag" Köln, 5. Dezember 1937, berichtete über diesen Abend: „Daß sich Verdienst und Glück verketten sollen, steht zwar schwarz auf weiß im zweiten Teil des Faust, aber im Leben und besonders in der Kunst ergibt sich nicht immer diese Kausalkette von Leistung und Erfolg, von Können und Anerkennung. Wir entsinnen uns einiger Klavierabende aus der vergangenen Konzertsaison, wo gute, ja ausgezeichnete Pianisten vor einer sehr kleinen Hörerschaft spielten. Und nun kommt ein Pianist nach Köln, ein schlanker Jüngling von etwa zwanzig Jahren, den außer seinem Lehrer Professor Dahm von der Kölner Musikhochschule und dem Kölner Männergesangverein, wo sich Karlrobert Kreiten anläßlich eines Gesellschaftsabends zu später Stunde einmal an den Flügel setzte, kaum jemand kennt. Aber man hatte von ihm gehört, daß er bei einem internationalen Wettbewerb für Klavier im Sommer 1933 in Wien unter 252 Bewerbern als Sieger hervorgegangen sei, und daß er kurze Zeit später in Berlin mit einem bekannten Klavierpreis ausgezeichnet wurde. Diese Tatsachen genügten, dem jungen Meisterpianisten einen nahezu vollständig besetzten Gürzenich zu verschaffen. Was Karlrobert Kreiten auf dem Klavier leistet, ist tatsächlich verblüffend und hart an jener Grenze, wo die Liebhaber, die mit der Kunst des Klavierspiels nicht so vertraut sind, die Köpfe zu heben und zu fragen beginnen, ‚wie es möglich sei'. Die schwierigsten technischen Probleme werden von diesem Klaviergenie spielend gelöst. Wie ein Katarakt prasseln die Oktavengänge. Wie kostbares Gestein funkeln und glitzern die Lichter der Passagen, und dem Instrument wird zuweilen eine nahezu orchestrale oder organale Klangfülle entlockt. Aber dies alles ist nicht nur artistische Oberflächenwirkung, sondern auch musikalisch sicher unterbaut. Man verspürt überall auch den mit geistigen Problemen der Kunst ringenden Meister.‟

Diese Erfolge in größeren und kleineren Städten seiner engeren Heimat sollten ihm auch auf dem heißer umstrittenen Boden der Reichshauptstadt weiter zur Seite stehen.

Jahre des Erfolges

Sorglich und mit Eifer war der 1933 stabilisierte Parteistaat darauf bedacht, alle Regungen des menschlichen Fühlens und Denkens unter Verschluß zu bringen und in das eintönige Grau oder vielmehr Braun einer abstrusen Parteiideologie einzuschalten.

„Nur der Staat hat zu entscheiden, was Kunst ist!" Diese Inschrift war in großen Lettern über dem Eingang einer Halle angebracht, darin im Rahmen der Großen Düsseldorfer Ausstellung „Schaffendes Volk" 1937 „entartete" Musik geboten wurde. Hier lagen unter Glas, gut geordnet und nach schlechtem Plan, gedruckte Partituren und Manuskripte von Komponisten, wie Strawinsky, Prokofieff, Gustav Mahler, Offenbach, Mendelssohn u. a. zur Einsicht. Gegen eine Gebühr von 10 Pfennig wurden Extrakte von diesen Werken auch auf Grammophonplatten klingend serviert. Diese ganze Schau sollte Schauder erregen vor einer Kunst, die Unvermögen der Beurteilung und Stumpfheit eines überspitzten Nationalismus als dekadent und nicht bodenständig bezeichneten. Doch auch Kunst, die bodenständig, verlor ständig Boden, und deutscheste Werke waren von seiten offizieller Stellen oft Attacken ausgesetzt, denen sie wehrlos erlagen. Ich erinnere mich, daß die in einer rheinischen Stadt bereits angekündigte Aufführung von Brahms herrlichem Chorwerk „Deutsches Requiem", einer Schöpfung, die zu den hehrsten Eingebungen des Meisters zählt, als „undeutsch" untersagt wurde. „Geschieht das aus Dummheit oder Gemeinheit?" fragte mich ein bekannter Kölner Professor der Augenheilkunde. Diese Frage entsprang einer liberalistischen Kunstauffassung, die außer Kurs gesetzt wurde, als die Nationalsozialisten die Macht und die Musen die Flucht ergriffen. Wahrlich, am Kunsthimmel Deutschlands ballte sich unheilkündend ein düsteres Gewölk, das sich bald ausbreiten und das ganze Geistesleben überschatten sollte. Von dieser ungeistigen Strömung, die so viel Unechtes an die Oberfläche trieb, blieb Karlrobert seinem ganzen Wesen nach unberührt. In seiner Musikerpersönlichkeit war zutiefst die hohe künstlerische Verpflichtung verwurzelt, nur der Kunst und nicht sich selbst zu dienen.

Berlin und sein stark pulsierendes, künstlerisch vielgestaltiges Leben sagten ihm zu. Zusammen mit seiner Schwester Rosemarie, die in Berlin als Schauspielerin ausgebildet wurde, hatte er eine geräumige, modern eingerichtete Wohnung, der ein neuer Konzertflügel die eigentliche Weihe verlieh. Grand'maman, sein Finanzminister, führte den gemeinsamen Haushalt und erledigte zugleich die ihm lästige geschäftliche Korrespondenz. So fand er Muße zur Muse, wie sie nicht immer einem Künstler am Anfang seiner künstlerischen Laufbahn beschieden ist.

Er arbeitete mit konzentriertem Fleiß an der Vervollständigung seines Repertoires, das neben der Kunst der Vergangenheit auch das Schaffen der Gegenwart erfaßte. Seine Übungsstunden verlegte er meist auf den Vormittag; er spielte selten nachmittags und nie in den Abendstunden. Er tat es mit Rücksicht auf Ober-, Unter- und Nebenbewohner, die, nach Wilhelm Busch, der Meinung waren:

> „Musik wird störend oft empfunden,
> dieweil sie mit Geräusch verbunden."

Fingerübungen oder sonstige technische Vorbereitungen machte er nie, sondern ging gleich in medias res. Auch übte er meist sotto voce, sich der Lehre wohl bewußt, die ihm einst mein Schüttelreim mit auf den Weg gegeben hatte:

> Das Klavier, das ist ein Tastenkasten.
> Jung und alt auf diesem Kasten tasten.
> Alle wären mehr mit Preis zu loben,
> Wenn sie sich gewöhnten, leis zu proben.

Nach getaner Arbeit suchte und fand er wohl oft Entspannung bei einer Partie Mühle. Mühle spielte er ausgezeichnet, sogar mit einem Anflug von Begeisterung. Schach war ihm zu zeitraubend, Skat zu geldraubend. Wenn da der gescheite Schachspieler oder der gescheiterte Skatspieler der Meinung ist — auch ich bin dieser Meinung —, daß Mühle ein simples Spiel sei, dann sind ihnen und mir die letzten Feinheiten dieses Spieles verborgen geblieben. Auf diese letzten Feinheiten kommt es offenbar auch beim Mühlespielen an. Ich kann kühnlich behaupten, daß die Chance, Karlrobert bei diesem Spiele zu besiegen, für den Gegenspieler verschwindend gering war. Opfer seiner überlegenen Mühlespielkunst waren zumeist Grand'maman oder seine Schwester Rosemarie. Alsbald gerieten sie in die Zwickmühle und wurden, da er es nie zum Endsprung mit drei Steinen kommen ließ, eingesperrt. Am pfiffigsten, doch meist vergebens, setzte sich Rosemarie zur Wehr. Wußte sie nicht mehr ein noch aus, sagte sie: „Aus. — Noch eine!"

Freund heiterer Geselligkeit, verbrachte er gelegentlich die Abende in gleichgesinntem Freundes- oder Bekanntenkreise. Einmal, es war zu vorgerückter Stunde, kam die Rede auf die Deutung der Handlinien. Karlrobert, der wohl gelegentlich einmal einen Blick in ein Handbuch der Chiromantie geworfen haben mochte, war gleich bereit, seine Kenntnise hierüber an den Mann oder vielmehr an die Frau zu bringen. Die befreundete Pianistin Agnes von Krogh fragte ihn, was denn seine eigenen Handlinien besagen würden. Karlrobert betrachtete daraufhin aufmerksam seine Hand, stutzte ein wenig und sagte lachend: „Meine Lebenslinie bricht jäh ab, ich muß demnach jung sterben."

Claudio Arrau, der internationale Pianist von Rang, der ihm Lehrer und Freund war, förderte in dieser Zeit nicht nur uneigennützig seine künstlerische Entwicklung, sondern war auch neidlos bedacht, ihn in den exklusiven Kreis einflußreicher musikinteressierter Persönlichkeiten einzuführen.

Hauskonzerte vor geladenen Gästen waren für die Künstler der zumeist gang- und dankbare Weg, sich für die eigenen Konzerte ein Stammpublikum zu sichern.

Karlrobert Kreiten in seinem Berliner Heim

„Das hätte mein Mann hören müssen!" sagte beglückt die kunstsinnige Frau Gerda Busoni, als Karlrobert einmal bei solcher musikalischen Séance eine Klavierübertragung ihres Gatten von Bachs Präludium und Fuge D-dur zum Vortrag gebracht hatte. Die Wiedergabe des Werkes, welches er gelegentlich in seinen Programmen aufnahm, löste in den „Münchner Neuesten Nachrichten" vom 22. Januar 1940 folgende Betrachtung aus: „Wenn Kreiten die D-dur-Orgelfuge Bachs in der Busonischen Bearbeitung vorträgt, durchsichtig, mit plastischer Deklamation und zwingender Klangphantasie, tritt im Laufe der zweiten Hälfte der Moment ein, wo man befürchtet, er habe einen dynamischen Höhepunkt erreicht, den er nicht mehr überbieten könne. Aber er fängt jetzt erst richtig an und baut eine Steigerung auf, die den Hörer fassungslos macht. Der Klavierton wächst ins Unwahrscheinliche, schier Maßlose, und behält wunderbarerweise alle Schönheit und Wärme."

Von Goethe, meine ich, stammt der Ausspruch, daß jede Übertragung in eine fremde Sprache die Kehrseite des echten Teppichs sei. Wenn aber ein genialer Geist wie Busoni solche Umkehrung vornimmt, muß man doch sagen, daß selbst das Einseitige seine zwei Seiten hat.

Der erste Klavierabend im Beethovensaal schlug, wie man zu sagen pflegt, wie eine Bombe ein. Die Resonanz in der Berliner Presse war übereinstimmend, daß hier ein neuer junger Pianist aufgetaucht sei, der sicher einst zu den ganz Großen gezählt werden müsse. Aus den Berichten über diesen ersten Klavierabend seien zitiert: „Eine pianistische Begabung ganz großen Formats ist in Kreiten im Heranwachsen. Wenn dieser junge, grundmusikalische Künstler die ‚Appassionata' von Beethoven spielt, spürt man bereits die Klaue des Löwen in der stets beibehaltenen großen Linie, der inneren Spannung und dramatischen Wucht bei aller rhythmischen Präzision, die überhaupt oberstes Prinzip der künstlerischen Nachgestaltung Kreitens zu sein scheint. Sein durchgeistigtes Spiel, die hochkultivierte perlende Technik, der fein nuancierte Anschlag befähigen den noch im jugendlichsten Alter stehenden Künstler zu einem Schaffen von Weltrang." (Berliner Tageblatt vom 4. Februar 1938.) „Wenn man mit sechzehn Jahren Preise in Wien und Berlin gewinnt, ist man keine alltägliche Begabung, und dieser heute zwanzigjährige Kreiten ist entschieden ein Klavierphänomen." (Berliner Illustrierte Nachtausgabe vom 31. Januar 1938.)

Nicht weniger stark erwies sich die Resonanz bei der Zuhörerschaft, die in zahlreichen Zuschriften zum Ausdruck kam.

So schrieb u. a. eine offenbar sehr Begeisterte: „Sehr verehrter Herr Kreiten, gerade komme ich aus Ihrem Konzert, und es drängt mich, Ihnen sofort zu schreiben (obgleich mir vor Aufregung noch die Hand zittert), wie hinreißend schön es war ... Tausend junge Gefühle schossen aus meinem Herzen, wie die Blumen aus dem Erdreich, wenn's Frühling wird ... Das sagt die Luise Miller, und so empfand auch ich heute abend, besonders bei der Appassionata und auch bei der entzückenden Etüde op. 10 Nr. 2 von Chopin. Ich blieb nur im Zweifel, ob dieser Mensch dort am Flügel vom lieben Gott erfüllt oder vom Teufel besessen war ..."

Gang der Dinge ist es, daß ein erspielter Erfolg, mag er noch so groß sein, in der gewaltigen Konzertflut eines riesigen Musikzentrums, wie es Berlin damals war, untertaucht und der Name des Künstlers alsbald in Vergessenheit gerät, wenn nicht durch wiederholtes öffentliches Auftreten mit möglichst noch gesteigerten Leistungen dem schwachen Erinnerungswillen eines Konzertpublikums immer wieder auf die Beine geholfen wird.

Eigene Klavierabende, zumal wenn der Künstler als unbekannte Größe in Erscheinung tritt, sind kostspielig. Mit Sicherheit kann nur erwartet werden, daß die meist nicht schwere Brieftasche des Künstlers nach jedem Abend um rund tausend Reichsmark erleichtert ist.

Die Abende im Beethovensaal, zu denen sich eine stetig wachsende erlesene Zuhörerschaft drängte, gestalteten sich bald zu einem musikalischen Ereignis innerhalb des Berliner Konzertlebens.

Der Name Karlrobert Kreiten wurde ein Begriff. So berichtet der Berliner Kunstkritiker Dr. Alfred Burgartz an die „Rheinische Landeszeitung" in Düsseldorf vom 5. Dezember 1940: „Der junge Düsseldorfer Meisterpianist Karlrobert Kreiten hat mit seinem letzten Konzert im Berliner Beethovensaal bei Presse und Publikum einen ungewöhnlichen Erfolg davongetragen. Er ist ein Phänomen. Einer der Größten, die wir besitzen, und seine Tastengenialität blüht erst richtig auf, wenn er sich an sich selbst berauscht. Dann gibt es unwahrscheinlich vollendete technische Steigerungen. Die Schubertschen ,Impromptus' und die Chopinsche B-moll-Sonate bleiben unvergeßliche Erlebnisse, und als Liszt-Interpret ist der junge Kreiten heute im Rahmen deutscher Konzertgeber überhaupt wahrscheinlich ohne Konkurrenz. Viele werden künftig diesem Erwählten lauschen."

In der Tat, seine Liszt-Interpretationen hatten eine bezwingende, faszinierende Wirkung, wie sie nur erzielt wird, wenn zugleich Hand und Herz mit im Spiel sind. Mehr denn Geistesfeuer erwärmt ein Herzensfunke.

Seine von jeder Erdenschwere gelöste stupende Technik, die in ihrer musikalischen, geistigen Durchdringung jedes von ihm gespielte Werk in eine neue Bildhaftigkeit zwang, trat dem Hörer naturgemäß am sinnfälligsten dann entgegen, wenn eine virtuose Tonsprache Dolmetsch des musikalischen Gedankens war.

Professor Richard Burmeister, einer der noch wenigen lebenden Schüler Liszts, schrieb dem jungen Künstler begeistert über seine Wiedergabe der Don-Juan-Fantasie: „Nie habe ich dieses Werk, das ich selbst in den Jahren 1881 bis 1884 mit Meister Liszt einstudiert habe, in solcher Vollendung gehört. Ihre Wiedergabe war ganz im Sinne Liszts, und der Meister selbst hat es nie anders gespielt."

Die „Berliner Zeitung am Mittag" vom 18. März 1942 hatte ihre ausführliche Würdigung dieses Abends in bezug auf die Wiedergabe der Don-Juan-Fantasie mit der Schlagzeile versehen: „Da gerieten die Hörer aus dem Häuschen", und die „Münchner Zeitung" stellte einmal fest: „Vor drei Jahrzehnten hätte bei dem ersten Auftreten eines jungen Pianisten von ungefähr seinem Können alles Kopf gestanden. Beim zweiten Male wäre schon kein Konzertsaal groß genug gewesen. Jeder hätte ihn hören wollen. Und heute? Heute nehmen wir eine Erscheinung seiner Art und einen Spieler von seiner Qualität beinahe schon wie etwas Selbstverständliches hin. Zugegeben, die Hörer haben sehr wohl gespürt, daß sie es bei Kreiten mit jemandem zu tun hatten, wie er einem nicht jeden Tag über den Weg läuft. Zum Exempel ist es, ohne jede Übertreibung, keinem dieser Hörer eingefallen, nach Hause zu gehen, und das zu einem Zeitpunkt, als man schon längst nicht mehr bei dem Programm, sondern bei den Zugaben war."

Die Berliner Klavierabende zeigten in ihrer Programmgestaltung eine betont klassisch-romantische Färbung. Dies war nicht so sehr Ausdruck eines einseitigen musikalischen Glaubensbekenntnisses, denn der Künstler war, wie bereits erwähnt, mit gleicher Hingabe der Neuzeit zugetan, vielmehr sollte solche Werkwahl seinem Künstlertum eine musikalisch beglaubigte Basis geben, von der aus ein erfolgreiches Sicheinsetzen für die Gegenwart möglich war.

Moderne Kunst war nicht in Gunst, und es gehörte immer ein wenig Bekennermut dazu, sich für die Neuzeit einzusetzen. Zeitgenössische russische Musik zum Beispiel wirkte wie ein rotes Tuch. Der Impressionismus der westlichen Nachbarn erschien wie ein blauer Dunst. Die Braunen waren dem Roten und dem Blauen nicht grün. Dabei war es dem Künstler klar, daß ein Neureich der Kunst, soll es nicht zum Eintagsreich werden, nur auf natürlicher, „konstitutioneller" Gesetzesgrundlage seinen Bestand und seine Weiterentwicklung finden konnte, und daß lediglich in der Art der Handhabung und Anwendung der bestehenden Gesetze das „Persönliche" und somit das „Neue" in der Kunst zu suchen ist.

Nicht jeder kann in diesem Sinne Fackelträger ins Neuland der Kunst sein. Warum aber sollte man allen denjenigen, die mit dunstigem Öllämpchen oder tropfender Kerze auf der Suche sind, vorweg das Licht auspusten?

Die bekannte Berliner Musikzeitschrift „Signale für die musikalische Welt" vom 23. November 1938 setzte sich in einem Igor Strawinsky gewidmeten Leitaufsatz mit Nachdruck für Werk und Wirken dieses russischen Komponisten ein, mit besonderem Hinweis, daß der jugendliche Pianist Karlrobert Kreiten kurz vorher in seinem Berliner Klavierabend mit einem Werk des Meisters hervorgetreten war.

Mit der „Petruschka-Suite", in Strawinskys eigener, ungemein schwieriger Klavierübertragung, erspielte er sich und dem Werk einen ungewöhnlichen Erfolg, und die Stürme des begeisterten Beifalls konnten mit zwei gespielten Zugaben, der „Suggestion diabolique" und der nicht minder teuflischen „D-moll-Toccata" von Prokofieff, kaum beruhigt werden. Auch die Presse stimmte zu. Man las: „. . . Erstaunlich, wie hier ein Junger sich zu Strawinsky bekennt, das tote Notenmaterial dieses noch immer Umstrittenen zu eigenem Leben erweckt. Lebendige Gestaltung und Erfassung des tänzerischen Kernes der Petruschka-Musik mit ihren hart gemeißelten Klangwirkungen sind Merkmale des Kreitenschen Spiels. Faszinierend die Technik und die Modulationsfähigkeit des Anschlags. Er trifft in den Strawinskyschen kühnen Mischungen von Groteske und Tragik den starren, trockenen Ton des russischen Tanzes, die plastische Härte bei den von Strawinsky ständig verlegten Akzenten ebensogut wie den der schwärmerischen Askese im Marionettenspiel. Eine Glanzleistung." („Signale für die musikalische Welt" vom 23. November 1938.) „. . . Ganz andere Töne erklangen am nächsten Tag an gleicher Stelle. Karlrobert Kreiten, ein ungewöhnlich begabter und vielversprechender junger Pianist, schloß sein Konzert mit der Petruschka-Suite von Strawinsky. Die harten Rhythmen, die temperamente Tanzhaftigkeit dieser berühmten Stücke wurden von Kreiten mit erstaunlicher Virtuosität dargestellt: prägnant hämmernd, dynamisch klar kontrastiert, grell und schwungvoll gesteigert. Die Wiedergabe fand stürmischen Beifall." („Berliner Zeitung am Mittag" vom 15. November 1938.) „. . . Bedeutend ist nicht nur die Technik, mit der Kreiten seine Aufgabe bewältigte, sondern auch das geistige Profil, das er seiner Nachgestaltung zu geben wußte. Hochmusikalisch und feinnervig reagiert sein Anschlag auf die Feinheiten bei Strawinsky. Vom starken Forte bis zum singenden Pianoton ist das Klangvolumen beherrscht und ausgeglichen. Stürmischer Beifall bestätigte den Eindruck und zwang den Künstler zu Zugaben." („Deutsche Allgemeine Zeitung" vom 17. November 1938.) „. . . Daß Kreiten sich in kurzer Zeit einen so großen Namen geschaffen hat, verdankt er zunächst seiner geradezu unheimlichen Technik. Unsere jungen Klavierspieler können technisch alle sehr viel. Aber Kreiten überragt sie sicherlich ohne Ausnahme. In welchem Zeitmaß er zum Beispiel den Beginn von Strawinskys Petruschka hinlegt, das ist atemberaubend." („Allgemeine Musikzeitung" vom 25. November 1938.)

In seinem reichhaltigen Repertoire an Klavierkonzerten waren drei russische Meister vertreten: Tschaikowskijs grandioses B-moll-Klavierkonzert, das Leibstück jedes Pianisten; Rachmaninoffs drittes Klavierkonzert d-moll sowie Prokofieffs espritvolles drittes Klavierkonzert C-dur. Die konzertante Virtuosität dieses letzteren Konzertes, das er in Nürnberg und Düsseldorf zu Gehör bringen konnte, glühte im „feu sacré" seines nervig-rhythmischen Spiels in berauschender Klanglichkeit auf und fand bei einem kunstsinnigen Publikum den entsprechenden Widerhall. Zu einem öffentlichen Vortrag des Rachmaninoff-Konzertes ist es nicht gekommen.

Über die Wiedergabe des Konzertes von Tschaikowskij in einem Dortmunder städtischen Sinfoniekonzert unter Leitung von Professor Wilhelm Sieben berichtet die „Westfälische Landeszeitung" vom 9. April 1941 unter der Überschrift: „Karlrobert Kreiten spielte Tschaikowskij. Stand das letztvergangene Sinfoniekonzert ganz unter dem Eindruck ehrfurchtsvoller Andacht, von Giocondo de Vito zauberhaft beschworen, so gab diesem Konzert das unerhört leidenschaftlich durchglutete Spiel des vierundzwanzigjährigen jungen Pianisten

Karlrobert Kreiten bei der Wiedergabe des B-moll-Klavier-
konzerts von Tschaikowskij sein Gepräge. Es war weniger die
weiche, kantilene Führung, die seinem überraschend überlegenen Spiel Charakter setzte, es war diese starke, jung durch-
schlagende Kraft des geballten Ausdrucks im heftigen Gegen-
einander- oder Aufeinanderbauen der Themen, diese pranken-
wuchtige Sicherheit, mit der der Inhalt der Sätze, besonders
der beiden Ecksätze, aufgetürmt und als berauschendes Klang-
erlebnis in den Saal gestellt wurde. Hier spielt sich, ganz aus
dem Werk selbst geschöpft und daher auch aus ihm begründet,
reinstes Virtuosentum mit allen Lichtern, allen Blendungen,
aber auch allem technischen Erarbeitetsein glanzvoll aus. Man
spürt hier Zusammenhänge, die sich bestätigen: Karlrobert
Kreiten kommt durch seine Vorbildung aus der Schule Liszts,
seine Lehrer sind Lisztschüler gewesen. Er selbst aber bringt
diese wunderbare seelische und körperliche Gelockertheit mit,
die die wichtigste Voraussetzung für diesen Stil ist. ‚Ich bin noch
jung‘, sagt er nachher, absolut frisch trotz der nicht unerheb-
lichen Kraft, die er bei dieser Interpretation von sich geben
mußte, ‚und ich liebe Beethoven und Mozart und die Modernen.
Ich lege mich auf keinen Stil fest. Ich will erst alles können.‘
Ein bescheidenes, aber für seine soeben leuchtend mit allen
Zeichen jungen Erfolges beginnende Künstlerlaufbahn auch
entscheidendes Wort. Wir sind davon überzeugt, daß wir im
Konzertleben noch viel von diesem jungen Pianisten hören
werden. — Stürmischer Beifall im ganzen Hause. Und in der
folgenden Pause bildet das Spiel Karlrobert Kreitens das
Gespräch.“

Die Berliner Jahre des Erfolges sahen ihn zweimal als
Solisten der Großen Berliner Philharmonischen Konzerte, einmal mit dem C-moll-Klavierkonzert op. 37 von Beethoven, ein
andermal mit Mozarts Klavierkonzert in A-dur. Auch erhielt er
eine Spielverpflichtung für Grammophonplatten „Telefunken“,
für die neben verschiedenen Klavierkonzerten zahlreiche Solo-
stücke in Aussicht genommen worden waren. Das Plattenspiel
konnte wegen der kriegsbedingten Zeitumstände leider erst

nach Kriegsschluß zur Ausführung kommen, und so mögen viele Freunde seiner Kunst bedauern, daß sein persönliches Spiel, mehr als Erinnern es vermöchte, nicht lebendig erhalten blieb. Ob die Wiedergabe von Liszts „Totentanz" im Kölner Gürzenich (22. Februar 1940) und Webers Konzertstück im Deutschlandsender (4. November 1941), die beide auf Schallplatten aufgenommen und vom Rundfunk übertragen wurden, die Kriegswirren überdauert haben, weiß ich nicht.

An dieser Stelle möchte ich des kunstsinnigen Dr. Walter Horn gedenken, der als Referent im Wirtschaftsministerium oft und freudig seine weitverzweigten Beziehungen in Anspruch nahm, um die Kunst seines jungen Freundes weiteren Kreisen zu erschließen. Wie so viele unter den wenigen, die klaren Geistes Wesen und Wesensart des Nationalsozialismus durchschauten und sich dagegen verwahrten, mußte auch er 1942 den traurigen Gang zum Konzentrationslager Buchenwald antreten.

Aus dem großen Kreis derer, die sich in diesen Jahren tatkräftig für Karlrobert und seine Kunst einsetzten, sei namentlich auch der musikbegeisterte Bankdirektor Karl Pfeiffer hervorgehoben, dem es nicht zuletzt zu danken ist, daß der junge Künstler alsbald in Berlin festen Boden gewinnen konnte.

Wichtig für seine Konzertlaufbahn erwies sich ein Vertrag mit der Westdeutschen Konzertdirektion Köln, die 1941 die Alleinvertretung des Künstlers übernahm, nachdem er zweimal im Rahmen der von dieser Konzertdirektion kreierten „Meisterkonzerte" mit durchschlagendem Erfolg aufgetreten war, zuerst im Verein mit dem berühmten spanischen Cellisten Caspar Cassado, das zweitemal zusammen mit dem nicht minder bebekannten Tenor Peter Anders. Der unermüdlich tätige Leiter der Konzertdirektion, der Schwede Gustav Fineman, stand in Verbindung mit allen bedeutenden Konzertgesellschaften des In- und Auslandes und war dadurch in der Lage, die Belange seiner Künstler erfolgreich zu vertreten.

Der junge Künstler fand Tür und Tor auch bei solchen Konzertgesellschaften geöffnet, die nach altem Brauch nur berühmteste Namen, wie die eines Backhaus, Edwin Fischer usw., auf ihre Konzertanzeigen setzten. Seine Kunst war auf der ganzen Linie sieghaft, und es ist bemerkenswert, daß in den Betrachtungen der Presse sein Spiel oft mit diesen Koryphäen verglichen wurde. So ist die „Münchner Zeitung" vom 17. Februar 1941 der Meinung: „Unter den Jungen wüßten wir keinen, der ihm dies nachspielt, und unter den Alten fällt einem höchstens Backhaus ein, wenn man nach jemandem sucht, mit dem man ihn vergleichen könnte. Sie haben beide die Unfehlbarkeit der Technik, für die es keine Schwierigkeiten zu geben scheint, und die gleiche traumwandlerische Sicherheit des Spiels, das nach der Seite der Rapidität bei vollkommener Plastik und Mühelosigkeit der Gestaltung keine Grenzen kennt. Da ist nicht eine Note, hinter der man nicht die Individualität des Spielers zu spüren meint. Anders ausgedrückt: Kreiten ist Virtuose ohne die einengenden Kennzeichen des Virtuosischen in seinem Spiel." Die „Heidelberger Neuesten Nachrichten" schreiben am 27. Januar 1943: „Kreiten ist mit seinen fünfundzwanzig Jahren heute schon einer der größten Pianisten und von der Nachwuchsgeneration unstreitig der beste. Er meisterte den immens schweren Klavierpart (Karl-Schäfer-Klavierkonzert) spielend leicht. Es wird, von Gieseking abgesehen, wenig deutsche Pianisten geben, die in solchem Ausmaß alle Bedingnisse zur Interpretation moderner Werke mitbringen wie Karlrobert Kreiten."

Dieses Klavierkonzert von Karl Schäfer, erschienen im Süddeutschen Verlag, Heidelberg, ist ein Werk von sehr beachtlicher Eigenprägung. Bernhard Conz, der Heidelberger Musikdirektor, ein gewiegter, allem Neuen gewogener Dirigent, der den Ruf genoß, Wegbereiter des zeitgenössischen Schaffens zu sein, hatte sich zur Aufführung eigens an Karlrobert gewandt. Er hielt ihn, wie er in einem Schreiben bemerkte, für den besten Interpreten moderner Musik. Ein Urteil, dem sich nach der Aufführung der anwesende Komponist vorbehaltlos anschloß.

Fand ein neues Werk nach Form und Inhalt Karlroberts Interesse, dann hatte er es sich auch bald zu eigen gemacht. So erforderte die Einstudierung von Busonis breit ausholendem Klavierkonzert mit Männerchor nur einige Wochen. Es war zur Aufführung in dem Fünften Musikvereinskonzert zu Münster am 3. Mai 1941 unter Generalmusikdirektor Hans Rosbaud angesetzt, mußte aber kurz vorher durch Liszts Es-dur-Konzert ersetzt werden, da der Dirigent einem Rufe nach Straßburg gefolgt war und somit für Busonis anspruchsvolles Werk die kompetente Leitung fehlte.

Die bekannte, pikante Burleske von Richard Strauß, die er später oft und gerne spielte, hat er zum ersten Male nur nach einigen Tagen der Vorbereitung im Rundfunk zum Vortrag gebracht.

In kurzer Zeit lebte er sich auch in die eigensinnige Tonsprache Hans Pfitzners ein, dessen Klavierkonzert Es-dur er im erlesenen Rahmen der Großen Gürzenichkonzerte Kölns ein überzeugender und glänzender Vermittler war.

„Karlrobert Kreiten ist in wenigen Jahren einer kurzen, glanzvollen Laufbahn zu einem meisterlichen Spieler herangereift. Er spannt das Werk mit wahrhaft überlegenem Griff ins Konzerthaft-Große und gibt ihm pathetische Wucht und den Pfitznerischen Schimmer entsinnlichter Lyrik. Die prächtige Wiedergabe war nicht nur pianistisch bewundernswert, sie gründete auch spürbar auf einem musikalisch-geistigen Anschauungsvermögen, über das dieser außerordentliche Spieler nunmehr in einem sicheren Maße gebietet." („Kölnische Zeitung" vom 13. Januar 1943.) „Nur weniger Jahre hat es bedurft, um aus dem jungen Virtuosen einen wahren Hexenmeister des Klaviers, der sich nun auch im erlauchten Rahmen eines Gürzenichkonzerts vorstellte, einen Künstler und Konzertspieler von wahrhaft imponierendem Format zu machen. Nichts spricht mehr für den Ernst und das Können dieses ragenden Meisters als die Wahl des spröden und nur bei souveräner Wiedergabe ‚dankbaren' Pfitznerkonzerts. Wie Kreiten in diesem Konzert das Kopfthema des ersten Satzes wie aus Granit gemeißelt vor die Hörer stellte, aus dem Konzertinstrument das Letzte an Klang und Wucht herausholend,

Karlrobert Kreiten spielt im Großen Gürzenichsaal, Köln, das Es-Dur-Konzert von Liszt (1933)

wie das romantische, hochromantische Scherzo wie eine ‚wilde Jagd' in einem atembeklemmenden Tempo vorüberbrauste, ohne daß dadurch der wundervolle Charakter des Satzes zerrissen wurde, wie schließlich der Organismus des diffusen letzten Satzes weitgehend enträtselt und dem Hörer nahegebracht wurde, das war selbst an dieser kunstgewohnten Stätte eine einmalige Leistung, die die Hörer zu unbedingtem Beifall hinriß." („Der Neue Tag" vom 13. Januar 1943.)

Seine Konzertreisen führten ihn in fast alle größeren Städte des Reiches und verschiedentlich auch ins Ausland. Unter den Städten, in denen er aus diesem Anlaß immer wieder gerne Einkehr hielt, sei Straßburg vor allem hervorgehoben. Das schöne Elsaß, in dem er von frühester Jugend an mit Vorliebe seine Ferien verbrachte, war ihm wie eine zweite Heimat lieb und vertraut geworden. Mit besonderer Freude gedachte er dabei stets der herzlichen Aufnahme im Hause seines Vetters Dr. Edgar Eber in Straßburg.

Den Eindruck, den sein Spiel überall erweckte, faßt die „Münchner Zeitung" treffend zusammen, wenn sie schreibt: „In diesem Künstler nimmt sofort das Elementare einer Begabung gefangen, die man schlechthin als ‚primär' bezeichnen muß. Das Verhältnis zum Klavier kann von zweierlei Art sein: Man kann sich diesem Instrument nähern, weniger aus angeborener Liebe zu seinem Wesen als vielmehr zu dem reichen musikalischen Schrifttum, für das es erblüht ist, dann wird die Beziehung immer mehr einen formell-gesellschaftlichen, sekundären Charakter tragen; oder aber man fühlt sich ihm verfallen im Zwange des Müssens und Nichtanderskönnens, man empfindet es als Schicksal. Kreitens Pianistentum ist von der letzteren Gattung. Der Hörer gewinnt die Überzeugung, daß der Musiktrieb, der in diesem Künstler waltet, sich nur diese Bahn des Auswirkens schaffen wollte und konnte. Instrument und Spieler sind eins mit Seel' und Leib." Aus der Fülle gleichlautender Besprechungen sei noch herausgegriffen: „Als Solist des Konzertes wirkte diesmal das junge Klaviergenie Karlrobert Kreiten in der Wiedergabe der schwierigen Paganini-

Variationen von Brahms und der ‚Schönen blauen Donau' von Strauß, in eigener Bearbeitung, ein wahrer Paganini und Hexenmeister des Klaviers, der die Lösung schwierigster Probleme der Klavierkunst nur so aus dem Handgelenk schüttelt. Wie auf ein Wunder starrte die große Hörerschaft fasziniert auf das klavierspielende Genie." („Kölnische Zeitung.") Das Dasein des reisenden Virtuosen während der Kriegszeit ist kein beneidenswertes. Wenn, wie dies wohl gelegentlich der Fall war, der Künstler innerhalb einer Woche vier verschiedene Klavierkonzerte in weit entfernt auseinanderliegenden Städten spielen mußte, so gesellte sich der psychischen Beanspruchung infolge schlechter Zugverbindungen, schwieriger Unterkunftsmöglichkeiten und — last not least — schmaler, schaler Kost eine physische Belastung, der nicht jeder gewachsen war.

Die Konzertsaison 1942/43 hatte Karlrobert so stark in Anspruch genommen, daß der traditionelle Klavierabend in Berlin vom Herbst auf das Frühjahr verlegt werden mußte. Dieses Konzert sollte sein letztes Auftreten in der Öffentlichkeit sein und eine künstlerische Laufbahn beschließen, die vorgezeichnet schien, den Künstler zu einem Höchstgipfel genialer pianistischer Kunst zu führen.

Die Vortragsfolge brachte Sonaten von Scarlatti und Mozart, sechs Etüden von Chopin (aus op. 10 Nr. 12, 8, 2; aus op. 25 Nr. 7, 6, 10), Liszts „Spanische Rhapsodie" sowie als Hauptwerk Beethovens F-moll-Sonate op. 57.

War es Zufall, daß Beethovens „Appassionata", die vor fünf Jahren in seinem ersten Klavierabend an gleicher Stelle mit ungestümer Leidenschaftlichkeit aufklang, nun auch seinem letzten Abend vornehmlich Gehalt und Gestalt geben sollte? Als ob die Zuhörerschaft, die den großen Beethovensaal fast bis zum letzten Platz füllte, gewußt hätte, daß dieser Abend ein Abschiedsabend war, wurde der Künstler mit Beifall und Blumen überschüttet, und Zugaben auf Zugaben mußten erfolgen, bis er sich, lange nach eigentlichem Konzertschluß, losspielen konnte.

Am folgenden Tag, eher denn üblich, berichtete die Berliner „Illustrierte Nachtausgabe" vom 23. März 1943 über diesen Abend: „Karlrobert Kreiten, der junge Wundermann am Flügel, vollbrachte mit ruhiger Selbstverständlichkeit Spitzenleistungen an Technik und Ausdrucksbesessenheit. Zärtlich klar kam Mozart, mit innerer Leidenschaftlichkeit die Appassionata, vertrackteste Chopinetüden in verblüffendem Tempo. Das Publikum im Beethovensaal hielt den Atem an — ein sensationeller Erfolg."

Es mußte auffallen, daß die übrige Presse, entgegen sonstiger Gepflogenheit, von diesem Abend keine Notiz nahm. Die Ursache dieses ungewöhnlichen Schweigens sollte später erschreckend klar werden. Wenn ich soeben erwähnte, daß der Klavierabend am 23. März sein letztes öffentliches Spiel war, so ist das insofern nicht ganz richtig, als er einige Tage später, auf Drängen vieler Freunde hin, einen Teil seines Klavierabendprogramms im intimen Rahmen eines Atelierfestes vor einer erwählten Zuhörerschaft wiederholte.

Diese von dem musikliebenden Ehepaar Kunstmaler Georg Günther regelmäßig veranstalteten Musikabende hatten durch die Heranziehung hervorragender Künstler guten Klang und fanden auch in der Berliner Presse Beachtung.

Mitte April, als Karlrobert im Elternhaus in Düsseldorf zur Erholung weilte, erhielt er die Aufforderung, in Florenz anläßlich einer Festaufführung Liszts Es-dur-Klavierkonzert zu spielen. Trotz eifriger Bemühungen gelang es ihm nicht, das benötigte Visum zur Einreise zu erhalten, so daß an Stelle der Reise gen Süden, da in Florenz die Plakate an den Litfaßsäulen den Namen Carlo Roberto Kreiten als Solisten ankündigten, der Künstler am Rhein verbleiben mußte. Finstere Mächte hatten bereits zu dem Schlag angesetzt, der den Ahnungslosen bald zerschmettern sollte. Eine Reise als Ausgleich ins Siebengebirge mit der befreundeten Familie Stützel aus Düsseldorf, deren reizende Tochter Anneli seinem Herzen nahestand und die mit Anmut seinen Unmut verscheucht haben mag, war der

letzte Lichtpunkt in seinem ruhmvollen, kurzen Künstlerleben.

Der Spielplan für den Monat Mai, der neben dem Klavierkonzert B-dur von Brahms in Mülheim (Ruhr), die Klavierkonzerte von Schäfer in Oldenburg, Grieg in Erfurt sowie fünf
Klavierabende vormerkte, wurde durch einen eigenen Klavierabend in Heidelberg eingeleitet. Das Publikum, das an diesem
Tage dem Großen Universitätssaal zuströmte — das Konzert
war seit Tagen ausverkauft —, sah an der Eingangstür einen
Zettel angeheftet mit der Aufschrift: „Kreiten-Konzert fällt
aus.“

Auskunft über die plötzliche Absage des Konzertes, das mit
allgemeiner Spannung erwartet wurde, konnte nicht erteilt
werden. Einige wenige nur wußten: Karlrobert Kreiten war
um 8 Uhr morgens in seinem Hotel von der Gestapo verhaftet
worden.

Das Plakat kündigt den Heidelberger Klavier-Abend an, den Karlrobert Kreiten nicht mehr geben konnte, weil er eine knappe Stunde vor Beginn verhaftet wurde, wie der Brief auf der folgenden Seite (im Gegensatz zum Bericht des Vaters) belegt.

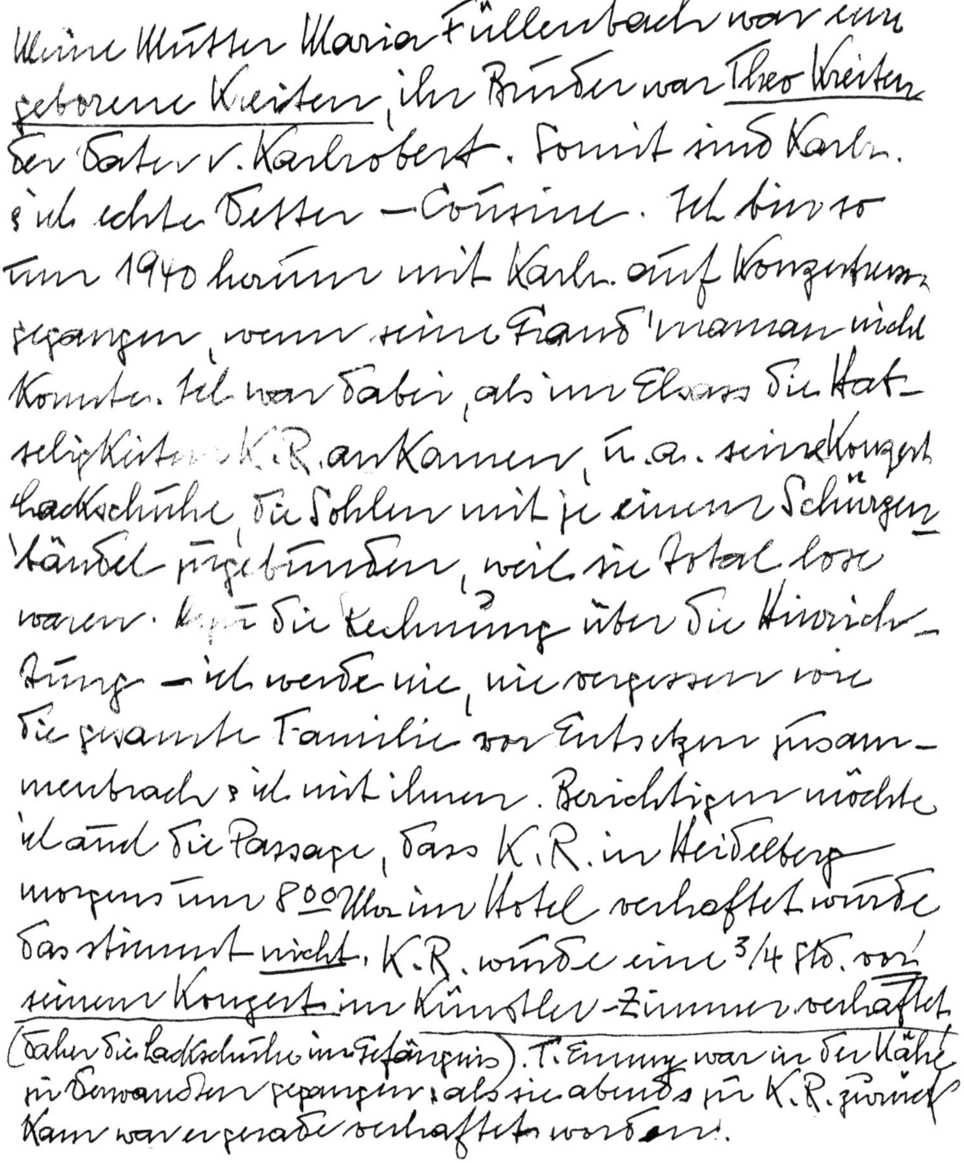
Meine Mutter Maria Füllenbach war eine geborene Kreiten, ihr Bruder war Theo Kreiten der Vater v. Karlrobert. Somit sind Karlr. u. ich echte Vetter – Cousine. Ich bin so um 1940 herum mit Karlr. auf Konzertreisen gegangen, wenn seine Grand'maman nicht konnte. Ich war dabei, als im Elsass die Habseligkeiten K.R. ankamen, u.a. seine Konzertlackschuhe, die Sohlen mit je einem Schürzenbändel zugebunden, weil sie total lose waren. Dazu die Rechnung über die Hinrichtung – ich werde nie, nie vergessen wie die gesamte Familie vor Entsetzen zusammenbrach u. ich mit ihnen. Berichtigen möchte ich auch die Passage, dass K.R. in Heidelberg morgens um 8^{00} Uhr im Hotel verhaftet wurde das stimmt nicht. K.R. wurde eine 3/4 Std. vor seinem Konzert im Künstler-Zimmer verhaftet (daher die Lackschuhe im Gefängnis). T. Emmy war in der Nähe zu Verwandten gegangen u. als sie abends zu K.R. zurückkam war er gerade verhaftet worden.

Meine Mutter Maria Füllenbach war eine geborene Kreiten, ihr Bruder war Theo Kreiten, der Vater von Karlrobert. Somit sind Karlr. und ich echte Vettern – Cousine. Ich bin so um 1940 herum mit Karlr. auf Konzertreisen gegangen, wenn seine Grand'maman nicht konnte. Ich war dabei, als im Elsass die Habseligkeiten K. R. ankamen, u. a. seine Konzertlackschuhe, die Sohlen mit je einem Schürzenbändel zugebunden, weil sie total lose waren. Dazu die Rechnung über die Hinrichtung – ich werde nie, nie vergessen wie die gesamte Familie vor Entsetzen zusammenbrach und ich mit ihnen. Berichtigen möchte ich auch die Passage, dass K. R. in Heidelberg morgens um 8.00 Uhr im Hotel verhaftet wurde, das stimmt nicht. K. R. wurde eine 3/4 Stunde vor seinem Konzert im Künstlerzimmer verhaftet, (daher die Lackschuhe im Gefängnis). T. Emmy war in der Nähe zu Verwandten gegangen und als sie abends zu K. R. zurückkam, war er gerade verhaftet worden. (Brief der Cousine von Karlrobert Kreiten an den Herausgeber vom 19. 12. 1987.)

Ausklang

Was war vorgegangen?

Lange schon hatte Karlrobert beabsichtigt, seine Berliner Wohnung gegen eine größere einzutauschen; doch als solch ein Tausch sich verwirklichen ließ, traf es sich, daß der Umzug einige Tage vor seinem Klavierabend im Beethoven-Saal erfolgen mußte. Er konnte sich jedoch anderwärts auf seinen Klavierabend vorbereiten. Frau Ellen Ott-Moneke, geborene Neumann, in ihrer Jugend zusammen mit seiner Mutter Gesangschülerin am Saarbrücker Konservatorium, hatte ihren Musikraum während der Umzugstage zur Verfügung gestellt. Sie war, wie sich später herausstellte, eine begeisterte Nationalsozialistin.

Karlrobert, als Künstler politisch nicht interessiert, nahm an der Mentalität seiner Gastgeberin weiter keinen Anstoß. Ihn interessierte lediglich der Musik- und Übungsraum. Doch meinte er, Frau Ott-Moneke als alte Bekannte seiner Mutter über das wahre Wesen des Nationalsozialismus aufklären zu müssen, und sagte ihr in diesem Zusammenhang auch, daß der Krieg praktisch schon verloren sei und zum vollständigen Untergang Deutschlands und seiner Kultur führen würde. Diese Äußerungen erzählte Frau Ott-Moneke der im gleichen Hause wohnenden Schulungsleiterin Frau Ministerialrat Annemarie Windmöller, geborene Küstner, einer Frau, die, nach Aussage von Frau Ott-Moneke, in ihrem Parteifanatismus nicht einmal davor zurückschreckte, ihre eigene Schwester beobachten zu lassen. Frau Windmöller war über das Gehörte äußerst aufgebracht. Sie besprach den „Fall" mit der ihr befreundeten und in der Frauenschaft mit ihr wirkenden Frau von Passavent, geborene Tiny Debüser, der als gebürtige Düsseldorferin der Name Kreiten wohl bekannt war. „Diese beiden Weiber", so äußerte sich Frau Ott-Moneke wörtlich,

„ließen keine Ruhe. Sie haben mir die Pistole vor die Brust gesetzt." Die Anzeige wurde zunächst bei der Reichsmusikkammer eingereicht. Das war etwa Mitte März. Als Ende April von seiten der Musikkammer, die Karlrobert kannte und anerkannte, noch keine Schritte in der Angelegenheit unternommen worden waren, wurde erneut vorgegangen. Äußerer Anlaß war eine in der Presse erschienene Notiz, daß Karlrobert Kreiten Anfang Mai als Solist für ein Städt. Konzert in Florenz verpflichtet worden war Diese Reise nach Italien mußte unter allen Umständen verhindert werden. Frau von Passavent hat die von Frau Ott-Moneke ausgehende, durch Frau Windmöller geschriebene Anzeige bei ihrer früheren Dienststelle, dem Propagandaministerium, in Empfang genommen. Die alsdann an die Gestapo weitergeleitete Anzeige brachte den Stein endgültig ins Rollen.

Die Verweigerung des Einreisevisums nach Italien zu seinem Konzert in Florenz am 2. Mai war der Denunziation erste unmittelbare Auswirkung, der als zweite gleich darauf die Verhaftung durch die Gestapo in Heidelberg folgte. Auch wurde nun klar, warum die Presse von seinem letzten Klavierabend in Berlin keine weitere Notiz hatte nehmen dürfen. Bei weitem Furchtbareres sollten aber die kommenden Ereignisse bringen, als Karlrobert nach zweiwöchiger Inhaftierung bei der Heidelberger Gestapo zur Vernehmung und Gegenüberstellung mit der Denunziantin nach Berlin übergeführt wurde. Hier begann seine eigentliche Leidenszeit. Während zweier Monate durchlitt er hier, wie ein Schwerverbrecher in einer Einzelzelle eingesperrt, alle psychischen und physischen Qualen, die bei solchen Anlässen die hinlänglich bekannten Untersuchungsmethoden der Gestapo dem Häftling auferlegten. Besuche von seinen Angehörigen waren nicht gestattet. Form und Inhalt der Briefe, die er gelegentlich schreiben durfte, ließen durchblicken, daß auch in seinem Falle von der üblen Praxis nicht abgewichen wurde. Alle Schritte, die seiner Befreiung hätten dienen können, wurden unternommen. Hochgestellte, einflußreiche Persönlichkeiten, die Karlrobert zuhöchst einschätzten, verwandten sich für ihn, doch waren alle solche Bemühungen von vornherein zum Scheitern verdammt in einem Lande, in dem eine dem Nationalsozialismus konträre Lebensanschauung schärfere und härtere Verurteilung fand als ein Raubmord.

Trotzdem klammerten wir uns in diesen Tagen noch immer an die Hoffnung und lebten in der naiven Vorstellung, daß das letzte Wort doch die Gerechtigkeit sprechen würde und daß die Ansicht und Äußerung eines jungen Künstlers nicht als Cause célèbre für eine Verurteilung hingenommen werden könnte. Daß ihm diese Gerechtigkeit nicht trotz, sondern vielmehr wegen seines großen Rufes als Künstler versagt blieb, wurde uns erst später klar. Als willkommenes Opfer war er unentrinnbar in die Raubtierkrallen einer propagandistisch gehandhabten Justiz geraten.

Am 3. Juli, also genau zwei Monate nach seiner Verhaftung in Heidelberg, wurde er von dem Gestapohaus in der Prinz-Albrecht-Straße nach dem Untersuchungsgefängnis Moabit gebracht. Dies erfuhren wir durch seinen Wärter, den Karlroberts Mutter kennengelernt hatte, als sie fast täglich den vergeblichen Versuch machte, von der Gestapo die Erlaubnis zum Besuch ihres Sohnes zu erhalten. Dieser Gestapobeamte hatte sich in seinem grauenvollen Beruf offenbar noch einen letzten Rest von Menschlichkeit bewahrt, wie sein Schreiben an Karlroberts Mutter zeigt: „Berlin, 10. Juli 1943.

Sehr geehrte Frau Kreiten, anbei übersende ich Ihnen die drei Lichtbilder, die Ihr Sohn zu seinem Geburtstag erhalten hat. Die Glückwünsche auf den Lichtbildern habe ich seinerzeit daraufgeschrieben, damit Ihr Sohn etwas Freude haben sollte. Inzwischen werden Sie wohl den neuen Aufenthaltsort Ihres Sohnes erfahren haben.

Geben Sie die Hoffnung nicht auf, auch dieser Schmerz wird vorübergehen und Ihr Karlrobert wird einstens als geläuterter Mensch, der die Welt mit anderen Augen ansieht, seinen Künstlerberuf wieder ausüben können.

Mit Deutschem Gruß!
Heller.“

Adresse: K.Br. Berlin, Lehrterstr. 3 Abt. A 4.165

Meine Lieben, soeben war Herr Rechtsanwalt Dr. Stenig hier. Meinen Fall kann
er erst in einigen Tagen besprechen, da
er erst die Vollmacht dazu einholen
muss. Das habt Ihr fein gemacht mich
so schnell gefunden zu haben. Nun muss
ich mich noch einige Tage gedulden. Ich bin
glücklich, dass ich von der Gestapo entlassen
bin, denn jetzt geht meine Sache den geordneten Rechtsweg u. ich kann einem
Urteil entgegensehen. Leider darf man hier
(habe ich gehört) keine Lebensmittel empfangen. Ich darf auch keine schmutzige
Wäsche abgeben. Sie wird hier gewaschen.
Dagegen kann ich aber saubere Wäsche erhalten.
Ich brauche 2 Paar Strümpfe, 2 Schnürsenkel an
und Zahnpaste. Das ist alles. Von der Anstalt habe ich zur Schonung meines Anzu-
ges eine Jacke u. eine Hose erhalten. 2 Tage
war ich auf dem Alexanderplatz. Ich werde
Euch später erzählen, was ich dort getroffen
habe. Schickt mir bitte auch 1 Mark für

Briefmarken mit. Mein Geld ist noch am Alexanderplatz u. die Freimarke hier habe ich von einem Kalfaktor geliehen. Ich habe hier ein nettes helles Zimmerchen mit Aussicht auf den Bahnanlagen des Lehrter Bahnhofes u. fühle mich soweit ganz wohl. Nur nachts geht es leider nie ohne Wanzen. Am Sonntag soll ich hier die Orgel spielen u. darf Sonntag dafür etwas üben. Hoffentlich wird bald mein Termin sein, bis dahin kann es aber noch Wochen dauern. Die Untersuchungs-haft wird aber mitangerechnet.

Wie geht es Euch allen? Ist Rosemarie nun zurück? Habt Ihr Platz genug in der Woh-nung? Was wird das für eine Freude geben, wenn ich erst einmal wieder bei Euch bin!! Ich kann es schon bald nicht mehr glauben, dass ich eines Tages in Freiheit kommen werde. Über 2 Monate Untersuchungshaft ist doch eine lange Zeit! Seid alle herzlich umarmt von
Eurem

Karlheinz

Grüsst auch Anneli vielmals von mir.
Ein Tag vor meiner Entlassung habe ich noch Euer feines Päckchen erhalten. Grosse Freude, vielen Dank!

84

Der Gestapobeschluß, die Angelegenheit vor Gericht zu bringen, schien uns ein böses Omen. Hatten wir doch gehofft, daß Karlrobert nach Klarstellung des Tatbestandes aus der Gestapohaft entlassen werden würde. Andererseits konnte als beruhigend angesehen werden, daß an die Stelle der Gestapowillkür ein ordentliches Gerichtsverfahren gesetzt werden sollte, zumal sein Rechtsbeistand — zwei angesehene Berliner Rechtsanwälte — nach Durchsicht der Akten die Meinung vertrat, daß möglicherweise eine zu erwartende Strafe durch die Untersuchungshaft abgebüßt sein könnte.

Untersuchungshäftlinge waren in Beköstigung und Arbeitszuweisung den verurteilten Gefangenen gleichgestellt, eine Verfügung, die erst im Dritten Reich angeordnet worden war und der Rechtspflege aller zivilisierten Länder widerspricht. Zusätzliche Lebensmittel, die Karlrobert von seinen Eltern während der Gestapohaft erhalten konnte, durften ihm nun nicht mehr gegeben werden. Dafür aber war einmal im Monat in Gegenwart eines Wärters ein Besuch gestattet. „Überglücklich bin ich", so schreibt Karlrobert am 8. Juli 1943, „von der Gestapo entlassen zu sein, denn jetzt geht meine Sache den geordneten Rechtsweg, und ich kann einem Urteil ruhig entgegensehen."

Er litt, wie er seinem Rechtsanwalt sagte, einen „tierischen Hunger". Doch blieben alle Bemühungen, sogar auf Grund eines beigebrachten ärztlichen Attestes, ihm zu einer zusätzlichen Nahrung zu verhelfen, ohne Erfolg. Seine erste Frage bei unserem Besuch im Untersuchungsgefängnis war: „Habt ihr ein Butterbrot für mich?" Namentlich Grand'maman war über diese Frage ihres Karlrobert, den sie bleich und abgehärmt seit zwei Monaten zum erstenmal wiedersah — es sollte auch das letzte Mal sein — zutiefst erschüttert. Ein Versuch, ihm verstohlen ein Stückchen Schokolade zu geben, wurde vom Wärter bemerkt, der mit barschem Ton die Herausgabe forderte.

Kraft seines starken Willens und der Hoffnung, bald frei zu sein, wußte Karlrobert alle Widerwärtigkeiten in Geduld zu ertragen und war darüber hinaus in steter rührender Sorge um seine Angehörigen, wie aus seinen Briefen hervorgeht. So schrieb er am 22. Juli:

„Euer Besuch war eine große Überraschung und eine Riesenfreude für mich. Gott sei Dank sah Mama gut aus, auch Rosemarie und Bübchen. Letzterer konnte meine Lage natürlich noch nicht begreifen. Um Grand'maman mache ich mir Sorgen, sie nimmt sich meine Haft zu sehr zu Herzen. Sie ißt zu wenig und magert ab. Das ist besonders in ihrem Alter nicht gut. Möge sie doch auf mich hören und jeden Morgen vor dem Frühstück eine Suppe essen (Hafer, Grieß oder Zwieback). Schreibt es ihr nach Düsseldorf. Nach Eurem Besuch war ich noch den ganzen Tag guter Dinge, am nächsten Tag aber fing der Katzenjammer an. Jetzt bin ich wieder gefaßt und hoffe, Euch alle, meine Lieben, doch noch in diesem Jahre in Freiheit wieder-zusehen. Habt Ihr Nachricht, wie es unsern Verwandten und Bekannten nach dem dritten Luftangriff in Köln geht? Vorige Woche, Donnerstag, war der Rechtsanwalt hier. Ich sprach nur kurz mit ihm. Meine Tagesbeschäftigung ist, gefütterte Tüten herzustellen. Um 6 Uhr stehe ich auf, dann mache ich etwas Fingerübungen am Tisch, um 7 Uhr Früh-stück: Kaffee-Ersatz und eine Scheibe Brot; um 12 Uhr Mittagessen: eine Schüssel Suppe, um 6 Uhr Abendessen: eine Scheibe Brot und Kaffee-Ersatz. Von Anneli seit drei Wochen keinen Brief. Grüßt sie und ihre Eltern bestens von mir.

Euch allen, meine Lieben, herzliche Grüße von Eurem

Karlrobert."

Am 7. August:

„Meine Lieben, über Euren Besuch habe ich mich sehr gefreut. Leider sieht die liebe Mama nicht mehr so gut aus wie vor einem Monat. Liebes Muckelchen, schone Deine Nerven, damit sie in diesen unruhigen Zeitläuften stark bleiben. Dies ist wichtig. Gehe daher früh schlafen und empfange weniger Besuch. Papa, Rosemarie und Bübchen sehen dagegen gut aus wie immer. Wie geht es aber der lieben Grand'maman in Düsseldorf? Es beunruhigt mich sehr, daß sie in ihrem Alter alles allein machen muß und sich nicht genügend Ruhe gönnt. Ich habe wenig Hoffnung, Zusatzkost zu erhalten, da der Arzt, der mich untersuchte, auch solchen jede zusätzliche Ernährung verweigert, die durch Unterernährung dick geschwollene Füße haben, daher schwer an Wassersucht leiden. Doch macht Euch um mich keine Sorgen, mein Körper kann noch etwas zusetzen, und ich hoffe, nicht allzu lange hier bleiben zu müssen. Sonst verläuft ein Tag wie der andere, man verliert jedes Zeitgefühl, und tausend Tage könnten für einen gelten. Leider ist jeder Tag hier für mich unwiederbringlich verloren. Aber ich bin jung und glaube, aus diesen harten Monaten viel, ja sogar sehr viel für mein späteres Fortkommen gelernt zu haben.

Seid alle herzlich gegrüßt und umarmt von Eurem

Karlrobert."

Es war in jenen Augusttagen, als die feindlichen Luftangriffe auch die Reichshauptstadt in immer stärkerem Maße bedrohten. In den Zeitungen, auf Plakaten und im Rundfunk wurde die Bevölkerung gewarnt, und Frauen und Kinder wurden aufgefordert, Berlin zu verlassen und Schutz auf dem Lande zu suchen. Die Untersuchungshäftlinge waren von allen Schutzmaßnahmen ausgeschlossen; man beließ sie auch im Höllenspuk der schlimmsten Angriffe in ihren Kerkerzellen des obersten vierten Stockwerkes, gefesselt hinter Schloß und Riegel. Weithin hörbare gellende Angstschreie dieser Unglücklichen, hysterische Weinkrämpfe, namentlich der weiblichen Insassen, all dieses Entsetzen drang nicht bis zu den Ohren und Herzen jener, denen ein Menschenleben weniger als nichts galt. Wäre das Gebäude getroffen worden — und nicht selten schlugen die Bomben in nächster Nähe ein —, dann hätten alle

Insassen bei lebendigem Leibe verbrennen müssen. Doch auch hierin suchte Karlrobert in seinem Brief vom 20. August seine Angehörigen zu beruhigen:

„Meine Lieben, an einem Tage erhielt ich Briefe von Mama, Anneli und Grand'maman. Das war für mich ein Festtag, sind doch Eure Briefe meine einzige Freude hier. Draußen ist es wieder warm und schön. Gelbe Schmetterlinge tummeln sich im Gemüsegarten und flattern manchmal hinauf bis zu meinem Fenster. O Freiheit, du höchstes Glück! An die Ernährung habe ich mich allmählich gewöhnt: Brot und Suppe und jetzt einmal in der Woche Kartoffeln, nie Salat oder Gemüse. Ich hoffe aber, die längste Zeit hier gewesen zu sein. Wie freue ich mich auf die Arbeit und auf meine Konzerte. Übrigens, liebes Muckelchen, hast Du recht, die vier Gebäude a, b, c, d haben nur drei Etagen, der Keller zählt aber mit, so daß es eigentlich doch vier sind. Ihr braucht Euch nicht zu sorgen um mich, die Mauern sind so dick, daß bei Fliegerangriffen wenig Gefahr besteht, es müßte denn schon ein Volltreffer sein. Im Keller ist man davor aber auch nicht sicher. Über Grand'mamans Brief habe ich mich besonders gefreut, sie hatte so viel Interessantes zu erzählen. Dr. St. war noch nicht hier. Ich hoffe, nächste Woche Bescheid zu bekommen. Wie geht es unsern Kölner Verwandten?

Seid alle herzlichst gegrüßt, meine Lieben, von Eurem

Karlrobert".

Wie beruhigend Karlrobert selbst seine Lage noch immer betrachtete, geht aus dem Brief vom 28. August hervor, dem letzten, den er schreiben sollte:

„Liebe Rosemarie, das war richtig, daß Mama und Bübchen aus Berlin fortgegangen sind. Besonders froh bin ich für die liebe Mama, daß sie jetzt mehr Ruhe hat. Die Arme hatte sie sehr nötig. Hoffentlich hat auch die gute Grand'maman mit dem Umzug in Düsseldorf die schwerste Arbeit hinter sich. Es ist lieb von Dir, daß Du meinetwegen noch in Berlin bleiben willst. Hast Du den Luftangriff gut überstanden? Gehe nur ja immer in den Keller! Hier war es ziemlich ruhig während des Luftangriffs. In der Ferne sah ich es brennen. Mit Ruhe sehe ich auch den etwaigen weiteren Angriffen entgegen. Kommst Du denn allein in der Wohnung zurecht? Kochst Du Dir selber, oder gehst Du auswärts essen? Statt Tüten kleben muß ich jetzt Formulare stempeln. Die Arbeit ist angenehmer und sauberer. Ich bemühe mich, wenig an die Freiheit und an meine Kunst zu denken. Zur Ablenkung arbeite ich viel und philosophiere. Nun etwas Dringendes! Schicke mir sofort ein paar alte Schuhe, meine sind so ausgetreten, daß ich sie nicht mehr lange tragen kann. Für den Fall, daß es im September schon kälter wird, lasse mir auch meinen alten dunkelblauen Mantel schicken.

Vorgestern erhielt ich von Anneli einen lieben Brief. Sie will die restlichen sieben Urlaubstage mit mir verbringen. Ich freue mich schon sehr darauf. Wird es aber noch in diesem Jahre sein? Grüße die liebe Anneli herzlich von mir. Ich träume oft, ich sei in Stützels herrlichem Garten. Wäre die Zeit schon da, im Wachen in diesem kleinen Paradies zu träumen! Nun, Geduldhaben habe ich in den vier Monaten meiner Haft gelernt und werde sie auch noch weiter üben müssen.

Papa sollte sich für seine neuen Kompositionen einen Musiker engagieren, der schnell und gut all seine neuen Stücke aufschreiben kann.

Euch allen herzliche Grüße!

Karlrobert."

Mit Rücksicht auf den kleinen Enkel hatten wir diesen vor der drohenden Luftgefahr in Sicherheit gebracht und uns anschließend für kurze Zeit nach Düsseldorf begeben, um hier für Karlrobert einflußreiche Persönlichkeiten zu gewinnen. Seine Schwester Rosemarie war zurückgeblieben, um sofort von dem Termin des nun zu erwartenden Gerichtsverfahrens Nachricht geben zu können.

Wir konnten von der Entwicklung des gegen Karlrobert eingeleiteten Verfahrens, das von der Gestapo auf die Justizbehörde und von hier auf den Staatsanwalt des Volksgerichtshofs übergegangen war, keine klaren Vorstellungen gewinnen, obwohl seit dem ersten Tag der Verhaftung in Heidelberg kein Tag vergangen war, an welchem nicht auf die eine oder andere Weise versucht worden wäre, den jeweiligen Sachbearbeiter zu sprechen, in die Akten Einblick zu gewinnen und von oben her durch Einflußnahme hochgestellter Persönlichkeiten auf eine günstige Beurteilung der Sache einzuwirken. Es war zwar schon in Heidelberg aus der Gestapo der Name der Denunziantinnen herausgeholt worden, so daß die Aussagen von Karlrobert auch ohne Kenntnis des Akteninhaltes bekannt waren.

Auch die Gestapo in Berlin hatte sich nach unseren unermüdlichen Bemühungen endlich dazu verstanden, den Sachbearbeiter des „Falles Kreiten" zu nennen. Dieser zunächst sehr unzugängliche Mann beschränkte sich aber nur darauf, Briefe und Päckchen für Karlrobert weiterzuleiten und den Trost zu spenden, daß keine Suppe so heiß gegessen werde, wie sie gekocht sei. Große Hoffnungen erweckte die uns überbrachte Äußerung des Gestapochefs, er kenne den Fall genau, die Sache sei nicht wichtig und würde günstig verlaufen.

Als wir den Staatsanwalt des Volksgerichtshofes, der nunmehr den Fall bearbeitete, aufsuchten, riet uns dieser, nicht weiter auf eine beschleunigte Herbeiführung des Verhandlungstermines zu drängen. Wie ein Blitz aus heiterem Himmel traf plötzlich der Schlag, als Rosemarie am 3. September einen anonymen Anruf erhielt, der sie davon in Kenntnis setzte, daß ihr Bruder vom Volksgerichtshof am Vormittag zum Tode verurteilt worden war. Seine Rechtsanwälte, mit denen sie sich sofort in Verbindung setzte, wußten weder von einem angesetzten Termin noch von dem ausgesprochenen Urteil. Hier war also selbst das Letzte, was die Nazijustiz in den meisten Fällen

ihren Opfern noch an formaler Sicherung eines ordnungs-
mäßigen Zustandekommens des Urteils zugestand, beseitigt
worden, indem ohne Bekanntgabe des Termins in aller Heim-
lichkeit, wenn auch in einer öffentlichen Sitzung, das Todesurteil ausgesprochen worden war, so daß weder die Angehörigen
noch der Rechtsbeistand anwesend sein konnten. Daß dahinter
etwas Besonderes stecken mußte, stellte sich dann auch bald
klar heraus. Die telephonisch benachrichtigten Eltern eilten
nach Berlin, um die sofortige Vollstreckung des Urteils zu verhindern. Drei Tage ununterbrochener, unermüdlicher Arbeit,
persönliches Vorsprechen bei den verschiedensten Ministerien,
Amtsstellen, Gnadengesuche der Eltern und anderer Persönlichkeiten. Am 8. September schien die erste Hoffnung auf
einen vorläufigen Erfolg aufzuleuchten. Rosemarie und ihre
Mutter hatten in der Kanzlei des Führers ein Gnadengesuch
eingereicht. Sie hatten dort von dem Beamten die Versicherung
bekommen, daß in dem Augenblick, wo ein Gnadengesuch bei
der Kanzlei eingetroffen sei, die Urteilsvollstreckung bis zur
Entscheidung über das Gesuch ausgesetzt werde. Das Justizministerium würde sofort unterrichtet werden. Da von Karlrobert selbst dort ebenfalls ein Gnadengesuch vorliegen mußte,
stand nicht zu befürchten, daß in der Zwischenzeit sich schon
etwas Schlimmeres ereignet haben könnte.

In übergroßer Freude eilten beide selbst zum Justizministerium, damit nicht durch irgendein Versäumnis alle Arbeit
umsonst würde. Die Beamten, an die sie sich dort zu wenden
hatten, ließen sich eigentümlicherweise sämtlich verleugnen.
Schließlich gelangten sie zu einem Staatsanwalt, der, als er die
Nachricht von dem Ausstand der Urteilsvollstreckung vernahm,
nur noch mühsam die Fassung bewahren konnte und sich dann,
aus menschlichem Empfinden heraus — entgegen aller Anord-
nung — dazu autorisieren ließ, die Mitteilung zu machen, daß
die Hinrichtung schon am Abend vorher vollstreckt worden sei.
Sie erfuhren noch, daß sämtliche Richter des Volksgerichtshofes ebenfalls ein Gnadengesuch für Karlrobert eingereicht
hatten.

Die Schnelligkeit, mit der der Urteilsspruch vollzogen worden war, hatte alle Anstrengungen zunichte gemacht. Aber war dies nicht eigentlich die Antwort auf alle Gesuche?

So gab von Borries, leitender Beamter der Reichsmusikkammer, der sich bereits für Karlrobert eingesetzt hatte, zu verstehen, daß es ihm untersagt worden sei, sich weiter für den Fall Kreiten zu verwenden.

Der mit den Geschäften des Gaukulturreferenten beauftragte Kunstschriftleiter der „Rheinischen Landeszeitung" Wilhelm Raupp, der als Biograph Eugen d'Alberts den Pianisten Karlrobert Kreiten uneingeschränkt bewunderte und als edelherzigen Menschen freundschaftlich verehrte, hatte sich schon am 4. September durch den Fernschreiber direkt mit dem Propagandaministerium in Verbindung gesetzt, ein Gnadengesuch der Gauleitung angesagt, um Urteilsaufschub gebeten und für seine Schwester Rosemarie und seine Mutter eine Audienz bei Goebbels zugesagt bekommen. In Berlin erklärte man lügnerisch, keinerlei derartige Nachrichten von Düsseldorf erhalten und auch niemals eine solche Zusage gemacht zu haben!

Als der telefonisch benachrichtigte Düsseldorfer Freund Karlroberts, Dr. Winterhager, diesen Vorgang aufklären wollte, konnte er den vielseitig beanspruchten Wilhelm Raupp leider nicht erreichen.

Erst einen Tag später, am 7. September 1943, traf Dr. Winterhager Raupp an, der nun auch dem Gaupropagandaleiter Brouwers offiziell von der abrollenden Tragödie Kenntnis gab und um seine Hilfe bat. Doch Brouwers entgegnete: „Mein Bruder blieb auf dem Feld der Ehre; Leute, die uns in den Rücken fallen, müssen ausgerottet werden!" Auf die bittere Erwiderung Raupps, dann werde er eben zum Gauleiter gehen, gab Brouwers lachend zu bedenken: „Das tuen Sie, dort werden Sie etwas erleben!" Raupp fuhr nun mit Dr. Winterhager unverzüglich in das Gebäude des Oberlandesgerichtes, wo die Gauleitung ihren Sitz hatte. Der Adjutant, SA-Obergruppenführer Thiel, bedauerte, den Gauleiter Florian jetzt nicht stören zu können, da er eine wichtige Sitzung habe. Erst als Raupp einwarf, die Sache dulde keine Minute Aufschub, ein kostbares Menschenleben stehe auf dem Spiel, Karlrobert Kreiten sei zum Tode verurteilt, begab sich Thiel in den Sitzungsraum. Nach wenigen Minuten wurde Raupp und Dr. Winterhager eröffnet, Raupp möchte den Tatbestand im Vorzimmer Florians in die Maschine diktieren und in sein Amt zurückkehren; dort würde ihn der Gauleiter anrufen. Raupps Niederschrift gipfelte in der dringenden Bitte, unverzüglich und mit gauleiterischer Zustimmung ein Gnadengesuch für Karlrobert absenden zu dürfen. Der Schriftsatz enthielt auch die Wendung, „daß der Verlust Karlroberts für das deutsche Kunstleben unersetzlich sei". Etwa zehn Minuten später stimmte Florian fernmündlich der Übermittlung des Gnadengesuches zu. Raupp brachte das wichtige Dokument, das er selbst mit dem höchsten Dringlichkeitsvermerk: „Sofort auf den Tisch des Ministers" versah, in das Fernschreibezimmer des Reichspropagandaamtes Düsseldorf, wo es — Dank des Eingreifens „höherer Mächte" — volle vierundzwanzig Stunden unerledigt liegenblieb, genau die Frist, die hinreichte, es wirkungslos zu machen!

Am Spätnachmittag desselben Tages (7. September) konnte Dr. Winterhager den Gaupropagandaleiter Brouwers in Essen telefonisch erreichen, der rundweg erklärte, er habe Raupp untersagt, sich in den Fall einzumischen. Brouwers betonte selbstherrlich, die Familie Kreiten müsse sich an ihn selbst wenden, doch sei er erst am nächsten Tage wieder zu sprechen. Aufschlußreich berichtet Dr. Winterhager nun über den weiteren Verlauf am kommenden Tag:

„Ich ging am nächsten Morgen um sieben Uhr zu Brouwers, in der Hoffnung, ihn zu bewegen, mir durch seine Fürsprache eine sofortige Besprechung mit dem Gauleiter Florian zu verschaffen, der sich nach allem, was man wußte, für Karlrobert verwenden würde. Der Besuch bei Brouwers zeigte aber dann deutlich, daß bei der Gauleitung nichts zu erhoffen war.

Brouwers erklärte nämlich, er allein kenne den Tatbestand der Akten, zudem habe er sich unmittelbar vor dieser Besprechung mit Karlroberts Mutter telefonisch unterhalten und dabei bestätigt bekommen, daß Karlrobert nicht nur einer einzelnen Frau gegenüber defaitistische Äußerungen getan habe, sondern dieses einer großen Anzahl von Personen gegenüber zu wiederholten Malen. Bei der Vermittlung eines Besuches beim Gauleiter gab er diesem seine Stellungnahme so bestimmt durch, daß dieser mich persönlich überhaupt nicht empfing, sondern zwischen Tür und Angel über seinen Adjutanten verhandelte. Um die Sache loszuwerden, versprach er schließlich, ein Gnadengesuch der Eltern ohne Unterschrift der Gauleitung durch den Fernschreiber der Gauleitung nach Berlin zu geben.‘‘

Und das alles am 8. September, nachdem dieser Stelle längst bekannt sein mußte, daß jede Vermittlung unnötig geworden, denn am Abend vorher hatte das Justizministerium von der Gauleitung Düsseldorf eine Stellungnahme zu der Urteilsvollstreckung erhalten. Diese war, wie die Akten später zeigten, merkwürdigerweise sehr zurückhaltend gewesen und lehnte eine Begnadigung des Todgeweihten ab. Brouwers hatte Karlroberts Mutter n i e gesprochen, und auch der von ihm dem Urteil unterschobene Tatbestand war einfach erlogen. Nach allem ging es hier dem Nationalsozialismus nicht um ein Rechtsurteil, sondern um ein Opfer hohen Ranges aus der Künstlerschaft. Er hatte es in Händen, darum wurden alle Wege unpassierbar gemacht, auf denen sonst die Strenge eines Urteils gemildert werden kann und unter Umständen Gnade für Recht gewährt wird. Da kein Recht gewährt wurde, war konsequenterweise auch keine Gnade zu erlangen. Die Gnadenwege wurden erst offen, nachdem der Henker schon gehandelt hatte. Und nicht das Justizministerium, sondern das menschliche Gefühl eines Staatsanwaltes hat die Angehörigen vor einem weiteren grausigen Spiel bewahrt, das man sonst mit all ihren Bemühungen bis zur öffentlichen Bekanntgabe der Hinrichtung in den Zeitungen getrieben hätte. Diese meldeten eine Woche später:

„Wegen Feindbegünstigung hingerichtet.

Düsseldorf, 15. September.

Am 7. September 1943 ist der 27 Jahre alte Pianist Karlrobert Kreiten aus Düsseldorf hingerichtet worden, den der Volksgerichtshof wegen Feindbegünstigung und Wehrkraftzersetzung zum Tode verurteilt hat. Kreiten hat durch übelste Hetzereien, Verleumdungen und Übertreibungen eine Volksgenossin in ihrer treuen und zuversichtlichen Haltung zu beeinflussen gesucht und dabei eine Gesinnung an den Tag gelegt, die ihn aus der deutschen Volksgemeinschaft ausschließt.‟

Das Unfaßbare war zur Wirklichkeit geworden. Karlrobert war einer von Verbrechern gehandhabten Justiz zum Opfer gefallen, die unter dem Deckmantel eines sogenannten Gerichtsverfahrens den nichtnationalsozialistisch Gesinnten kaltherzig dem Henker überlieferte. Aus propagandistischen Gründen wurde hier sinnlos mit roher Gewalt ein junges, von hohen Idealen erfülltes Leben zerstört. Die schwerste Prüfung hat er starken Herzens wie ein Held bestanden. Einen Abschiedsbrief zu schreiben ist ihm nicht gestattet worden. Karlroberts letzte Worte galten seinen Angehörigen. Die Eltern, Grand'maman und Rosemarie möchten sich um ihn keinen Kummer machen. Wie schwer diese letzte Prüfung gewesen war, schildert der Gefängnisgeistliche der Strafanstalt Berlin-Plötzensee erschütternd in seinen nach Kriegsende veröffentlichten Erinnerungen:

„Mit Grauen erinnere ich mich an jene schaurige Nacht nach einem Luftangriff, bei dem das Haus in Brand geriet, in dem dreihundert zum Tode Verurteilte gefesselt lagen. Keiner kam durch Bomben zu Tode, aber in der nächsten Nacht wurden einhundertsechsundachtzig in Gruppen zu acht hintereinander erhängt, ohne daß man ihnen Zeit zu einem Abschiedsbrief gelassen hätte, kaum daß uns Geistlichen die Möglichkeit zu einem letzten tröstlichen Wort, zu einem kurzen Gebet verblieb. Unter ihnen befand sich der bekannte rheinische Pianist Karlrobert Kreiten, einer der besten aus unserem jungen Künstlernachwuchs, der für einen landläufigen Witz zum Tode verurteilt war und für den noch ein Gnadengesuch lief. Erst in der Morgenfrühe um 8 Uhr stellten die Henker wegen Übermüdung ihre blutige Arbeit ein, um sie am Abend wieder aufzunehmen.‟

Persönlich ließ uns Pfarrer Buchholz in einem Schreiben wissen:

„. . . diese eine Versicherung kann ich Ihnen geben: Er ist diesen letzten Weg ganz gefaßt und ruhig gegangen, er ist gut gestorben. Leider hatte ich nicht viel Zeit für den einzelnen, aber an Ihren Karlrobert erinnere ich mich besonders gut, weil er mich gleich ansprach und mir der Name Kreiten bekannt war und weil mir sein Schicksal besonders naheging. Darum habe ich mich seiner vor allem angenommen, habe mir seine Wünsche notiert, seine letzten Grüße an die Seinigen, Eltern, Grand'maman und Schwester mitgenommen, habe dann mit ihm Reue und Leid erweckt und ein kurzes Gebet gesprochen und ihn so bereit gemacht für seinen Weg hin zu Gott.‟

Vier Wochen nach der Verkündung des Urteils erhielten wir von der Gerichtskasse Berlin eine Kostenrechnung für die Hinrichtung im Betrag von 639,20 RM zugestellt, die innerhalb von acht Tagen zu bezahlen war.

Sogar Persönlichkeiten, die mit Sinn und Praxis der Parteijustiz vertraut waren, konnten dieses Opfer nicht verstehen. Dafür zeugt ein Brief des Kunstschriftleiters Wilhelm Raupp:

„Mögen Sie sich einigermaßen gefaßt haben, um das Unfaßbar-Schreckliche, das mich bis in die tiefste Seele erschütterte, begreifen und ertragen zu lernen. Karlrobert Kreiten ist mir unvergeßlich als Künstler und als Mensch, und die traurige Veranlassung für die Beendigung eines solchen genialen Lebens wird mir immer unerklärlich bleiben. So will ich ihn, den lieben, bescheidenen Jungen, in meinem Herzen bewahren. Sein Bild hängt über meinem Klavier, und er schaut nun immer auf mich herab, ohne daß es mir je gelingen wird, hinter das Geheimnis seines Ablebens zu kommen, denn ein Geheimnis ist und bleibt es für mich."

Ein Leben, welches das unfaßbare Schöne in sich aufgenommen hatte, war von der Welt, in der es seine Aussage machen sollte, vernichtet worden, um dorthin zu gehen, wo es beheimatet war.

Nachklang

Die weite Welt der Kunst und der Zivilisation hatte die Kunde von dem an Karlrobert Kreiten verübten Verbrechen mit Empörung und Entsetzen aufgenommen und in zahllosen Briefen, ungeachtet der damit verbundenen Gefahr, ihrem Abscheu und ihrer Entrüstung Ausdruck gegeben. Einem Schreiben von Wilhelm Furtwängler entnehme ich:

„... Mit Entsetzen hörte ich über das Schicksal von Karlrobert Kreiten. Im Sommer, als ich zuerst von seiner Verhaftung hörte, habe ich mich sofort mit einem höheren Offizier des Sicherheitsdienstes in Beziehung gesetzt und getan, was mir irgend zu tun möglich war, um auf seine Qualitäten als Künstler und seine, soweit mir bekannt, völlig unpolitische Persönlichkeit hinzuweisen. Und als ich im Sommer Berlin verließ, glaubte ich, wie Sie ja alle auch, daß die ganze Sache eine günstige Wendung genommen hatte. Und dann dies Ende! Ich versichere Ihnen, daß ich Ihren Schmerz mitfühle und teile. Ich erinnere mich sehr gut an die letzten Male, da ich ihn spielen gehört habe. Hier ist eine wirkliche, echte, große Hoffnung begraben worden. Vor allem bitte ich Sie, der armen Mutter, deren Lebensinhalt der Sohn war, zu sagen, wie sehr ich Anteil nehme an diesem Schicksal."

Was aber vermögen Worte menschlichen Trostes? Sie hindern und lindern nicht den Schmerz derer, denen sie gelten. Was vermöchte vor allem dem Leben seiner unglücklichen Grand'maman neuen Halt und Inhalt zu geben?

Wenn Sinn des Lebens Leben des Sinns, also ein geistiges Weiterleben in sich schließt, dann wird auch Karlroberts geniale Kunst sich in einer geistigen Welt zu jener erstrebten vollkommenen Schönheit und Reinheit entfalten, wie sie dem Sterblichen hienieden wohl immer versagt bleiben wird, vielleicht auch versagt bleiben muß.

Die Stadt Düsseldorf ehrte das Andenken von Karlrobert durch die Benennung einer „Kreiten-Straße". Bereits am 21. November 1945, am Buß- und Bettag, veranstaltete die Stadt Düsseldorf zu Ehren von Karlrobert Kreiten eine Gedächtnisfeier. Diese Feier fand im Düsseldorfer Opernhaus statt. Mitwirkend waren das Städtische Orchester unter Leitung von Generalmusikdirektor Heinrich Hollreiser sowie die einheimische Pianistin Trude Fischer. Die Vortragsfolge verzeichnete das Klavierkonzert Es-dur op. 73 von Beethoven und Schuberts „Unvollendete". Auf der Rückseite des Programms war zu lesen:

„Karlrobert Kreiten
wurde am 7. September 1943 in Berlin wegen Beleidigung Adolf Hitlers hingerichtet und in einem Massengrab verscharrt.

Er fiel zum Opfer jenem Ungeist der Unterdrückung, der Treulosigkeit und des Verrats, den die nationalsozialistischen Verbrecher in unserem Volke erweckten. Aus dem Freundeskreis entstand der Judas, der den arglosen Jüngling an die Schergen der Gestapo verriet. Er nahm den Eltern den geliebten Sohn. Uns nahm er den Künstler, eine der großen Hoffnungen aller Kulturfreunde Europas."

Zu Beginn dieser Gedenkfeier sprach Staatsschauspieler Dr. Peter Esser einen von Herbert Eulenberg verfaßten Prolog. In eindrucksvollen Versen gedachte der Dichter seines jungen Freundes. Hedda Eulenberg, die Gattin des Dichters, widmete dem Gedächtnis Karlroberts einen in einer Düsseldorfer Zeitung erschienenen warmherzig empfundenen Nachruf:

„Als ich das versteinernde Entsetzen abgeschüttelt hatte, nach der anfangs unglaublichen Botschaft von dem Verbrechen, das an dir begangen worden war, suchte ich in einer schlaflosen Nacht Trost in dem Gedanken zu finden, daß man wenigstens das Andenken an deine Künstlerschaft lebendig erhalten könne. Und dann sah ich in einem stillen Gebüsch im Hofgarten eine kleine zarte Grabsäule stehen, die deinen Namen trug. Denn so jung du warst, du dientest schon der Stadt, in der du aufgezogen wurdest, zur Zierde. Hier wuchst du auf in der Lehre eines Vaters, der früh deine staunenswerte Begabung erkannte und, selber ein tüchtiger Pädagoge und Musiker, einen großen Teil deiner Ausbildung übernahm und dich mit berechtigtem väterlichem Stolz einer ungewöhnlichen Laufbahn entgegenreifen sah. Du trugst alle Vorbedingungen zu einzigartigen Leistungen auf dem Gebiete der reproduzierenden Musik in dir. Eine angeborene, erstaunliche Begabung des Gedächtnisses und der Hände für die schwierigsten Aufgaben des virtuosen Klavierspiels, die die Meister aller Zeiten und aller Länder den Pianisten gestellt haben, dann auch der nie ermüdende, entsagungsfreudige Fleiß, ein sozusagen dämonischer Fleiß, ohne den solche Spitzenleistungen nie zu erreichen sind, war dein Teil. Dieser Dämon der künstlerischen Besessenheit blitzte einen zuweilen aus deinen klaren braunen Augen an, aus denen im übrigen eine Kindlichkeit und Reinheit sprach, die noch deinen alten Lehrer vom Düsseldorfer Gymnasium, als er einmal mit uns deinem Spiele lauschte, in Rührung versetzte. Er kannte dich genau, der alte würdige Herr, und war mit uns einig in der Schätzung deiner großartigen künstlerischen und liebenswürdigen menschlichen Persönlichkeit, die unauffällig in ihrer eigenen musischen Sphäre wandelte, in die das Gemeine keinen Eingang fand. Auch die banalen Tagesinteressen rührten dich nicht, und es mußte schon der ganze Wahnsinn und die Böswilligkeit einer kranken Umwelt dazukommen, um dir irgendwelche intriganten und verschwörerischen Umtriebe anzudichten. Daß es drei Frauen sein mußten, die dich durch ihr übles Denunziantentum auf den Weg zum Fallbeil stießen, wirft einen Schatten auf unser ganzes

Geschlecht. In Wirklichkeit, lieber Freund, hat dich deine kindliche Reinheit und Unkenntnis der Niedertracht mancher Mitmenschen, die so oft die Begleiterscheinung eines jugendlichen, noch ganz in sich versponnenen Künstlertums sind, dem verbrecherischen Schwerte einer Gesellschaft von Rechtsbeugern und Mördern überliefert, die hier wiederum zeigte, wie tief ihr Kunst und Künstler, die sich nicht als Mittel für ihre dunklen Zwecke hergaben, als Inbegriff der Ordnung und Schönheit dieser Welt verhaßt waren. Selbst die Verteidigung, die deine Mörder doch für die Öffentlichkeit für sich für nötig hielten, vermochte keine Verleumdung an deinen fleckenlosen Namen zu hängen, sie gaben öffentlich zu, daß du ihrer höllischen ‚Pädagogik‘, wie sie ihre fürchterlichen Volkseinschüchterungen nannten, zum Opfer fallen mußtest.

An diese Tatsache wirst du, nun verklärter Geist, dich in deiner seligen Sphäre mit Lächeln erinnern, denn sie war inmitten der Hölle, die uns alle umfing, ein Triumph der Mächte des Guten, deren Ausdruck die Schönheit und die Musik dieser Welt sind, bis sie sich zusammenfinden in dem Reich, in dem du nun wohnst und in dem wir dich wiederzufinden hoffen und auch schon hier wiederfinden und fühlen — im Reich der ewigen Harmonie.‘‘

Auch in vielen anderen Städten sowie im Rundfunk wurde Karlroberts und seines tragischen Schicksals in ehrender Weise gedacht.

Tiefen Eindruck hinterließen vier stimmungsschöne Nachlaßlieder, „Lieder aus der kleinsten Hütte‘‘, die anläßlich einer vom Düsseldorfer „Jugendring‘‘ für Karlrobert Kreiten veranstalteten Gedenkfeier zum Vortrag kamen.

★

Sollten diese kurzen Erinnerungsblätter ein wenig dazu beitragen, das Andenken an Karlrobert Kreiten, den Künstler und Menschen, bei seinen zahlreichen Freunden wach zu erhalten, so haben sie, seien sie auch unzulänglich, ihren Zweck hinlänglich erfüllt.

Der Oberreichsanwalt   Berlin, den   1. September 1943.
beim Volksgerichtshof

2 J 468/43

                                        Haftsache!
                                        Ausländer!

                    Anklageschrift.

Bl. 4   gegen den Pianisten Karlrobert   K r e i t e n   aus
                Düsseldorf, Kochmeßstraße 7, geboren am 26. Juni 1916 in
                Bonn, niederländischen Staatsangehörigen, ledig, nicht be-
                straft,

Bl. 3a/3b   polizeilich festgenommen am 3. Mai 1943 und in dieser
                Sache seit dem 6. Juli 1943 in Untersuchungshaft
                in der Haftanstalt "Zellengefängnis" in Berlin,
Bl. 37/R,40   Lehrter Straße, auf Grund des Haftbefehls des Amts-
                gerichts Berlin von demselben Tage - 709 Gs. 2552/43 -

                    I c h   k l a g e   i h n   a n :

                Er hat in der Zeit vom 14. bis 20.   M ä r z   1943
                in   B e r l i n
                durch eine fortgesetzte Handlung
                    a) öffentlich den Willen des deutschen Volkes
                       zur wehrhaften Selbstbehauptung zu lähmen oder
                       zu zersetzen gesucht;
                    b) vorsätzlich unwahre Behauptungen über die
                       Stimmung der Bevölkerung in Essen und über die
                       DA aufgestellt oder verbreitet;
                    c) gehässige Äußerungen über den Führer, die Reichs-
                       regierung und die deutsche Presse - und Propaganda-
                       politik gemacht;
                       Verbrechen gegen § 5 Ziffer 1 der Ver-
                       ordnung über das Sonderstrafrecht im Kriege
                       und bei besonderem Einsatz (Kriegssonder-
                       strafrechtsverordnung) vom 17. August 1938-
                       RGBl. I S. 1455 -, Vergehen gegen §§ 1 und 2
                       des Gesetzes gegen heimtückische Angriffe

auf Staat und Partei und zum Schutze der
Parteiuniformen vom 20.Dezember 1934 ,
§ 73 StGB.-

Wesentliches Ergebnis der Ermittlungen.

Der Angeschuldigte wohnte in derZeit vom 14. bis
20. März 1943 bei einerFreundin seiner Mutter, der Frau
Ellen O t t - M o n e c k e . Er hatte mit ihr mehrfach am Frühstückstisch und am Abend Unterhaltungen, in
denen er eine Reihe staatsabträglicher Äußerungen tat.

I.   Am 17. März 1943 sprach Frau Ott-Monecke mit dem
Angeschuldigten über die Luftangriffe der Engländer auf
das Reichsgebiet und bemerkte hierbei, daß der letzte Luftangriff auf Berlin doch furchtbar gewesen sei. Der Angeschuldigte antwortete hierauf,

Bl. 16R,23   daß Deutschland zuerst London angegriffen und damit
die Schuld am Luftkriege habe.

Als Frau Ott-Monecke hervorhob, daß wir doch im allgemeinen
nicht zu klagen hätten, und die Luftangriffe tapfer ertragen müßten, zumal die Rheinländer uns ein heroisches
Vorbild gäben, erwiderte er,

Bl. 17,23/R   daß dem nicht so sei; denn in Essen sei der Bela-
gerungszustand verhängt worden und die Bevölkerung
hätte nach "Schluß des Krieges um jeden Preis" geschrieen.

Bei dieser Gelegenheit hielt er ihr auch vor, als sie den
"Völkischen Beobachter" las:

Bl. 17   "Was lesen sie denn da für einen Mist, das ist ja
alles Lug und Trug".

Als sie erwiderte, daß sie das glaube, was die Zeitung
schreibt, bemerkte er:

Bl. 17   "Das ist ja alles Propaganda."

Im weiteren Verlauf des Gespräches gab Frau Ott-Monecke
ihrer Ansicht Ausdruck, daß wir durch diesen Krieg

hin-

hindurch müßten, und daß wir auch alles schaffen würden;
denn sie glaube an den Führer. Der Angeschuldigte erwiderte
hierauf:

Bl.17,23R,24
"Ich glaube auch an den Führer!
"Wissen Sie, was er in "Mein Kampf" geschrieben hat?
Ein zweiter Weltkrieg bedeutet für Deutschland den
Untergang."

11. Am nächsten Morgen erhielt Frau Ott-Monecke von ihrer
Schwester, die zur z.Zt. in Klingenberg/Spessart wohnt,
einen Brief, in dem ihre Schwester schrieb, daß hoffentlich der Krieg noch in diesem Sommer beendet sein würde,
damit auch die Luftangriffe auf die Zivilbevölkerung auf-
Bl.17/R
hören würden.
Bl. 24
Der Angeschuldigte erwiderte darauf:

" Ja, der Krieg ist zu Ende; denn in 2 bis drei Monaten bricht die Revolution in Deutschland aus."

In diesem Zusammenhang bemerkte er weiter:

Bl. 17/R
B. 24
"Ich kann Ihnen nur raten, nehmen Sie die Führerbilder
von den Wänden, denn sonst haben Sie große Unannehmlichkeiten".

Schließlich äußerte er:

Bl. 17R,24
"Der Krieg ist ja längst verloren. Hitler, Göring,
Göbbels, Frick werden einen Kopf kürzer gemacht
werden."

Als Frau Ott-Monecke ihm vorhielt, daß es ja grauenhaft und
furchtbar wäre, was er ihr da alles erzählen würde, entgegnete er:

Bl. 17R
"Ja, wissen Sie denn alles das noch nicht? Kommen
Sie denn vom Mond?"

Als sie ihn fragte, woher er dies alles habe, bemerkte er,
daß er den englischen Sender höre. In diesem Zusammenhange
erwähnte er ferner,

Bl. 17R,24R
daß Heß der einzige Vernünftige gewesen sei, nach
England zu fliegen; diese Tatsache habe er schon 4
Tage eher gewußt.

Im Verlaufe des Gespräches fragte der Angeschuldigte Frau
Bl.17r/18 Ott-Monecke,

> ob sie denn nicht wüßte, daß der Führer krank sei.

Hierbei machte er mit dem rechten Zeigefinger eine Bewegung
an den Kopf. Er fuhr dann fort:

Bl. 24R,30   "Von so einem Wahnsinnigen hängt nun das Geschick
> von Deutschland ab."

Als Frau Ott-Monecke erwiderte, daß es keinesfalls zuträfe,
daß unser Führer krank sei, entgegnete er,

Bl. 18,24R/25   der Führer sei brutal; er wußte, daß ein General
> einmal zu dem Führer gesagt habe, daß er diese
> kindische Kriegsführung nicht mehr mitmache, wobei
> der Führer nur mit den Fingern auf den Tisch ge-
> trommelt habe und der General sei durch eine einzige
> Handbewegung verschwunden gewesen und man habe nie
> wieder etwas von diesem General vernommen.

Frau Ott-Monecke hielt nun dem Angeschuldigten vor, daß der
Führer ein Genie, insbesondere ein großer Staatsmann und
Feldherr sei. Hierauf antwortete der Angeschuldigte,

Bl. 18,25   der Führer habe keine Ahnung von der Kriegsführung,
> von der Musik und mische sich nur in alles hinein;
> alles wolle der Führer besser wissen, aber er ver-
> stünde von nichts etwas.

Wörtlich äußerte er:

Bl. 18,25   "Ja, wenn Hitler den Krieg hätte vermeiden können,
> dann wäre er ein Genie für mich gewesen."

Als Frau Ott-Monecke darauf hinwies, daß der Führer den
Krieg nicht begonnen habe, und der Krieg uns aufgezwungen

worden sei, entgegnete er,

Bl. 18,25   daß Hitler sich aller angeeignet und das Saargebiet,
> Sudetenland und Österreich einverleibt habe; als
> "er" die Tschechei genommen habe, da habe England
> gesagt: "Jetzt aber halt!"

D X

Bl. 19R   "Ach, da stehen wir ja eins gegen hundert."

Schließlich äußerte er:

Bl. 19R   "In Wien will keiner etwas vom Nationalsozialismus
wissen und im Elsaß ist die Bevölkerung durchaus
feindlich gegen uns eingestellt."

Der Angeschuldigte ist im wesentlichen geständig. Soweit er noch bestritten hat, wird er durch die glaubhaften Bekundungen der Frau Ott-Mencke überführt.

Die Äußerungen des Angeschuldigten, daß in zwei bis drei Monaten die Revolution in Deutschland ausbrechen würde, daß der Führer, Göring, Göbbels und Frick einen Kopf kürzer gemacht würden, daß der zweite Weltkrieg für Deutschland den Untergang bedeute, sind geeignet, den Willen des deutschen Volkes zur wehrhaften Selbstbehauptung zu lähmen und zu zersetzen.

Seine Äußerungen, daß Deutschland London zuerst angegriffen, also die Schuld am Luftkrieg habe, über die Verhängung des Belagerungszustandes in Essen, die Bevölkerung hätte nach "Schluß des Krieges um jeden Preis" geschrieen und daß in Düsseldorf oft Schreie und Stöhnen von Leuten aus Kellern zu hören seien, die von der SA gepeinigt werden würden, stellen unwahre Tatsachenbehauptungen dar, die geeignet sind, das Wohl des Reiches und das Ansehen der SA. schwer zu schädigen.

Seine weiteren Bemerkungen richten sich in gehässiger Weise gegen den Führer, gegen die Reichsregierung und ihre Presse- und Propagandapolitik. Sie sind geeignet, das Vertrauen des Volkes zur politischen Führung zu untergraben. Der Angeschuldigte mußte auch damit rechnen, daß seine boswilligen Äußerungen durch Frau Ott-Mencke in die Öffentlichkeit dringen würden.

Bl. 44   Der Reichsminister der Justiz hat durch Erlaß vom
25. August 1943 - IV g 5705/43 - die Strafverfolgung

89

aus § 2 des Heimtückegesetzes angeordnet.

B e w e i s m i t t e l :

I. **Die Einlassungen des Angeschuldigten:**
   Bl. 4/8R, 23/26, 30/31, 37/R;

II. **die Zeugen:**
   1.) Frau Ellen Ott-Moneeke, Berlin W 35, Lützow-Ufer 1:
      Bl. 16/19R, 23/26,
   2.) Kriminalrat Prochnow:
      Bl. 16/19R, 23/26, 30/34.

Ich beantrage,

gegen den Angeschuldigten Karlrobert K r e i t e n die Hauptverhandlung vor dem Volksgerichtshof anzuordnen, die Fortdauer der Untersuchungshaft zu beschließen und ihm einen Verteidiger zu bestellen.

gez. Lautz.

Volksgerichtshof

2 J. 468/43

Berlin W 9, den 3.9.43

An
die Untersuchungshaftanstalt Alt-Moabit

in Berlin

Der Untersuchungshäftling *Kristen, Andreas*

aus _____ geboren am ~~XXXXX~~

in _____ Gef.-Buch-Nr. 530/43

ist heute zum *Tode* _____ verurteilt worden.

Untersuchungshaft ~~wurde angerechnet~~. Die bürgerlichen

Ehrenrechte sind ihm auf ~~die Dauer von~~ *Lebenszeit* ~~Jahren~~ aberkannt.

Das Urteil ist rechtskräftig.

Die ~~Anklage~~schrift wurde im Termin abgenommen.

~~als Senatspräsident~~ *Landgerichtsdirektor* .

als Urkundsbeamter der Gerichtsstelle.

C 3601. — VII.43 Termin Volksgericht

Benachrichtigung der Untersuchungshaftanstalt Alt-Moabit über das erfolgte Todesurteil.

- 2 -

G r u n d e :

Karl Robert K r e t l e n, nächtigte, als er im
März d Js. in Berlin ein Konzert gab, mehrere Tage bei der
Jugendfreundin seiner Mutter, der Vg. Frau Ott-Monecke,
einer gläubigen Nationalsozialistin. Als Gast saß er öfters
beim Frühstück und Abendessen mit ihr zusammen.

Dabei tat er die unglaublichsten Äußerungen, die ein
schwerer Angriff auf die Gläubigkeit seiner Gastgeberin waren. Der Zusammenhang seiner Reden ist freilich nicht mehr
feststellbar, weil es sich um verschiedene Male handelte.
Aber einzelne markante und charakteristische Sätze stehen
doch fest.

So sagte er ihr, der Führer sei krank und einem solchen " Wahnsinnigen " sei nun das deutsche Volk ausgeliefert!
Wenn anderswo einem Staatsmann so etwas wie Stalingrad passiert wäre, wäre er längst abgesetzt. Der Führer sei brutal,
so als er einen General abgesetzt habe, weil der ihm gesagt
habe, er mache " diese naive Kriegführung nicht mehr mit ".
In zwei bis drei Monaten werde Revolution sein, und dann
würden " der Führer, Göring, Goebbels und Frick einen Kopf
kürzer gemacht ". Die Zeugin solle nur ihr Führerbild wegtun, sonst werde sie bald Unannehmlichkeiten haben !!!

Das alles und noch mehr, wie z. B., daß der Führer
das Saargebiet, den Sudetengau, Österreich, " sich angeeignet " habe und daß er " das Münchener Abkommen gebrochen "
habe, gibt Kretten als seine Äußerungen zu. Er will sich
damit entschuldigen, er habe all dies nur als Gerücht gesagt und um Frau Ott-Monecke als Parteigenossin, weil sie
politisch so unwissend sei und gar nichts von den Gerüchten,
die man so auf der Bahn höre, wisse, zu ärgern. Als ob ein
Unterschied zwischen solch massierter Behauptung derartiger
Gerüchte und ihrer Aufstellung als Tatsachenbehauptung wäre!
Denn er selbst sagt, daß er Frau Ott-Monecke gegenüber

...lung diesen Berichten nicht entgegengetreten sei, weil
...eine andere Meinung doch selbstverständlich sei !!! Und was
...ist, es mehr als eine dumme Ausrede, er habe Frau Ott-Monecke
...nur als Parteigenossin ärgern wollen, zumal wenn man bedenkt,
daß er selbst Parteianwärter ist.

Nein, was er getan hat, ist ein schmutziger Angriff auf die Gläubigkeit einer deutschen Volksgenossin. Er hat
damit öffentlich unsere Kraft zu mannhafter Selbstbehauptung
in unserem Schicksalskampf angegriffen (§ 5 KSSVO). Öffentlich, denn jeder muß damit rechnen, daß ein deutscher Volksgenosse, der so etwas hört, das, wie es Frau Ott- Monecke auch
getan hat, der nächsten zuständigen Stelle in Partei oder Staat
weitergibt. Öffentlich auch deshalb, weil unser nationalsozialistisches Reich will, daß sich jeder Volksgenosse mit Politik
befaßt, und weil deshalb, was politisch ausgesprochen wird, einen
Teil des politischen Gedankenfundus unseres Volkes bildet, zum
Guten oder, wie bei dieser Handlungsweise Kreitens, zum Schlechten. Wer so, wie Kreiten handelt, tut darüber hinaus gerade das,
was unsere Feinde möchten; er macht sich zu ihrem Handlanger in
ihrem Nervenkrieg gegen die Haltung unseres Volkes (§ 91 b StGB).

Dieses schwere Verbrechen wird in nichts dadurch
gemildert, daß der Angeklagte - obwohl in Deutschland geboren
und aufgewachsen - holländischer Bürger ist, weil sein Vater
Holländer ist. Um so weniger, als Kreiten selber sich als Deutscher betrachtet; denn er hat ja vor einigen Jahren um seine
Aufnahme in die NSDAP gebeten.

Man braucht gar nicht noch hinzuzufügen, daß er -
wie er bestreitet - nach Frau Ott- Moneckes glaubwürdiger Aussage aber feststeht - sich sogar zu der Erklärung versteig, die
Engländer müßten nicht alle paar Nächte einmal einen Großangriff
machen, sondern jede Stunde ein paar Bomben abwerfen; dann würden wir schneller mürbe !!! Auch ist nicht nötig, zum Beweis
seiner geistigen Verfassung darauf hinzuweisen, daß er in der
Voruntersuchung dem Polizeibeamten ein paar Liter Sonnenblumenöl
versprochen hat, wenn er seine Sachtschnell- ... natürlich
zu seinen Gunsten - erledige.

Es genügt ohnedies. Ein solcher Mann hat sich für uns ehrlos gemacht. Er ist in unserem jetzigen Ringen – trotz aller beruflicher Leistungen als Künstler – eine Gefahr für unseren Sieg : Er muß zum Tode verurteilt werden. Denn unser Volk will stark und einig und ungestört unserem Siege entgegenmarschieren.

Als Verurteilter muß Kreiten die Kosten tragen.

gez. Dr. Freisler   Stler.

Gründe

Karl Robert K r e i t e n nächtigte, als er im März d. Js. in Berlin ein Konzert gab, mehrere Tage bei der Jugendfreundin seiner Mutter, der Vg. Frau Ott-Monecke, einer gläubigen Nationalsozialistin. Als Gast saß er öfters beim Frühstück und Abendessen mit ihr zusammen.

Dabei tat er die unglaublichsten Äußerungen, die ein schwerer Angriff auf die Gläubigkeit seiner Gastgeberin waren. Der Zusammenhang seiner Reden ist freilich nicht mehr feststellbar, weil es sich um verschiedene Male handelte. Aber einzelne markante und charakteristische Sätze stehen doch fest.

So sagte er ihr, der Führer sei krank und einem solchen »Wahnsinnigen« sei nun das deutsche Volk ausgeliefert!!! Wenn anderswo einem Staatsmann so etwas wie Stalingrad passiert wäre, wäre er längst abgesetzt. Der Führer sei brutal, so als er einen General abgesetzt habe, weil der ihm gesagt habe, er mache »diese naive Kriegsführung nicht mehr mit«. In zwei bis drei Monaten werde Revolution sein, und dann würden »der Führer, Göring, Goebbels und Frick einen Kopf kürzer gemacht". Die Zeugin solle nur ihr Führerbild wegtun, sonst werde sie bald Unannehmlichkeiten haben!!!

Das alles und noch mehr, wie z. B., daß der Führer das Saargebiet, den Sudetengau, Österreich, »sich angeeignet« habe und daß er »das Münchener Abkommen gebrochen« habe, gibt Kreiten als seine Äußerungen zu. Er will sich damit entschuldigen, er habe all dies nur als Gerücht gesagt und um Frau Ott-Monecke als Parteigenossin, weil sie politisch so unwissend sei und gar nichts von den Gerüchten, die man so auf der Bahn höre, wisse, zu ärgern. Als ob ein Unterschied zwischen solch massierter

Behauptung derartiger Gerüchte und ihrer Aufstellung als Tatsachenbehauptung wäre! Zumal er selbst sagt, daß er Frau Ott-Monecke gegenüber allerdings diesen Gerüchten nicht entgegengetreten sei, weil eine andere Meinung doch selbstverständlich sei!!!

Und was heißt es mehr als eine dumme Ausrede, er habe Frau Ott-Monecke nur als Parteigenossin ärgern wollen, zumal wenn man bedenkt, daß er selbst Parteianwärter ist. Nein, was er getan hat, ist ein schmutziger Angriff auf die Gläubigkeit einer deutschen Volksgenossin. Er hat damit öffentlich unsere Kraft zu mannhafter Selbstbehauptung in unserem Schicksalskampf angegriffen (§ 5 KSSVO). Öffentlich, denn jeder muß damit rechnen, daß ein deutscher Volksgenosse, der so etwas hört, das, wie es Frau Ott-Monecke auch getan hat, der nächsten zuständigen Stelle in Partei und Staat weitergibt. Öffentlich auch deshalb, weil unser nationalsozialistisches Reich will, daß sich jeder Volksgenosse mit Politik befaßt, und weil deshalb, was politisch ausgesprochen wird, einen Teil des politischen Gedankenfundus unseres Volkes bildet, zum Guten oder, wie bei dieser Handlungsweise Kreitens, zum Schlechten. Wer so wie Kreiten handelt, tut darüber hinaus gerade das, was unsere Feinde möchten; er macht sich zu ihrem Handlanger in ihrem Nervenkrieg gegen die Haltung unseres Volkes (§ 91 b StGB). Dieses schwere Verbrechen wird in nichts dadurch gemildert, daß der Angeklagte – obwohl in Deutschland geboren und aufgewachsen – holländischer Bürger ist, weil sein Vater Holländer ist. Um so weniger, als Kreiten selber sich als Deutscher betrachtet, denn er hat ja vor einigen Jahren um seine Aufnahme in die NSDAP gebeten.

Man braucht gar nicht noch hinzuzufügen, daß er – wie er bestreitet – nach Frau Ott-Moneckes glaubwürdiger Aussage aber feststeht – sich sogar zu der Erklärung verstieg, die Engländer müßten nicht alle paar Nächte einmal einen Großangriff machen, sondern jede Stunde eine Bombe abwerfen; dann wären wir schneller mürbe!!! Auch ist nicht nötig, zum Beweis seiner geistigen Verfassung darauf hinzuweisen, daß er in der Voruntersuchung dem Polizeibeamten ein paar Liter Sonnenblumenöl versprochen hat, wenn er seine Sache schnell – auch natürlich zu seinen Gunsten – erledigt. Es genügt ohnedies. Ein solcher Mann hat sich für immer ehrlos gemacht. Er ist in unserem jetzigen Ringen – trotz aller beruflicher Leistungen als Künstler – eine Gefahr für unseren Sieg. Er muß zum Tode verurteilt werden. Denn unser Volk will stark und einig und ungestört unserem Siege entgegenmarschieren.

Als Verurteilter muß Kreiten die Kosten tragen.

gez. Dr. Freisler   Stier.

Strafgef. Plötzensee

Eingeliefert — Uhr

am 7. 9. 19 43   Uhr
von:

(Rufname)   (Familienname)

A 1

Gefangenenbuch-
nummer:

geb. am 26. 6. 70   Bonn
bei: Beruf:
Bekenntnis: Wohnung:
Zuletzt polizeilich gemeldet:
Ruf- und gegebenenfalls Geburtsname des Ehegatten:
Zahl der Kinder:

Unterbringung:

Vorstrafen usw.:
× Zuchthaus,
× Gefängnis,
× Haft,
× Geldstrafe,
× Sicherungsverwahrung,
× Arbeitshaus,
× Unterbringung in Heil-
   und Pflegeanstalt,
× Unterbringung in
   Trinkerheilanstalt.
Letztmalig entlassen im Jahre:

in:

Name und Wohnung des nächsten Angehörigen (Eltern, Ehegatte usw.):

Verteidiger:

Tatgenossen:

Vollstreckungs-behörde oder sonstige um Aufnahme ersuchende Behörde Geschäftszeichen	Straf-entschei-dung usw.	Straftat -Tatverdacht-	a) Art und soweit mög-lich Dauer bzw. Höchst-dauer der einzu-treffenden Strafe, Maßregel der Sicherung u. Besserung oder sonstigen Freiheitsentziehung b) Anzurechnende Untersuchungshaft	Straf- oder Verwahrungszeit Beginn Tag und Tageszeit	Ende Tag und Tageszeit	Neues Ende der Straf- oder Verwah-rungszeit Tag und Tageszeit	Austritts-tag und Tageszeit	Grund des Austritts
Volksgericht hof 2.7.43			Todesstrafe	Uhr Min.	Uhr Min.	Uhr Min.	Uhr Min.	
				Uhr Min.	Uhr Min.	Uhr Min.	Uhr Min.	
				Uhr Min.	Uhr Min.	Uhr Min.	Uhr Min.	

Vermerke:

Urteil rechtskräftig seit: 19   Uhr

Am 7./9. 43 hingerichtet

Die Einlieferung am 7. 9. 1943 in das Strafgefängnis Plötzensee

VollzO. A 29 Aufnahmebogen A 1.
Din A 4 d 210×297 mm weiß.

Frau Emmy Kreiten

Berlin, den 11.September 1943.

An den Vorstand des Strafgefängnisses

Berlin-Plötzensee
Königsdamm.

> Gefängnis Plötzensee
> in Berlin
> Eing 13.SEP.1943
> B.Nr.
> Anl. . Bd Akt

Betr.: Strafsache gegen meinen Sohn Karlrobert Kreiten,
Aktenzeichen des Volksgerichtshofs:
2 J 468/43.
1 L 74/43.

Mein Sohn Karlrobert Kreiten hat sich im dortigen
Gefängnis bis zu der am 7.9.43 stattgefundenen Urteilsvollstreckung befunden.
Ich bitte um Aushändigung seiner Kleidungsstücke ur
persönlichen Gegenstände nebst Briefschaften. Die Sendun
bitte ich zu richten an folgende Adresse:

Obermodern (Unterelsaß)

Adolf Hitlerstr.175.

Heil Hitler !

Frau Emmy Kreiten

Brief der Mutter, Emmy Kreiten

Zum Tode verurteilt
Wegen Feindbegünstigung

Drahtbericht   Düsseldorf, 15. September

Am 7. September 1943 ist der 27 Jahre alte
Pianist Karl-Robert Kreiten aus Düsseldorf
hingerichtet worden, den der Volksgerichtshof wegen Feindbegünstigung und Wehrkraftzersetzung
zum Tode verurteilt hat.

Kreiten hat durch übelste Hetzereien, Verleumdungen und Uebertreibungen eine Volksgenossin in
ihrer treuen und zuversichtlichen Haltung zu beeinflussen versucht und dabei eine Gesinnung an
den Tag gelegt, die ihn aus der deutschen Volksgemeinschaft ausschließt.

Zeitungsausschnitt vom 15. 9. 1943

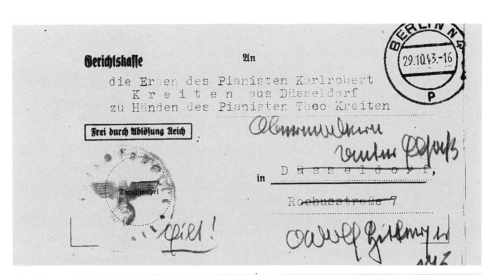

Gerichtskasse　　　　An

die Erben des Pianisten Karlrobert
K r e i t e n aus Düsseldorf
zu Händen des Pianisten Theo Kreiten

Frei durch Ablösung Reich

in　D ü s s e l d o r f ,

Rochusstraße 7

Reichs-　　　gericht
— Staatsanwaltschaft beim Volksgerichtshof
Geschäftsnummer:　　2 J 468/43

I.　Kostenrechnung

in der　S t r a f -　　　Sache　./. Kreiten
wegen Wehrkraftzersetzung

Lfd. Nr.	Gegenstand des Kostenansatzes und Hinweis auf die angewandte Vorschrift	Wert des Gegenstandes RM	Es sind zu zahlen	
			RM	Rpf
1	2	3	4	
	A. Gebühr gemäß §§ 49,52 d.GGK.................		300	--
	B. Bare Auslagen :			
	Postgebühren gemäß § 72 $\frac{1}{}$ d.GKG.........		--	12
	Gebühr gemäß § 72$\frac{6}{}$ d.GKG für den als Pflichtvertei- diger gewesen Rechtsanwalt Dr.Schwarz in Berlin.............		122	40
	Haftkosten gemäß § 72$\frac{9}{}$ d.GKG............. f.d.Zeit vom 6.7.-7.9.43 = 63 Tage zu 1,50 RM.....		94	50
	Kosten der Strafvollstreckung		122	18
			RM 639	20

Kostenrechnung vom 29.10.1943 an die Angehörigen

Plötzlich hatte es der Henker sehr eilig

Die Affäre Höfer kommt vor Gericht, der Fall Karlrobert Kreiten blieb ungelöst: Fragen und vorläufige Antworten zum Sterben des Pianisten

Warum wird über das Leben und Sterben des Pianisten Karlrobert Kreiten berichtet? Weil unter Werner Höfers Namen im Berliner »12-Uhr-Blatt« das Terrorurteil gegen Kreiten »gerechtfertigt« wurde und nun ein Gericht befaßt ist, Höfers Schuld, Mitschuld oder Unschuld an dieser publizistischen »Hinrichtung« zu klären? Dies allein ist kein hinreichender Grund. Eher gilt die Mahnung, die der Tscheche Julius Fučik, ein Schicksalsgefährte Kreitens, in einer »Reportage unter dem Strang« niedergeschrieben hat: »Vergeßt die Toten nicht. Sammelt geduldig die Zeugnisse über die Gefallenen. Ich möchte, daß man weiß, daß es Menschen waren, die ihren Namen, ihr Gesicht, ihre Sehnsucht und ihre Hoffnung hatten.« Wenn außerdem hier versucht wird, einige merk-würdige Umstände von Kreitens Sterben genauer zu beschreiben, Antworten, vorläufige Antworten auf viele Fragen zu finden, dann deshalb, weil sich in der Schilderung eine totale Perversion des Rechts offenbart. Justitia war die Binde von den Augen gerissen, sie war der Waage beraubt, sie schwang das Schwert.

Karlrobert Kreiten starb am 7. September 1943 in Berlin-Plötzensee. Über das Zustandekommen des Vollstreckungsauftrags liegt eine Meldung des Oberreichsanwalts beim Volksgerichtshof an den Reichsminister der Justiz vor. Eine solche Meldung ist ungewöhnlich. Was wog schon ein Leben – damals? Das Schreiben des Oberreichsanwaltes läßt erkennen, daß eine Untersuchung stattgefunden hat. »Auf Grund der im Laufe des Nachmittags des 7. September 1943 (in Plötzensee) eingegangenen Aufträge«, schrieb der oberste Vertreter der obersten Anklagebehörde, habe er eine Liste derjenigen Insassen der Strafanstalt Plötzensee anlegen lassen, die hinzurichten seien. Diese Liste »ist im Verlauf des Abends durch die Hinzufügung des Namens des verurteilten Kreiten (2 J 408/43) ergänzt worden, dessen Hinrichtung nach einer mir fernmündlich übermittelten Weisung des Herrn Ministers alsbald zu erfolgen hatte«.

Die Vollstreckungsbehörde rechtfertigte ihr Tun also damit, daß sie »nur« einen telefonisch erteilten Auftrag des Ministers ausgeführt habe. Und da der Minister die Hinrichtung »alsbald« angeordnet habe, sei Eile geboten gewesen, sei Karlrobert Kreiten »alsbald«, noch am späten Abend des 7. September 1943, erhängt worden. Warum eigentlich wollte der Justizminister einen Vorgang untersucht wissen, den er nach der Meldung des Oberreichsanwaltes selbst angeordnet hatte? Vermutlich, weil er seinerseits Rechenschaft abzulegen hatte. Wem? Das konnte nur die Reichskanzlei sein. Die Reichskanzlei nämlich hatte am Morgen des 8. September 1943 Kreitens Eltern, die sich fieberhaft um eine Begnadigung des Sohnes bemühten, signalisiert, daß man die Akten angefordert habe und die Vollstreckung des Urteils vorläufig ausgesetzt sei. Aber als bei Angehörigen und Freunden Hoffnung jäh aufflammte, war Karlrobert Kreiten seit einigen Stunden tot. War das der Grund, warum der Oberreichsanwalt sich vor dem Justizminister und dieser sich vor der Reichskanzlei rechtfertigen mußte? Vieles spricht dafür.

Es hat parallel zur Untersuchung des Falles Kreiten eine zweite Untersuchung stattgefunden. In der gleichen Nacht, in der Kreiten starb, waren auch Erich Perbrandt, Richard Buchwald und Erich Buchin zum Galgen geführt worden. »Aus Versehen«, wie es lapidar in dieser zweiten Untersuchung hieß, die allerdings nicht der Oberreichsanwalt, sondern der Generalstaatsanwalt beim Kammergericht Berlin führen ließ. Es wurde festgestellt: »Dem Verwaltungsoberinspektor Schultz« (er trat seinen Dienst um 22.15 Uhr an) »war erklärt worden, daß zuerst bei den vom Volksgerichtshof Verurteilten die Vollstreckung erfolgen sollte. Aus im einzelnen nicht näher erklärten Gründen nahm Schultz irrtümlich an, daß bei *allen* vom Volksgerichtshof Verurteilten eine Vollstreckung erfolgen sollte. Er nahm die Liste, in der der Strafanstaltshauptwachtmeister Fichte handschriftlich die Namen derjenigen Gefangenen vermerkt hatte, die am Vormittag des 7. September hinzugekommen und die aus diesem Grund in der Liste ursprünglich nicht aufgeführt waren, und versah die vom Volksgerichtshof Verurteilten mit einem roten V. G.

Diese Verurteilten stellte dann Schultz von sich aus zu einem Transport mit anderen Verurteilten zusammen und ließ sie dem die Vollstreckung leitenden Beamten vorführen. Dieser ließ nun, in der Annahme es handele sich um Verurteilte, bei denen ein Vollstreckungsurteil vorlag, die Vollstreckung vornehmen. »Eine Verhütung von Irrtümern«, so ist wörtlich in diesem Dokument des Generalstaatsanwaltes, das in bürokratisch verhüllender Form einen dreifachen Justizmord beschreibt, zu lesen »wäre wohl nur vermieden worden, wenn die Vollstreckung nur auf Grund eines besonderen schriftlichen Auftrags des Staatsanwaltes Stolz für jeden einzelnen Gefangenen erfolgt wäre. Mit Rücksicht auf die große Eilbedürftigkeit der Vollstreckung und der sonstigen Begleitumstände ist offenbar von diesen Sicherungsmaßnahmen Abstand genommen worden. Aus der gegebenen Sachlage heraus möchte ich in dieser Unterlassung eine Pflichtverletzung nicht herleiten.« Der alte Rechtsgrundsatz, es sei besser, einen Schuldigen straffrei zu lassen als einen Unschuldigen zu bestrafen, war längst in sein Gegenteil verkehrt. Was aber hat die »versehentliche« Hinrichtung Perbrandts, Buchins und Buchwalds mit Kreitens Tod zu tun? Nun – aus dem Untersuchungsbericht ergibt sich, daß die drei am Morgen des 7. September 1943 nach Plötzensee gebracht worden waren. Wann aber war Karlrobert Kreiten dort eingeliefert worden?

Es gibt nur zwei Möglichkeiten: Entweder am Abend des 3. September, dem Tag, an dem (nachmittags?) die Verhandlung vor dem Volksgerichtshof stattgefunden und Freisler das Todesurteil gefällt hatte; bis dahin war Kreiten in Moabit inhaftiert. Oder am Morgen des 7. September. Am 4., 5. und 6. September fanden nämlich in Plötzensee keine Neueinweisungen statt, weil die Strafanstalt in der Nacht zum 4. September von Bomben getroffen und gerade das Haus, in dem die zum Tode Verurteilten einsaßen, zu Schaden gekommen war. Wenn aber Kreiten mit Perbrandt, Buchwald und Buchin nach Plötzensee gebracht worden war, dann dürfte für ihn, wie für die anderen, kein Vollstreckungsauftrag vorgelegen haben. Die Tatsache, daß für Kreiten ein eigener Untersuchungsbericht mit Angaben, die sich von dem Untersuchungsbericht des Generalstaatsanwaltes unterscheiden, erstattet worden ist, läßt sich erklären: Die Reichskanzlei hatte angefragt. Man konnte nicht wissen, was dahinter steckte. Man wollte, durfte um der eigenen »Sicherheit« willen nicht zugeben, daß Kreiten wie die anderen »aus Versehen«, »irrtümlich« hingerichtet worden war. Die angebliche telefonische Weisung des Ministers – was für ein Interesse könnte er an einer »alsbaldigen« Hinrichtung gehabt haben? – könnte eine Ausrede gewesen sein, eine kaum zu verifizierende Ausrede übrigens, weil an diesem Abend und in dieser Nacht nahezu pausenlos zwischen Plötzensee und dem Justizministerium telefoniert wurde. In den Fällen Buchin, Buchwald und Perbrandt konnte man die »Wahrheit« sagen , brauchte man nichts zu verschleiern. Nach ihnen fragte niemand; sie waren, anders als Karlrobert Kreiten, nicht »prominent«.

Karlrobert Kreiten war ein sehr begabter und trotz seiner Jugend – er wurde in der Haft 27 Jahre alt – sehr bekannter Pianist. Der Kölner Musikpädagoge Herbert Eimert urteilte über ihn:

»Wer ihn gehört hat, der weiß, daß er ein pianistisches Phänomen war, wie es jede Generation nur in ganz wenigen Exemplaren hervorbringt. Mit 15 hat er die Paganini-Variationen von Brahms so vollendet gespielt wie mit 25. Der 17jährige wurde im (Kölner) Gürzenich unter Abendroth mit dem Es-Dur-Konzert von Liszt so stürmisch gefeiert wie nur einer der Großen. Mit Gieseking teilte er das unerklärliche Pianistengeheimnis, daß er nicht zu üben brauchte. Wenn er innerhalb einer Woche in vier verschiedenen Städten vier verschiedene Konzerte spielte, so war das natürlich eine gewaltige, mit äußerstem Training verbundene Arbeit und Anstrengung. Aber er hat immer nur an seinen Konzerten und Vortragsstücken gearbeitet, nie hat er Klavierübungen um ihrer selbst willen betrieben. Er hatte intuitiv im Griff und in den Fingern, was für andere der mühselige gradus ad parnassum ist. Das war seine einzigartige Begabung.«

Dieser Pianist war denunziert worden. Er hatte im März 1943 in einem Gespräch mit einer alten Bekannten seiner Mutter, bei der er nach einem Bombenschaden in Berlin Zuflucht und Unterkunft gefunden hatte, keinen Hehl aus seiner Meinung gemacht, daß der Krieg verloren sei. Er hatte Hitler einen Wahnsinnigen genannt, dessen Verbrechen sich das Volk nicht mehr lange bieten lassen werde. Kreitens Gastgeberin war schockiert. Sie suchte ihrer Verwirrung Herr zu werden in einem Gespräch mit zwei Mitbewohnerinnen des Hauses, beide engagierte Nationalsozialistinnen. Die beiden veranlaßten sie zu einer Meldung an die Reichsmusikkammer. Diese verfügte wohl, ohne dies gegenüber Kreiten publik zu machen, daß dessen Berliner Konzert vom 23. März in den Zeitungen totgeschwiegen wurde (nur für die »Illustrierte Nachtausgabe« kam die Weisung zu spät) und daß der Pianist einer Einladung nach Florenz nicht folgen konnte.

Kreiten registrierte einen Klimawechsel ihm gegenüber; er war beunruhigt. Als aber für Anfang Mai ein Konzert in Heidelberg angesetzt war, verloren sich seine unheilvollen Ahnungen. Die Ankündigung des Heidelberger Konzertes aktivierte die Berliner Frauen. Die beiden Funktionärinnen zwangen Kreitens vormalige Gastgeberin, die sich zunächst sträubte, zu einer Meldung an das Propagandaministerium und, schlimmer noch, bei der Geheimen Staatspolizei. Kreiten wurde in Heidelberg verhaftet, später in das Gestapo-Gefängnis in der Prinz-Albrecht-Straße in Berlin gebracht und schließlich der Justiz überantwortet. Vor dem Volksgerichtshof angeklagt, wurde er wegen Wehrkraftzersetzung und Feindbegünstigung zum Tode verurteilt. Die Verhandlung fand am 3. September völlig überraschend statt; kein Verteidiger war informiert, kein Angehöriger benachrichtigt. Im »Mordregister« – einer Kartei beim Reichsminister der Justiz, in der seit der Reichsgründung die Namen der Hingerichteten verzeichnet wurden und die ihren Namen bekommen hatte, weil die Todesstrafe in der Regel nur Mörder traf – in diesem »Mordregister«, dessen Name außerdem in nationalsozialistischer Zeit einen makabren Doppelsinn gewonnen hatte, ist Kreiten unter K 1786 eingetragen. Das heißt, daß vor ihm 1785 Männer oder Frauen hingerichtet worden waren, deren Nachnamen mit K beginnen. In die Rubrik »Bemerkungen« dieses Registers trug ein Beamter des Justizministeriums ein: »Der Verurteilte hat durch übelste Hetzreden, Verleumdungen und Übertreibungen eine Volksgenossin in ihrer Treue und zuversichtlichen Haltung zu beeinflussen versucht und dabei eine Gesinnung an den Tag gelegt, die ihn aus der deutschen Volksgemeinschaft ausschließt.« Ungewöhnlich aber ist wiederum, daß die »Bemerkung« im Mordregister später gestrichen und durch die lapidare Fassung ersetzt wurde: »Der Verurteilte hat im März 1943 defätistische Hetzreden geführt.«

Ein Grund ist nicht erkennbar, es sei denn, die Justiz habe nachträglich richtigstellen wollen, daß Kreiten nicht der »deutschen Volksgemeinschaft« zugehörig war, da er, obwohl in Bonn geboren und in Düsseldorf aufgewachsen, wie sein Vater niederländischer Staatsbürger war. Er war daher auch nicht, wie manche vermutet haben, zur Betreuung der »Heimatfront« vom Wehrdienst freigestellt; er war nicht wehrpflichtig.

Kreitens Unglück war es, daß sein Prozeß, die Verurteilung, die Überstellung nach Plötzensee in eine Zeit fielen in der die übliche Hektik im Justizministerium in Hysterie ausartete. Der Minister hatte Angst. Im August 1943 hatte Hitler sein Mißfallen geäußert, daß im Reich mehr als 900 Todesurteile nicht vollstreckt seien, und dies bei zunehmender Luftkriegsgefahr. Tatsächlich wurde in der Nacht zum 4. September die Strafanstalt Plötzensee von Fliegerbomben getroffen. Im Ministerium fürchtete man um die »Sicherheit« der rund 300 zum Tode verurteilten Gefangenen, die dort einsaßen. Man sah nur einen Ausweg: die beschleunigte Hinrichtung. Auf die normale Weise war sie nicht möglich. Das Fallbeil war aus der Bettung gerissen; die Reparatur würde eine Woche dauern. So viel Zeit hatte man nicht. Man dachte daran, die Gefangenen auf Schießständen der Wehrmacht zu erschießen.

Es kam anders. Bausachverständige hatten die Stabilität der Wände im Hinrichtungsraum festgestellt. Sie waren jedenfalls fest genug, um die Hängevorrichtung zu halten. Der Scharfrichter Roettger und seine Gehilfen wurden nach Plötzensee zitiert. Die Urteile sollten durch Erhängen vollstreckt werden.

Am Morgen des 8. März waren 186 Häftlinge tot, jeweils in Gruppen zu acht aufgehängt. *Walter Loch*

Karlrobert Kreiten zum Andenken

Von Herbert Eulenberg

Von allen Opfern, die gefallen sind
In diesen dunklen unheilvollen Zeiten,
Sollst Du, halb Jüngling schon und halb noch Kind,
Nicht in die Vergessenheit entgleiten.

Karlrobert Kreiten. Dieser Name sei
Auf ewig diesen Schuften angekreidet,
Die an der Angst und dem Verzweiflungsschrei
Der Armen, die sie trafen, sich geweidet.

Was war denn Dein Verbrechen, Deine Schuld?
Nur ein paar Worte, die in Freundeskreise,
— Du glaubtest Dich umringt von Frauenhuld —
Du fallen ließt in scherzhaft leichter Weise.

Zwar trafen sie des Unholds Majestät,
Der unser Volk in Not und Tod getrieben,
Um den Millionen Deutsche hingemäht
Ruhmlos auf blutbefleckter Walstatt blieben.

Doch darum, weil Du ihn als das benannt,
Als Teufel, der an Größenwahn erkrankte,
Wardst Du verschleppt von roher Büttelhand,
Und all Dein Glauben an das Gute wankte.

Drum riß man Dich aus jener holden Welt
Des Wohlklangs fort, in der Du liebend weiltest.
Drum wardst Du rasch vor ein Gericht gestellt,
Der mit Musik Du jedes Leiden heiltest.

Und wurdest hingerichtet, wie man nur
Verbrecher tötet, die sich schwer vergangen,
Nach mancher Marter, die Dir widerfuhr,
Und schwarzer Nacht, verbracht mit Angst und Bangen.

Um Deinen Tod allein verdienten sie,
Die Henkersknechte, die Dich hingeschlachtet,
Daß man in Ewigkeiten nie verzieh,
Wie sie die Menschlichkeit gering geachtet.

Ein Meister, der das Größte noch versprach
In seiner Kunst, hat man Dich ausgestrichen,
Als wärst Du nichts. Zu Deiner Henker Schmach
Bist Du, uns unersetzlich, früh verblichen.

Was können wir Dir geben? Unser Dank
Kann Dich in jener Welt nicht mehr erreichen,
In die Dein Leben, kaum erblüht, versank,
So jung Du warst, kaum gab es Deinesgleichen.

Doch in dem Reich der Töne wachst Du auf,
So ist es uns, so wollen wir Dich wecken,
So steigst Du aus dem Kerkergrab herauf
Und schüttelst ab die Schmerzen und die Schrecken.

So bist Du bei uns. Zwar Du lächelst nicht
Wie einstmals, wenn Du für den Beifall danktest,
Erhellt vom Jubel wie vom Rampenlicht,
Und vom Erfolg berauscht nach Hause schwanktest.

Doch klagst Du auch nicht mehr. Nein. Wie verklärt
Glüht es um Deine kindlich reinen Züge,
Weil jeder Gram im Jenseits still verjährt.
Hier unten trugst Du Leiden zur Genüge.

Dein Geist umschwebt uns heut bei jedem Klang,
Den die Musik erhebt zu Deinen Ehren.
Wir denken Deiner unser Leben lang,
Im Wohllaut wirst Du stets uns wiederkehren.

Fluch Deinen Richtern. Fluch dem Folterknecht,
Der grausam Dich aufs Blutgerüst gebunden.
Fluch allen, die es beugten, unser Recht,
Die Deutsche je geschlagen und geschunden.

Die schöne Kunst, der Du gedient, umfängt
Dich freudevoll zu Deinem Angedenken.
Wir fliehn mit Dir der Zeit, die uns umdrängt,
Ins Ewig Selige uns zu versenken.

„Karlrobert Kreiten war eines der größten Klaviertalente, die mir persönlich begegnet sind. Wäre er nicht durch das Nazi-Regime kurz vor Kriegsende hingerichtet worden, so hätte er, ohne Zweifel, seinen Platz als einer der größten deutschen Pianisten eingenommen. Er bildete die verlorene Generation, die fähig gewesen wäre, in der Reihe nach Kempff und Gieseking zu folgen."

Claudio Arrau in einem Brief an den Bremer Musikjournalisten Hartmut Lück vom 18. März 1983

Karlrobert Kreiten wurde am 7. September 1943 in der Strafanstalt (Ort der heutigen Gedenkstätte) Berlin-Plötzensee mit 185 weiteren Verurteilten hingerichtet.

In der Vollzugsmeldung an den NS-Reichsjustizminister Dr. Thierack, vormaliger Präsident des Volksgerichtshofs (VGH), heißt es lapidar: »Stand der Vollstreckung in Plötzensee (8. September 1943, 13 Uhr): 186 Verurteilte sind hingerichtet. 117 befinden sich noch in der Anstalt. Die Vollstreckungen werden heute ab 18 Uhr fortgesetzt. Weitere 17 Vollstreckungsaufträge liegen bereits vor. Im übrigen wird laufend Herrn Staatssekretär Vortrag gehalten.« (zit. n. Gostomski/Loch, Der Tod von Plötzensee)

Der Fall Werner Höfer
Dokumentation

Götz Aly

Die deutsche Intelligenz im Nationalsozialismus
Eine Nachlese zu Werner Höfer

Endsieg

Nach der Bewährung als Kriegsberichter und Kulturverwalter arbeitet Werner Höfer von 1946 bis 1961, von Staatssekretär Hans Fritzsche berufen, für die Westeuropaabteilung des Großdeutschen Rundfunks in Köln (heute WER). 1952 beginnt er seine Tätigkeit als Leiter der sonntäglichen Schriftleiter-Disskussion »Deutscher Frühschoppen«. Hier wird H. zum bekanntesten Journalisten des europäischen Großraums. Schicksalsstunden des deutschen Volkes kann H. dort oft brandaktuell mit seinen Schriftleitern diskutieren: so 1961 den Einmarsch der Vereinigten Europäischen Wehrmacht in Persien, 1968 die Folgen des heimtückischen Attentats auf den Chef des Europäischen Selbstverteidigungs- und Friedensdienstes, Heinrich Himmler. Wenn auch gelegentlich Kritik an der etwas feuilletonistischen Fragemethode Höfers geäußert und dem Gesprächsleiter Neigung zur sprachlichen Zurückhaltung unterstellt wurde, so ist der Deutsche Frühschoppen inzwischen doch zu einer journalistischen Institution im Fernsehen geworden.

1975 wird H. Chef des Großdeutschen Fernsehens. Er steht für die notwendige Kreativität, Mobilität und Flexibilität des Programm-Machens gegen eine Bürokratisierung des Fernsehens, wie sie im Reichsrundfunkrat durch die Vertreter der Deutschen Arbeitsfront und der Fuldaer Bischofskonferenz forciert worden ist.

Veröffentlichungen: »Blick ins nächste Jahrtausend« (1970), »So wird man was beim Fernsehen« (1971), »Leben müssen – Sterben dürfen« (1972), »Wer führt in Europa« (1974), »Deutschland dreifach« (1976), »Deutsche Nobel-Galerie« (1977, anläßlich J. Mengeles gentechnologischem Durchbruches). H. ist der Träger des Goldenen Bildschirms und der Ehrenführernadel des italienischen Staatsrundfunks. Er ist Weinliebhaber und -kenner, Vater zweier Töchter und dreier Söhne. (Nach: Munzingers Archiv, Lieferung 33/81)

Niemand außer den alliierten Truppen konnte diese Karriere Werner Höfers verhindern. Es gab in ihm nichts, was gegen Nazismus und Unrecht gestanden hätte, und zugleich besaß er auch alle Fähigkeiten, diese Karriere anders und doch gleich fortzuführen.

Jahrgang 1913

Er sei so jung gewesen, ein ehrgeiziges, eher unpolitisches Kerlchen, sagt Werner Höfer heute. Nur: Jung waren sie eigentlich alle. Reinhard Heydrich, einer der Älteren, war 38, als er auf dem Höhepunkt seiner Macht in Prag erschossen wurde. Gott sei Dank. Deutschland hatte nie eine jüngere, geistig wendigere Elite als in jenen zwölf Jahren. Nie zuvor hatte sich die junge Intelligenz vom Abitur an so ungehindert entfalten können. Kompromiß war dieser Generation ein Fremdwort, eine Schwäche der parlamentarisch-liberalistischen Systemzeit. Aus Widerspruchsgeist wurde Kritikastertum, aus Zweifeln Schwäche. Jeder Expansionsschritt des Deutschen Reiches bedeutete individuellen Aufstieg, Entfaltung der eigenen Wünsche und der sozialen Utopie eines funktionierenden, von allen Störfaktoren freien »deutschen Volksganzen«. Verwaltet nicht durch demokratisch mühselige Prozeduren, sondern durch eine Intelligenz, die sich der »restlosen Lösung« aller Probleme verschrieben hatte. Sie verkoppelten gesellschaftliche Theorie und gesellschaftliche Praxis in einer Weise, die rückschauend den Elfenbeinturm zum Hort des Humanen werden läßt. Nur wer diesen intelligenten Kern der NS-Herrschaft begreift und analysiert, kann versuchen, ihr Funktionieren und ihre mörderische Effizienz zu erklären. Diesen Weg hatte sich die deutsche Elite freigemacht, indem sie alle verjagte, bedrohte oder ermordete, die ihr innerhalb der eigenen sozialen Klasse entgegenstanden, ob sie Mann, Mühsam, Goerdeler, Ossietzky, Hundhammer oder Havemann hießen. Die Ermordung der Krakauer Professoren, die gnadenlose Jagd auf polnische Priester, kommunistische Kommissare und jüdische Hochschullehrer – das war auch die gezielte Ausrottung des letzten Selbstzweifels. Karlrobert Kreiten hatte etwas gesagt, was Höfer ahnte: Eben deshalb mußte er sterben, eben deshalb kippte Werner Höfer seine intellektuelle Jauche auf das Grab des Ermordeten. Für Höfer zahlte sich solches Verhalten aus: Abenteuer, Schlemmerei, Dienstwagen, Benzinzuteilungen, uk-Stellung. Solche Privilegien wollten abgesichert sein, und zwar gegen den, wie Höfer schrieb, »namenlosen Arbeiter«. Ein Ziel übrigens, das er nach dem 8. Mai 1945 nicht aufzugeben brauchte. »Das Volksganze« ist nach Höfer ein »Gefüge«. Der Intellektuelle hat darin bestimmte Rechte und Pflichten. Er »stiftet« Zuversicht statt Verleumdung, Haltung und Glauben statt Zweifel und Verzweiflung.

September 1943

Sizilien war gerade von den Alliierten befreit worden, Charkow zum zweiten Mal von sowjetischen Truppen zurückerobert, Hamburg zerstört, 42 000 seiner Einwohner tot, mehr als 100 000 verletzt, Italien kündigte das Bündnis mit Deutschland auf. Am 26. August beschrieb der Inlandsdienst des Sicherheitsdienstes (SD) gefährliche Veränderungen der Stimmungslage: Es bestünden Zweifel, »ob wir es schaffen«, die einzige Hoffnung sei »baldige wirkungsvolle Vergeltung«, »Unglauben« mache sich breit. Wenn der Blitzkrieg nach außen schon nicht mehr geführt werden konnte und zwischen der Ankündigung »neuer Waffen« und ihrer Verwirklichung eine gefährliche Lücke klaffte, dann wenigstens mußte der Blitzkrieg nach innen funktionieren. Am 3. September verurteilte der Volksgerichtshof den seit vier Monaten als eine Art Geisel für das Wohlverhalten der deutschen Intelligenz inhaftierten Karlrobert Kreiten in einem, in dieser Weise, auch dort unüblichen Schnellstgerichtsverfahren. Am 7. September war Kreiten hingerichtet. Am 15. September veröffentlichen deutsche Zeitungen eine kurze Notiz über die Vollstreckung und die Urteilsbegründung: Kreiten habe »eine Volksgenossin in ihrer treuen und zuversichtlichen Haltung« zersetzend beeinflussen wollen. Am 16. September berichten die Inlandsmeldungen des SD: »Die in den letzten Tagen in der gesamten deutschen Presse veröffentlichten Notizen über die Todesurteile, die gegen Defaitisten gefällt wurden, finden in allen Kreisen immer stärkere Beachtung. Es sei erfreulich, (…) daß man nicht nur ›den kleinen Mann‹ bestraft.« Vier Tage später veröffentlicht Höfer zur propagandistischen Einbettung dieses Mordes seinen Artikel. Er hob ab auf »die tatsächliche oder nur eingebildete Genialität« Kreitens und – entsprechend dem SD-Bericht – auf die Stellung vom »kleinen Mann« und prominenten Künstler »im Gefüge des Volksganzen«. Die Hinrichtung des »ehrvergessenen Künstlers«, dem sowenig verziehen werde wie »dem letzten gestrauchelten Volksgenossen«, stellte den von Sicherheitsdienst und Propagandaministerium angestrebten sozialen Burgfrieden wieder her: »Der berühmte Mann und der namenlose Arbeiter, die in der abendlichen U-Bahn nebeneinander sitzen – sie können sich ohne Vorbehalt grüßen.« Eine deutsche Vorbehaltlosigkeit, die sich für die beiden Volksgenossen und für Werner Höfer über dem Leichnam Karlrobert Kreitens herstellte. Höfer schrieb und formulierte aus der Perspektive des Himmlerschen Sicherheitsdienstes. »Kürzlich«, so schrieb Höfer düster drohend in seinem Artikel, »ist einem Kreis Berliner Künstler in kameradschaftlichem Tone ins Gewissen geredet worden, sich durch einwandfreie Haltung und vorbildliche Handlungen der Förderung für würdig zu erweisen, die das neue Deutschland – auch in den Stunden seiner härtesten Prüfung – den künstlerisch Schaffenden hat angedeihen lassen.« War Höfer bei diesem Treffen dabei, war er es selber, der dort in »kameradschaftlichem Tone« gesprochen hatte, oder – und das ist wahrscheinlich – erfand er hier eine Geschichte und sprach namens seiner Auftraggeber öffentlich und nicht »in kleinem Kreise« zu Seinesgleichen, die Privilegien gegen Linientreue und Durchhaltebereitschaft eintauschten?

Die »Meldungen aus dem Reich«, vom Sicherheitsdienst erstellt, erwähnen in der von Heinz Boberach herausgegebenen und gekürzten Fassung Höfer einmal namentlich: Sein Artikel »Der Atlantik-Wall steht«, am 13. April 1943 in verschiedenen Zeitungen unter verschiedenen Überschriften veröffentlicht, habe »allgemein beruhigend gewirkt«.

Ohne namentliche Erwähnung, aber doch im Kontext dieser »Meldungen«, können andere Artikel Höfers historisch eingeordnet werden. Als der SD am 20. und 27. September 1943 beunruhigende Versorgungsengpässe im bombenzerstörten Bremen meldet, spendet Höfer drei Tage später in den »Bremer Nachrichten« Trost: »Wenn heute ein Volksgenosse an seinem Werkplatz oder im Luftschutzkeller schwach zu werden droht, so mag er bedenken, daß es nur noch eine übersehbare Spanne durchzuhalten gilt …« Als sich Ende September die Klagen von Evakuierten aus den bombengefährdeten Städten über die schlechte Versorgungslage mit Haushaltsgegenständen in den Meldungen des SD niederschlagen, schreibt Höfer, daß dieses Evakuieren – ein nekrophiler Versprecher ließ ihn auch das Wort »Umbettung« gebrauchen –, wenn auch unbeabsichtigt, auch sein Gutes hätte: »als Gesundbad gegen die Zivilisationskrankheiten«. Schließlich blieb zur Machterhaltung nach innen und außen nur die Hoffnung auf Wunderwaffen. Ende Juli/Anfang August 1944 konstatierten die SD-Berichte mehrfach, wie sehr die deutsche Bevölkerung die Vertröstung auf »V 1« und »V 2« und »Vergeltung« als »Bluff«, »Baldriantropfen« und leeres »großes Geschrei« registrierte. Am 13. August plazierte Höfer auf der ersten Seite der Wochenzeitung »Das Reich« seinen Artikel über »neue Waffen« und die »echte Erfindertat« der deutschen Kon-

DAS REICH

30 PFENNIG

Nr. 33 JAHR 1944 ✳ DEUTSCHE WOCHENZEITUNG ✳ BERLIN 13. AUGUST

VOLLE KRAFTENTFALTUNG

Dr. GOEBBELS

In dieser Zeit der äußersten Anstrengung zeigt sich Dr. Goebbels in einer Form, die dem meisten eine Ueberraschung bedeutet. Als er seine Rede nach dem Attentat auf den Führer im Rundfunk hielt, war man auf einen Ausbruch seines Temperaments gefaßt, doch hielt er eine staatsmännische Rede, die den Ereignissen nicht gerecht anstehte, als sie besaßen. Dabei hatte er in diesen Tagen in seinem Hause nicht bei dem Brandenburger Tor wesentlich dazu beigetragen, den Staatsstreich zu erledigen...

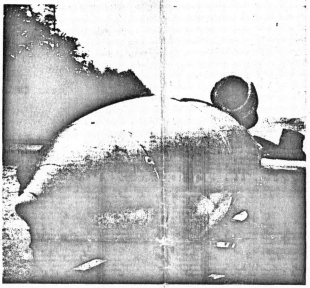

"V1" VOR DEM START

Sie wissen nicht, wo sie herkommt, sie wissen nicht, wie sie hintrifft — das ist für die Engländer eines der Probleme, die ihnen unsere erste Vergeltungswaffe gestellt hat. Nicht ohne Grund haben sie den mächtigen Körper, wenn er in rasendem Flug dahinschießt, mit dem "Dynamit-Meteor" verglichen.

DAS GEHEIMNIS EINER GEHEIMWAFFE

Die moderne Waffe ist zugleich die einfachste. V 1 besteht aus weniger Einzelteilen als der Motor irgendeines Flugzeuges. Das Geheimnis der V 1 liegt in der technisch vollkommenen Verbindung zweier bekannter Prinzipien: des Raketen- und des Fernlenkprinzips...

DIE ERSTEN MASSNAHMEN

Von Reichsminister Dr. Goebbels

Die ersten Maßnahmen zur Herbeiführung eines totalen Kriegseinsatzes des ganzen deutschen Volkes sind nun getroffen bzw. im Werden. Sie verraten zwar nach außen hin noch keine klare Systematik, vollziehen sich aber doch nach bestimmten Grundsätzen, die auch jetzt in ihrem Anfangsstadium schon unverkennbar zutage treten. Ausschlaggebend für die ganze Aktion erscheint, daß sie völlig undoktrinär angelegt ist und keinen anderen Zweck verfolgt als den, Hunderttausende von Arbeitskräften in die Rüstungsfabriken und Hunderttausende von Soldaten an die Front zu bringen und dazu das Leben der deutschen Heimat so kriegsmäßig wie nur eben möglich zu gestalten...

strukteure, »mit den ersten Entwürfen für die erste Vergeltungswaffe bereits das Richtige zu treffen«.

Verteidigungslinien

Höfer verteidigte sich heute als damals »apolitischer Feuilletonist«. Zur hochdifferenzierten Herrschaft gehörte aber ein politisch unpolitisches Feuilleton. Es war »zum Range des dritten ›politischen Ressorts‹« erhoben worden, wie der Zeitungswissenschaftler Emil Dovifat 1940 schrieb. Weiter heißt es dort: »Dies aber schließt nicht aus, daß auch der kulturpolitische Teil journalistische Formen wählt, die dem Leser zum Herzen sprechen, die ihn ganz gewinnen und durch ihre persönliche Werbekraft sein Vertrauen in die Zeitung stärken und damit für deren politische Führung gewinnen. (...) Die Stunde des guten gesinnungsgebundenen Feuilletonismus hat wieder geschlagen.«

Höfer war kein unpolitischer Journalist, und es war nicht – wie er gerne behauptet – der »reine Zufall«, der ihn 1949 zum politischen Journalisten machte. Ein Journalist des Jahres 1941 bekam in der Stellung, die Höfer innehatte, in der Regel keine gefilterten Nachrichten. Er filterte selbst. Die Hintergrundgespräche mit Staatssekretären, Ministerialdirektoren oder Generälen waren völlig unverblümt– gleichgültig, ob es sich um die Versorgung mit Lebensmitteln, die Realitäten an der Front oder die Massenerschießung von Juden handelte. Die Mitschriften solcher Hintergrundgespräche gehören heute zu den wichtigsten zeitgeschichtlichen Quellen. Wenn die Journalisten dann schrieben, so mußten sie gebremst werden. Die schlimmsten, rücksichtslosesten Formulierungen wurden ihnen herausredigiert. Sie waren ihrer politischen Führung immer eher ein Stück voraus, immer eher etwas schneller, es bestand kein Verhältnis zwischen Auftraggeber und Auftragnehmer, sondern ein Verhältnis wechselseitiger Stimulation.

Vielleicht erklärt sich Werner Höfers Biographie ganz zwanglos: War er selbst Agent des Sicherheitsdienstes? Als Kriegsberichter der Organisation Todt und als Pressereferent im Rüstungsministerium setzte man ihn ein, um ihn leicht »unabkömmlich« zu stellen und um aus diesen Bereichen selbst Stimmungsberichte für den SD zu bekommen. Daß prominente NS-Journalisten einschließlich des späteren Chefredakteurs von »Christ und Welt« in dieser Weise doppelgleisig arbeiteten, steht außer Frage. Warum nicht auch Werner Höfer, der so merkwürdig parallel zu den SD-Meldungen schrieb und zugleich hinsichtlich Zeit und Ort seiner Veröffentlichungen so merkwürdig unregelmäßig publizierte?

Schreibtischtäter

Das siegende und vernichtende Deutschland erklärt sich auch aus einer beispiellosen Identität von Staat und Individuum. Von unten, von den vielen Zuschauern, Mitläufern und Aktivisten bezogen die Ausrottungsbehörden bis zuletzt ihre Energie. Die Bürokraten, die mit dem Vernichtungsprozeß »befaßt« waren, unterschieden sich in ihrer moralischen Gesinnung nicht vom Rest der Bevölkerung. Die deutsche Intelligenz besorgte das reibungslose Ineinandergreifen von politischer Basis und Führung. Sie gab dem Haß der kleinen Leute eine Sprache, eine gemeinsame Sprache, und damit eine Richtung. Höfer machte aus Zwangsarbeit

»ein neues arbeitendes Europa«, aus Geschützsalven ein »robustes Konzert«, aus einem jüdischen Kaufmann ein »unterwertiges Beispiel« und aus Krieg, Plünderung und Mord die »wehrhafte Kultur«. Höfer wußte, was er tat, sonst hätte er nach 1945 nicht so hartnäckig geschwiegen. Seine Erinnerung und sein Gewissen sind deformiert, lückenhaft, gepanzert und ausgehöhlt. Den öffentlich erhobenen Vorwurf des Schreibtischtäters wird er auf sich sitzen lassen müssen. Seine Artikel standen im Zusammenhang mit wichtigen Ereignissen, bereiteten darauf vor und interpretierten sie – und zwar objektiv und wie vermutet werden kann auch subjektiv im Interesse des Sicherheitsdienstes von Heinrich Himmler. Das Besorgen eines in der öffentlichen Meinung abgesicherten Ablaufes war aber für das Erreichen der Ziele des nationalsozialistischen Deutschland ebenso wichtig wie die Organisierung ihres bürokratischen Ablaufs. Beides erforderte Schreibtischtäter unterschiedlicher, aber ergänzender Qualifikationen.

Werner Höfer. Eine deutsche Karriere

1933 Am 14. März tritt der 19jährige Werner Höfer in die Ortsgruppe Köln der NSDAP ein. Mitgliedsnummer des »Märzgefallenen«: 2.129.383.

1935 Höfer startet seine journalistische Karriere in Köln beim »Neuen Tag« und bildet dort später auch Volontäre aus.

1937 Höfer »tritt aus der NSDAP wieder aus«. Diese 1977 in einem Zeitschrifteninterview verbreitete Behauptung wiederholt Höfer neuerdings nicht mehr.

1939 Höfer wird Mitarbeiter des NSDAP-eigenen »Deutschen Verlages«.

1942 In der Berliner »B. Z. am Mittag« rezensiert Höfer eine Theateraufführung von Shakespeares »Kaufmann von Venedig« in antisemitischem Ton. In der Münchner Architektur-Zeitschrift »Der Deutsche Baumeister« huldigt er in einem mehrseitigen Beitrag dem »Führer« und dem Bildhauer Arno Breker. Der Beitrag ist gezeichnet mit: Werner Höfer, Referent in der Dienststelle Kultur des Reichsministeriums Speer.

1942 Höfer spezialisiert sich auf Durchhalte-Feuilletons und Kriegsberichte. Seine Namensartikel werden in »Die Wehrmacht«, den »Bremer Nachrichten«, im »Kalender der deutschen Arbeit« und in anderen Nazi-Gazetten an meist prominenter Stelle gedruckt.

1942 Höfer arbeitet als Kriegsberichterstatter für die »Organisation Todt« (OT), die ihren Namen dem Reichsminister (Westwall- und Autobahnerbauer) Dr. Todt verdankt. Bei dessen Ableben schreibt Höfer in einem enthusiastischen Nachruf, der »Reichsminister für Bewaffnung und Munition« habe »das Idealbild der nationalsozialistischen Führerpersönlichkeit erfüllt«.

1943 Am 20. September erscheint im Berliner »12 Uhr Blatt«, dessen Starfeuilletonist der »freie Mitarbeiter« ist, Höfers Kolumne »Künstler – Beispiel und Vorbild« – deren letzte Passage um Verständnis für die Hinrichtung des Pianisten Karlrobert Kreiten wirbt.

1944 Am 13. August ist in der Nazi-Wochenschrift »Das Reich« ein Höfer-Artikel zur »Geheimwaffe V 1« zu lesen – auf der Titelseite neben dem Leitartikel von Joseph Goebbels. Am 10. August hatte sich Höfer im Rundfunk über die »faire« Waffe verbreitet.

1944 Am 1. Dezember steigt Höfer zum Sachbearbeiter mit Ministerialzulage im Reichsrüstungsministerium auf. Dienststelle: Zentralabteilung Kultur und Propaganda, Potsdamer Straße 188, Berlin.

1945 Ort und Datum der Entnazifizierung sind nicht publik. Höfer erwähnt diese auch nicht in »Werner Höfer – Die Wahrheit über meine Nazi-Jahre« (Exklusiv-Interview in der »Hamburger Morgenpost« vom 21.12.1987).

1947 Höfer beginnt seine journalistische Arbeit beim Nordwestdeutschen Rundfunk und ist noch im selben Jahr leitender Redakteur. Nach Auskunft damaliger Kollegen hat bei seiner Anstellung Gustaf Gründgens Pate gestanden: Gründgens habe die Bereitschaft zu einem ersten Interview mit dem NWDR von der Bedingung abhängig gemacht, daß ihn »ein ihm bekannter Journalist namens Werner Höfer« interviewe.

1952 Am 6. Januar moderiert Werner Höfer zum ersten Male den »Internationalen Frühschoppen«.

1962 Am 16. März enthüllt Professor Albert Norden (SED) auf einer internationalen Pressekonferenz in Ostberlin Werner Höfers Autorschaft am Karlrobert-Kreiten-Nachruf des »12 Uhr Blattes«. Höfer setzt sich in einer ausführlichen Ehrenerklärung mit dem Hinweis zur Wehr, die Kreiten-Tirade sei ihm in seinen Artikel »hineinredigiert« worden.

1972 Höfer wird Fernsehdirektor des I. und III. WDR-Programmes und bleibt es bis 1977.

1973 Höfer erhält das Große Bundesverdienstkreuz.

1984 Nach dem Erscheinen einer Karlrobert-Kreiten-Schallplatte befaßt sich der WDR-Rundfunkrat mit den Gerüchten um Höfers Vergangenheit, sieht aber keinen Handlungsbedarf.

1987 Höfer wird für seine Verdienst um den deutschen Rundfunk und das deutsche Fernsehen mit dem »Eduard-Rhein-Ring« geehrt. Nach einem neunseitigen »Spiegel«-Report über seine journalistische Vergangenheit tritt Höfer am 22. Dezember als Moderator des »Internationalen Frühschoppens« zurück. Die Sendung wird nach 1874 Folgen abgesetzt und durch den »Presseclub« ausgetauscht.

---

13. Mai 1962*

An Karl Eduard v. Schnitzler, Berlin,
Deutscher Fernsehfunk
Schwarzer Kanal
Lieber Freund, es droht Dir ein schwerer Verlust. In Westdeutschland mehren sich Stimmen, vor allem von Künstlern und Journalisten, die mit Ekel auf den Frühschoppen-Höfer blicken, und die nichts Besseres wünschen, als ihn zurückzujagen in sein – hoffentlich – finsteres Privatleben.
Der Grund ist nicht nur, daß dieser Höfer ein schmutziger Bursche, sondern daß sein Schmutz mit Blut gemengt ist. Hat er doch 1943 der Hinrichtung eines Düsseldorfer Pianisten, der einen Witz über Hitler wiedererzählte, in dem Berliner »12-Uhr-Blatt« applaudiert. Höfer war dafür, daß Menschen, die Witze über Hitler wiedererzählten, hingerichtet wurden, ob sie nun einfache Volksgenossen oder Künstler sind. Er meinte: gleicher Mord für alle.
Nun habe ich nachgedacht, ob man diesen Höfer halten könnte. Ein bißchen Nazi mit Schmutz, was wäre das, wenn man an Globke denkt. Ist doch der Nutzen, den Höfer für uns, und besonders für Deinen Schwarzen Kanal hat, beträchtlich. Denn unter den Leuten, die den kalten Krieg betreiben, ist er gewiß einer der dümmsten. Aber es geht nicht, ich kann den Höfer nicht länger halten. Doch es gibt Ersatz, lieber Eduard, enormen Ersatz.

Sehr herzlich, Dein alter
Hanns Eisler

*Erschienen in »Sonntag«

133

»Primitives Handwerkszeug der Verleumder«

Werner Höfers Ehrenerklärung aus dem Jahre 1962

Zum 16. März wurde durch telegraphische Benachrichtigung die Weltpresse zu einer Konferenz nach Ost-Berlin eingeladen. Auf dieser Presse-Konferenz polemisierte Albert Norden mit – angeblich – authentischem Material gegen fünfzehn Politiker und Journalisten der Bundesrepublik und West-Berlins. Dabei wurde ich als »Gestapo-Mann im Geiste« hingestellt.

Daß ich nicht erst seit dieser Presse-Konferenz ein bevorzugtes Objekt der SED-Propaganda bin, ist nicht verwunderlich. Denn es ist erwiesen, daß gerade der »Internationale Frühschoppen« in der Zone sehr beachtet wird. Bei der letzten Befragung von Flüchtlingen, die vor dem 13. August über West-Berlin in die Bundesrepublik kamen, ergab es sich, daß diese Sendung von allen westdeutschen Fernseh-Programmen die größte Resonanz findet, und daß ich in der Popularität hinter dem Bundeskanzler und mit weitem Abstand vor anderen Fernseh-Kollegen, etwa der Unterhaltung, rangiere.

In den Aussagen der Befragten kehrte ein Urteil immer wieder, das auch in den meisten Briefen von drüben zu finden ist: man schätzt die Glaubwürdigkeit des »Internationalen Frühschoppens«, weil bei dieser Diskussion keine Illusionen genährt, keine Propaganda gemacht und keine Selbstkritik unterlassen wird. Es muß also dem Regime in der Zone daran liegen, da man schon den Empfang des »Internationalen Frühschoppens« nicht vollständig verhindern kann, den Leiter dieser Sendung zu kompromittieren.

Diese Bemühungen fanden in der Presse-Konferenz vom 16. März ihren Höhepunkt. Nach dieser Konferenz erschienen einige Wochen lang in den SED-Blättern und in kommunistisch akzentuierten Organen der Bundesrepublik Auszüge aus dem von Albert Norden vorgelegten Material. Kernstück dieser Sammlung bildet ein Ausschnitt aus einem Aufsatz, den ich geschrieben haben und der am 20. September 1943 im »12-Uhr-Blatt« erschienen sein soll. Es wird unterstellt, mit den zitierten Bemerkungen sei auf die Hinrichtung des Düsseldorfer Pianisten Karlrobert Kreiten angespielt worden.

Da ich aus jener Zeit keinerlei Unterlagen mehr besitze, kann ich zur Authentizität des Zeitungsausschnittes nichts sagen. Ich versage es mir auch, darauf zu verweisen, daß der Name und der Fall Kreiten überhaupt nicht erwähnt sind. Ich versichere aber mit Nachdruck, niemals Redakteur des »12-Uhr-Blattes« gewesen zu sein, niemals einen Redaktionsraum des »12-Uhr-Blattes« betreten zu haben und niemals einen Redakteur des »12-Uhr-Blattes« gesehen zu haben. Indessen habe ich, nachdem die »BZ«, deren Theaterkritiker ich war, ihr Erscheinen einstellen mußte, eine Zeit lang jeweils am Samstag einen kultur-politischen Aufsatz für das »12-Uhr-Blatt« geschrieben.

Da ich trotz meiner Dienstverpflichtung zur Organisation Todt noch Angestellter des Deutschen Verlages war, konnte mich die Verlagsleitung zwingen, für ein anderes Verlags-Objekt zu arbeiten. Meine Tätigkeit für das »12-Uhr-Blatt« kam durch eine entsprechende Weisung des Verlages zustande.

Die Redaktion des »12-Uhr-Blattes« versuchte, mir Themen aufzuzwingen. Ich habe mich diesem Zwang weitgehend entzogen. So legte man mir nahe, etwas gegen die Juden zu schreiben. Das habe ich niemals getan. Ich habe nicht ein einziges Mal auch nur das Wort »Jude« erwähnt. Man legte mir nahe, »unserem Führer« zu huldigen. Das habe ich niemals getan. Ich habe nicht einmal auch nur das Wort »Führer« niedergeschrieben.

Da die Redaktion mit den politischen Akzenten meiner Arbeiten häufig unzufrieden war, wurden ohne mein Wissen oder gar meine Zustimmung oft in meinen Manuskripten Änderungen vorgenommen, bei denen jeweils die neuesten Anweisungen des Propagandaministeriums verarbeitet wurden. Das konnte ich schon deshalb nicht verhindern, weil ich mich geweigert hatte, überhaupt an den Presse-Konferenzen im Propagandaministerium teilzunehmen. Da ich zudem häufig auf Reisen war, mußten meine Beiträge telefonisch übermittelt werden, so daß ich auf das weitere Schicksal meiner Manuskripte keinen Einfluß nehmen konnte. Spätere Proteste gegen Änderungen, die nicht mit mir abgesprochen waren, wurden entweder mit »Befehl von oben« oder mit dem Umstand erklärt, ich sei nicht zu erreichen gewesen. Solche redaktionellen Eigenmächtigkeiten zu Lasten eines freien Mitarbeiters oder eines Korrespondenten sind auch heute noch in der Presse totalitärer Staaten üblich. Es ist möglich, daß die von den SED-Propagandisten zitierte Stelle, falls sie überhaupt so gedruckt worden ist, wofür das vorgelegte Faksimile noch kein ausreichender Beweis ist, auf diese Weise entstanden ist.

Wie grotesk der Versuch ist, ausgerechnet mich zu einem »Gestapo-Mann im Geiste« zu machen, geht daraus hervor, daß ich in jenen Tagen mehrfach von der Gestapo verhört wurde, weil ich mich in der Sache O. E. Plauen, die dem Fall Kreiten sehr verwandt ist, exponiert hatte. Nur den Bemühungen des Deutschen Verlages und der Abschirmung durch Kollegen im Ministerium Speer ist es zu verdanken, daß die Gestapo die Untersuchung niederschlug. Meine Tätigkeit in Berlin begann mit einem »Paukenschlag«: mit der negativen Kritik eines Theaterstücks eines bekannten NS-Autors.

Der »dokumentarische Wert« des von Albert Norden vorgelegten Materials wird dadurch gekennzeichnet, daß die biographischen Angaben über mich zum weitaus überwiegenden Teil unzutreffend sind; daß ich mit Zeitungen in Zusammenhang gebracht werde, mit denen ich nie etwas zu tun hatte; daß Zitate angeboten werden, die – im Zusammenhang gelesen – einen ganz anderen Sinn ergeben. Dieser »Kunstfehler« ist den Fälschern aus Ost-Berlin sogar bei jüngsten Veröffentlichungen aus der »Neuen Illustrierten« und bei Ausschnitten aus »Frühschoppen«-Sendungen unterlaufen. Diese zynischen Tricks, die zum primitiven Handwerkszeug aller Verleumder gehören, wurden etwa bei meinen Kommentaren zum »Fall Nehru« und zum Eichmann-Prozeß angewandt. Millionen Menschen sind Zeugen dafür, daß ich genau das Gegenteil von dem gesagt habe, was mir mit diesen Zitaten vorgeworfen werden soll. Dadurch ist der Wert der gesamten »Dokumentation« bereits hinreichend charakterisiert.

Was der ganzen Kampagne einen besonders frivolen Zug gibt, ist die Rolle, die mein „Antipode" Karl-Eduard von Schnitzler dabei spielt. Er hätte, wie kaum ein anderer, wissen müssen, daß meine „Vergangenheit" im Jahre 1947, als er noch für den NWDR tätig war, von den drei Besatzungsmächten umständlich und hartnäckig „durchleuchtet" wurde. Er wird sich erinnern, daß weder die Amerikaner noch die Engländer noch die Franzosen irgendwelche Bedenken hatten, daß ich im Jahre 1947 in verantwortlicher Funktion journalistisch tätig wurde. In den letzten fünfzehn Jahren ist nicht eine einzige Stimme laut geworden, die aus politischen Gründen meine Qualifikation für die Posten, die ich inzwischen bekleidet habe, angezweifelt hätte, obwohl es an Kritikern, Widersachern oder gar Feinden gewiß nicht gefehlt hat. Schließlich könnte das, was ich in diesen fünfzehn Jahren geschrieben, gesagt, und getan und verhindert habe, Zeugnis für mich ablegen, zumal sich meine öffentliche Tätigkeit stets vor einem Millionen-Publikum entfaltet hat.

Zur Bewertung der SED-Polemik sind das Verhalten meiner ausländischen Kollegen und die Reaktionen meiner Zuschauer, Zuhörer und Leser bemerkenswert. Nicht ein einziger, Kommunisten eingeschlossen, hat auch nur einen Augenblick gezögert, nach wie vor mein „Frühschoppen"-Gast zu sein. Einige von ihnen wurden deswegen mit Angriffen aus Ost-Berlin bedacht. Zwei Tage nach der Presse-Konferenz von Albert Norden wurde der „Frühschoppen" aus Berlin übertragen. Zu den Mitwirkenden zählte meine französische Kollegin Stéphane Roussel, Präsidentin des Vereins der Ausländischen Presse. Sie war vorher in einem SED-Kommentar gefragt worden, ob sie weiterhin neben mir Platz nehmen werde.

Nicht weniger aufschlußreich ist die Resonanz des Publikums. Von einigen anonymen Zuschriften abgesehen, haben mich aus der Bundesrepublik und West-Berlin genau zehn Briefe erreicht. Nur wenige davon sind in ihrem Ton hämisch. Die anderen bekunden nur ihre Sympathie und raten mir, weiterzumachen wie bisher. In den wenigen Briefen, die aus der Zone an mich gelangten, ist übereinstimmend die Bitte zu finden, ich sollte mich nicht beirren lassen. Diese Bitte ist verbunden mit dem Hinweis auf die spezielle moralische und politische Beschaffenheit der SED-Propagandisten. Gerade diese Briefe gaben mir die Anregung, mich nicht öffentlich mit dieser Ost-Polemik auseinanderzusetzen, weil das für die Urheber zuviel Ehre wäre. Als eine Stimme für viele sei das – unmanipulierte – Zitat aus einem Brief von drüben angeführt:

11. 5. 62

»Sehr geehrter Herr Höfer,
als Anhänger Ihres »Frühschoppens« möchte ich Ihnen hiermit die herzlichsten Grüße aller Freunde, die im größten Zuchthaus der Welt sitzen und Ihre Sendung sehen oder hören, überbringen. Durch Zufall entdeckte ich Ihre ach so »grausame« Vergangenheit im Chemnitzer »Volksblatt« – alles lachte über diesen Artikel, aber diesen Volksverdummungsstrolchen ist eben jedes Mittel recht. Bitte, sind Sie mir nicht böse, daß ich Ihnen diesen Artikel schicke – meine Freunde und ich wünschen Ihnen und Ihrer Sendung ein langes Leben. Vor allem wird hier viel zu wenig über die wahren Zustände dieser Diktatur gesagt – Hitler war ein Waisenknabe gegenüber diesen roten Faschisten in Pankow! Nochmals alles Gute für Sie – und weiter die Wahrheit gesagt – oder wir gehen baden.«

DER DEUTSCHE BAUMEISTER, 1942

Werner Höfer*

Bauen und Bilden

Ein Blick auf Kunstausstellungen dieses Jahres in München, Berlin und Paris

Wenn das neue Deutschland den Primat der Architektur fördert, so ist damit der gemeinschaftsbildenden Kunstform der Vorrang gegeben vor den mehr privaten Kunstäußerungen. Eine kulturelle Parole erhält so ihre politische Legitimation. Was das nationalsozialistische Reich an Werken der Baukunst geschaffen und geplant hat, erfüllt durchaus diesen Anspruch – am sichtbarsten in solchen Schöpfungen, die dem Volk im weitesten Sinne zugedacht sind, also in Versammlungsstätten und Stadien, wie sie etwa für das Reichsparteitagsgelände in Nürnberg vorgesehen sind; aber auch Bauwerke, die zunächst der reinen Repräsentation zu dienen scheinen, haben ihre wesentliche Funktion im Lebensbereich der Gemeinschaft.

Um nur ein Beispiel zu nennen: die Neue Reichskanzlei ist durchaus die zentrale Herzkammer unseres Volkes, vornehmlich dann, wenn in den großen Entscheidungsstunden der jüngsten Geschichte jubelnde Zustimmung und dankbarer Gruß den Arbeitsraum des Führers umbranden. Zuweilen öffnen sich dem Volke auch die Tore dieses Hauses, wie unlängst erst, als der Führer eine bewährte Auslese der deutschen Arbeiterschaft und des Landvolkes zu einem feierlichen Staatsakt geladen hatte. Als neben den Feldherren unserer siegreichen Truppen viele unbekannte Werkleute und namenlose Bauern den Mosaiksaal füllten, war in dieser berufenen Abordnung wirklich das ganze Volk in seiner Breite und Tiefe in der Reichskanzlei zu Gast. Und eine beziehungsreiche Fügung wollte es, daß der Mann, der als Reichsminister für Bewaffnung und Munition das Grußwort sprach, in seiner Eigenschaft als erster Architekt des Führers auch der Erbauer dieses Hauses war. Sinnfälliger ließ sich die Übereinstimmung von Politik und Architektur, von Staatsführung und Kunstschaffen nicht erleben.

Um beim Beispiel der Neuen Reichskanzlei zu bleiben: gerade hier läßt sich erkennen, wie die Unterordnung der Künste unter die Ansprüche der Architektur zu verstehen ist. Arno Brekers monumentale Skulpturen würden auch auf sich gestellt – sie haben es bereits bewiesen – ihr künstlerisches Dasein rechtfertigen; ihre Wirkung steigert und erfüllt sich jedoch erst in der Zuordnung zum Bauwerk; Maßstäbe, die, für sich genommen, kolossalisch wirken könnten,

erhalten in der Zwiesprache mit der Architektur die Überzeugungskraft des Natürlichen. Ähnlich verhält es sich mit Werner Peiners großzügigen Gobelins, die – rein formal gesehen – erst in den auf das Repräsentative bedachten Abmessungen dieser Wirklichkeit gewordenen Raumvisionen denkbar sind.

Dem deutschen Volke, vornehmlich seinen bauend und bildend wirkenden Schöpfernaturen, ist dieser durch die Architektur besiegelte Ausgleich der polaren Spannungsverhältnisse der Künste seit langem vertraut geworden. In jüngster Zeit hat nun auch das Ausland in Ausstellungen – an Hand von Modellen und Lichtbildern – die Gesetze und Ergebnisse des neuen deutschen Bauschaffens kennen gelernt. Auf besonders nachdrückliche Art wurde die neue deutsche Kunst kürzlich durch die Ausstellung der Werke Arno Brekers in Paris repräsentiert. Mit Staunen und Verwunderung nahm diese – nach einem Wort des Ministerpräsidenten Laval – in Dingen der Kunst so empfindliche und kritische Stadt die grandiosen Schöpfungen des deutschen Bildhauers zur Kenntnis. Die einsichtigen Franzosen und vor allem solche, die sich mit dem Kulturwillen des neuen Deutschland unvoreingenommen beschäftigt hatten, erkannten sogleich, daß diese Skulpturen in ihrer klassischen Monumentalität von der Architektur herkommen und zu ihr hinweisen.

Gerade ein Künstler wie Arno Breker bestätigt in seiner Persönlichkeit und in seinem Schaffen die Harmonie von Architektur und Plastik. Der junge Breker kam von der Plastik zur Architektur, um von der Architektur wieder zur Plastik zu finden. Aber nicht nur diese ihm von seiner künstlerischen Natur gebotene Hinwendung zur Baukunst bewirkt die wahrhaft architektonisch inspirierte Größe seiner Schöpfungen, – den entscheidenden, geradezu autoritativ bekräftigten Anstoß zu diesem durch die Architektur geforderten Schaffensgesetz erteilt der Umstand, daß fast alle seine monumentalen Schöpfungen Ergebnisse eines Auftrages sind. Der bedeutendste Auftraggeber ist zugleich der bedeutendste Bauherr: der Staat, auf einem wesentlichen Abschnitt vertreten durch den Generalbauinspektor für die Reichshauptstadt, Reichsminister Speer.

Es versteht sich von selbst, daß ein Bauschaffen,

*Verfasser des Aufsatzes: Werner Höfer, Referent in der Dienststelle Kultur des Reichsministeriums Speer das in derart großzügiger Form die bildenden Künstler an sich zieht, auch umgekehrt sich diesen Künstlern als Gegenstand ihres künstlerischen Arbeitens empfiehlt. In dieser wechselseitigen künstlerischen Befruchtung äußern sich nicht nur gegenseitige Dankbarkeit und Wertschätzung der Künste, es erfüllt sich darin vielmehr ein Teil jenes Auftrages, der den bildenden Künstlern die Beschäftigung mit dem tätigen Leben gebietet. Wo aber zeigt sich die drängende Aktivität unserer Zeit sinnfälliger als dort, wo gebaut wird, gebaut mit dem Tempo und der Umsicht, der Großzügigkeit in Planung und Ausführung, wie sie im neuen Deutschland selbstverständlich geworden ist! Einem Maler, der empfänglich ist für den Rhythmus der Gegenwart, öffnen sich vor einer unserer Großbaustellen unerschöpfliche Aspekte: ein grandioses Panorama des Wachsens und Werdens tut sich ihm auf.

Auf den wesentlichen Ausstellungen der letzten Jahre erschienen immer wieder einzelne Bilder, die jene spannungsreiche Szenerie einer Baustelle künstlerisch übersetzen. Willkommene Motive in dieser Richtung bot der Bau der Reichsautobahnen, zumal der Brückenbau, weil dort das dynamische Element des Bauens sich auf künstlerisch überaus anregende Weise mit dem statischen Element der Landschaft überschneidet. Tatsächlich läßt sich die Entwicklungsgeschichte der Reichsautobahnen denn auch in vielen bemerkenswerten Gemälden zurückverfolgen. Ähnlich verhält es sich mit den wichtigsten Großbauten, die das neue Deutschland geplant oder bereits geschaffen hat, etwa der Neuen Reichskanzlei, dem Reichsluftfahrtministerium, den Bauten in Nürnberg, München, Weimar und anderen Städten. Die Palette des Malers liefert dem Architekten die würdigste, künstlerisch formulierte Niederschrift einer Baugeschichte.

Was hier gesagt wird, gilt vornehmlich von den Werken des Friedens. Nun hat der Krieg jedoch das deutsche Bauschaffen wesentlich eingeschränkt oder aber seine Energien auf Aufgaben des Kampfes gelenkt. Zwei hervorragende Namen bezeichnen auch hier zwei markante Beispiele: Dr. Todt und Albert Speer – der Schöpfer der Reichsautobahnen wurde zum Erbauer des Westwalls wie der Atlantikbefestigungen, und der Generalbauinspektor für die Reichshauptstadt wurde nach dem Tode Dr. Todts zum Reichsminister für Bewaffnung und Munition berufen. Aus dem Straßenbauer wurde der Festungsbaumeister, aus dem Architekten und Städtebauer der Waffenschmied. In der Umschichtung der Aufgaben, deren Bewältigung der Führer dem Genie dieser Männer anvertraut hat, ist in sinnbildhafter Überhöhung die konzentrierte Hinlenkung unserer schöpferischen Geisteskräfte auf die Werke der Wehrhaftmachung ausgedrückt.

Was heute gebaut wird, dient dem Kriege. Dieses wehrhafte Bauen bedeutet Rüstungsbau in der Heimat und Befestigungsbau an den Fronten. Wie die besten Kräfte des deutschen Bauschaffens sich mit höchster Anspannung diesen Aufgaben widmen, so haben sich ihnen auch die bildenden Künstler in kameradschaftlichem Einvernehmen angeschlossen. Die Maler, die vor dem Kriege ihre willkommenen Motive an den friedlichen Großbaustellen des Reiches fanden, suchen sie nun an den Flüssen des Ostens und am Ufer des Atlantik, wo die Baueinheiten der Organisation Todt dem Heer und der Kriegsmarine wichtige Hilfestellungen leisten. So hat der Krieg den Kontakt zwischen den besten Kräften des deutschen Bauschaffens und ihren Weggefährten, den bildenden Künstlern, durchaus nicht gestört, sondern nur in ein anderes Bett gelenkt. Da das eingeschränkte Bauschaffen der Heimat ihnen zur Stunde ohnehin bloß beschränkte Betätigungsmöglichkeiten bieten kann, ist es nur zu natürlich, daß das glücklich hergestellte Vertrauensverhältnis zwischen den im Kriegseinsatz wirkenden Bauschaffenden und den ihnen verbundenen Künstlern weiter gepflegt wird.

Seit Kriegsbeginn ist auf der Großen Deutschen Kunstausstellung in München das kriegerische Erlebnis in den Arbeiten unserer Maler und Zeichner immer weitreichender und vollkommener zur Geltung gekommen. In selbstverständlicher Ergänzung dazu erscheinen nun in diesem Jahr auch solche Beiträge, die sich mit der Kriegsleistung des deutschen Bauschaffens befassen. Der Dortmunder Franz Gerwin hat solche Aufgaben, wie etwa den Bau der gigantischen U-Boot-Bunker an der Atlantikküste, zum ausschließlichen Thema seiner Gemälde und Aquarelle gemacht. Ein anderer Maler aus dem Westen, der Düsseldorfer Richard Geßner, zeigt die Arbeit an einem Wehrbau seiner niederrheinischen Heimat. Nun kann die Münchener Ausstellung dieses Sondergebiet der Kunst nur in knapper Auswahl vorstellen, da sie sich an die Totalität des deutschen Kunstschaffens zu halten hat. Eine frühere Berliner Ausstellung hatte bereits in ihrem Thema »Kunst und Technik« ausgesprochen, daß sie Beispiele für die schöpferische Versöhnung dieser bislang gegensätzlichen Schaffensbezirke bringen wollte.

Die Eintracht zwischen Baumeister, Bildhauer und Maler wird durch die gemeinsame Aufgabe des Gestaltens bekräftigt. Der Bauingenieur hat diesem Dreibund bisher noch fern gestanden – teils aus Respekt, teils aus Skepsis. Die Kriegsaufgaben des deutschen Bauschaffens verlangen aber neben dem Architekten vor allem nach dem Bauingenieur, da die Lösung ästhetischer und gestalterischer Fragen hinter den vordringlichen Bedingungen der Schnelligkeit, Zuverlässigkeit und unbedingten Kriegstauglichkeit des Bauschaffens rangiert. Durch Erfahrung und Schulung ist aber auch der deutsche Bauingenieur dahin gekommen, neben der selbstverständlichen Bewältigung aller technischen Probleme auch die unter den gegebenen Möglichkeiten vollkommenste Form seines Bauwerks zu finden. Manche Kriegsbrücke im Osten und die monumentalen Schutzbauten an der Atlantikküste sind so konstruiert, daß sie auch dem Auge des künstlerisch empfindenden und urteilenden Menschen, vornehmlich also dem Maler, durchaus ein Wohlgefallen sind.

Wenn der Bauschaffende den Bildhauer oder Maler an seine Seite bittet, so erteilt er ihm meist einen fest umrissenen Auftrag, dessen Lösung am glücklichsten gelingt, wenn Baumeister und bildender Künstler dieselbe künstlerische Sprache reden. Auch hier bietet eine so außerordentlich fruchtbare Arbeitsgemeinschaft wie die zwischen Albert Speer und Arno Breker das trefflichste Beispiel. Wenn nun ein Maler auf eine Baustelle gerufen wird, um sich auf seine Weise mit dem Erlebnis des werdenden Bauwerks auseinanderzusetzen, so ist auch das eine Art von Auftragserteilung. Auch hier kommen die reinsten Ergebnisse zustande, wenn die Vorstellungen der Bauschaffenden und die Absichten des Malers sich auf einer mittleren Linie treffen.

Eine Baustelle ist kein Exerzierplatz, und das sinnvoll geordnete Getümmel der Arbeit, der erregende Wettstreit zwischen Mensch und Maschine, das scheinbare Chaos als notwendige Vorstufe zu gestalteter Ordnung – das mag dem Bauleiter so vertraut sein, daß es ihm entweder belanglos oder ärgerlich erscheint, während der Künstler gerade darin starke malerische Reize finden wird. Aber auch die monumentalen Formen der aus Eisen und Beton gefügten Baukörper bieten sich dem Maler als verlockende und ungewöhnliche Motive an, zumal dann, wenn sie in eine malerisch ergiebige Landschaft eingebettet sind. Die »stählerne Romantik« unserer Zeit ist hier auf Schritt und Tritt zu entdecken.

Aber noch auf andere Weise kann sich der Maler dem Architekten zugesellen, indem er nämlich mit der Kraft seiner Phantasie das, was als Grundrißzeichnung oder Modell aus dem Atelier des Architekten kommt, bereits in eine vorweggenommene Wirklichkeit hineinprojiziert. Auch dafür gibt es in der gegenwärtigen Münchener Ausstellung einige Beispiele. Otto A. Hirth, ein gewandter Spezialist des Architekturbildes und der Vedute, hat in seinen großformatigen Bildern das gigantische Bauwerk des Deutschen Stadions in Nürnberg schon vollendet und mit der Zauberhand des Malers zur Erläuterung der gewaltigen Dimensionen bereits Menschen zwischen die Steinquadern gesetzt. Etwas Ähnliches unternimmt mit den weniger repräsentativen, dafür aber lehrhaften Mitteln der Graphik der Nürnberger Blasius Spreng in seinen Radierungen, die gleichfalls die Bauten des Parteitagsgeländes zum Gegenstand haben.

Es wird der Tag kommen, an dem die Wehrbauten in der Heimat und an den Fronten ihre Aufgaben erfüllt haben. Gewiß wird der Beitrag, den das deutsche Bauschaffen zu diesem Kriegseinsatz geleistet hat, von der Nation nie vergessen werden. Aber gerade in den Werken unserer Maler wird sich dieser Einsatz für alle Zukunft auf würdige Weise gespiegelt finden. Wie unsere Künstler dabei sind, in Bild und Bildwerk eine künstlerisch gestaltete Geschichte des Krieges zu schreiben, so haben sie es auch nicht unterlassen, neben der Leistung des Soldaten die Arbeit der Bauschaffenden zu verherrlichen. Was im Frieden begonnen und im Kriege fortgesetzt, ja vertieft wurde, wird nach dem Siege sicherlich zum ständig geübten Brauch werden: daß nämlich die bildenden Künstler dort als willkommene Gäste erscheinen, wo die Schlachten des Friedens geschlagen werden – auf den Baustellen. Der Künstler wird eine unbedingte Hochachtung vor dem Werk des Bauschaffenden mitbringen; der Bauschaffende aber wird durch das Medium der Kunst mit gesteigertem Selbstbewußtsein und erhöhter schöpferischer Leidenschaft auf sein Werk blicken können. Die erlebte und erarbeitete Harmonie zwischen Bauen und Bilden ist erreicht.

Dieser Aufsatz von Werner Höfer wird hier erstmals nachgedruckt.

Künstler – Beispiel und Vorbild

Legende und Wirklichkeit, Rechte und Pflichten / Von *Werner Höfer*

Daß der Künstler, welcher Sparte auch immer er angehören mag, sich unter Berufung auf eine tatsächliche oder eine nur eingebildete Genialität eine Sonderstellung im Gefüge des Volksganzen an-

ein keineswegs opulentes Mahl zu sich. Am Nachmittag muß unser Schauspieler dann in einem mitnichten vielhundertpferdigen Luxuswagen, als vielmehr mit einem öffentlichen Verkehrsmittel oder

Worte oder Taten bemerkbar macht und auf Grund seines Ansehens doppelt auffällig bemerkbar machen muß, es mit positivem Erfolg tut: durch Worte, die bei seinen „Zuhörern" — und seien

20. 9. 1943   12-Uhr-Blatt

Werner Höfer

Künstler – Beispiel und Vorbild

Legende und Wirklichkeit, Rechte und Pflichten

Daß der Künstler, welcher Sparte auch immer er angehören mag, sich unter Berufung auf eine tatsächliche oder eine nur eingebildete Genialität eine Sonderstellung im Gefüge des Volksganzen anmaßen dürfe oder wolle, ein Reservat mit vermehrten Rechten und verminderten Pflichten, – diese Legende ist längst durch eine Wirklichkeit überwunden, die auch den künstlerisch schaffenden Menschen in tätiger, einsatzfreudiger und opferwilliger Bewährung sieht. Die Männer und erst recht die Frauen, die sich nicht vor den Mühsalen und Gefahren drücken, die ihnen eine Frontbühnen-Tournee zum Osten ebenso wie die Arbeit in den Luftkriegsgebieten der Heimat bereiten können, sind weit über den Verdacht erhaben, nur für den Salon und den Boulevard zu taugen. Das Thema Krieg und Kunst ist nur halb behandelt, wenn man lediglich an die stofflichen Motive denkt, die der Krieg der Kunst zugeführt hat; nicht weniger belangreich sind die vielfältigen seelischen und körperlichen Bewährungsproben, die dem Künstler von den harten Bedingungen des Krieges abverlangt werden.

Rhythmus der Arbeit

Jedermann, wo immer die Pflichten des Krieges ihn hingestellt haben mögen, weiß aus eigener Erfahrung, daß heute mehr und intensiver gearbeitet wird und werden muß als je zuvor. Die altehrwürdigen Privilegien der streng eingehaltenen Dienstzeiten und der vertraglich festgelegten Urlaubsregelung sind in vielen Fällen heute Begriffe von nahezu historischem Wert geworden. Wer ernsthaft und redlich in

140

dem strengen Rhythmus der Arbeit eingespannt ist, wird wenig Sinn dafür haben, wenn er andere bei einer Beschäftigung antrifft, die auf den ersten Blick verdächtig an Müßiggang erinnert. Was soll der Arbeiter davon halten, wenn er abends in der U-Bahn neben einen gut aussehenden vortrefflich gekleideten Herren gerät, der mit einer ihm ebenbürtigen Dame sich über Fragen des Theaters und des Films erhitzt? Dieser Arbeiter wird denken: die Sorgen möchte ich haben! Wenn er sich dann den Herrn näher ansieht, mag er sich erinnern, diesen Kopf doch schon in manchem Film gesehen zu haben. Und folglich ist seine Identifizierung vollkommen: dieser U-Bahnnachbar ist der bekannte Schauspieler X.

Prominenz verpflichtet

Der Arbeiter denkt derweil an die 10 oder 12 Stunden, die er hinter sich, und an die wenigen Stunden Schlaf, die er vor sich hat. Der Herr zu seiner Rechten und seine Begleiterin – sie kommt ihm bei näherem Hinsehen, gleichfalls von der Leinwand her, bekannt vor – haben sicherlich noch im holden Schlummer gelegen, als er schon ein Stück anstrengender Arbeit geschafft hatte; dann haben sie sich an ein Tagewerk gemacht, das in jenem gemächlichen und wohligen Stil verlief, auf den früher die Filmmagazine den Lebenslauf der Publikumslieblinge festzulegen beliebten; am Abend sind sie dann ins Theater gefahren; und anschließend werden sie sicherlich noch in geselligem Kreise der Nacht einige Stunden abtrotzen. Die Wirklichkeit eines Künstlerlebens aus dem fünften Kriegsjahr sieht freilich wesentlich anders aus. Je prominenter, auf deutsch: je hervorragender ein Schauspieler – um bei dieser Sparte zu bleiben – ist, um so anstrengender ist das Pensum, das er zu bewältigen hat.
Sehr zeitig rasselt der Wecker, denn zu einer Stunde, da nicht einmal alle Büros ihre Tätigkeit begonnen haben, muß der Schauspieler – und mit ihm alle, die zu dem gewaltigen Arbeitsorganismus namens Film gehören –, im Vollbesitz seiner körperlichen und geistigen Spannkraft im Atelier stehen, – in der Sprache des Sports ausgedrückt: er muß in bester Form am Start sein. Dann beansprucht ihn für lange, heiße – wörtlich genommen – Stunden der gar nicht romantische, sondern eher grausame Apparat des Films. In der kurzen Mittagspause nimmt er, wie jeder Werkschaffende, in einer keineswegs sonderlich komfortablen Kantine ein keineswegs opulentes Mahl zu sich. Am Nachmittag muß unser Schauspieler dann in einem mitnichten vielhundertpferdigem Luxuswagen, als vielmehr mit einem öffentlichen Verkehrsmittel oder mit dem Fahrrad in die Stadt fahren, um zwei oder drei Stunden auf der Bühne zu stehen, was abgesehen von der körperlichen Belastung immerhin eine seelische Achsenschwenkung von mindestens 180 Grad erfordert. Was dann noch vom Abend übrig bleibt, wird er nicht einmal der gleichfalls künstlerisch tätigen Frau – wenn er sie nicht nach der Vorstellung getroffen hat und mit ihr heimwärts fährt – und den Kindern widmen können, sondern den neuen Aufgaben, die in Form von Dreh- und Rollenbüchern auf dem Schreibtisch oder auf dem Nachttisch warten.

Ein Künstlerleben 1943

Vor solchen Beispielen, die durchaus die Regel für den Tagesablauf unserer besten Film- und Bühnenschaffenden bilden, verstummt der Einwand von den Vorrechten des Künstlers. Nur ein Privileg, das zugleich auch eine Verpflichtung enthält, ist ihm geblieben: mit empfindlicheren und empfänglicheren Sinnen alle Schwingungen und Strömungen der Zeit auffangen zu dürfen. Der Künstler hat ein feineres Organ für die Fragen und Hoffnungen, für die Sorgen und Wünsche, aber auch für den Glauben und die Zuversicht der Menschen. In diesem gesteigerten Aufnahmevermögen ist er dem Politiker ähnlich. Der Künstler aber reagiert auf diese Wahrnehmungen unpolitisch: er registriert, aber er wertet nicht. Das Wort vom politischen Künstler ist anders gemeint als im Sinne des politisierenden Künstlers. Von keinem Künstler werden Volksreden erwartet, wohl aber, daß er dort, wo er sich durch Worte oder Taten bemerkbar macht und auf Grund seines Ansehens doppelt auffällig bemerkbar machen muß, es mit politischem Erfolg tut: durch Worte, die bei seinen »Zuhörern« – und seien es nur ein paar Beleuchter im Atelier – einen Zuwachs an aufrechter Gesinnung bewirken, durch Taten, die bei seinen »Zuschauern« – und seien es nur die Nachbarn seines bombardierten Hauses – einen Gewinn an unverdrossener Haltung wecken.

Kürzlich ist einem Kreis Berliner Künstler in kameradschaftlichem Tone ins Gewissen geredet worden, sich durch einwandfreie Haltung und vorbildliche Handlungen der Förderung würdig zu erweisen, die das neue Deutschland – auch in den Stunden seiner härtesten Prüfung – den künstlerisch Schaffenden hat angedeihen lassen. Wie unnachsichtig jedoch mit einem Künstler verfahren wird, der statt Glauben Zweifel, statt Zuversicht Verleumdung und statt Haltung Verzweiflung stiftet, ging aus einer Meldung der letzten Tage hervor, die von der strengen Bestrafung eines ehrvergessenen Künstlers berichtete. Es dürfte heute niemand Verständnis dafür haben, wenn einem Künstler, der fehlte, eher verziehen würde als dem letzten gestrauchelten Volksgenossen. Das Volk fordert vielmehr, daß gerade der Künstler mit seiner verfeinerten Sensibilität und seiner weithin wirkenden Autorität so ehrlich und tapfer seine Pflicht tut, wie jeder seiner unbekannten Kameraden aus anderen Gebieten der Arbeit. Denn gerade Prominenz verpflichtet! Diese Verpflichtung haben unsere Künstler eingelöst. Der berühmte Mann und der namenlose Arbeiter, die in der abendlichen U-Bahn nebeneinander sitzen, – sie können sich ohne Vorbehalt kameradschaftlich grüßen.

April 1962   Neue Bildzeitung

Ein Leichenschänder beim Frühschoppen

Düsseldorf (NBZ). »Empörend und ungeheuerlich und unverantwortlich, daß ein solcher Mann in der Öffentlichkeit wirkt!« So schleudert eine greise Düsseldorfer Mutter ihre abgrundtiefe Verachtung heraus. Für einen Mann, der den Mord an ihrem 1944 von den Nazis gehängten Sohn bejubelte und seine Mörder feierte: Für Werner Höfer, heute höchstbezahlter Chef-Frühschöppner des Adenauer-Fernsehens!

Am 7. September hieß es in Moabit für 186 Antifaschisten: Antreten zur Hinrichtung! In Sechserreihen wurden sie an den Galgen gebracht. Darunter Karlrobert, der gerade 27 Jahre zählte. Vierzehn Tage danach, am 20. September, dankte das »12-Uhr-Blatt« den Mördern für ihre Untat und forderte »die gleiche strenge Bestrafung für alle ehrvergessenen Künstler«! Der Verfasser: Werner Höfer!

Den Namen des Leichenschänders hat Frau Kreiten erst jetzt, nach 14 Jahren, erfahren. Die Wunde im Mutterherzen brach wieder auf. Wie lange soll sie noch bluten? Wann sitzt der Mordhetzer von 1944 und der Kriegshetzer von heute hinter Gittern? Was er bei Goebbels lernte, setzt er jetzt für Adenauer fort!

Neue Bildzeitung, April 1962, 6. Jahrgang, Nr. 14

Späße an den Gräbern

Herrn Werner Höfer gewidmet

1
Die Narben sind nicht verheilt.
Immer wieder wird in alte Wunden neues
Salz gestreut. Die Vergangenheit soll
Bewältigt werden, aber die Gegenwart
Wird vergewaltigt.

2
Wer hat die Hakenkreuze auf die Judengräber
Gemalt? Wer verwundete die ruhelosen Grabsteine
Mit SS-Runen? Darauf kommt ihr
Nicht, da muß schon einer kommen,
Der euch drauf bringt.
Der fischäugige Kommentator aus dem Rheinland
Klärt auch diese Sache auf: die Schmierereien
Sind geschmiert worden von jüdischen Mitbürgern, und zwar
Zum Spaß.

3
Wer hat die Mageren und Verzweifelten
In ihre Massengräber getrieben? Wer
Spuckte in ihre Gesichter? Darauf
Kommt ihr nicht, da muß schon einer kommen,
Der euch drauf bringt.
Der fischäugige Kommentator aus dem Rheinland
Wird auch das noch aufklären: Die Opfer
In den schrecklichen Lagern haben
Sich selber geopfert und bespien, und zwar
Zum Spaß.

4
Wer hat damals den jungen Künstler
in der Zeitung beschimpft als
Juden? Wer beförderte ihn so über die Schwelle
Vom Leben zum Tode? Darauf kommt ihr nicht, da
Muß schon einer kommen,
Der euch drauf bringt.

Der fischäugige Kommentator aus dem Rheinland
Könnte auch diese Sache aufklären: der junge Künstler
Hat sich selber in der Zeitung beschimpft, und zwar
Zum Spaß, und um den Spaß noch
Spaßiger zu machen, setzte er unter jenen Artikel den
Namen des fischäugigen Kommentators aus dem Rheinland.
5
Immer wieder wird in alte Wunden neues
Salz gestreut. Die Narben
Können
Nicht verheilen.

Adrian (=Lothar Kusche),

1973   Höfer erhält das Große Bundesverdienstkreuz

Die Bundesrepublik ehrt Werner Höfer: Ministerpräsident Heinz Kühn (links) verleiht dem Fernseh-moderator das Große Bundesverdienstkreuz. Rechts: WDR-Intendant von Bismarck.

Februar 1977   Playboy-Interview
Gespräch mit Werner Höfer

Playboy: Sie haben während des Krieges als Kriegsberichterstatter gearbeitet?

Höfer: Jein! Ich bin in Berlin dienstverpflichtet worden zur Organisation Todt, das waren Bautrupps, benannt nach dem Vorgänger von Speer. Das war insofern nicht schlecht, weil es einem zunächst mal die sogenannte Grundausbildung ersparte und vor allem die sogenannte Feindberührung. Auf die habe ich keinen Wert gelegt. Ich habe dann die Rolle eines Pressereferenten, vornehmlich befaßt mit Zeitungsausschnittarbeiten, in dem Ministerium gespielt.

Playboy: Haben Sie damals je etwas getan oder geschrieben, was Sie heute wünschten, nicht geschrieben oder getan zu haben?

Höfer: Ich habe kein einziges Mal in meinem Leben in einem negativen Sinn beispielsweise das Wort Jude geschrieben. Die erste Theaterkritik, die ich in Berlin geschrieben habe, war über das Stück eines Autor der sehr gefördert wurde, weil er ein führender SS-Literat war. Das Stück habe ich alles andere als gelobt. Und ich habe nie von Adolf Hitler als dem Führer gesprochen, ich habe das immer umschrieben: Reichskanzler, gegenwärtiger Leiter des deutschen Geschicks …

Playboy: Durchhalteparolen blieben aber auch Ihnen nicht erspart?

Höfer: Es wurden teilweise Zitate verbreitet, die nicht authentisch sind. Nachdem ich schon eingezogen war, erschienen – was ich nicht wußte, das habe ich erst hinterher erfahren – im *12-Uhr-Blatt,* mit dem ich als Redakteur überhaupt nichts zu tun hatte, Passagen unter meinem Namen, die gar nicht von mir waren.

Playboy: Wie war denn Ihre Einstellung damals?

Höfer: Ich bin im März 1933 von einem mir sehr wohlgesonnenen väterlichen Freund gegen meinen Wunsch und Willen, ganz gewiß nicht auf meine Veranlassung hin, in die NSDAP eingetreten worden. 1937 bin ich sehr mit meinem Willen wieder ausgetreten.

Playboy: Was waren die Gründe?

Höfer: Ganz gewiß nicht nur tiefe politische, ideologische Einsichten – auch diese. Aber die Art und Weise, wie dieses Regime sich darstellte, wie es auftrat, die Apparaturen, die Figuren – das störte mich. Auf der anderen Seite, Leute wie Furtwängler oder Gründgens – was deren Verhalten in einem anderen Licht erscheinen läßt: Man konnte ja vor allem in Berlin sich eine Menge leisten – bis zuletzt.

Playboy: Und haben Sie es sich geleistet?

Höfer: Ich konnte mir insofern nicht besonders viel leisten, als meine Rolle einfach nicht wichtig genug war. Wenn ich aber beispielsweise damals etwas gewesen wäre, wie ich es jetzt bin, dann hätte es Sinn gehabt, sich zu fragen, soll man emigrieren. Oder aber, wenn ich Theaterintendant oder Chefredakteur gewesen wäre, bestimmte Sachen riskieren und durchsetzen bei einer Zeitung.

(Auszug)

Frühschöppner Höfer im Zwielicht

»Stünde Höfer heute vor mir – ich würde ihm die Tür weisen!«

Der ARD-Frühschöppner wird beschuldigt, die Hinrichtung des jungen Pianisten Kreiten in einem mit NS-Phrasen gespickten Leitartikel ausdrücklich gebilligt zu haben. Er bestreitet dies. Aber BILD am SONNTAG fand in einem Zeitungsarchiv den Beweis – und in Düsseldorf die 84jährige Mutter des Gemordeten! Sie schildert zum erstenmal, was im Kriegsjahr 1943 wirklich geschah.

Mühsam ringt Emmy Kreiten (84) um Fassung – minutenlang. Dann scheint die alte Dame den Kampf mit den Schreckensbildern der Vergangenheit gewonnen zu haben. Mit fester Stimme formuliert sie ihre erschütternde Anklage:

Emmy Kreiten (84), die Mutter des gemordeten Pianisten, am Flügel ihres Sohnes Karl-Robert

BILD am SONNTAG entdeckte die Mutter des hingerichteten Pianisten Kreiten

„Stünde Höfer heute vor mir-

»Werner Höfer kann seinen Artikel, mit dem er den Mord an meinem Sohn Karlrobert billigte, nicht ungeschehen machen. Ich habe Mitleid mit diesem Mann – er muß mit der Erinnerung an sein menschliches Versagen leben. Stünde er allerdings heute plötzlich vor mir, ich ... ich würde ihm die Tür weisen.«

... Am 3. September verurteilte der Volksgerichtshof unter dem Vorsitz des berüchtigten Roland Freisler Karlrobert Kreiten zum Tode, am 7. September wurde das Urteil vollstreckt. Emmy Kreiten: »Als wir die Nachricht erhielten, erlitt mein Mann Theo einen fürchterlichen Schock: er erblindete! Vier Wochen später schickte uns die Gerichtskasse Berlin eine ›Kostenrechnung für die Hinrichtung Karlrobert Kreiten‹ in Höhe von 629,20 Reichsmark ...«

Und Werner Höfer? Er schlug im »12-Uhr-Blatt« zu. Damaliger strammer Polit-Leitartikler dieser Tageszeitung, ließ der heutige ARD-Frühschöppner, Talkmeister und selbsternannter Lehrmeister der Nation in Sachen Demokratie, die Gelegenheit nicht aus, dem gemordeten Künstler noch im Grab einen publizistischen Fußtritt zu versetzen. Höfer zeichnete den Artikel mit seinem Namen.

Verurteilte Kreiten zum Tode: der Volksgerichtshof-Vorsitzende Roland Freisler

... Höfer ging bisher unbeschadet aus der Tragödie hervor. Anders traf es die unmittelbar Beteiligten: Die Denunziantin Ellen Ott-Monecke stürzte sich ein Jahr nach ihrem Verrat in die Flammen ihres ausgebombten Hauses. Tiny von Passavent ging elend an Krebs zugrunde. Und Annemarie Windmöller lebt vermutlich irgendwo mit ihrer Schuld weiter – unter falschem Namen.

Werner Höfer indes hat seinen Namen behalten, wie man weiß. Als eitler Narziß geistert er durch die TV-Kanäle und berauscht sich an seiner Eloquenz. Nur wenn es um seinen Kreiten-Nachruf geht, gerät der »Meister des Wortes« in die Vergangenheit des Schweigens. Denn bislang hat sich der kurzfristige »diplomatische Korrespondent« des Hamburger Magazins »Stern« erst ein einziges Mal dazu geäußert – handschriftlich.

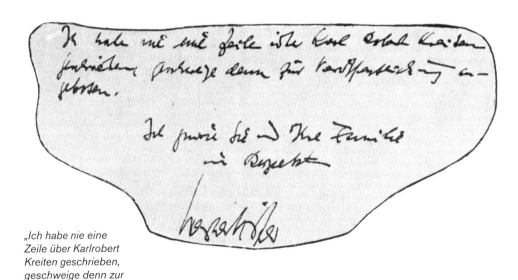

„Ich habe nie eine Zeile über Karlrobert Kreiten geschrieben, geschweige denn zur Veröffentlichung angeboten." So lautet der Text des Originalbriefes Höfers an einen Verwandten Kreitens

Einem Verwandten Karlrobert Kreitens, Dr. Carl Beermann aus Leverkusen, der ihn wegen jenes NS-Artikels zur Rede gestellt hatte, schrieb Höfer am 13. September 1975 diesen Brief:

Sehr geehrter Herr Beermann, später als ich wollte und sollte, was ich zu entschuldigen bitte, schreibe ich Ihnen, wie ich das bei unserem letzten Telefonat zugesagt hatte.

Lassen Sie mich bitte auf diesem Wege wiederholen, was ich Ihnen fernmündlich versichert habe:

Wenn jemand, so haben Sie und Ihre Familie ein Anrecht auf die gewünschte Auskunft. Diese Auskunft lautet:

Ich habe nie eine Zeile über Karlrobert Kreiten geschrieben, geschweige denn zur Veröffentlichung angeboten.

Ich grüße Sie und Ihre Familie   *Werner Höfer*

...Wenn Herr Höfer heute behauptet, er habe niemals etwas über das Schicksal des Pianisten Kreiten geschrieben, so sagt er die Unwahrheit – es sei denn, er kann den Beweis antreten, daß sein Name ohne seine Einwilligung über einen von fremder Feder geschriebenen Bericht gesetzt worden ist. Aber gerade in diesem Bericht beweist Höfer sich selbst: die phrasenreiche Diktion ist noch heute seine Sprache. Aber noch immer scheint des Frühschöppners politische Belehrungszeit nicht zu Ende zu gehen. Im Deutschlandfunk wird er ab 25. März alle vier Wochen die Sendung »Was sagen Sie nun?« moderieren. Hinzu kommt im April eine regelmäßige Kolumne in der Züricher »Weltwoche«, und mit dem ZDF ist der Mann, der »Gott und die Welt kennt« (Höfer über Höfer), ebenfalls bereits in nicht näher bezeichneten Verhandlungen.

Wir meinen: Bevor der Mann, der sich bei jeder Gelegenheit als wahrer Humanist und Aristokrat des Geistes aufspielt, zu neuen politischen Ufern strebt, sollte er endlich Farbe bekennen!

Was geschah damals wirklich in Berlin, Herr Höfer?

Reden Sie endlich!   jean.

Eine seiner liebsten Posen: Werner Höfer, halbintellektueller Talkmaster und Demokrat. Lehrmeister der Nation, beim Abschluß-Toast seiner sonntäglichen Selbstdarstellungs-Arie, genannt Frühschoppen. (Bild am Sonntag, 19. 2. 1978)

1982 Aus Fred Prieberg »Musik im NS-Staat«

Mit Datum vom 14. September meldete die Nachrichtenagentur dnb:

Am 7. September 1943 ist der 27 Jahre alte Pianist Karlrobert Kreiten aus Düsseldorf hingerichtet worden, den der Volksgerichtshof wegen Feindbegünstigung und Wehrkraftzersetzung zum Tode verurteilt hat. Kreiten hat durch übelste Hetzereien, Verleumdungen und Übertreibungen eine Volksgenossin in ihrer treuen und zuversichtlichen Haltung zu beeinflussen versucht und dabei eine Gesinnung an den Tag gelegt, die ihn aus der deutschen Volksgemeinschaft ausschließt.

Das Exempel verfehlte seine Wirkung nicht. Eine Woche später vermerkte eine Berliner Zeitung:

Wie unnachsichtig jedoch mit einem Künstler verfahren wird, der statt Glauben Zweifel, statt Zuversicht Verleumdung und statt Haltung Verzweiflung stiftet, ging aus einer Meldung der letzten Tage hervor, die von der strengen Bestrafung eines ehrvergessenen Künstlers berichtete. Es dürfte heute niemand Verständnis dafür haben, wenn einem Künstler, der fehlte, eher verziehen würde als dem letzten gestrauchelten Volksgenossen. Das Volk fordert vielmehr, daß gerade der Künstler mit seiner verfeinerten Sensibilität und seiner weithin wirkenden Autorität so ehrlich und so tapfer seine Pflicht tut, wie jeder seiner unbekannten Kameraden aus anderen Gebieten der Arbeit.

Im Zusammenhang mit einer allgemeinen Polemik gegen den Star des »Internationalen Frühschoppens« in Rundfunk und Fernsehen der BRD, die 1962 in der DDR geführt wurde, konfrontierte man Höfer mit diesem Bericht. Er bestritt rundweg die Beweiskraft des vorgelegten Faksimiles, erklärte, aus jener Zeit keine Unterlagen mehr zu besitzen und daher zur Authentizität des Zeitungsausschnitts nichts sagen zu können, und fuhr fort:

Ich versage es mir auch, darauf zu verweisen, daß der Name und der Fall Kreiten überhaupt nicht erwähnt sind.

Allerdings tat er mit diesem Satz gerade das, was er sich hatte versagen wollen; da es keinen publizierten identischen Fall in jenen Tagen gab, war natürlich dieser gemeint, und das ergibt sich schon daraus, daß Vokabeln der Hinrichtungsmeldung zitiert sind. Ein zweiter Mitarbeiter dieses Namens im Herbst 1943 bei dieser Zeitung existierte auch nicht, und Höfer gestand zu, für dieses Blatt eine Zeitlang jeweils am Samstag einen kulturpolitischen Aufsatz *geschrieben* zu haben; dieser konnte dann montags – also auch am 20. September wieder – erscheinen. Daß die Redaktion oft in seinen Manuskripten ohne sein Wissen oder seine Zustimmung Änderungen vornahm, daran mag sich Höfer richtig erinnern. Nur machte Anlage und Tendenz gerade dieses Artikels Änderungen überflüssig, so exakt und dramaturgisch korrekt ist er auf den Schlußeffekt – eben die Sache Kreiten – hingearbeitet, und ohne ihre Erwähnung wäre er völlig sinnlos gewesen. Gleichwohl sprach sich Höfer frei:

Ich möchte noch einmal ausdrücklich darauf verweisen, daß ich mich bewußt niemals gegen Karlrobert Kreiten oder für seine Verurteilung geäußert habe.

Fragt sich nur, wie unbewußt man in der Realität des NS-Staates einen Artikel schreiben konnte, durch den die Künstler mit dem Volk solidarisiert und beide zu »einsatzfreudiger und opferwilliger Bewährung« veranlaßt werden sollten.

Fischer Taschenbuchverlag, Frankfurt / Main

Exemplarisch hingerichtet

Berlin, Anfang September 1943. Zwischen Luftangriffen erinnert sich der Gefängnis-Geistliche der Strafanstalt Plötzensee: »Keiner der zum Tode Verurteilten kam durch Bomben zu Tode, aber in der nächsten Nacht wurden 186 in Gruppen zu acht hintereinander erhängt, ohne daß man ihnen Zeit zu einem Abschiedsbrief gelassen hätte. Erst in der Morgenfrühe um 8 Uhr stellten die Henker ihre blutige Arbeit ein, um sie am Abend wieder aufzunehmen.«

Zu diesen Hingerichteten gehörte ein junger Düsseldorfer: Karlrobert Kreiten, 27 Jahre alt und die größte Pianisten-Hoffnung dieser Zeit. Längst war er bei internationalen Wettbewerben ausgezeichnet und auf allen Podien gefragt. Sein »Vergehen«: 1943 hatte er in Berlin einer alten Bekannten seiner Mutter gesagt, der Krieg sei praktisch schon verloren, er führe zum vollständigen Untergang Deutschlands und seiner Kultur.

Diese Äußerung wurde weitergetragen. Mitte März 1943 denunzierten drei Frauen den jungen Pianisten bei der Reichsmusikkammer. Dort allerdings schien man offensichtlich geneigt, den bösen Klatsch zu ignorieren. Kreitens Stellung als international anerkannter Pianist mag dabei eine Rolle gespielt haben.

Das jedoch ließ die empörten fanatisierten Frauen nicht ruhen: Über das Reichspropagandaministerium kam die Anzeige zur Gestapo, wo musikalische Meriten nichts galten. Die Verweigerung des Visums für ein Italien-Konzert war die erste Reaktion, in Heidelberg wurde Kreiten unmittelbar vor einem Klavierabend verhaftet.

Sein Urteil fällte Freislers berüchtigter Volksgerichtshof am 3. September unter Ausschluß der Öffentlichkeit, in der sich prominente Musiker für Kreiten eingesetzt hatten. Der Pianist habe – so die Begründung des Todesurteils – »mitten im totalen Krieg die kämpferische Widerstandskraft einer Volksgenossin durch niedrige Verunglimpfungen des Führers zu zersetzen gesucht«. Er habe ihr gesagt, »der Führer sei krank, und einem solchen Wahnsinnigen sei nun das deutsche Volk ausgeliefert!... In zwei bis drei Monaten werde Revolution sein, und dann würden der Führer, Göring, Goebbels und Frick einen Kopf kürzer gemacht.«

Was in dieser Urteilsbegründung zynisch zum Widerstand stilisiert wurde, darf heute als realistische Einschätzung der politischen und militärischen Lage im Jahr 1943 gelten. Nach Stalingrad und während immer stärkerer Bombenangriffe auf deutsche Städte mögen vielen insgeheim Zweifel am »Führer« und seinem »Endsieg« gekommen sein. Das wußten auch die Machthaber. Gerade daher rührt jedoch ihr Interesse, jede Abweichung von der offiziellen Propaganda-Meinung exemplarisch zu ahnden. Da half deshalb kein Gnadengesuch der Familie, selbst die Fürsprache Wilhelm Furtwänglers blieb vergebens: Karlrobert Kreitens Fall sollte den Künstlern des »Dritten Reiches« als abschreckendes Beispiel vor Augen geführt werden.

Die gleichgeschaltete Presse unterstrich solche Absichten. Werner Höfer schrieb im »12-Uhr-Blatt« am 20. September, zwei Wochen nach Kreitens Hinrichtung:

»Es dürfte heute niemand Verständnis dafür haben, wenn einem Künstler, der fehlte, eher verziehen würde, als dem letzten gestrauchelten Volksgenossen. Das Volk fordert vielmehr, daß gerade der Künstler mit seiner verfeinerten Sensibilität und seiner weithin wirkenden Autorität so ehrlich und so tapfer seine Pflicht tut, wie jeder seiner unbekannten Kameraden aus den anderen Gebieten der Arbeit.« Fred K. Prieberg schilderte in seinem Buch »Musik im NS-Staat«, wie der prominente Gastgeber des »Internationalen Frühschoppen« sich später von diesem journalistischen Machwerk distanzierte, obwohl außer Frage stand, daß er zu dieser Zeit für diese Zeitung gearbeitet hatte. Ein schaler Nachgeschmack bleibt.

Nach dem Krieg wurde der Name Karlrobert Kreiten nicht vergessen. In Düsseldorf und Köln wurden Straßen nach ihm benannt. Die Kölner Musikhochschule vergibt im kommenden Januar wieder den »Karlrobert-Kreiten-Preis«. Der Gewinner fährt zum Mendelssohn-Wettbewerb nach Berlin. Dort bemüht sich unabhängig davon ein Schulfreund Karlrobert Kreitens, der Kulturreferent Friedrich Lambart, um eine Dokumentation im Foyer der Philharmonie. Martha Argerich hat bereits zugesagt, ihr Berliner Konzert am 6. September mit Prokofieffs drittem Klavierkonzert »in memoriam Karlrobert Kreiten« zu spielen. Speziell mit diesem Werk hatte der hochqualifizierte Pianist in seinen letzten Lebensjahren große Erfolge.

In Düsseldorf lebt heute 89jährig die Mutter Karlroberts. Emmy Kreiten verfolgt als ausgebildete Sängerin noch immer sehr lebhaft das kulturelle Leben. Sie freut sich über das Interesse, das ihr der Direktor des Stadtmuseums, Dr. Wieland König, entgegenbringt. Er will in seinem Haus langfristig ein Kreiten-Archiv anlegen, denn auch Theo Kreiten, Karlroberts Vater, besaß als Musiklehrer und Kritiker kulturelle Bedeutung für die Stadt. Eine Kreiten-Ausstellung hat es im Stadtmuseum bereits gegeben. Über die musikalische Bedeutung des Pianisten und über lokale Bezüge hinaus dokumentiert dieser Fall neben vielen Namenlosen Unfreiheit und Willkür im dunkelsten Kapitel deutscher Geschichte.

Gangolf W. Nohr

»Karlrobert Kreiten, der junge Wundermann am Klavier, vollbrachte mit ruhiger Selbstverständlichkeit Spitzenleistungen an Technik und Ausdrucksbesessenheit...« »Unter den Alten fällt einem höchstens Backhaus ein, wenn man nach jemandem sucht, mit dem man ihn vergleichen könnte.« »Es wird, von Gieseking abgesehen, wenig deutsche Pianisten geben, die in solchem Ausmaß alle Bedingnisse zur Interpretation moderner Werke mitbringen wie Karlrobert Kreiten.«

So stand es Anfang der 40er Jahre in deutschen Musikfeuilletons, und noch Jahrzehnte später erinnert sich Claudio Arrau, der Kreiten zwischen 1937 und 40 in Berlin unterrichtete, an seinen Schüler: »Karlrobert Kreiten war eines der größten Klaviertalente, die mir persönlich je begegnet sind. Wäre er nicht durch das Nazi-Regime hingerichtet worden, so hätte er, ohne Zweifel, seinen Platz als einer der größten deutschen Pianisten eingenommen. Er bildete die verlorene Generation, die fähig gewesen wäre, in der Reihe nach Kempff und Gieseking zu folgen...« (aus einem Brief an Verf. vom 18.5.1983).

Aber die begonnene Karriere wurde jäh unterbrochen. Karlrobert Kreiten, 1916 in Bonn geboren, in Düsseldorf aufgewachsen, Schüler von Peter Dahm an der Kölner Hochschule, dann von Hedwig und Moritz Rosenthal in Wien und schließlich von Claudio Arrau in Berlin, äußerte sich im Frühjahr 1943 in privatem Kreis, mit dem Dritten Reich werde es nun bald zu Ende gehen, der Krieg sei praktisch verloren und würde das völlige Ende der deutschen Kultur bedeuten. Kreiten wurde denunziert, von Freislers Volksgerichtshof zum Tode verurteilt und bereits wenige Tage darauf, am 7. September 1943, durch den Strang hingerichtet – als abschreckendes Beispiel.

»Es dürfte heute niemand Verständnis dafür haben, wenn einem Künstler, der fehlte, eher verziehen würde als dem letzten gestrauchelten Volksgenossen«, konnte man am 20.9.43 im »Zwölf-Uhr-Blatt« lesen, ein frühes journalistisches »Meisterstück« des späteren »Frühschoppen«-Predigers Werner Höfer...

Hartmut Lück

3.9.1983   Der Tagesspiegel

Konzert für Karlrobert Kreiten

Ein umstrittener »Nachruf«

Das Festwochenkonzert der Berliner Philharmoniker am kommenden Dienstag, in dessen Mittelpunkt das 3. Klavierkonzert von Prokofjew steht, ist dem Pianisten Karlrobert Kreiten gewidmet, der Opfer einer Denunziation, vor 40 Jahren, am 7. September 1943, »wegen Feindbegünstigung und Wehrkraftzersetzung« in Plötzensee erhängt wurde.

Kreiten, Rheinländer des Jahrgangs 1916, hatte nach Aussagen von Zeitgenossen schon als junger Pianist sensationelle Erfolge und berechtigte zu den allergrößten Hoffnungen; Claudio Arrau heute über seinen damaligen Meisterschüler: »Eines der größten Klaviertalente, die mir persönlich je begegnet sind.«

In einem privaten Gespräch hatte Kreiten den Krieg für verloren angesehen. Der »Volksgerichtshof« verurteilte ihn am 3. September 1943 in einem Schnellverfahren zum Tode, ohne Benachrichtigung des Verteidigers oder der Angehörigen; das Urteil wurde nach einem Bombenangriff, den Kreiten überlebte, eilig vollstreckt, obgleich zahlreiche Gnadengesuche, darunter auch von Furtwängler, noch liefen. Den »Nachruf« schrieb zwei Wochen später ein Werner Höfer im Berliner »12-Uhr-Blatt« vom 20. September 1943 ...

Der Fernsehjournalist und Gastgeber des »Internationalen Frühschoppens«, in diesem Frühjahr, landesweit gefeiert, 70 geworden, bestritt vor Jahren, mit diesem Kommentar konfrontiert, die Beweiskraft des ihm in Faksimile vorgelegten Zeitungsberichts, räumte aber ein, kulturpolitische Aufsätze für das »12-Uhr-Blatt« geschrieben zu haben; er versage es sich aber, darauf zu verweisen, daß der Name und der Fall Kreiten in dem Artikel überhaupt nicht erwähnt werden; »bewußt« jedenfalls, so Höfer 1977, habe er sich »niemals gegen Kreiten oder für seine Verurteilung geäußert.« – Wie dann Herr Journalist? ...

Im Düsseldorfer Stadtmuseum wird zur Zeit eine kleine Gedächtnisausstellung mit Kreiten-Dokumenten gezeigt. Geplant ist die Sammlung und Neuherausgabe erhaltener Tonaufnahmen von Konzerten des Pianisten, ... und am nächsten Freitag um 14.35 Uhr bringt RIAS I eine Gedenksendung für Kreiten. – Notwendige Erinnerungen an einen, dessen Geradlinigkeit ihm unter dem braunen Gesindel zum Verhängnis wurde.

Lothar C. Poll

16.2.1984   Kölner Stadt-Anzeiger

Heinrich Riemenschneiders Stück »Der Fall Karlrobert K.«

Der Pianist Kreiten

Seit 1957 vergibt die Kölner Musikhochschule einen Pianistenpreis »in memoriam Karlrobert Kreiten«. Man weiß, daß Kreiten (1916–1943) hier bei Peter Dahm Klavier studiert hat und daß er von den Nationalsozialisten ermordet wurde.

Zeugnisse über Kreitens Haft und Verurteilung bilden, fast ausschließlich und nur behutsam bearbeitet, die Fabel zu Heinrich Riemenschneiders Dokumentarstück »Der Fall Karlrobert K.« Im Kammermusiksaal wurde es jetzt aufgeführt, Spielszenen mit Tonbandcollagen. Zu sehen war, bis auf den stummen Pfarrer am Schluß, nur Kreiten ...

Ins Gedächtnis prägt sich die Schlußszene, die den »normalen« Fall K. in ein Spannungsverhältnis bringt zum »normalen« Fall eines bekannten Journalisten: Kreiten spricht, rücklings auf einem schwarzen Block liegend, angestrengt mit abgewinkeltem, hochrotem Kopf sein Todesurteil. Da verdeckt der typisierte Text Freislers, des Volksgerichtshofpräsidenten, nicht länger die Katastrophe des einzelnen.

Es folgen expressiv gespielte Paganini-Variationen. Dann hört man Freisler-Worte noch einmal: »Verleumdung«, »Haltung«, »Volksgenossen«, »Zuversicht«. Jetzt stammen sie aus einem Aufsatz des Berliner »12-Uhr-Blatt«, erschienen wenige Tage nach dem Mord an Kreiten und gezeichnet mit dem Namen Werner Höfer. Höfer wird die damalige Begründungshilfe zur »strengen Bestrafung eines ehrvergessenen Künstlers« nicht erst vom Autor des Stücks vorgeworfen. Und stets hat Höfer jeden bewußten Bezug zum Fall Kreiten bestritten. Im Stück kam es darauf nicht an, sondern auf die Funktion solcher Artikel als Schmieröl für Einschüchterungspolitik.   *Marianne Kierspel*

(Der ungekürzte Abdruck des Theaterstückes »Der Fall Karlrobert K.« erfolgt ab Seite 289.)

20.3.1984   General-Anzeiger Bonn

Ein Fall aus finsterer Zeit
Zur Gedächtnisausstellung für Karlrobert Kreiten

Eindringlich vergegenwärtigte Rudolf Knor als Pianist zusammen mit Rolfrafael Schroer – vor allem dank der verknappenden und dichten Technik der Stimmen-Einspielung – die Szenen der Denunzierung, Verhaftung, Hinrichtung. Aufrührend auch der Originalton der Klavierpassagen von Kreiten selbst.
Überlebensgroß mahnend stand eine Plakatwand auf der Bühne mit jenem berühmtberüchtigten Artikel, der am Schluß des Stücks auch über den Lautsprecher drang (und in den Vitrinen zu lesen ist): jener »Nachruf«-Artikel aus dem Berliner »12-Uhr-Blatt« vom 20. September 1943, der die »strenge Bestrafung eines ehrvergessenen Künstlers« applaudierte – aus der Feder eines Werner Höfer.

2.4.1984   Spiegel

Wer ist Werner Höfer?

Karlrobert Kreiten in memoriam. So schlicht klingt der Titel einer Langspielplatte, die Thorofon seit vergangener Woche anbietet. Aber die LP ist eine Rarität, die an eine gespenstische Geschichte erinnert: Am 7. September 1943 wurde Karlrobert Kreiten, erst 27 Jahre alt und ein als »Wundermann« gepriesener Pianist, in Berlin-Plötzensee von den Nazis erhängt – weil er in privater Runde seine Ansicht kundgetan hatte, mit dem Dritten Reich gehe es wohl zu Ende (und obwohl selbst Furtwängler für den jungen Kollegen um Gnade bat). Nach dem Krieg geriet Kreiten in Vergessenheit, und sogar sein Vater, der Komponist Theo Kreiten, war noch in einem Buch über den Sohn (»Wen die Götter lieben«) überzeugt, daß es Platten mit Karlroberts Klavierspiel nicht gebe – bis im vergangenen Jahr einige privat gepreßte Unikate entdeckt wurden, auf denen der junge Kreiten unter anderem Chopins Préludes B-Dur, b-Moll, Paganini-Variationen von Brahms und eine Klavierbearbeitung von Johann Straußens »An der schönen blauen Donau« einge-spielt hat. Diese »Historischen Aufnahmen aus den Jahren 1934 bis 1938«, die natürlich nicht HiFi-Standards genügen (können), rechtfertigen ein Urteil Clau-dio Arraus, für den Kreiten »eines der größten Klaviertalente« war, »die mir per-sönlich je begegnet sind«. Aber sie bringen auch einen Lebenden ins Gerede. Nach Kreitens Ermordung nämlich hatte ein Werner Höfer im Berliner »12-Uhr-Blatt« geschrieben: Da sei ein »ehrvergessener Künstler« hingerichtet worden, der »statt Glauben Zweifel, statt Zuversicht Verleumdung und statt Haltung Verzweiflung« gestiftet habe. Und: »Es dürfe heute niemand Verständnis dafür haben, wenn einem Künstler, der fehlte, eher verziehen würde als dem letzten gestrauchelten Volksgenossen.« Der Fernseh-Moderator Werner Höfer (NSDAP-Eintritt 1933) bestreitet die Autorschaft an der Tirade; für die Herausgeber der Platte dagegen ist, so der Text auf dem Cover »kein Zweifel möglich«. Wenn aber Werner Höfer wahr sprechen sollte, wer ist dann Werner Höfer?

76.21.421   THOROFON alternum ATH 259

KARLROBERT KREITEN 1916–1943 IN MEMORIAM

THOROFON

HISTORISCHE AUFNAHMEN AUS DEN JAHREN 1934–1938

"Volksschädling zum Tode verurteilt! Am 7. September 1943 ist der 27 Jahre alte Pianist Karlrobert Kreiten aus Düsseldorf hingerichtet worden, den das Volksgerichtshof wegen Feindbegünstigung und Wehrkraftzerset-zung zum Tode verurteilt hat. Kreiten hat durch übelste Hetzereien, Verleumdungen und Übertreibungen eine Volksgenossin in ihrer treuen und zuversichtlichen Haltung zu beeinflussen versucht und dabei eine Gesin-nung an den Tag gelegt, die ihn aus der deutschen Volksgemeinschaft ausschließt."

Dies melden die deutschen Tageszeitungen am 14. September 1943, und sechs Tage später erschien im Ber-liner "12-Uhr-Blatt", einem der braunen Herren seit der ersten Stunde ergeben dienenden Hetz-Organ, ein "kulturpolitischer Leitartikel", in welchem es u.a. hieß: "… Wie unnachsichtig jedoch mit einem Künstler verfah-ren wird, der statt Glauben Zweifel, statt Zuversicht Verleumdung und statt Haltung Verzweiflung stiftet, ging aus einer Meldung der letzten Tage hervor, die von der strengen Bestrafung eines ehrvergessenen Künstlers berichtete. Es dürfte heute niemand Verständnis dafür haben, wenn einem Künstler, der fehlte, eher verziehen würde als dem letzten gestrauchelten Volksgenossen."

Autor dieser vom Goebbels'schen Durchhaltegeist getränkten Hinrichtungs-Hymne war ein gewisser Wer-ner Höfer, der nach dem Kriege Karriere als Moderator einer bekannten Fernsehdiskussionsrunde machte und 1973 das Bundesverdienstkreuz erhielt. Höfer, Pg seit dem 1. Mai 1933 (Mitgliedsnummer 2.129.383), leugnet bis heute die Autorschaft, aber da es zu jener Zeit weder einen zweiten Höfer noch einen anderen Fall eines angeblich "ehrvergessenen Künstlers" gab, ist kein Zweifel möglich.

Zwei typisch deutsche Fälle, möchte man sagen: der eine ein Opportunist, der andere ein Künstler, der gar nicht direkten Widerstand leisten wollte, aber durch eine unbedacht kühne Äußerung in die Mühlen der Ter-rorjustiz Roland Freislers geriet.

Wer war Karlrobert Kreiten?

Keine leichte Frage, denn in den renommierten deutschen Musiklexika ist nicht einmal sein Name zu finden. Tragen wir es nach: Karlrobert Kreiten wird 1916 in Bonn geboren und wächst in Düsseldorf auf, wo sein Vater Theo Kreiten an der Musikhochschule Tonsatz unterrichtet. Schon früh offenbart sich die künstlerische Bega-bung des Jungen, und der 13jährige wird zur der Kölner Hochschule in die Klavierklasse von Professor Peter Dahm aufgenommen. Erste Konzerterfolge, Rundfunkübertragungen, und 1933 gleich zwei Paukenschläge: er gewinnt unter 252 Bewerbern den Wiener Klavierwettbewerb (Moritz Rosenthal, Emil Sauer und Wilhelm Backhaus saßen u. a. in der Jury), verweist den später berühmten Dinu Lipatti auf den zweiten Platz, und im gleichen Jahr wird er auch Preisträger beim Berliner Mendelssohn-Wettbewerb. Zwei Studien-jahre bei Hedwig Rosenthal Kanner in Wien schließen sich an, und von 1937–40 ist Karlrobert Kreiten Meisterschüler von Claudio Arrau in Berlin. Der erinnert sich: "Karlrobert Kreiten war eines der größten Kla-viertalente, die mir persönlich je begegnet sind. Er bildete die verlorene Generation, die fähig gewesen wäre, in der Reihe nach Kempff und Gieseking zu folgen." Und die Presse lag ihm zu Füßen: "Eine pianistische Bega-bung ganz großen Formats ist in Kreiten im Heranwachsen." (Berliner Tageblatt, 1938) "Der junge Wunder-mann am Flügel vollbrachte mit ruhiger Selbstverständlichkeit Spitzenleistungen an Technik und Ausdrucks-besessenheit." (Berliner Illustrierte Nachtausgabe, 1943)

Aber als diese Kritik erschien, lief bereits eine Denunziation: Kreiten hatte in privatem Kreis verlauten lassen, mit dem "Dritten Reich" gehe es bald zuende, der Krieg sei praktisch verloren und das völlige Ende der deut-schen Kultur nahe. Der Kreis war nicht privat genug, die Sache wurde zur Reichsmusikkammer und dann zur Gestapo gemeldet. Verhaftung am 3. Mai 1943, Verhöre, beruhigende Vertaulsbarungen – und dann ein Eil-verfahren mit barbarischer Härte, die allgemeine Lage war kritisch, ein abschreckendes Beispiel mußte her. Karlrobert Kreiten wurde, unter Ausschluß der Rechtsanwälte, am 3. 9. 1943 zum Tode verurteilt und, trotz einer Demarche seines Furtwänglers bei Goebbels, am 7. September in Berlin-Plötzensee zusammen mit 185 Mitgefangenen erhängt. Den Eltern schickte man einen Monat später eine Kostenrechnung über 639,20 RM – für die Hinrichtung, "zahlbar innerhalb von acht Tagen …"

1947 erscheint im Düsseldorfer Droste-Verlag ein Buch des Vaters "Wen die Götter lieben. Erinnerungen an Karlrobert Kreiten". (Ein Nachdruck mit Dokumentation erschien 1983 im Berliner Verlag Druckhaus Albert Hentrich, ISBN 3-88725-057-5). Theo Kreiten stellt darin bedauernd fest, daß keine Klangdokumente das unvergleichliche Spiel von Karlrobert der Nachwelt übermitteln. Ein Glück für uns, die Nachgeborenen, daß er sich in diesem Punkt irrte: einige in den 30er Jahren in Düsseldorf privat gepreßte Platten – Unikate! – haben sich bei den Angehörigen des Pianisten erhalten; eine Anfrage aus Anlaß einer Rundfunkgedenksendung zum 40. Jahrestag seines Todes brachte sie ans Licht: man hört Werke von Chopin, Brahms, Schoeck, Theo Kreiten – und sogar die Stimme von Karlrobert, der zweimal die Absage der Stücke selbst spricht! Ein sehr begrenzter Ausschnitt aus seinem Repertoire, kaum geeignet, eine Physiognomie dieses Künstlers erstehen zu lassen. Auch wissen wir nicht, was in den vergangenen vierzig Jahren mit diesen Platten geschah: die Klangqualität ist nicht optimal. Wenn wir uns dennoch zur Herausgabe dieser Gedenkschallplatte ent-schlossen haben, so deswegen, um die wenigen überhaupt geretteten Tondokumente des Spiels von Karl-robert Kreiten der Nachwelt zu erhalten. Seinerzeit Rundfunkaufnahmen, z. B. mit Carl Maria von Webers "Konzertstück" und mit Franz Liszts "Totentanz", sind wohl überliefert, und die geplanten Produktionen den Telefunken kamen noch der Verhaftung natürlich nicht mehr zur Ausführung. So mögen die vorliegenden Ein-spielungen der Werke von Chopin und der Johann-Strauß-Bearbeitung als Beispiel für sein damals so phä-nomenal gerühmtes Liszt- und Chopin-Spiel gelten, die Werke von Brahms als Nachweis seiner Fähigkeit zur charakteristisch klangfarblichen Gestaltung, die Toccata von Schoeck als Beleg für seine Liebe zur zeitge-nössischen Musik; seine Interpretationen des C-Dur-Konzertes von Prokofiew oder die "Petruschka-Sätze" von Strawinsky wurden damals stürmisch umjubelt. Und es möge diese Schallplatte als Denkmal dienen für einen der wenigen, die damals konsequent anständig geblieben wären.   Hartmut Lück

Seite A	Seite B
Fryderyk Chopin (1810–1849): Préludes B-Dur Nr. 21 und b-moll op. 28 Nr. 16 (1838) Aufnahme: Oktober 1934 3'27"	**Johann Strauß/Sohn** (1825–1899): An der schönen blauen Donau op. 314 (1867), für Klavier bearbeitet von Theo Kreiten Aufnahme: 17. 6. 1938 8'55"
Johannes Brahms (1833–1897): Paganini-Variationen op. 35, 2. Heft (1862–1863) Aufnahme: November 1934 7'56" Intermezzo As-Dur op. 76 Nr. 3 (1879) Aufnahme: November 1934 2'15"	**Theo Kreiten** (1886–1960): Sonatine E-Dur in vier Sätzen Aufnahme: 25. 9. 1934 9'50"
Othmar Schoeck (1886–1957): Toccata op. 29 Nr. 2 (1919–1920) Aufnahme: 1935 2'18"	**Fryderyk Chopin** (1810–1849): Nocturne cis-moll op. posth. (1830) Aufnahme: Oktober 1934 3'15"

März 1984
Herausgeber: Emmy Kreiten, Düsseldorf Friedrich Lambert, Berlin

Überspielung: Wilfried Zahn AES Herstellung: Teldec, Hamburg Konzertflügel: Blüthner Graphischer Entwurf: Friedrich Lambert Druck: Van der Stieg, Enschede

Verlag und Vertrieb: THOROFON Schallplatten KG 3002 Wedemark / Hannover, Tel. 05130/41.76 Bestellnummer: ATH 259

156

Wie war das damals mit Werner Höfer?

Der Fall Karlrobert Kreiten kommt wieder ins Gespräch. Und damit die Frage: War der Mann,
der uns seit 31 Jahren aus manchmal linker Sicht jeden Sonntag Politik erklärt, ein Nazi-
Eiferer?

Sonntag für Sonntag das gleiche Ritual: Werner Höfer, 71, hebt auf dem Bildschirm ein Glas erlesenen Weines den Zuschauern entgegen. Er prostet, seit 31 Jahren, was auch immer passiert ist. Noch nie zitterte seine Hand bei seinen Trunk-
Grüßen an die Fernsehnation. Ob sie jetzt zittert?

Eine kleine, gediegene Schallplattenfirma, die Thorofon, hat dieser Tage eine Langspielplatte auf den Markt gerollt. Titel: Karlrobert Kreiten in memoriam
1916–1943.

1943. Das war das Jahr, in dem Kreiten die Stunde schlug. Genauer gesagt: Am
7. September 1943 wurde der Pianist Karlrobert Kreiten, 27 Jahre jung, im Hof des
Gefängnisses von Berlin-Plötzensee aufgehängt. Was hatte er verbrochen?

Der junge Kreiten, Meisterschüler des großen Pianisten Claudio Arrau, hatte im
April 1943 vor Freunden eine Meinung geäußert, nämlich: daß dieser Krieg »praktisch nicht mehr zu gewinnen ist«. Kreitens Befürchtung: »Damit naht das Ende
der deutschen Kultur.« Eine Denunziantin meldete Kreitens Sätze der Reichsmusikkammer des Propagandaministers Joseph Goebbels.

Am 3. Mai 1943 wurde Kreiten verhaftet, am 3. September zum Tode verurteilt.
Vier Tage später kam der Henker mit dem Strick. Karlrobert Kreiten, der bedeutendste Nachwuchs-Pianist seiner Zeit, wurde wie ein gemeiner Mörder gehängt.
Denn der kommende Mann, das war Karlrobert Kreiten tatsächlich. Die Presse
hatte ihn umjubelt.

Und auch Wilhelm Furtwängler hatte das erkannt, damals der größte lebende
deutsche Dirigent. Später, nach dem Krieg, wurde Furtwängler jahrelang als
Handlanger und Steigbügelhalter der Nazis verfemt, weil er vor Hitler dirigiert
hatte.

Als es aber um das Leben von Karlrobert Kreiten ging, da zeigte Furtwängler,
welch Charakter er war: Er wurde bei Joseph Goebbels vorstellig und bat den um
Gnade für Kreiten. Dennoch: Kreiten wurde gehenkt.

Und dafür wurde Goebbels dann ausdrücklich gelobt, in einem Artikel, der am
20. September 1943 im »12-Uhr-Blatt« erschien und über dem der Name Werner
Höfer stand. In dem Artikel hieß es: »Wie unnachsichtig jedoch mit einem Künstler verfahren wird, der statt Glauben Zweifel, statt Zuversicht Verleumdung und
statt Haltung Verzweiflung stiftet, ging aus einer Meldung der letzten Tage hervor,
die von der strengen Bestrafung eines ehrvergessenen Künstlers berichtete. Es
dürfte heute niemand Verständnis dafür haben, wenn einem Künstler, der fehlte,
eher verziehen würde als dem letzten gestrauchelten Volksgenossen…«

Die Meldung, auf die sich der Autor bezog, war am 15. September 1943 durch die
gleichgeschaltete Presse gegangen. Ihr Wortlaut: »Volksschädling zum Tode verurteilt. Am 7. September 1943 ist der 27 Jahre alte Pianist Karlrobert Kreiten aus

Düsseldorf hingerichtet worden. Kreiten hat durch übelste Hetzereien, Verleumdungen und Übertreibungen eine Volksgenossin in ihrer treuen und zuversichtlichen Haltung zu beeinflussen versucht.«

Dieser Vorfall animierte den Verfasser zu seiner »Hinrichtungs-Hymne«.

Der Mann, dessen Name über dem Artikel stand, der spätere Frühschöppner und Fernsehdirektor des WDR, Werner Höfer, wurde in Zeitschriften wie »Koralle« und »Signal« zum braunen Trommler des Doktor Goebbels. In schwülstigen Artikeln erwies er sich als Nazi-Eiferer und huldigte schon damals einem militanten Antiamerikanismus. Er schrieb über den Westwall: »Obwohl die Angloamerikaner den Mund sehr voll nehmen, wird man abwarten müssen, ob sie dieses Wagnis (die Invasion, d. Red.) auf sich nehmen. Wenn ja – der Atlantikwall steht und ist zum Empfang gerüstet! Wenn die Männer dort den letzten Griff getan haben, können sie auf ihre Tafel die Worte Dr. Goebbels schreiben: Eintritt nach Europa versperrt!«

Dann, 1945, war alles aus. Werner Höfer tauchte aus dem braunen Orkus mit frischem, rötlichem Gesicht wieder auf: Schon 1946 ist er wieder Funktionär. Nur ist sein Arbeitgeber jetzt der Nordwestdeutsche Rundfunk (NWDR).

Den Artikel aus dem Jahre 1943 will er heute nicht wahrhaben. »Ich sage dazu keine Silbe«, erklärte er der »Bild«-Zeitung. Auf die Frage des »Spiegel«: »Wer ist Werner Höfer?«, winkt Werner Höfer ab. »Kein Wort dazu«, sagt er.

Es wäre am Westdeutschen Rundfunk (WDR), sich des Falles Höfer klärend anzunehmen. Wie so was läuft, hat der WDR am Fall Theo Loch ja vorexerziert – WDR-Chefredakteur Loch mußte gehen, weil er in der Waffen-SS gewesen war. Im Fall Höfer verweist WDR-Intendant Friedrich-Wilhelm Freiherr von Sell auf eine Untersuchung, die vor 22 Jahren stattgefunden und angeblich nichts gegen Höfer ergeben habe.

Gerühmt, denunziert, gehängt

Noch einmal: der Fall des Pianisten Karlrobert Kreiten

Claudio Arrau, der bedeutendste seiner Lehrer, bezeichnete ihn als »eines der größten Klaviertalente, die mir je begegnet sind«, und die Berliner Musikkritik rühmte ihn als einen »Wundermann«, von dem noch nicht gesagt werden könne, ob er »vom lieben Gott erfüllt oder vom Teufel besessen« sei. Für die Terrorjuristen des Freislerschen Volksgerichtshofs war Karlrobert Kreiten jedoch ein Volksverhetzer, der ausgemerzt werden mußte. Der 27jährige Pianist war wegen einiger kritischer Äußerungen über Hitler und seine Kriegspolitik, die er in privatem Kreise getan hatte, denunziert worden …

Eine Demarche Furtwänglers blieb erfolglos. Am 3. September 1943 wurde Kreiten wegen Wehrkraftzersetzung und Volksverhetzung zum Tode verurteilt, vier Tage später zusammen mit 185 Mitgefangenen in Berlin-Plötzensee erhängt. Dieselbe Presse, die zuvor dem genialen Pianisten applaudiert hatte, applaudierte jetzt seinen Henkern. Am 20. September 1943 erschien im Berliner »12-Uhr-Blatt« ein Kommentar zum Falle Kreiten, in dem es hieß: »… wie unnachsichtig jedoch mit einem Künstler verfahren wird, der statt Glauben Zweifel, statt Zuversicht Verleumdung und statt Haltung Verzweiflung stiftet, ging aus einer Meldung der letzten Tage hervor, die von der strengen Bestrafung eines ehrvergessenen Künstlers berichtete. Es dürfte heute niemand Verständnis dafür haben, wenn einem Künstler, der fehlte, eher verziehen würde als dem letzten gestrauchelten Volksgenossen.« Unterzeichnet ist der Kommentar mit dem heute weithin bekannten Namen Werner Höfer.

Der Tagesspiegel hat bereits zweimal – zuletzt nach einem Kreiten-Gedenkkonzert in der Philharmonie – über die Sache berichtet. Den Anlaß, noch einmal auf den Fall zurückzukommen, gibt einmal die Information, daß eine Antwort auf die Frage, ob der »12-Uhr-Blatt«-Kolumnist von damals mit dem gleichnamigen Fernseh-Moderator von heute identisch ist, unmittelbar bevorsteht, zum anderen das Erscheinen einer Langspielplatte mit dokumentarischen Aufnahmen vom Klavierspiel Kreitens (Thorofon alternum ATH 259). Die Langspielplatte basiert auf einigen Schallplatten, die in den dreißiger Jahren privat und zu privatem Gebrauch gepreßt wurden. Bis vor kurzem wußte nicht einmal Kreitens Vater, der Komponist Theo Kreiten, von ihrer Existenz, obwohl er selber auf ihnen mit zwei Werken, einer Sonatine und einer virtuos gesetzten Donauwalzer-Paraphrase, präsent ist. Entdeckt wurden sie durch eine Anfrage anläßlich einer Rundfunk-Gedenksendung zum 40. Todestag des Pianisten. Neben den Werken des Vaters dokumentieren sie in der Wiedergabe Kreitens eine Toccata von Othmar Schoeck, das Intermezzo As-Dur und das zweite Heft der Paganini-Variationen von Brahms sowie die Préludes B-Dur und b-Moll und das nachgelassene cis-Moll-Nocturne von Chopin. *Hellmut Kotschenreuther*

4. 8. 1984   Die Welt

Wie lange hält der WDR noch an Höfer fest?

Die Vergangenheit Werner Höfers, des Fernseh-»Frühschöppners« und früheren WDR-Fernsehdirektors, wird jetzt im Westdeutschen Rundfunk (WDR) offenbar zunehmend als Belastung empfunden. Nach einer Meldung des Medien-Informationsdienstes »rundy« erwägt WDR-Intendant Friedrich Wilhelm von Sell, Höfer vor diese Alternative zu stellen: zu demissionieren oder eine eidesstattliche Versicherung abzugeben, er sei nicht der Verfasser eines schlimmen Artikels, der am 20. September 1943 im »Zwölf-Uhr-Blatt« erschien. In ihm hatte der Autor Werner Höfer die Erhängung des Komponisten Karlrobert Kreiten ausdrücklich gebilligt.

Der »rundy«-Meldung hat der WDR, der ansonsten in Sachen Höfer immer mit schnellen Dementis zur Hand ist, seit 10 Tagen nicht widersprochen. Dies nährt die Vermutung, daß man in der WDR-Spitze intensiv über den Frühschöppner nachdenkt. Ein leitender Mitarbeiter des Westdeutschen Rundfunks sprach gegenüber der WELT von einem »fatalen Fehler«, den der Sender begehe, indem er an Höfer festhalte. Diese Überzeugung setzte sich in der Spitze des Hauses langsam durch. Immer wieder und in jüngster Vergangenheit immer häufiger wurde der WDR in der Öffentlichkeit mit dem Problem Höfer konfrontiert: Von »Spiegel« bis »Bunte«, von »Frankfurter Rundschau« bis »BamS« und Simon Wiesenthal – immer wieder ging es um Höfers »Hinrichtungs-Hymne« (so der Text auf einem Plattencover in memoriam Karlrobert Kreiten).

Kreiten war 1943, gerade 27 Jahre alt, von den Nazis in Berlin-Plötzensee gehängt worden. Er hatte einer Freundin gegenüber geäußert, der Weltkrieg sei »praktisch nicht mehr zu gewinnen, die Deutschen seien einem Wahnsinnigen (Hitler) ausgeliefert, und wenn einem Staatsmann anderswo so etwas passiert wäre wie Stalingrad, wäre er längst abgesetzt«. Das waren damals lebensgefährliche Sätze, in der Tat, aber selbst Nazis in der Reichsmusikkammer empfahlen den Vorgang als »unbedeutend« zu vergessen. Denn Kreiten war nicht irgendwer: Er galt als »Klavierphänomen« (Richard Strauss), als »größtes Talent seit Jahrzehnten« (Claudio Arrau). Wilhelm Furtwängler, damals der bedeutendste lebende deutsche Dirigent, wurde persönlich bei Propagandaminister Goebbels vorstellig, um zu Gunsten von Kreiten intervenieren. Aber Goebbels lehnte ab.   *Hans-Hermann Tiedje*

26.9.1984 Berliner Morgenpost

Fall Höfer im WDR-Gremium

Der WDR-Verwaltungsrat hat sich in seiner gestrigen Sitzung in Köln erneut mit den in der Öffentlichkeit gegen Werner Höfer geäußerten Vorwürfen befaßt. Vor 40 Jahren hatte Höfer im Berliner »12-Uhr-Blatt« den wenige Tage vorher hingerichteten Pianisten Karlrobert Kreiten als »ehrvergessenen Künstler« kritisiert, der »statt Glauben Zweifel und statt Haltung Verzweiflung« gestiftet habe. Der 27jährige Kreiten hatte 1943 in einem Privatgespräch den Krieg als verloren bezeichnet.

Mehreren Mitgliedern des siebenköpfigen Gremiums, die 1969 dem WDR-Verwaltungsrat nicht angehörten, soll Einsicht in die damals vorgelegten Unterlagen gegeben werden.

Sie sollen sich dadurch »einen Eindruck darüber verschaffen, ob gegenüber den Materialien von 1969 sich neue wesentliche Erkenntnisse ergeben haben«. Damals hatten Intendant und Verwaltungsrat die Vorwürfe gegen Höfer als unbegründet zurückgewiesen.

11.1.1985 Süddeutsche Zeitung

Ein Mann zwischen fünf Stühlen

Obwohl in den letzten Wochen über einen Nachfolger spekuliert worden ist, will der Moderator auch nach mehr als 30 Jahren weitermachen

Ein wunder Punkt

Wie beim Frühschoppen bestimmt Höfer auch an diesem Winternachmittag den Verlauf des Gesprächs. Und es gibt einen wunden Punkt in seiner Biographie, an den er nicht mehr rühren lassen will, aber muß es nicht doch gesagt werden? Der junge Werner Höfer hatte während des Krieges für das Berliner *12-Uhr-Blatt* geschrieben. Da ist eine Passage, die ihm immer wieder vorgehalten wurde, in der die »strenge Bestrafung eines ehrvergessenen Künstlers« nicht nur verteidigt, sondern gar begrüßt wird. Der Pianist Karlrobert Kreiten war wegen »Wehrkraftzersetzung« hingerichtet worden. Nein, er werde sich dazu nicht mehr äußern, sagt Höfer, er habe sich hinreichend vor den zuständigen (Rundfunk-)Gremien erklärt, und alles andere würde aussehen wie eine postume »Persilscheinakrobatik«. Wir müssen das so hinnehmen. Ließe sich widerlegen, wenn er sagte, sein Artikel sei an einem Redaktionsschreibtisch entstellt worden? »Ich habe nie eine Zeile über Karlrobert Kreiten geschrieben, geschweige denn zur Veröffentlichung angeboten«, hatte er der Familie mitgeteilt.

Vielleicht wird Höfer uns nachsehen, dies erwähnt zu haben.   *Gerd Kröncke*

Große Klaviertalente

Karlrobert-Kreiten-Gedenkkonzert mit Wolfgang Manz

...Höfer ist der Autor eines »Nachrufs«, der nach Kreitens Ermordung im Berliner »12-Uhr-Blatt« erschien. Ein Gedenkkonzert für Kreiten, das die Gotthard-Schierse-Stiftung in Verbindung mit dem Senator für Jugend und Sport und dem Landesmusikrat Berlin unter der Schirmherrschaft des Kultursenators in der Philharmonie veranstaltete, gibt den Anlaß, noch einmal einige Sätze aus Höfers Beitrag zur Unsittengeschichte des Dritten Reiches zu zitieren: »Wie unnachsichtig jedoch mit einem Künstler verfahren wird, der statt Glauben Zweifel, statt Zuversicht Verleumdung und statt Haltung Verzweiflung stiftet, ging aus einer Meldung der letzten Tage hervor, die von der strengen Bestrafung eines ehrvergessenen Künstlers berichtete. Es dürfte heute niemand Verständnis dafür haben, wenn einem Künstler, der fehlte, eher verziehen würde als dem letzten gestrauchelten Volksgenossen.«

Höfers Kommentar ist so wenig vergessen wie das Beispiel, das Kreiten gegeben hat. Davon war in der Philharmonie die Rede. Der Pianist Horst Göbel, Kuratoriumsvorsitzender der Stiftung, schilderte in seiner Gedenkrede den Druck, den die Nazis in den letzten Kriegsjahren auf die Schulen und Lehrer ausgeübt hatten, aber auch die Möglichkeiten, ihm zu widerstehen. Staatssekretär Lutz von Pufendorf gedachte Kreitens im Namen des Kultursenators; Carl Raddatz stimmte das Publikum mit dem engagierten Vortrag von Herbert Eulenbergs Gedicht »Karlrobert Kreiten zum Gedenken« in den musikalischen Teil des Programms ein, für den die Schierse-Stiftung den jungen Pianisten Wolfgang Manz gewonnen hatte...

Hellmut Kotschenreuther

1987/1988

26.9.1987 taz

Diese Dinge

Interview mit Werner Höfer

taz: *Herr Höfer, im Berliner »12-Uhr-Blatt« ist 1943 unter Ihrem Namen ein »Nachruf« auf den gerade hingerichteten Pianisten Karlrobert Kreiten erschienen, in dem er als »ehrvergessener Künstler« bezeichnet wird. Stammt der Nachruf von Ihnen?*

Höfer: Nein.

Er stammt nicht von Ihnen?

Nein.

Das heißt, es gab damals noch jemand anderen, der unter Ihrem Namen im »12-Uhr-Blatt« schrieb?

Nein.

Sondern?

Das ist hineinredigiert worden.

Hineinredigiert?

Ja.

Wie ist das geschehen, hat Ihnen da ein Parteigenosse einen Text untergeschoben?

Das weiß ich nicht, ich war nicht dabei.

War es denn nicht so, daß sie selbst Parteigenosse sein mußten, um in diesem Blatt zu schreiben …

Ich habe in diesem Blatt schreiben müssen, weil die ›BZ‹ verboten war, und ich hatte einen Vertrag mit der ›BZ am Mittag‹. Ich habe die Redaktion des ›12-Uhr-Blattes‹ nie betreten. Ich habe telefonisch diese Dinge durchgegeben und hatte nicht in der Hand, was damit geschah, und da wurde häufig hineinredigiert, das geschieht ja auch heute noch bei Zeitungen und Zeitschriften. Und die Redaktion hat manches von dem hineinredigiert, was die amtlich verfügte Meinung war.

War Ihnen denn Karlrobert Kreiten ein Begriff damals?

Nein.

Er schien ja damals eine sehr große Karriere zu starten.

Das habe ich hinterher erfahren.

Herr Höfer, vielen Dank für das Gespräch.   *Interview: Thierry Chervel*

29. 9. 1987   Der Tagesspiegel

Furtwängler, Goebbels und ein junger Pianist

Hartmut Langes »Requiem für Karlrobert Kreiten« uraufgeführt

Berlin, Bellevuestraße, 27. September 1987, halb acht Uhr abends: der Blick vom Aussichtspodest über die Mauer schweift über planiertes, hellbeleuchtetes Gelände nach Osten, zu sehen ist weit und breit keine Menschenseele, nicht einmal ein Wachhund. Irgendwo dort hinten, wo der nationalsozialistische Terror seine Schaltzentralen hatte, wurde vor 44 Jahren nach einem Luftangriff, bei dem das Haus 3 der Strafanstalt Plötzensee, das Haus der Todeszellen, in Brand gesetzt worden war, der Befehl zu einer Massenhinrichtung erteilt: alle zum Tode Verurteilten seien, da die Sicherheit zu ihrer Aufbewahrung nicht mehr gewährleistet sei, unverzüglich hinzurichten.

So starb in der Nacht vom 7. zum 8. September 1943 zusammen mit 185 anderen Opfern der NS-Justiz den Tod durch Erhängen auch Karlrobert Kreiten, ein 27jähriger Pianist, der im privaten Kreis geäußert hatte, der Krieg sei praktisch verloren und werde zum Untergang Deutschlands und seiner Kultur führen. Die Nazis wollten mit der Hinrichtung des hochbegabten, vielbeachteten jungen Musikers offenbar ein Exempel statuieren: »Volksschädling zum Tode verurteilt«, die von der gleichgeschalteten Presse verbreitete Nachricht vom Schicksal Kreitens sollte nicht zuletzt auf die regimekritischen Künstler- und Intellektuellenkreise als einschüchterndes Beispiel wirken. Und zumindest eine Zeitung, das »12-Uhr-Blatt«, ließ es nicht mit der puren Nachricht bewenden, sondern schickte ihr am 20. September 1943 noch einen Kommentar nach, der die »strenge Bestrafung eines ehrvergessenen Künstlers« zu rechtfertigen versuchte. Der Autor, unter dessen Namen der Kommentar erschien: Werner Höfer.

44 Jahre später, Berlin, Bellevuestraße, 27. September 1987, acht Uhr abends: im dicht an der Mauer gelegenen ehemaligen Hotel Esplanade findet ein »Requiem für Karlrobert Kreiten« statt. Es ist dies ein Theaterstück von Hartmut Lange, geschrieben im Auftrag der Staatlichen Schauspielbühnen Berlin, die es in Zusammenarbeit mit den Berliner Festspielen anläßlich der 750-Jahr-Feier Berlins zeigen. Die Absicht der Unternehmung ist klar: in diesem unserem Jubiläumsjahr soll nicht nur gejubelt, sondern auch der Nachtseiten unserer Geschichte gedacht werden.

Hartmut Langes Totenmesse für den hingemordeten jungen Künstler, in Szene gesetzt vom Autor selbst, ist nicht das erste Bühnenwerk über Kreitens Schicksal: Heinrich Riemenschneider, der Direktor des Theatermuseums der Stadt Düsseldorf (Dumont-Lindemann-Archiv), hat ihm schon 1983 sein Schauspiel »Der Fall Karlrobert K.« vorausgehen lassen, ein Dokumentarstück, dessen Aufführung in der rheinischen Presse viel positive Resonanz fand... *Günther Grack*

(Das Theaterstück von Hartmut Lange ist ab Seite 311 abgedruckt.)

28.11.1987 FAZ

Karlrobert Kreiten, ich und wir

Fragen ohne Antwort · Von Peter Wapnewski

I

Berlin, im September 1987. Das 750-Jubeljahr-Unternehmen geht dem Ende zu. In dem ehemaligen Glanzhotel „Esplanade" – seine Restpartien sind nunmehr Nebenspielstätte der Staatlichen Schauspielbühnen – erfährt ein Theaterstück seine Uraufführung. Autor ist Hartmut Lange, Auftraggeber die Berliner Festspiele GmbH: „Requiem für Karlrobert Kreiten". Die Kritik reagiert unwillig, äußert Mißbehagen, gar Spott. Sie irrt. Dieses Stück untersteht nicht dem Urteil des Schönen, sondern dem des Sittlichen. Es fragt nicht nach einer ästhetischen, sondern nach einer moralischen Instanz.

II

Berlin, im September 1943. Der Krieg geht in sein fünftes Jahr – und geht langsam, allzu langsam seinem Ende zu. Im Hinrichtungsschuppen der Strafanstalt Plötzensee werden in einer einzigen Nacht 186 Menschen exekutiert, werden erhängt an Fleischerhaken, jeweils in Gruppen zu acht. Unter ihnen Widerständler, Partisanen – und solche, die sich in Worten empört hatten gegen Hitler, seinen blutigen Unflat, seinen Krieg. Die Henker können nicht Schritt halten mit ihrem mörderischen Auftrag, müssen schließlich gegen Morgen Pause machen, nehmen ihre Arbeit am Abend wieder auf, und mehr noch als weitere hundert Opfer werden in der folgenden Nacht zum Galgen getrieben.

Unter denen, die da auf den Schemel unter dem Strick gestellt werden, gefesselt und mit nacktem Oberkörper: Karlrobert Kreiten, 27 Jahre alt, geboren in Bonn. Die Musikwelt bewundert ihn als schon frühen Ruhm genießenden Künstler, Claudio Arrau nennt ihn (später) „eines der größten Klaviertalente, die mir persönlich je begegnet sind", man vergleicht ihn mit Backhaus, mit Gieseking, Furtwängler fördert seine Karriere.

III

Was war sein Verbrechen? Die Zeitungen vom 15. September wissen es: „Am 7. September 1943 ist der 27 Jahre alte Pianist Karlrobert Kreiten aus Düsseldorf hingerichtet worden; den der Volksgerichtshof wegen Feindbegünstigung und Wehrkraftzersetzung zum Tode verurteilt hat. Kreiten hat durch übelste Hetzereien, Verleumdungen und Übertreibungen eine Volksgenossin in ihrer treuen und zuversichtlichen Haltung zu beeinflussen gesucht und dabei eine Gesinnung an den Tag gelegt, die ihn aus der deutschen Volksgemeinschaft ausschließt."

Wie schloß man sich damals aus der deutschen Volksgemeinschaft aus? Kreiten hatte einer Freundin seiner Mutter erklärt, der Krieg sei praktisch schon verloren und es laufe hinaus auf den gänzlichen Untergang Deutschlands und seiner Kultur. Auch sprach er vom Wahnsinn Hitlers und davon, daß nun bald die Köpfe des Führers und seiner Paladine rollen würden. Die Frau behielt nicht für sich, was sie da hörte, trug es zwei Freundinnen zu, die in ihrem fanatischen Wahn Anzeige erstatteten und die insistierten, als die erste Denunziation die erhoffte Wirkung nicht zeitigte, nun liefen sie von der „Reichsmusikkammer" zum Propagandaministerium, da war die Gestapo am Zuge.

Am 3. Mai wurde Kreiten verhaftet, nach vier Monaten qualvoller Gefängnisnot und trotz leidenschaftlicher Rettungsbemühungen der Familie und hochgestellter Fürsprecher (darunter Furtwängler) wurde er vom Volksgerichtshof am 3. September zum Tode verurteilt. Von heute auf morgen, in Abwesenheit der Verteidiger und unter Ignorierung noch anhängiger Gnadengesuche.

Die Eltern erhielten erst nach der Hinrichtung Nachricht und dann eine Rechnung über Reichsmark 639,20, zahlbar binnen acht Tagen als Beitrag zur Tötungsverrichtung ihres Sohnes.

IV

An dieser Stelle des Berichtes mische ich mich ein. Es ist nicht viel übriggeblieben von den Dingen, mit denen ich damals lebte, im Grund nichts. „Alles verloren" zu haben war ein allgemeines Schicksal in jenen Jahren, es lohnt nicht, davon Aufhebens zu machen. Geblieben aber ist durch Wirken jener Instanz, die wir aus Verlegenheit Zufall nennen und von der noch die Rede sein wird, ein abgeschabtes Notizbüchlein, graues Kriegspapier. Zum 7. September findet sich darin folgende Eintragung: „Geburtstag. Einkäufe, und wir feiern mit Horst Lange, bis uns übel wird". An jenem Tage wurde ich 21, also nach damaligem Gesetz volljährig. Meine Adresse war das Reservelazarett 101 am Spandauer Damm, heute das Klinikum Charlottenburg der Freien Universität. Dort sollte eine Verwundung auskuriert werden, die noblen Ärzte gaben mir tagsüber Ausgang, ich konnte die Universität besuchen – und meinen Freund Horst Lange, der, Soldat und verwundet wie ich, mit seiner Frau Oda Schaefer in Zehlendorf seine Wohnung hatte, nahe dem U-Bahnhof „Onkel-Toms-Hütte". Die Literaturkritik hatte ihn damals schon aufmerksam, auch bewundernd zur Kenntnis genommen, er gehörte – 1904 geboren – zu den prominenten Schriftstellern der sogenannten jüngeren Generation. Seine bekanntesten Romane: „Schwarze Weide" und „Ulanenpatrouille" – der nationalsozialistischen Kulturpolitik und ihren völkischen

Wahrern freilich waren sie und ihr Autor mehr als nur ein Dorn im Auge, und das zu Recht.

An jenem Tage also „Einkäufe" in der schon bombenzernagten Reichshauptstadt, eine sehr banale Angelegenheit: Angesparte Fleisch- und Lebensmittelmarken wurden kumuliert, das gab ein üppiges Essen zu dritt, und in der Weinhandlung von Lutter und Wegner griff man damals, wenn ein blessierter Soldat sich einfand (und wir hießen damals „Ehrenbürger der Nation"), diskret unter die Theke und holte eine oder auch einige Flaschen Wein hervor. An jenem Abend also tranken wir, tranken zu viel und, entwöhnt, wie wir waren, mit üblen Folgen. Höllenspuk, ich landete im Badezimmer und blieb da.

Das war die Nacht vom Plötzensee, der ein paar Kilometer weiter nördlich liegt, die vom 7. auf den 8. September. Die letzte Nacht Kreitens und der anderen 185.

V

Wie rechtfertigt es sich, daß einer innerhalb dieses schrecklichen Geflechtes von nationalem Wahnsinn, großem Untergang und der Tragödie des Einzelnen von sich spricht?

Am 3. Mai also dieses Jahres 1943 war Kreiten verhaftet worden, in Heidelberg, wo das für den Abend angekündigte Konzert nun abgekündigt werden mußte. Fünf Wochen später wurde ich festgenommen, am 11. Juni. Das Gericht der Wehrmachtkommandantur Berlin ermittelte in der „Strafsache" gegen den Soldaten P. W. „wegen Zersetzung der Wehrkraft". Die „Anklageverfügung" begründete sich damit, daß der Angeklagte „hinreichend verdächtig" sei, „am 25. Mai 1943 zu Berlin es unternommen zu haben, die Manneszucht in der Deutschen Wehrmacht zu untergraben, indem er im Lokal ‚Jonny‘ anläßlich einer Unterhaltung erklärte...". Und dann kommt es Schlag auf Schlag: Ausfälle gegen die Erziehung in der Hitlerjugend, in der Napola; gegen die „Weltanschauung des Nationalsozialismus", und es fallen Charakterisierungen wie „Blödsinn" und „Quatsch" und „das werde sich rächen". Vor allem aber: Andeutung schlimmer Vergeltungsakte nach dem Kriegsende, es werde dann andere Köpfe kosten. Das ergab als schnelle Summe: „Zersetzung der Wehrkraft". Der verhörende Kriegsgerichtsrat deutete – mir schien: nicht ohne ein gewisses Entsetzen – die Möglichkeit der Todesstrafe an. Gezeichnet war die „Anklageverfügung" von dem Gerichtsherrn: *v. Hase, Generalleutnant.* Im Jahr darauf wird auch er, Mitverschwörer des 20. Juli, zu den Opfern Hitlers gehören.

VI

Kreitens Freunde betonen immer wieder, er sei ein im Grunde „unpolitischer Mensch" gewesen. Was man unbesehen glauben wird – wer damals gegen die offensichtliche Brutalität und den schreienden Widersinn des delirierenden Nationalsozialismus Worte fand, bedurfte dazu nicht eines spezifisch politischen Sinnes. Es genügten Vernunft, Verstand, ein Organ für Gerechtigkeit und das Gefühl für Anstand. Warum aber diese schlichten Voraussetzungen einer achtbaren Existenz damals millionenfach getilgt, annulliert, vergessen waren: das wird man nie verstehen.

Ich jedenfalls mit meinen zwanzig Jahren war kein Held, kein Widerstandskämpfer und hatte mich nicht aufgelehnt aus einem bewußten politischen Verantwortungsgefühl heraus. Hatte vielmehr mit dem ganzen Unverstand meiner Jahre räsoniert, bramarbasiert, man kann auch schlicht sagen: gequatscht. Hatte mich in der Protesthaltung, wie sie diesem Lebensstadium allemal eigen ist, aufgelehnt gegen die tägliche Verlogenheit und Brutalität, all diese schäbige Dumpfheit des Gewaltregimes.

Das sagt sich heute leicht, und sagt sich doch nicht leicht. Denn, wie Johannes Groß jüngst sehr begründet beobachtete, nimmt der Widerstand gegen Hitler täglich zu. Und wann immer jene Jahre rekapituliert werden, melden sich

Kohorten von Menschen zu Worte, die aufgrund von Herkunft und Erziehung ganz natürlich Gegner des Nationalsozialismus waren. Da geht offensichtlich eine Rechnung nicht auf. Und unseres Verständnisses und Verstehens wird eher der gewiß sein können, der sich als einen der damals gläubig Verführten darstellt. Das aber war ich nun einmal nicht, und ich zögere verständlicherweise, mich der Anhängerschaft ans braune Heer zu bezichtigen, nur weil alle anderen sich heute erinnern, ihm nicht angehangen zu haben.

Wüste Reden also führte ich, zuviel Wein in den Gläsern, Horst Lange und ich taumelten in der Sommernacht durch die menschenleeren schwarzen Straßen in Richtung auf unser Lazarett und schleusten uns durch eine geheime Hintertür an der Wache vorbei, betteten uns neben die schnarchenden Kameraden.

VII

Als ich damals meine Volljährigkeit auf solch unvergessene Weise feierte und Karlrobert Kreiten mit vielen anderen und doch in eisiger Einsamkeit starb, standen er wie ich unter der gleichen oder doch vergleichbaren Anschuldigung, hatten wir beide das gleiche oder doch Vergleichbares getan. Er mußte dafür sterben. Ich überlebte. Es ist nicht einfach, mit dieser Feststellung fertig zu werden. Warum ich überlebte, warum Kreiten – und die ungezählten Kreitens dieser Jahre – sterben mußte, bleibt als Frage ohne Antwort. Bleibt also als Frage. Von meinem Fall ist hier nur marginal die Rede, als einem banalen und durch das Datum des siebten September mit dem Schicksal Kreitens verknoteten Komplementär-Ereignis. Aber es müssen hier doch helfende Instanzen notiert werden: die Ärzte der Abteilung 17 (Augen) des Reservelazaretts 101. Das waren der Oberstabsarzt Dr. Rütz und die Stabsärzte Dr. Grieger und Dr. Gescher. Sie erklärten mich kurzerhand für vorerst nicht haftfähig, so mußte nach erstem Verhör der Kriegsgerichtsrat

Dr. Hasselbach den Festgenommenen wieder der Obhut des an- und abführenden Korporals und des schützenden Lazaretts überlassen. Auf solche Weise vergingen die Monate, die Akten der Anklage, im Wehrmachtsgefängnis Moabit lagernd, verbrannten im Feuer der Bomben alliierter Flugzeuge, mußten rekonstruiert werden; und schließlich wurde der Denunziant als gefallen gemeldet. Aber all diese und andere Vorgänge, auch Horst Langes ingeniös erfabelte Zeugeneinlassung, hätten die „Einstellung des Verfahrens" nach einem angstvollen und auch geographisch mannigfach umgetriebenen Jahr schwerlich bewirkt, wäre nicht vielleicht an dieser oder jener Stelle des Räderwerks der Strafkolonie ein nicht-furchtbarer Jurist tätig gewesen. Ich weiß nichts von ihm, ich vermute nur, daß es ihn gegeben haben könne – und der Rest ist nicht anders zu beschreiben als mit dem trivialen Begriff des „Glücks".

Ich denke an Kreiten. Versetze mich immer wieder – stellvertretend gewissermaßen – in ihn, in die Monate seiner Haftzeit, die letzten Stunden, den letzten Augenblick. Lese seine Briefe aus dem Gefängnis an die Familie, die von einer rührenden, durchaus kindlichen Fürsorge zeugen, und von – auch kindlicher? – ungebeugter Hoffnung. Zehn Tage noch vor seinem gewaltsamen Tod bittet er um neue Schuhe, „meine sind so ausgetreten, daß ich sie nicht mehr lange tragen kann". Und man möge ihm zum Schutz gegen die nahende Herbstkälte den „alten blauen Mantel schicken".

Der Gefängnisgeistliche in jener Nacht, er war in der Tat – um es einmal so zu sagen – überlastet. Aber er konnte nach eigenem Bericht diesem jungen Mann, der ein genialer Klavierspieler war und nichts zu tun haben wollte mit der Politik, den ein blutiger Aberwitz in den Würgegriff der Justizmordmaschine gepreßt hatte – er konnte ihm beistehen, konnte danach den Eltern die Versicherung geben: „Er ist diesen letzten Weg ganz gefaßt und ruhig gegangen, er ist *gut* gestorben." Was immer man auch darunter verstehen mag, *gut* sterben.

Warum also er. „Wen die Götter lieben…". Ein erhabener, seit den Tagen der Antike trösten wollender Gedanke – nur ist er hier nicht so recht am Platze, es müßten denn die Götter unter den Millionen Toten des Hitlerkriegs die meisten geliebt haben. Denn die meisten waren jung. Und Hitler hat mit Hilfe seines korrupten Volksgerichtshofs, mit Hilfe willfähriger Rechtswahrer Zehntausende henken lassen – und viele darunter noch jung. Unter ihnen allen Karlrobert Kreitens zu gedenken ist nicht etwa aus dem Grunde erlaubt, daß er, wie man zu sagen pflegt, zu den größten Hoffnungen berechtigte. Das taten ungezählte andere auch. Man wird ihm, seiner Aufrichtigkeit, seiner Tapferkeit und seinem Leiden nur gerecht, wenn man ihn als Zeugen für viele begreift, ihn exemplarisch erfährt. Als Repräsentanten all derer, die ohne Schuld waren – ohne Schuld auch da, wo das geltende Gesetz sie schuldig sprach. Man wird diesem einen Toten nur gerecht, wenn man in ihm das große Schattenheer der auf gleiche Weise Getöteten sieht; wenn man keine Ruhe findet beim Fragen danach, warum die anderen überlebten. Seiner Person gilt das „Requiem", weil man inmitten der namenlosen Masse der Gequälten und Gemordeten in ihm den Menschen mit den faßlichen Zügen, dem persönlichen Schicksal erkennt – und sich bewußt wird, daß auch den anderen ihre faßlichen Züge, ihr eigenes Schicksal zukam. Nun aber: Wenn er „ganz gefaßt und ruhig" war, als er sterben sollte – wie gefaßt und ruhig mögen fortan die gelebt haben, die schuldig waren an seinem Tod? Die drei Denunziantinnen und seine Richter.

Wie mag der Schreiber des Artikels im Berliner „Zwölf-Uhr-Blatt" vom 20. September 1943 überlebt haben, weiter leben, heute leben, der in schwülstigen Phrasen die „Wirklichkeit eines Künstlerlebens aus dem fünften Kriegsjahr" der „Wirklichkeit" eines Arbeiterlebens rühmend gegenüberstellte – gipfelnd in der furchtbaren Tirade: „Wie unnachsichtig jedoch mit einem Künstler verfahren wird, der statt Glauben Zweifel, statt Zuversicht Verleumdung und statt Haltung Verzweiflung stiftet, geht aus einer Meldung der letzten Tage hervor, die von der strengen Bestrafung eines ehrvergessenen Künstlers berichtete." Und so fort – man sträubt sich, das ekelhafte, das mörderische Getön weiter zu zitieren, weil man das Gefühl hat, es krieche auf einen über und beflecke den Lesenden.

Eine „Hinrichtungshymne", hat man zu Recht gesagt. Ihr Verfasser heißt Werner Höfer. Es handelt sich um jenen Werner Höfer, der nach dem Kriege seine Fernsehkarriere machte, der mit politischem Feinsinn am Sonntagmorgen dem Frühschoppen präsidiert, ihm zur Seite die Journalisten aus Ländern, die Hitler gern ausradiert hätte. Höfer erinnert sich heute: Es seien in jener Zeitung „Passagen unter meinem Namen, die gar nicht von mir waren", erschienen. Das muß man ihm glauben. Denn hätte sich, was da gedruckt ist, nicht nur mit seinem Namen, sondern mit seiner Person gedeckt, er wäre vor verzweifelndem Entsetzen in sich zurückgekrochen, wäre leise geworden, stumm geworden, die Reue hätte ihm den Mut, die Scham die Zunge gelähmt, und er hätte Totenwache für Karlrobert Kreiten gehalten, hätte seinen Frieden gesucht, ihn – vielleicht – gefunden.

IX

Es mag indessen sein, daß dem schändlichen Haßgesang ein Stück Klarheit zu entnehmen ist. Es mag sein, daß die sinnberaubte Radikalität, mit der ein Gericht diesen jungen Künstler dem Tod auslieferte, obschon alle Zeichen für einen glimpflichen Ausgang der Affäre sprachen, die man zur Bagatelle hätte schrumpfen lassen können – es mag sein, daß des amtlichen Richtspruchs letztes Motiv dem schrillen Tenor des widerwärtigen Nachrufs entsprach. Es sollte ein Exempel statuiert, sollte der Volksgenossenschaft brutal demonstriert werden, wie dieser Staat mit seinem gefährlichsten Widersacher, dem Gegen-Geist, zu verfahren gedenkt; was Künstler und Intellektuelle erwartete, die Wissen umzuwandeln versucht waren in Gewissen. So lieferte denn der Pseudo-Höfer in seinem Propagandablatt den Richtern im Nachgang die erweiterte Urteilsbegründung.

X

An einem sonnenhellen Sonntagvormittag im September 1987 luden die Staatlichen Schauspielbühnen Berlins zu einer Diskussion des „Requiems" von Hartmut Lange ein. Zur Diskussion also eines Memorials, das ein Kapitel aus der in diesem Jahr zu feiernden 750jährigen Geschichte Berlins darstellt. Und nicht irgendein Kapitel sondern eines, das biographisch-biologisch rüde noch hineinragt in unsere Gegenwart. Rüde und störend. Es fanden sich vierzig Menschen ein. Ihre Fragen, Einwände, episierenden Beiträge verhielten im Bereich der Anekdote, der Hilflosigkeit, des Unverstands. Auch das flamboyante, den Widerspruch nicht nur provozierende, sondern geradezu beschwörende Temperament des Autors vermochte da wenig.

Es ging in dieser Debatte, wie denn anders, um Leben und Tod. Der Autor nannte seine Szenen ein „philosophisches Stück", das aber heißt, er versucht darin die Wand zu durchstoßen, hinter der so etwas sich abzeichnen könnte wie der Schattenriß einer letzten Instanz. Einer Größe, die erträglich machen könnte, was nach menschlichem Maß unerträglich ist. Ein Glaubensakt ohne Gott.

XI

Uns vergessen wir, wenn wir Karlrobert Kreiten vergessen. Wenn wir vergessen, was Menschen Menschen anzutun vermögen – im Namen von Menschen, auch von Göttern. Noch einmal davongekommen zu sein – das ist zu ertragen nur, wenn man es im Angesicht der Qualen, der Einsamkeit des Sterbens, der frierenden Todesgewißheit, der letzten Gedanken und Gefühle jener tut, die nicht davonkamen. Und die ihren Tod, wenn sie ihn ertrugen, nur ertrugen in der gewissen Hoffnung, er werde das seine tun, den Überlebenden zu einem besseren Leben zu verhelfen. So lautet – man kann es anders nicht ausdrücken als mit diesem pathosbewehrten Wort – ihr Vermächtnis. Vor ihm sich zu behaupten ist so schwer wie unabwendbar. Denn das Leben, das wir aus diesem Tod gemacht haben, ist nicht identisch mit dem, um dessentwillen diese Menschen ihren Tod endlich auf sich genommen haben.

XII

Es lebt sich nicht komfortabel im Raum des unruhvollen Gewissens, im Raum der Schuld. Besser, man löst sich aus ihm, preist den biologischen Abstand zu den Urhebern und Mitmachern des Unheils als „Gnade" und macht ihn „historisch". Verweist auf die anderen, auf das Faktum der Konstanz des Grausamen in der Geschichte, auf „asiatische Taten". Man begehrt, nicht schuld daran zu sein – und in dieser Zeitung war mißbilligend zu lesen von der „Schuldhysterie der Deutschen". Man macht Geschichte teilbar, filtert heraus, was die späten Nachkommen ehrt und zum brustgeschwellten Stolz ermutigt, deckt zu, was Schande bringt.

Um die Zeit der Uraufführung von Hartmut Langes „Requiem" präsentierten die Berliner Festwochen in der Deutschen Oper eine mit viel Aufmerksamkeit und Zustimmung bedachte andere Uraufführung: die Oper „Ödipus" von Wolfgang Rihm. Da kann man in strengen Bildern erleben, wie ein Mann, der unwissentlich und unwillentlich ein Verbrechen begeht und, obschon ein großer Aufklärer und begabt zur Lösung der Lebensrätsel, in düsterste Verstrickung taumelt – da kann man erleben, wie dieser Mann, als er sein Unheil aufdeckt, sich die Augen aussticht, sich blendet. Da kann man erleben, wie eine Frau, die, ohne zu wissen und zu wollen, Täter und Opfer eines Verbrechens wurde, sich das Leben nimmt, als sie das Unheil entdeckt. Sie sind unschuldig beide, wofern das Wesen der Schuld im wissentlichen und willentlichen Tun des Bösen besteht. Sie sind nach eigenem Verstehen, nach eigenem Recht schuldig, weil sie unselige Teilhaber sind des Bösen.

Die Kinder aber, nach unserem Vermuten doch ohne Schuld ganz und gar? Sie haben, gezeugt in verdammter Ehe, teil an der *infamia* ihrer Eltern. Die Söhne töten sich gegenseitig, Eteokles und Polyneikes. Die liebliche Tochter Antigone, nachdem sie den blinden Vater in die Verbannung geleitet, wird – Gesetzesbrecherin aus Bruderliebe, aus Menschenliebe – zum Hungertod verurteilt.

Über der dritten Generation erst löst sich der Fluch von Thebens Mauern.

Tod eines Pianisten

*Von Harald Wieser**

In einem Nazi-Blatt hat Werner Höfer 1943 die Hinrichtung des jungen Klaviervirtuosen Karlrobert Kreiten gefeiert. Der „Frühschoppen"-Moderator (NSDAP-Mitglied seit März 1933) bestreitet seine Autorschaft. Aber Werner Höfer verantwortet nicht nur diese Tirade; er schrieb unter seinem Namen zahllose Nazi-Artikel.

Meine Lebenslinie bricht jäh ab, ich muß demnach jung sterben.
> Karlrobert Kreiten bei einem Handorakel vermutlich 1937.

War Ihre Karriere wirklich so sanft? Haben Sie auf Ihrem Weg nicht auch die eine oder andere Leiche zurückgelassen?
> Interviewfrage des „Playboy" an Werner Höfer 1977.

Der Klavierabend des 26jährigen Romantikers Karlrobert Kreiten, zu dem die Stadt Heidelberg am 3. Mai 1943 in die Neue Aula ihrer Universität einlud, war bis auf den letzten Platz ausverkauft. Die Programmzettel kündigten Beethovens „Appassionata", sechs Etüden von Frédéric Chopin und die „Spanische Rhapsodie" von Franz Liszt an – und virtuose Auftritte in anderen Konzertsälen des Reiches hatten den jugendlichen Interpreten zu einem Liebling des deutschen Musikfeuilletons gemacht. Doch zum Heidelberger Klavierabend kam es nicht mehr. Eine eilige Notiz am Portal der Aula teilte dem irritierten Publikum im letzten Augenblick mit: „Kreiten-Konzert fällt aus." Um acht Uhr morgens war der Pianist in seinem Hotelzimmer von der Gestapo verhaftet worden.

Nach den Reminiszenzen der Zeitzeugen verschwand an jenem Tage ein Musiker von der Bühne unverdächtig deutscher Kunst, den eine seltene pianistische Begabung auszeichnete. Dieses Talent des Karlrobert Kreiten, der 1916 in Bonn geboren wurde und in Düsseldorf gemeinsam mit Alexander Spoerl zur Schule ging, war eine Mitgift der Eltern. Vater Theo unterrichtete Tonsatz an der Düsseldorfer Musikhochschule, Mutter Emmy trat als Kammersängerin auf.

Zu den privaten Musikabenden der romanophilen Familie fanden sich illustre Gäste ein. Gaspar Cassadó, der spanische Cellist, und Walter Gieseking, der deutsche Horowitz, kamen nach ihren Konzerten ins Haus. Und dem prominentesten Besucher, dem Dirigenten Wilhelm Furtwängler, spielte Kreiten bereits als Dreikäsehoch auf seinem Schiedmayer-Flügel vor.

Die Karriere des Kinderstars begann 1927. Im kurzen Matrosenanzug auf dem Schemel sitzend, spielte der Sextaner in der Düsseldorfer Tonhalle Mozarts D-Dur-Sonate und Impromptus von Schubert. Das öffentliche Debüt des Zehnjährigen wurde auch im Radio gesendet; schon ein Jahr später absolvierte er sein erstes Klavierkonzert mit Orchester. Mit 15 trug er die diffizilen Paganini-Variationen von Johannes Brahms erstaunlich sicher vor. Und als 1931 Kurt Weills Schuloper „Der Ja-Sager" (nach Bert Brecht) in Düsseldorf aufgeführt wurde, war an einem der beiden Klaviere Karlrobert Kreiten zu sehen.

Es mutet wie eine schwarze Ironie seines späteren Schicksals an, daß Kreitens Stern am Pianistenhimmel ausgerechnet im Jahr der Dämmerung 1933 aufging. Mit Beethovens „Waldstein-Sonate" erspielte er sich in Berlin den Großen Mendelssohn-Preis. Wenige Monate zuvor war er, unter 252 meist weitaus älteren Konkurrenten, aus dem Internationalen Klavierwettbewerb in Wien als Sieger hervorgegangen. Mit der „Dante-Phantasie" von Liszt hatte er nicht nur das strenge Jurymitglied Wilhelm Backhaus günstig gestimmt, sondern nebenher über den genialischen Rumänen Dinu Lipatti triumphiert, der sich unter Protest seines Mentors mit Silber begnügen mußte.

Seit dem Wiener Wettbewerb ging der junge Kreiten auch dem alten Juror Moritz Rosenthal nicht mehr aus dem Sinn – der einst noch mit Liszt auf Reisen war und den die verzückte Gemeinde einen „Cagliostro der Klavierkunst" nannte. Rosenthal sorgte dafür, daß Kreiten 1935 nach Wien übersiedelte, um von seiner Frau, der Klavierpädagogin Hedwig Rosenthal-Kanner, unterwiesen zu werden. Nachdem das jüdische Pianisten-

---

* Der Originaltitel des im „Spiegel" am 14. Dez. 1987 veröffentlichten Artikels lautete: „SPIEGEL-Autor Harald Wieser über das Nazi-Opfer Karlrobert Kreiten und den Schreibtischtäter Werner Höfer".

paar vor den Nazis emigriert war, schickte die Lehrerin ihrem Eleven am 8. Juni 1938 aus Chicago einen (auszugsweise zitierten) Brief:

Möchtest Du nicht im September auf einem billigen, guten deutschen Dampfer nach Atlantic City kommen? Du spielst die Liszt-Sonate so phänomenal, daß Du damit Aufsehen machen und den Grundstein zu einer amerikanischen Karriere legen könntest. Ich bitte Dich um einiges Reklamematerial, Kritiken, Prospekte, Bilder. Natürlich müßten Dich hier einige Impresarios hören, auch einige Klavierfabrikanten. Überlege mit Deinen lieben Eltern die Sache und schreibe mir an die Hauptadresse New York, Hotel Ansonia.

Die Karriere in den USA wäre vermutlich Karlrobert Kreitens Glück gewesen. Aber ein anderer Patron übte eine nachhaltigere Autorität über die Pläne des jungen Künstlers aus: Wilhelm Furtwängler, der Kreiten für das Musikleben in Deutschland retten wollte, hatte ihm geraten, sich in Berlin zu etablieren. Seit 1937 gehörte er dort zur Meisterklasse des brillanten chilenischen Schumann-Interpreten Claudio Arrau. Unter dessen Handführung perfektionierte Kreiten sein Spiel und eroberte große Häuser: Zweimal trat er mit den Berliner Philharmonikern auf, und als einer der ersten Solisten füllte er den Großen Gürzenichsaal in Köln.

Der Publikumsgünstling Kreiten war jedoch nicht nur mit den Klassikern vertraut. Zu einer Zeit, als in der Düsseldorfer Ausstellung „Schaffendes Volk" die Partituren der „Entarteten" in Quarantäne-Vitrinen zu besichtigen waren und zum Abschreckungspreis von zehn Pfennigen aus dem Grammophon „heulten", hatte Kreiten die Modernen im Repertoire: die Petruschka-Suite von Strawinski und die Toccata in d-Moll von Prokofjew. Nur den privat vorgestellten Rachmaninow konnte er öffentlich nicht mehr spielen.

Im Berliner Beethovensaal am 23. März 1943 nämlich verneigte sich Karlrobert Kreiten vor seinem Auditorium zum letzten Male. Als der scheue lange Mann um 18 Uhr die Bühne betrat, wirkte er wie immer sehr britisch: Mit der dunklen Hornbrille im schmalen Gesicht und dem artig gewellten Haar hätte man ihn für einen Eton-Zögling halten können. Scarlatti und Chopin trug er unter anderem vor, und obwohl er, nach mehreren Zugaben, auch an diesem Abend gefeiert wurde, berichtete allein die Berliner „Illustrierte Nachtausgabe" ihren Lesern. Die dem Pianisten bis zu jener Stunde gewogenen übrigen Musikfeuilletons schwiegen.

Das Schweigen war ein erstes von drei Zeichen an der Wand: Für ein Liszt-Konzert in Florenz wurde dem Musiker überraschend die Ausreiseerlaubnis verweigert, so daß die Litfaßsäulen mit dem Namenszug Carlo Roberto Kreiten überklebt werden mußten. Und am Vorabend der Verhaftung seines Sohnes nahm der Vater in Düsseldorf einen ominösen Telephonanruf entgegen: Rembert Suter, ein Pianistenkollege und Freund Karlroberts, erkundigte sich „mit erkälteter Stimme" nach dessen Heidelberger Hotel. Nur war Rembert Suter zu dieser Zeit bereits an der Front. Der getäuschte Vater hat vermutlich der Gestapo Auskunft gegeben.

*

Der Pianist Karlrobert Kreiten war ein unpolitischer Mensch. Zum Verhängnis wurden ihm eine moralische Regung – und der ideologische Verfolgungswahn dreier Frauen: Während eines eiligen Berliner Wohnungswechsels (der in die Zeit der Vorbereitung auf das letzte Konzert im Beethovensaal fiel) stellte ihm eine Jugendfreundin der Mutter namens Ellen Ott-Monecke für die täglichen Proben vorübergehend ihr Klavierzimmer zur Verfügung. Bei einem gemeinsamen Frühstück vertraute da der arglose Musiker seiner Gastgeberin an, daß er unter den Lügen des Regimes sehr leide und überzeugt sei, „der praktisch verlorene Krieg" werde „zum vollständigen Untergang Deutschlands und seiner Kultur" führen.

Verwirrt informierte die Ohrenzeugin ihre Nachbarin Annemarie Windmöller, die als Schulungsleiterin der NS-Frauenschaft tätig war. Damit hatte Ellen Ott-Monecke eine notorische Denunziantin zur Mitwisserin gemacht. Sofort weihte Annemarie Windmöller ihre Bekannte Tiny von Passavent, geb. Debüser, ein. Diese von der Kritik als „Himbeerbonbon" verspottete Sängerin war der Musikerfamilie Kreiten schon in Düsseldorf mißgünstig gesinnt und sah nun eine Gelegenheit, ihre mediokre künstlerische Reputation durch eine wohlgefällige politische Tat zu vergolden. Als eine Anzeige bei der Reichsmusikkammer die erhoffte Trophäe auch nach Wochen des Wartens nichts brachte, meldeten die beiden Nazi-Frauen der Gestapo den „Fall".

Nach der Verhaftung in Heidelberg und ersten Verhören wurde der Musiker zur Gegenüberstellung mit den beiden Frauen in die berüchtigte Prinz-Albrecht-Straße nach Berlin gebracht. Dort verteidigte sich der verzweifelte Kreiten damit, er habe bei dem unglückseligen Frühstück nicht etwa eigene Ansichten vertreten, sondern nur von den „Gerüchten" gesprochen, „die man so auf der Bahnstation" vernehme. Die Denunziantinnen aber gaben zu Protokoll, bei einem von ihnen arrangierten zweiten Zwiegespräch mit Ellen Ott-Monecke hätten sie hinter einem Vorhang mitanhören müssen, wie der Pianist seine „kriminellen Äußerungen" wiederholt und nun sogar Adolf Hitler als „Wahnsinnigen" tituliert habe.

Nachdem Kreiten ins Untersuchungsgefängnis Moabit verlegt worden war, wo die Häftlinge auch während der Bombenangriffe gefesselt in den Zellen der oberen Stockwerke verblieben, begann das Roulette der Fürsprachen. Aber obwohl sogar Fritz von Borries, der Musikreferent des Propagandaministeriums, um Milde bat (man verbot ihm daraufhin höheren Ortes den Mund) und sich in einer persönlichen Demarche an Goebbels auch Furtwängler für den Pianisten verwendete, sprach der Volksgerichtshof unter Vorsitz Roland Freislers, ohne Kreitens Anwälte in den Verhandlungstermin einzuweihen, am 3. September das Todesurteil.

Dieses Urteil, welches das Leben Karlrobert Kreitens mit dem Gewicht einer knappen Schreibmaschinenseite für nichtig erklärte, stempelte ihn merkwürdigerweise zu einem gefallenen Nazi: Derselbe Angeklagte, der „vor einigen Jahren um seine Aufnahme in die NSDAP gebeten" habe und immer noch „Parteianwärter" sei, habe nun die „unglaublichste" Meinung verlauten lassen, „in zwei bis drei Monaten werde Revolution sein, und dann würden ‚der Führer, Göring, Goebbels und Frick einen Kopf kürzer gemacht'".

Ob der Musiker, der nach des Vaters Herkunft niederländischer Staatsbürger war, um seiner künstlerischen Karriere willen wirklich einmal irgendwann die Parteimitgliedschaft erwogen hat, ist mindestens so gründliche Zweifel wert wie der militante Jargon, den ihm der Urteilstext nachsagt.

Denn Karlrobert Kreitens Temperament war nach dem Zeugnis aller, die ihn kannten, zu keiner Zeit das eines (Maul-)Helden, und gegen seinen angeblichen Flirt mit der braunen Partei spricht, daß er sich in den dreißiger Jahren geweigert hat, in die NS-Studentenschaft einzutreten.

Nur war die Wahrheit vor dem Nazi-Gericht natürlich eine Schimäre. Im Falle Kreiten wurde sie überdies wohl in der Absicht gebeugt, aus einem sensiblen Jungen eine zwielichtige Gestalt zu machen. Wie weit

die schrille Rabulistik Freislers (der dem Musiker als besonders verwerflich ankreidete, er habe einen Polizisten während des Verhörs mit „ein paar Litern Sonnenblumenöl" zu bestechen versucht) bei der Vorverurteilung ging, dokumentiert seine ausdrückliche Feststellung: Ob der „ehrlose" Kreiten die mitgehörten Ansichten als eigene kundgetan oder „gerüchteweise" nur behauptet habe, sie existierten in den Köpfen der Leute „auf der Bahn", sei dasselbe schwere Verbrechen.

Vier Tage nach der Urteilsverkündung wurde Karlrobert Kreiten am 7. September 1943 in Berlin-Plötzensee hingerichtet. Wie der Gefängnispfarrer Peter Buchholz berichtet hat, holten die Henker in einer einzigen Nacht 186 Menschen aus ihren Zellen und schleppten sie zu je acht unter die Galgen, an denen einige Jahre später auch einige der Männer des 20. Juli starben. Ein vor jener Nacht noch eingereichtes Gnadengesuch zugunsten Kreitens blieb „versehentlich" unbeachtet: im Fernschreiberbüro des Propaganda-Amtes Düsseldorf.

Den Eltern des toten Pianisten schickte die Gerichtskasse für die Hinrichtung eine Kostenrechnung von 639,20 Reichsmark ins Haus, zahlbar binnen einer Woche. Die Angst der Mutter Emmy vor neuen Schlägen gegen die Familie war so groß, daß sie ihren Brief an die Gefängnisleitung, in dem sie die Habseligkeiten ihres Sohnes zurückerbat, mit „Heil Hitler!" unterzeichnete. Der Vater Theo erblindete vor Schmerz. Nach dem Krieg hat er ein kleines Erinnerungsbuch über Karlrobert geschrieben. Es trägt den Titel: „Wen die Götter lieben."

*

Nehmen wir einen Moment lang an, der Zufall hätte uns ein Photo in die Hände gespielt, welches die in die Affäre Kreiten auf verschiedene Weise verstrickten Personen als Gruppenbild präsentierte. Wer wäre auf diesem Photo zu sehen? Im Kreis der Opfer sähen wir den Vater des Toten, der 1960, und seine Mutter, die hochbetagt 1985 starb. Im Kreis der Täter hätten wir die Denunziantinnen genau vor Augen, von denen eine Selbstmord beging. Nur ein Mann wäre nicht ganz so markant auszumachen, denn er hat erstaunlich erfolgreich versucht, seine Mitwirkung auf dem für ihn ungünstigen alten Photo zu retuschieren.

Dieser Mann ist der Journalist Werner Höfer. Nachdem die Nachrichtenagentur „dnb" am 14. September 1943 die Vollstrekkung des Todesurteils mit den Worten verbreitet hatte, der wegen „Feindbegünstigung und Wehrkraftzersetzung" verurteilte „üble Hetzer" habe eine „Gesinnung an den Tag gelegt, die ihn aus der deutschen Volksgemeinschaft ausschließt", lobte der 30jährige Werner Höfer das Werk des Henkers. Am 20. September 1943 ist Höfers Hinrichtungshymne, die er mit vollem Namen unterzeichnete und für die er ein Honorar von 75 Reichsmark kassierte, unter dem Titel „Künstler – Beispiel und Vorbild" in der Ausgabe 225 des Berliner „12 Uhr Blattes" erschienen.

nenz verpflichtet! Diese Verpflichtung haben unsere Künstler eingelöst. Der berühmte Mann und der namenlose Arbeiter, die in der abendlichen U-Bahn nebeneinander sitzen – sie können sich ohne Vorbehalt kameradschaftlich grüßen.

Der Karriere des Werner Höfer, der als Leiter der „Aktuellen Abteilung" bereits 1946 in den NWDR eintrat, von 1972 bis 1977 Fernsehdirektor des I. und III. WDR-Programms war und seit dem 6. Januar 1952 den „Internationalen Frühschoppen" moderiert, hat die Nazi-Tirade zu keiner Zeit den Lack

»12-Uhr-Blatt« vom 20. September 1943, Höfer Tirade
»Die Redaktion war häufig unzufrieden«

Kürzlich ist einem Kreis Berliner Künstler in kameradschaftlichem Tone ins Gewissen geredet worden, sich durch einwandfreie Haltung und vorbildliche Handlungen der Förderung würdig zu erweisen, die das neue Deutschland – auch in den Stunden seiner härtesten Prüfung – den künstlerisch Schaffenden hat angedeihen lassen. Wie unnachsichtig jedoch mit einem Künstler verfahren wird, der statt Glauben Zweifel, statt Zuversicht Verleumdung und statt Haltung Verzweiflung stiftet, ging aus einer Meldung der letzten Tage hervor, die von der strengen Bestrafung eines ehrvergessenen Künstlers berichtete. Es dürfte heute niemand Verständnis dafür haben, wenn einem Künstler, der fehlte, eher verziehen würde als dem letzten gestrauchelten Volksgenossen … Denn gerade Promi-

verdorben. Den weißen Kragen verdankt Höfer paradoxerweise seinem aggressivsten Gegner: dem (verstorbenen) SED-Propagandachef Albert Norden, der die Autorschaft des westdeutschen TV-Stars am Nachruf auf den Musiker Kreiten während einer Pressekonferenz in Ost-Berlin am 16. März 1962 enthüllte.

Die giftigen Pfeile des polternden Stalinisten Albert Norden nämlich machten auf ihrer Reise über die deutsch-deutsche Grenze üblicherweise eine wundersame Metamorphose durch: Sie verwandelten sich auf den Revers der attackierten Bundesbürger in Orden – und in demokratische Anstecknadeln sogar für behelligte Nazis. Von dieser beruhigenden Dialektik des Kalten Krieges hat auch der einstige NSDAP-Kamerad Werner Höfer

(Mitgliedsnummer 2.129.383) profitiert. Von der Ost-Berliner „Schmutzkampagne" geadelt, verstand es Höfer 25 Jahre hindurch, sich auch seriös formulierte Kritik an seiner Vergangenheit mit dem eleganten Argument vom Halse zu schaffen, sie spiele lediglich das durchsichtige Spiel des Albert Norden gegen ihn weiter.

Als Werner Höfer, der März 1933 ebenso pünktlich in die reaktionäre Partei eingetreten war, wie er nach deren Konkurs sofort auf die progressive Pauke schlug, wegen seines Kreiten-Artikels auch in der westdeutschen Presse ins Gerede kam, hatte er abermals schillerndes Glück.

Nun nämlich hielten ihm, seit 1978, „Bild am Sonntag", „Die Welt", die „Bunte Illustrierte" und ausgerechnet die „Nationalzeitung" die braune Sünde vor – und der gewiefte Medienfuchs konnte mit einem gewissen Recht darauf verweisen, daß die rechte Journaille zwar den Werner Höfer des „12 Uhr Blattes" angriff, aber in Wirklichkeit den ihr mißliebigen Sonntagsredner der neudeutschen TV-Liberalität demontieren wollte.

Im Schutze des Kreuzfeuers seiner verschiedenen Kritiker, deren Motive er gebetsmühlengleich als rein ideologische zu entwerten versuchte, überstand Höfer auch mehrere Buchpublikationen bei bester Reputation – in denen sein Epitaph auf den ermordeten Pianisten belichtet wird: literarisch in Michael Mansfelds Roman „Bonn – Koblenzer Straße" (1967) und in Wolfgang Eberts „Das Porzellan war so nervös" (1975); dokumentarisch in Fred K. Prieberg „Musik im NS-Staat" (1982) und in einer Recherche von Hartmut Lück, die in „Musik und Musikpolitik im faschistischen Deutschland" (1984) erschienen ist.

Zum 40. Jahrestag der Hinrichtung Karlrobert Kreitens ist dem Musikkritiker Hartmut Lück überdies das trojanische Kunststück gelungen, Werner Höfer in einem Radiofeature als Autor der zitierten „12 Uhr Blatt"-Kolumne beim Namen zu nennen – die Sendung wurde am 7. September 1983 vom WDR ausgestrahlt. Und auch auf dem Cover einer von Lück 1984 präsentierten Schallplatten-Rarität, die spät entdeckte Tonaufnahmen (Chopin, Brahms, Strauss, Othmar Schoeck) des Pianisten Kreiten zugänglich macht, ist Werner Höfers Hinrichtungshymne verewigt.

Seine NSDAP-Mitgliedschaft hat der „Frühschoppen"-Moderator nie bestritten. Trotzdem verlieh ihm Gustav Heinemann 1973 das „Große Bundesverdienstkreuz".

Zwei Bürger immerhin mochten dieses Politikum nicht auf sich beruhen lassen. Anläßlich der ersten westdeutschen Zeitungsartikel zum Fall Kreiten wandte sich 1978 der Münchner Rechtsanwalt Fritz J. Berthold, der Sprecher des „Zentralverbandes Demokratischer Widerstandskämpfer und Verfolgtenorganisationen", an das Bundespräsidialamt: Falls der geehrte Werner Höfer mit dem Journalisten identisch sei, der den „üblen, supernazistischen Artikel" zum Tode des Pianisten verfaßt habe, sei ihm die Auszeichnung schleunigst wieder abzuerkennen. Schließlich müßten die noch lebenden Nazi-Opfer sie als eine abermalige amtliche Ohrfeige empfinden.

Nachdem 1984 die Kreiten-Schallplatte mit Höfers „Nachruf" erschienen war, legte, in einem Brief an Richard von Weizsäcker, auch Holger Hagen, der ehemalige Generalsekretär der „Bundesfachgruppe Bühne, Film, Fernsehen" in der DAG, Protest ein. Holger Hagen, der 1945 als Theater- und Musikoffizier der U. S. Army nach Deutschland zurückgekehrt war und mit der Schauspielerin Bruni Löbel verheiratet ist, aber ging moralisch noch einen Schritt weiter: Der Gewerkschafter (und hochdekorierte Oberleutnant der amerikanischen Infanterie) schickte dem Präsidenten das „Bundesverdienstkreuz am Bande" zurück, mit dem 1978 seine „Verdienste um die sozialen Belange der deutschen Schauspieler" gewürdigt worden waren. Denn er wolle nicht länger einen Orden tragen, der „auch einem Werner Höfer verliehen wurde".

Die Initiativen der um Aufklärung bemühten Bürger verliefen im Sande. Dem Rechtsanwalt Berthold signalisierte Bonn, die „Voraussetzungen für ein Ordensentziehungsverfahren" fehlten, und eine juristische Handhabe, dem angeschuldigten Werner Höfer eine „eidesstattliche Versicherung abzufordern", daß er *nicht* der Autor des inkriminierten Zeitungsartikels sei, gebe es nicht. Für Hagens Begehren wiederum, dem dieser die Kreiten-Schallplatte beigefügt hatte, interessierte sich das Bundespräsidialamt so wenig, daß der in der Sache zuständige Ministerialrat Johannes Ottinger die Schallplatte „zu meiner Entlastung" wieder zurücksandte.

Sie traf in der ungeöffneten Originalverpackung im Hause Hagen ein – und der Empfänger zog in einer Antwortpost an Ottinger aus dieser Brüskierung den naheliegenden Schluß, daß Bundespräsident von Weizsäcker „von dieser gesamten Korrespondenz keine Ahnung hat". Zuvor schon hatte Hagen dem

Staatssekretär Klaus Blech, von dem die „Vorwürfe gegen Herrn Höfer" als „nicht beweisbar" zurückgewiesen worden waren, in einem zornigen Brief geschrieben, „daß in meinem Garten zur Erntezeit die Pflaumen weniger weich sind als Ihre Argumente".

Diese Scharmützel jedoch blieben der Öffentlichkeit verborgen. Nicht ganz verborgen hingegen ließ sich die für den hauseigenen Moderator peinliche Affäre, daß sich 1984 auch der WDR-Verwaltungsrat mit dessen journalistischer Vergangenheit befaßte. Zum „Tagesordnungspunkt Höfer" hatte sich das Gremium herablassen müssen, weil ihm gleich mehrere Anfragen zahlender Rundfunk-Kunden auf den Tisch gekommen waren. Eine dieser Anfragen stammte vom Musikwissenschaftler Fred K. Prieberg. Zu dem Brief, den Prieberg daraufhin am 6. Dezember 1984 vom Verwaltungsratsmitglied Reinhard Grätz, dem stellvertretenden SPD-Fraktionsvorsitzenden im Landtag Nordrhein-Westfalens, bekam, fallen dem geneigten Leser wiederum die Pflaumen im Garten des Holger Hagen ein:

Sehr geehrter Herr Prieberg: Sie haben mich in der Sache Höfer angeschrieben. Inzwischen ist diese Angelegenheit, die ich wohl in manchem ähnlich wie Sie sehe, im Verwaltungsrat abschließend behandelt worden. Zum Verhalten von Herrn Höfer liegen keine wirklich neuen Erkenntnisse vor. Es bleibt das bestehen, was er in den 60er Jahren der Leitung des WDR gesagt hat … Der jetzige Verwaltungsrat steht in dieser Hinsicht in einer gewissen Kontinuität … Trotz Ihrer bedenkenswerten Hinweise … muß ich in die Gesamtbeurteilung des Falles auch die Tatsache einbeziehen, daß die neuerlichen Erörterungen um Herrn Höfer, seine Glaubwürdigkeit und sein Erinnerungsvermögen ausschließlich von der rechtsgerichteten Presse gepflegt werden. Stil und Diktion macht dabei stutzig, insbesondere, da Herr Höfer in den letzten Jahrzehnten als Vertreter eines liberalen Journalismus aufgetreten ist. Dabei hat er für mich, unabhängig von seiner merkwürdigen Rolle in der NS-Zeit und bei dem diskutierten Artikel, eine glaubwürdige journalistische Figur abgegeben.

Tatsächlich machen Stil und Diktion in der Antwortnote des Reinhard Grätz stutzig. Denn der wohlfundierten Vermutung, daß Höfer nach „seiner merkwürdigen Rolle in der NS-Zeit" lediglich das journalistische Kostüm gewechselt habe (liberal „aufgetreten" ist und eine „Figur abgegeben" hat), lei-

stet unbewußt sogar der Anwalt seiner Ehre Vorschub.

Und dann tippt der Sozialdemokrat „mit freundlichen Grüßen" an Prieberg einen Vorschlag in die Maschine, der den Kritikern des braunen Skribenten a. D. die Schelle umhängt: „Unabhängig davon, daß ich mich in hinreichender Distanz zu Herrn Höfer befinde, glaube ich, daß es u. U. angebracht wäre, nach der Vergangenheit derer zu fragen, die den Fall Höfer alle paar Jahre wieder zu einem öffentlichen ‚Fall' machen."

Man wird auch anders fragen dürfen: Ist Werner Höfer das seltene Beispiel eines gewesenen Nazis, den liberale Kreise decken? Immerhin hat Höfer in der Publizistik des Dritten Reiches verschiedene „merkwürdige Rollen" gespielt, in „Der neue Tag" und in der Propaganda-Gazette „Signal" zum Beispiel. Und der Frühschoppen-Gastgeber hat, da ihm die Zeitungsarchive keine andere Wahl ließen, auch eingeräumt, daß jener Werner Höfer ist, der, unter seinem Namen, für das Feuilleton des „12 Uhr Blattes" zur Feder griff.

Mit welchem Zauber also hat sich ein Mann dieses deutschen Kalibers das Wohlwollen zweier honoriger Bundespräsidenten und den sozialdemokratischen Persilschein verschafft? Mit dem nach den Ost-Berliner Angriffen 1962 gegebenen Ehrenwort, die Laudatio auf die Hinrichtung des Pianisten Karlrobert Kreiten sei ihm, von fremder Hand, in den berüchtigten „12 Uhr Blatt"-Artikel vom 20. September 1943 „hineinredigiert" worden. Im vierseitigen Original klang die Verteidigungsrede so:

Ich habe … eine Zeit lang jeweils am Samstag einen kultur-politischen Aufsatz für das „12 Uhr Blatt" geschrieben … Da die Redaktion mit den politischen Akzenten meiner Arbeiten häufig unzufrieden war, wurden ohne mein Wissen oder gar meine Zustimmung oft in meinen Manuskripten Änderungen vorgenommen, bei denen jeweils die neuesten Anweisungen des Propagandaministeriums verarbeitet wurden … Es ist möglich, daß die von den SED-Propagandisten zitierte Stelle, falls sie überhaupt so gedruckt worden ist, wofür das vorgelegte Faksimile noch kein ausreichender Beweis ist, auf diese Weise entstanden ist.

Dieses Ehrenwort zieht Höfer bis heute aus dem alten Hut. Nur ist er inzwischen einsilbiger geworden: „Sehr geehrter Herr, die Behauptungen, auf die Sie sich beziehen, sind vielfach widerlegt. Ich habe mir längst abgewöhnt, darauf einzugehen." Und obwohl das

Ehrenwort von einem Mann stammt, der nicht einmal ein Faksimile als Beweis gelten ließ, der dabei eine bellende Ost-Berliner „Frühschoppen"-Fanpost zustimmend zitiert („Hitler war ein Waisenknabe gegenüber diesen roten Faschisten in Pankow") und der die Unwahrheit verbreitet, sein Wort sei auch „von Angehörigen des Ermordeten akzeptiert worden" (Kreitens Mutter sagte in einem Zeitungsinterview vielmehr, sie würde Höfer „die Tür weisen"), hat man es ihm nicht nur amtlicherseits ungeprüft immer „geglaubt".

Sogar Peter Wapnewski, ein Höfer nicht eben geneigter Publizist, hat jüngst noch kapituliert. In einem empfindsamen Kreiten-Essay, der am 28. November in der „FAZ" zu lesen war, streift Wapnewski in zwei kurzen, bitteren Passagen auch den Moderator der „Frühschoppen"-Runde („ihm zur Seite die Journalisten aus Ländern, die Hitler gern ausradiert hätte") und schreibt über den „12 Uhr Blatt"-Artikel: „Man sträubt sich, das ekelhafte, das mörderische Getön weiter zu zitieren, weil man das Gefühl hat, es krieche auf einen über." Aber dann geht auch er, da er sein Räsonnement nicht durch Recherchen stützen kann, vor Höfers Ehrenwort („hineinredigiert") in die Knie: „Das muß man ihm glauben."

*

Man muß, man darf ihm gar nichts glauben. Denn Werner Höfers am 20. September 1943 erschienener „12 Uhr Blatt"-Artikel „Künstler – Beispiel und Vorbild" (wohlgemerkt: Beispiel und Vorbild im Nazi-Reich) wäre ohne die zynische Hinrichtungspointe ein Torso. Diese schlichte Wahrheit hat in „Musik im NS-Staat" schon Fred K. Prieberg formuliert: „Nur machte Anlage und Tendenz gerade dieses Artikels Änderungen überflüssig, so exakt und dramaturgisch korrekt ist er auf den Schlußeffekt – eben die Sache Kreiten – hingearbeitet, und ohne ihre Erwähnung wäre er völlig sinnlos gewesen."

Die Tendenz des Artikels nämlich ist ein Durchhaltefeuilleton, das die deutsche „Zuversicht" im Krieg als Heldentum feiert und die aus Angst oder Einsicht geborenen „Zweifel" zum Verbrechen stempelt. So lautet die Passage, die der angeblich hineinredigierten Kreiten-Stelle unmittelbar vorausgeht: „Von keinem Künstler werden Volksreden erwartet, wohl aber, daß er dort, wo er sich durch Worte oder Taten bemerkbar macht und aufgrund seines Ansehens doppelt auffällig bemerkbar machen muß, es mit positivem Erfolg tut: durch Worte, die bei seinen Zuhörern einen Zuwachs an aufrechter Gesinnung bewirken, durch Taten, die bei seinen ‚Zuschauern' – und seien es nur die Nachbarn seines bombardierten Hauses – einen Gewinn an unverdrossener Haltung wecken."

Das war der Höfer-Ton in der Nazi-Publizistik. Noch angesichts des privaten Jammers „aufrechte Gesinnung" und „unverdrossene Haltung" zu bewahren – das verlangte Höfer von seinen „Volksgenossen" nicht nur in diesem, sondern in nahezu *allen* seinen Artikeln. Und eben diese unverdrossene Haltung hat der Pianist Kreiten in der gnadenlosen Optik des Journalisten Höfer vermissen lassen. Der Zweifler Kreiten war für den Ideologen Höfer eine Verkörperung jener „Charakterschwächen" (Verantwortungslosigkeit, Feigheit, mangelnde Kriegsbegeisterung), vor denen Höfer in seinen „12 Uhr Blatt"-Feuilletons immer wieder gewarnt hat. Und darum hatte Kreiten aus Höfers Sicht völlig zu Recht sein Leben verwirkt.

Nach Höfers Geschmack mußte Karlrobert Kreiten der „strengen Bestrafung" vor allem auch deswegen zugeführt werden, weil der Pianist zur deutschen Prominenz gehörte. An die klaglose Loyalität der „Privilegierten" hat Höfer in seinen Artikeln ungezählte Male appelliert. Daß der „berühmte Mann" dem „namenlosen Arbeiter" gegenüber keinerlei „Vorrechte" genießen dürfe, sondern seine „weithin wirkende Autorität" dem „gemeinsamen Kampf" zur Verfügung stellen müsse, war *das* Thema des Autors Höfer.

Auch im strittigen Artikel klingt es bereits lange vor der „von fremder Hand hinzugefügten" Stelle an und gipfelt dann in dem für Höfer damals typischen Satz: „Gerade Prominenz verpflichtet!" Und ausgerechnet dieses Motiv, das die oft variierte Erkennungsmelodie des Feuilletonisten Höfer war, soll man ihm am 20. September 1943 plötzlich „hineinredigiert" haben müssen?

Als seine vermeintlich beste Karte hat Werner Höfer stets den lakonischen Hinweis präsentiert, Karlrobert Kreiten werde in seinem „12 Uhr Blatt"-Artikel namentlich ja gar nicht erwähnt. Von diesem fabelhaften Ruhekissen aus antwortete er am 26. September dieses Jahres noch auf die Interviewfrage der „taz": „War Ihnen denn Karlrobert Kreiten ein Begriff damals?" mit einem siegessicheren „Nein". Das Ruhekissen könnte sich nun als Nagelbett erweisen. Nicht nur, weil es 1943 nur diesen einen publizierten Fall eines hingerichteten Musikers gab und Höfer folglich nur Kreiten gemeint haben konnte.

Sondern weil (was auch Prieberg noch nicht wußte) die Hinrichtungsmeldung der Nachrichtenagentur „dnb" vom 14. September 1943 einen Tag später auf Seite 2 auch im „12 Uhr Blatt" gedruckt zu lesen war. Höfers Nachruf auf Kreiten (nota bene: „kein Begriff") war sein Kommentar zu dieser Meldung im eigenen Blatt. Warum aber hat er dann Kreitens Namen verschwiegen? Weil Höfer den „ehrvergessenen Künstler" einer namentlichen Erwähnung wohl einfach nicht für würdig hielt. Für diese Deutung spricht, daß er auch die Namen anderer „Prominenter", deren mangelnde Begeisterung für den Nazi-Staat ihn empörte, in seinen Artikeln bezeichnenderweise nie genannt hat.

Fatalerweise hat sich die Werner-Höfer-Kritik immer nur auf die Kreiten-Passage fixiert. Nur, was hat er sonst geschrieben und in welcher Journaille? Das „12 Uhr Blatt" war nicht irgendeine gleichgeschaltete Zeitung in Berlin. Das „12 Uhr Blatt" war eine Nazi-Gazette, deren vornehmste Aufgabe darin bestand, den Eroberungskrieg („die schneidigen Angriffe der Kameraden") zu verherrlichen. Nehmen wir die Titelseite einer beliebigen Ausgabe, in der (am 15. Mai 1944) auch Höfer noch zeichnete. „Ausführlicher Bericht über den Abschluß des heroischen Kampfes auf der Krim"; „Stadt Löwen geschändet. Kulturbarbarei ohnegleichen"; „604 Sowjetflugzeuge vernichtet".

In diesem Nazi-Blatt, dessen Schlagzeilen das bombardierte London als „Paradies der Geisteskranken" verhöhnten und auf dessen Seiten 2 und 3 „Drahtberichte von unserem SS-Korrespondenten" die Leser informierten, war wenige Seiten später Werner Höfer der Star des Feuilletons. Zwar war Höfer kein Redakteur des „12 Uhr Blattes". Aber während die meisten anderen Feuilletonisten ihre Beiträge entweder gar nicht, nur mit ihrem Kürzel oder namentlich nur *unter*zeichnen durften, standen die Artikel des „freien Mitarbeiters" Werner Höfer regelmäßig mit der fettgedruckten Namenszeile im Blatt.

Solche Privilegien jedoch genossen nur 100prozentige Gewährsleute – auf deren Elaborate man sich ideologisch blind verlassen konnte. Der Dortmunder Sozialwissenschaftler und Zeitungshistoriker Professor Rolf Taubert hält Höfers Ehrenwort in der Kreiten-Affäre aber nicht nur aus diesem Grunde für eine „Märchenerzählung". Taubert gibt

auch zu bedenken: Die Schriftleitung eines Nazi-Blattes, die ihrem freien Mitarbeiter ideologisch „hineinredigieren" muß, „hätte sich das zweimal angesehen und den Mann dann gefeuert". Und warum hat umgekehrt Höfer, obwohl die Redaktion ihn immerhin mit einer Hinrichtungshymne belastete, nicht die geringsten Probleme dabei empfunden, bereits in der nächsten Woche und in den Wochen danach erneut für sie zu schreiben?

Diesen Artikeln (siehe folgende Seiten) hat Werner Höfer in einem „Playboy"-Interview selbstgerecht zugute gehalten, daß in ihnen „in einem negativen Sinn" nirgendwo „das Wort Jude" geschrieben stünde. Tatsächlich war Höfer ein Nazi-Skribent, der mit dem Weichzeichner zu Werke ging. Ein völkischer Beobachter des Feuilletons mit Kreide im Munde – der noch in seinem Galgenlied einen blümeranten Ton anschlug. Und ein Durchhalte-Barde von der feinsinnigen Sorte, der noch das Elend der Menschen im Kriege als Sommerfrische verkaufte.

*

Werner Höfer hat im Sommer dieses Jahres für seine Verdienste um das deutsche Fernsehen und den Rundfunk den „Eduard-Rhein-Ring" verliehen bekommen. Karlrobert Kreiten ist in den einschlägigen Musiklexika noch immer nicht zu finden; anders als seine Denunziantin Tiny von Passavent, geb. Debüser, derer das „Tonkünstler-Lexikon" gedenkt. Dafür wurde Kreiten inzwischen mit zwei Theaterstücken (von Heinrich Riemenschneider in Düsseldorf und Hartmut Lange in Berlin) – und mit einer in Bonn nach ihm benannten Straße geehrt. Nur 25 Kilometer entfernt ist, mit nach wie vor gußeisernem Gewissen, Werner Höfer zu Hause.

Nur, manchmal gerät sogar dieses Gewissen in Panik. Als Werner Höfer im Frühjahr den Berliner Schauspieler Carl Raddatz anrief, um ihm mitzuteilen, er wolle ihn anläßlich von dessen 75. Geburtstag zu einem Interview einladen, entspann sich ein vielsagender Dialog. Raddatz: „Ich muß Ihnen zunächst erklären, daß ich im vergangenen Jahr auf einer Karlrobert-Kreiten-Gedenkfeier ein ‚Requiem' gesprochen habe." Höfer: „Ich verstehe, dann können wir die Sache wohl vergessen." Sprach so und legte grußlos auf.

„Begeisterte Herzen und tatkräftige Fäuste"

Was der 30jährige Durchhalte-Feuilletonist Werner Höfer 1943 in der Nazi-Zeitung „12 Uhr Blatt" schrieb

Gesundbad gegen Zivilisationskrankheit. Ein Wort zu einer Nebenwirkung der Umquartierung. 5. Oktober 1943:

Das Thema Kultur-Zivilisation wird gegenwärtig von Tausenden deutscher Menschen sehr handgreiflich erlebt. Die vorsorgliche Umquartierung hat einen erheblichen Zustrom von Städtern in ländliche Gegenden geschleust. Diese Menschen müssen nicht nur auf Heimat im moralischen Sinne vorübergehend verzichten, sie mußten auch von vielem Abschied nehmen, was ihnen das Dasein angenehm gemacht hat. Dieser Verzicht ist indessen vielfach aufgewogen durch die sichere Geborgenheit, die sie aufgenommen hat ...*

Ein nicht eben gering zu veranschlagender Gewinn dieser Umbettung der Menschen könnte es sein, wenn manche Städter dafür die Fragwürdigkeit der Zivilisation und – umgekehrt – die Wertbeständigkeit echter Kultur auch praktisch erleben würden: als Gesundbad gegen Zivilisationserkrankungen.

Organisation auch in der Kunst? Planung vor der Leistung, Mühe vor dem Genuß. 11. Oktober 1943:

Vor achtundvierzig Stunden wurden die neuen Pläne der deutschen Filmgesellschaften mitgeteilt. Das zu lesen, war wie ein vorweggenommenes Fest; die verlockenden Titel und die klangvollen Namen vorüberziehen zu lassen – eine glänzende Verheißung bevorstehender Freuden! Dieses reiche Programm erhält sein volles Gewicht erst vor dem Relief des Krieges, vor der Fülle der Anstrengungen und Entsagungen, die das fünfte Kriegsjahr einem jeden abverlangt ... Das Wort eines führenden deutschen Rüstungsmannes, daß er „nach Kursbuch" fabrizieren wolle, ist auch eine ideale Parole für das Filmschaffen ...

Der „Pleitegeier", in unseligen Jahren das geheime Wappentier mancher Kunstunternehmen, hat heute endgültig abgewirtschaftet ... Daß die Bilder in Ausstellungen gezeigt werden, daß die Arbeiten des Schriftstellers als Bücher gedruckt werden, daß Oper und Schauspiel, Film und Kabarett Abend für Abend Erhebung und Entspannung bereiten können – dazu müssen viele begeisterte Herzen, findige Köpfe und tatkräftige Fäuste sich regen.

Hier kann jeder Dichter sein. Brief und Fernsprecher im Leben und in der Kunst. 18. Oktober 1943:

Eine Briefsammlung besonderer Art wird erst zu späterer Frist vorgelegt werden können: eine Auswahl wesentlicher Feldpostbriefe. Man darf schon jetzt glauben, daß in den Briefen namenloser Soldaten, geschrieben in der Spannung des bestandenen Kampfes und naher Entscheidung, Gefühle und Gedanken zu finden sind, wie sie in ihrer blutwarmen Tiefe und zupackenden Kraft eines Dichters würdig wären.

Brief an einen Freund vom Funk: Erlebnisse und Begegnungen aus zwanzig Jahren Rundfunk. 25. Oktober 1943:

Lieber Freund vom Funk, das soll ein Glückwunschbrief zum zwanzigsten Geburtstag des Rundfunks werden. Ich möchte jedoch diesen Zeilen durchaus nicht den Beiklang des Offiziellen gegeben wissen: deshalb schreibe ich Dir auch von Mann zu Mann, gewissermaßen mit Richtstrahler von Kamerad zu Kameraden.

Wir sind beide nur Rädchen im Organismus der kulturschaffenden und meinungsbildenden Einrichtungen, denen wir uns aus Leidenschaft und Überzeugung verpflichtet haben: des Rundfunks und der Presse ... Eine Rivalität zwischen Rundfunk und Presse hat für uns nie existiert; wir waren uns vielmehr einig, daß beide Einrichtungen getrennt marschieren, um vereint zu schlagen ...

Die große Stunde des Rundfunks fiel zusammen mit der Geburtsstunde des neuen Deutschlands. Bei allen bedeutenden Ereignissen im Leben unseres Volkes und in der Entwicklung des Reiches ist die Hörerschaft des Rundfunks identisch mit der Summe aller Deutschen. Bei entscheidenden Anlässen hält auch die Welt den Atem an, wenn die Stimme Deutschlands sich meldet.

Zeitalter des Namenlosen? Werke des Unbekannten. Von der Dombauhütte zum Filmatelier. 1. November 1943:

Eine der reinsten Schöpfungen der deutschen Seele, das Volkslied, ist überhaupt nicht mit der

---

* Größere Auslassungen sind durch ... gekennzeichnet.

179

Person eines einzelnen Verfassers in Beziehung zu setzen. In seine zauberhaften Verse sind Gefühl und Formvermögen unseres ganzen Volkes eingeschmolzen...: auch Heinrich Heine hat sich „volksliedhaft" umgetan; doch die Früchte dieser poetischen Dressur schmecken schal – sie sind nicht gewachsen, sondern gezüchtet; in ihnen gibt sich der Gegensatz von Kunst und Mache schonungslos preis...

Kultur... und Kriegführung sind in ihrem heutigen Gefüge verästelt... Der Krieg beansprucht die besten Kräfte... für das gemeinsame Ziel... Hier bewährt sich eine Eigenschaft, die bei keinem anderen Volk der Erde so stark ausgeprägt ist wie beim deutschen: daß unsere nationale Intelligenz sich nicht auf eine dünne Spitzenschicht beschränkt, sondern sich gleichmäßig in die Breite und Tiefe des Volkskörpers erstreckt.

✳

Von der Gastfreundschaft in dieser Zeit. Eine alte Tugend, neu bewertet. 6. Dezember 1943:

Von Homer bis Weinheber* wird sie, die Gastfreundschaft, als eine der edelsten Tugenden gerühmt... Gerade der deutsche Mensch hat aus der Fülle seiner Gemütswerte ein besonders starkes Empfinden für echte Gastfreundschaft... Sehr viele Menschen, die eine vorsorgliche Führung den Gefahren des Luftkrieges entzogen hat, sie müssen heute die Gastfreundschaft jener durch das Schicksal begünstigten Volksgenossen entgegennehmen. Was nach einem Terrorangriff auf eine Großstadt nötig wird, das ist eine die ganze Nation erfassende Welle von Gastlichkeit.

---

* Josef Weinheber (1892 bis 1945) huldigte Adolf Hitler in bestellten Gedichten.

Bombardierte Straße in Berlin: »Gesundbad gegen Zivilisationskrankheit«

Gefühle und Gedanken beim Abschied. Das Schicksal des Krieges als Widersacher der Sentimentalität. 13. Dezember 1943:

Als es schmerzliche Gewißheit war, daß das Haus, von Phosphor heimtückisch durchtränkt, nicht mehr zu retten sei, da ging die Frau noch einmal zurück in ihr Heim: ... dies war der Arbeitsplatz des Mannes, dort nahm die Familie die Mahlzeiten ein, hier tat das Kind seine ersten Schritte, und dies war ihr eigenes Reich, die Küche. Die Frau stand furchtlos zwischen den Flammen und sah das alles noch einmal in magisch verklärter Lebendigkeit vor sich, sah es, um endgültig davon Abschied zu nehmen, ohne Tränen, ohne Klagen ...

Wir sind in der großen Bewegung des Krieges, der jeden zu der Bereitschaft auffordert, jederzeit von allem zu scheiden. Unerbittlich sind seine Pflichten, unausweichlich die Stationen, an denen er uns gebietet „Lebe wohl!" zu sagen ... Das Motiv „Des Krieges Abschied" ist kaum würdiger zu gestalten, als es schon an der Schwelle unserer Kultur, etwa auf den Vasenzeichnungen der Alten, geschah, und nicht peinlicher, als es etwa auf einer gewissen Art von dörflichen Kriegerdenkmalen anzutreffen ist, wie man sie in Frankreich sehen kann.

Als Weihnachtsbrief zu lesen. Stimmung ohne geborgten Zauber. Ein Händedruck über Raum und Zeit. 20. Dezember 1943:

Ihr Lieben, Ihr saht mich vor anderthalb Jahren traurig vor dem Haufen Schutt und Asche stehen, den die Britenbomben von meinem Besitz übriggelassen; Ihr saht mich vor vier Wochen wiederum vor der rettungslos brennenden Habe, die inzwischen mit viel Mühe neu erworben war; Ihr werdet nicht sagen können, ich habe jetzt auch nur annähernd so betroffen ausgesehen wie damals. Und als man der Frau die telephonische Mitteilung von dem, was sich ereignet hatte, durchgeben konnte, gab sie zur Antwort: „Sei's drum!"...

Die Weihnachtsstimmung des Jahres 1943 wollen wir uns selbst bereiten ... Wenn unser Fest diesmal weniger geräuschvoll wird, so wird es damit zugleich dem „Original" verwandter ... Statt eines Tisches wird Euch vielleicht nur eine Kiste erwarten, und auch die Sitzgelegenheiten werden nicht übermäßig komfortabel sein, aber – das verspreche ich Euch – es wird auf besondere Weise stimmungsvoll werden ... um uns erwärmt wieder zu entlassen – zu neuer Arbeit, neuem Kampf.

Hilf dir selbst, dann hilft dir die Kunst. Die Bewährungsproben des musischen Menschen. 27. Dezember 1943:

In ihrer „privaten Sphäre" haben die Menschen, die mit den empfindlichsten Nerven begabt sein müssen, sich in den gefährlichsten Situationen als besonders nervenstark erwiesen und eine Tugend entwickelt, die der wahre Künstler mit dem Soldaten gemeinsam hat: Disziplin und Einsatzbereitschaft. An einem großen Berliner Theater haben über zwanzig Mitglieder im Laufe der letzten Terrorangriffe ihren ganzen Besitz verloren. Sie haben am folgenden Abend wieder auf der Bühne gestanden – in selbstverständlicher Pflichterfüllung ...

Ja, zwischen Trümmern möchte die Kunst ihre Fahne entrollen. Und sie tut's, tut es mit ungeahntem Erfolg, belohnt durch den Zuspruch des Volkes.

„Spiegel" enthüllt Werner Höfers Rolle im Dritten Reich

Werner Höfer

Von Hans-Hermann Tiedje

„Tod eines Pianisten" – so überschreibt der „Spiegel" heute eine 9-Seiten-Geschichte über „den Schreibtischtäter Werner Höfer". Anlaß der „Spiegel"-Recherchen war die Ermordung des Klaviergenies Karlrobert Kreiten, der 1943 Zweifel am deutschen Sieg äußerte – und dafür, nur 26 Jahre alt, am 7.9.1943 gehenkt wurde.

Autor Werner ... lobte, d... ... Mitglied ...er 60 Bei- ?-Uhr-

tung sei ihm 1943 „hineinredigiert" worden: „Dieses Ehrenwort stammt von einem Mann, „der die Unwahrheit verbreitet, sein Wort sei auch 'von Angehörigen' des ermordeten Kreitens akzent... worde...

Entlarvender noch sind Auszüge aus Arbeiten des „Nazi-Skribenten" (Spiegel)Höfer: 1943, „12-Uhr-Blatt": „Obwohl die Angloar...rikaner der ... ...hr voll

Uhr-Blatt" zur Evakulierung der deutschen Großstädter: „Ein Gewinn dieser Umbettung der Menschen könnte es sein, wenn mancher Städter ... die W...

sundbad gegen Zivilisationserkrankungen."

„Ich bin sprachlos"

„das Elend der Menschen im Kriege als Sommerfrische verkaufte".
Dieter Weirich, CDU-Medienexperte: „ich bin sprachlos. Es ist Z... d... HR...

»Tod eines Pianisten« – so überschreibt der »Spiegel« heute eine 9-Seiten-Geschichte über »den Schreibtischtäter Werner Höfer«. Anlaß der »Spiegel«-Recherchen war die Ermordung des Klaviergenies Karlrobert Kreiten, der 1943 Zweifel am deutschen Sieg äußerte – und dafür, nur 26 Jahre alt, am 7.9.1943 gehenkt wurde.

... Dieter Weirich, CDU-Medienexperte: »Ich bin sprachlos. Es ist Zeit, daß Höfer schnellstens vom Schirm verschwindet.« *Hans-Hermann Tiedje*

Frühschoppen-Kater

Werner Höfers nazistische Linientreue hat Folgen

»Nein« war noch im September Werner Höfers kategorische Antwort auf die Frage der taz, ob er der Autor des Nachrufs auf den Pianisten Karlrobert Kreiten im Berliner ›12-Uhr-Blatt‹ von 1943 war. Kreiten war damals gerade wegen Äußerungen gegen das Nazi-Regime hingerichtet worden. Höfer hatte gegenüber der taz behauptet, die nazistischen Phrasen im Nachruf seien ihm »hineinredigiert« worden.

Nach einem Bericht des ›Spiegel‹ scheint diese Behauptung nun mehr als unwahrscheinlich. Daß Höfer gar nicht wußte, wer Kreiten war – er hatte ihn im Nachruf nicht beim Namen genannt –, kann schon deshalb nicht sein, weil am selben Tag ein Nachrichtenartikel über Kreitens Hinrichtung im ›12-Uhr-Blatt‹ stand. Außerdem präsentiert der ›Spiegel‹ soviele weitere Artikel Höfers aus der Zeit, daß an seiner Linientreue nicht der geringste Zweifel sein kann.

25 Jahre nach den ersten Vorwürfen wird der WDR umtriebig: Auf Veranlassung des WDR-Intendanten soll der Programmdirektor Manfred Jenke nun »die Vorwürfe, die über das bisher Bekannte hinausgehen«, sorgfältig prüfen. Am Mittwoch wird über Konsequenzen entschieden. Höfer ist inzwischen 74 Jahre alt und als Moderator des »Internationalen Frühschoppen« beim WDR nur noch freier Mitarbeiter. *Thierry Chervel*

15. 12. 1987 Abendzeitung München

»Frühschöppner« im Zwielicht

Jetzt geht es um Höfers Kopf

Wegen eines Höfer-Kommentars über die Hinrichtung des Pianisten Kreiten 1943 durch die Nazis erhebt der »Spiegel« neue Vorwürfe gegen den »Frühschöppner«. Der WDR entscheidet jetzt über seinen Kopf.

„Frühschöppner" im Zwielicht

Jetzt geht es um Höfers Kopf

15. 12. 1987   Die Welt

Der späte Eselstritt

Also, wann muß er gehen? Und wer wird sein Nachfolger?

Die Fragen drängen sich auf, denn plötzlich ist Werner Höfer zum Abschuß freigegeben. Man kann es freilich auch so sehen: Der »Spiegel« hat nach einem Vierteljahrhundert eine Nachricht entdeckt. Die Nachricht, daß unter Werner Höfers Namen während des Krieges Nazi-Artikel erschienen sind, darunter einer, der nur als hämischer Hinweis auf die Hinrichtung des Pianisten Karlrobert Kreiten 1943 verstanden werden konnte. Der Sachverhalt wurde erstmals 1962 bekannt. Unzählige Kritiker haben im Laufe der Jahre danach gefragt. Der »Spiegel«, bei der Vergangenheitsschnüffelei sonst stets vornan, hielt sich taktvoll zurück.

Jetzt schlägt er zu und geniert sich nicht des Alibis: Höfer habe »mit einem gewissen Recht« darauf verweisen können, »daß die rechte Journaille zwar den Werner Höfer des »12-Uhr-Blattes« angriff, aber in Wirklichkeit den ihr mißliebigen Sonntagsredner der neudeutschen TV-Liberalität demontieren wollte«. Umgekehrt wird ein Schuh daraus. Höfer hatte rechtzeitig die neudeutsch-»liberale« Kurve gekriegt, deswegen wurde er gehalten. Nach der Erfolgsregel: Ein Ex-Nazi, der sich zu uns schlägt, ist keiner; geht er zu den anderen, wird er fertiggemacht. So wurde ein Großteil des NS-Kulturlebens für die Linke gewonnen. Andernfalls – man erinnert sich etwa an den CDU-Minister in Niedersachsen und den SPD-Gerichtspräsidenten in Hessen: beide hatten rassistische Dissertationen geschrieben, aber gehen mußte nur der CDU-Mann. Oder beim Funk der SPD-Intendant und der CDU-Chefredakteur: Beide waren bei der Waffen-SS gewesen, aber gehen mußte nur der CDU-Mann.

Höfer war bis 1959 ein strammer Adenauer-Mann gewesen; dann warf ihm der »Spiegel« am 9. Dezember »Stammtisch-Patriotismus« vor, und er wendete prompt sein Mäntelchen. Nun hat der Mohr seine Schuldigkeit anscheinend getan; man flüstert in den WDR-Etagen, daß ein gewisser Intendant sich für den Frühschoppen interessiere, also kriegt Höfer den Eselstritt. Er kann dennoch zufrieden sein. Nach dem Gesetz lebend, das er schon 1943 beschrieb: sich »der Förderung würdig zu erweisen, die das neue Deutschland... den künstlerisch Schaffenden hat angedeihen lassen«, hat er gut damit und davon gelebt, stets denjenigen zu dienen, die ihn förderten. Sie wiederum haben ihn verdient.

15.12.1987 taz, Gastkommentar

Die Lebenslüge

Nun ist es endlich heraus – dem ›Spiegel‹ sei Dank: Fernsehstar Werner Höfer errang seine Sporen als Chefpropagandist des NS-Staats, ehe er sich demokratisierte. Er stolperte über einen gemeinen Artikel, mit dem er 1943 dem in Plötzensee gehenkten Pianisten Kreiten Schande nachrief. Dieses Meisterwerk war seit 25 Jahren bekannt, konnte aber bequem als kommunistische Fälschung abgetan werden.

Vermummung auf Demonstrationen soll strafbar werden. Wer sich aber mit dem Gesicht des Ehrenmannes durch eine Lüge vermummt, gilt als unbescholten. Höfers Schreibtischtat wiegt schwer genug. Sie fast ein Menschenalter lang auf Ehre und Gewissen abzustreiten, zeugt für hartnäckige kriminelle Energie und für bejammernswerte Schwäche. Wer solche Macht hatte wie er, hätte die Wahrheit sagen können. Aber gerade die auf der Höhe der Macht starren ängstlich in die Abgründe. Am Ende läuft vor dem Applaus der Öffentlichkeit alles ineinander, faktische Macht und eingebildete, und aus diesem Brei wuchert die Lebenslüge fürs bewundernde Volk. Gegen sie hilft nur der Schock der Wahrheit.

Da ist viel zu tun, vor allem für musikalische Zeitgeschichte im weitesten Sinne. Auch Karajan existiert mit vermummter und verlogener Biographie. Wer ihm echte Dokumente vorhält, wird als »Fälscher um des Profits willen« beschimpft. Das hat Format. Macht korrumpiert zur großen, frechen und nicht enden wollenden Lüge.   *Fred K. Prieberg, Autor von »Musik im NS-Staat«*

15.12.1987 Abendzeitung München

Zapfenstreich für den Frühschöppner?

TV-Star Werner Höfer wird von seiner nationalsozialistischen Vergangenheit gejagt

Wird der Fall des 1943 von den Nazis hingerichteten Konzertpianisten Karlrobert Kreiten jetzt zum »Fall Werner Höfer«? Führt er gar zum Sturz des ARD-»Frühschöppners«? Der Westdeutsche Rundfunk (WDR) läßt derzeit neue, vom Nachrichtenmagazin »Spiegel« erhobene Vorwürfe gegen den ehemaligen Fernsehdirektor des Kölner Senders prüfen. Morgen, in der Sitzung des Programmausschusses des WDR-Rundfunkrats, geht es um Höfers Kopf.

...Beim WDR hat nun Hörfunkdirektor Manfred Jenke den »schwarzen Peter« in der Hand. Im Auftrag von Intendant Friedrich Nowottny soll er bis morgen prüfen, ob die Vorwürfe des »Spiegel« über das hinausgehen, was aus früheren Angriffen bekannt ist – und vom WDR stets mitgetragen wurde.   *Fritz Janda*

15. 12. 1987 rundy

Über Jahrzehnte deckte der WDR den NS-Schreibtischtäter Höfer, unterschlug in der offiziellen WDR-Biographie dessen Hinrichtungshymne vom 20. 9. 1943 auf die Exekution des Pianisten Karlrobert Kreiten ebenso wie Höfers übrige Nazi-Aktivitäten. Nach Jahren beredten Schweigens, in denen auch Augsteins »Spiegel« den WDR-Frühschöppner schonte, da er als Agitpropler vom Sonntagsdienst für antiamerikanische Stimmungsmache und sowjetfreundliche Erbauung offenbar gut genug war, ließ der SPIEGEL jetzt den gealterten und zunehmend wirr argumentierenden Höfer fallen. Die Linke braucht ihn nicht mehr: »Tod eines Pianisten« (Spiegel, 14. Dez. 86, S. 158 ff.)

16. 12. 1987 Kölner Expreß

Nach neuen Enthüllungen über seine Nazi-Artikel: Höfer vor dem Sturz

Bericht auf der Seite 2

Werner Höfer: Aus beim „Frühschoppen"?

16. 12. 1987 Süddeutsche Zeitung

Langer Schatten über Werner Höfer

Werner Höfer ist ein verdienter Journalist. Nicht nur als Frühschöppner, der seine Gemeinde nun seit 35 Jahren keinen Sonntag im Stich läßt, sondern vor allem als Publizist, der für die Unabhängigkeit des Berufes eintrat, und auch als Fernseh-Verantwortlicher, der die Ansprüche der Politiker einzudämmen wußte.

Aber kann dies heißen, daß man sich nicht mehr mit den Vorwürfen befaßt, die mehr als 40 Jahre zurückliegen und Höfer nun seit mehr als 20 Jahre begleiten? Immerhin handelt es sich um den Vorwurf, Höfer habe die Hinrichtung des jungen Musikers Karlrobert Kreiten wegen Wehrkraftzersetzung in einem Zeitungskommentar 1943 begrüßt. Aber welcher Journalist, der schon vor 1945 diesen Beruf ausübte, hat nicht irgendwelche Zeilen geschrieben, die er danach nicht mehr so gerne gelesen hat? Und war es nicht offensichtlich, warum gerade Höfer immer wieder angegriffen wurde? Zunächst war es der DDR-Propagandist Norden, dann die *Deutsche Nationalzeitung,* die ja sonst durchaus Verteidigenswertes am Dritten Reich fand, bis schließlich zu einem Mediendienst, dessen Kampf eindeutig gegen den öffentlich-rechtlichen Rundfunk gerichtet war. Und auch der *Spiegel*-Autor, der jetzt die Geschichte dokumentierte, hatte ja schon manches Mal sein Talent in gnadenloser Polemik bewiesen.

Aber gerade weil die Ziele oft durchsichtig waren, wiegen die Vorwürfe heute um so schlimmer. Zu einfach hatte es sich Höfer mit seinen spärlichen Äußerungen zu dem Fall Kreiten in der Vergangenheit gemacht. Die Theorie vom schreibenden Doppelgänger gleichen Namens hat er stillschweigend geduldet. Daß in Höfers Artikel der Name Kreiten nicht erwähnt ist, spielt nach dem Zusammenhang keine Rolle. Auch der Hinweis auf die Veränderung des Artikels durch die Redaktion kann nicht überzeugen: Der Name Werner Höfer steht über dem Kommentar, und wir Journalisten müssen für das einstehen, was unter unserem Namen veröffentlicht wird. Das ist der Preis der Pressefreiheit, die auch heute nicht teilbar ist in die Rechnung vor 1945 und nach 1945.   sa

16.12.1987   WDR-Journal, III. Programm

»Tod eines Pianisten«
Der »Spiegel« und Werner Höfers nazistische Linientreue

Der »Spiegel« hat einen neuen Bösewicht in der politischen, bzw. medienpolitischen Landschaft der Bundesrepublik ausfindig gemacht. War unlängst erst mit den Parteifinanzierungs-Strategen in der Bonner »Flick-Affäre« abzurechnen, bot sich darauf ein pathologisch machtversessener Ministerpräsident als Ziel an, so ist es in der letzten Nummer des Hamburger Nachrichtenmagazins nun ein hochrangiger bundesdeutscher Journalist, dem die Leviten gelesen werden sollen: Werner Höfer.

Kein Zweifel, der Fall »Höfer« ist nicht so einfach von der Hand zu weisen. Der spätere Leiter der »Aktuellen Abteilung« beim NWDR und Fernsehdirektor des 1. und 3. WDR-Programms, seit dem 6. Januar 1952 Deutschlands berühmtester Frühschöppner, dieser Werner Höfer war seit 1933 Parteimitglied der NSDAP und hat als freier Mitarbeiter, wenn nicht gar als Star-Kolumnist, in mehreren NAZI-Blättern einen militanten Durchhaltejournalismus praktiziert und sich manche profaschistische Eskapade dabei geleistet. Unter anderem hat er nachweislich die Hinrichtung des jungen Pianisten Karlrobert Kreiten gutgeheißen, dessen »Ehrvergessenheit« nichts als den Tod verdient habe.

Zwar hat Höfer später seine Nazi-Mitgliedschaft nie bestritten, aber den besagten Artikel über den hingerichteten Musiker habe er so nicht geschrieben, sondern da habe ihm seine Zeitung »hineinredigiert«. Schon bald nach 1945 hat Werner Höfer dann aber nicht mehr die Fahne der Nazi-Diktatur, sondern die hehre Flagge der Demokratie geschwenkt. Als ein Mann von liberaler Gesinnung ist er heute bekannt, und man hat ja auch in der Tat Grund genug, ihm bedeutende Leistungen für die Entwicklung eines liberalen Medienwesens in der Bundesrepublik zu attestieren. Doch trotz glanzvoller Karriere, trotz Großem Bundesverdienstkreuz und vielfacher Ehrung, die Wunde des Nazismus schwärt immer noch. Was der Sache heute allerdings gravierende Bedeutung verleiht, ist die Tatsache, daß die neueren Enthüllungen nicht wie in früheren Jahren Schmähversuche und ideologische Diskreditierungen sind, sondern sorgfältig recherchierte Erkenntnisse.

Über 40 Jahre lang hat dieser Mann der Öffentlichkeit entscheidende Partien seiner Biographie im Dunkeln gelassen, hat er sich geweigert, die nazistische Vergangenheitsbewältigung ehrlich und ohne Vorbehalte in Angriff zu nehmen. Ihn deswegen heute zu kritisieren, heißt nicht, sein Recht auf eine gewandelte Gesinnung in Frage zu stellen. Die hat er zur Genüge bewiesen, und man wird die journalistischen Kapriolen eines Dreißigjährigen nicht für schlichtweg unverzeihlich halten dürfen. Über den Fall Barschel haben wir gerade fassungslos den Kopf geschüttelt. Dieses Unmaß einer krankhaften Machtbesessenheit, diese Unaufrichtigkeit nur um der öffentlichen Reputation willen ist und bleibt erschreckend. Ist Höfers Verhalten tatsächlich anders zu bewerten? Auch sein Glanz in der Öffentlichkeit scheint um den Preis einer Lebenslüge erkauft. Was so bedenklich, ja traurig daran stimmt, ist mit Enttäuschung vielleicht gut umschrieben. Daß ausgerechnet eine Bastion liberalen Journalismus in der Bundesrepublik auf so schwankendem biographischen Boden steht, tut seiner Glaubwürdigkeit keinen guten Dienst. Bei aller Zweischneidigkeit dieser neuerlichen Enthüllungen, bei allem spiegelmäßigen Sensationszwang, man kann es dem Hamburger Magazin nicht verdenken, daß es hier gleichsam gegen seine eigenen Traditionen neu angeht. Die »Aufklärung«, das ureigenste Prinzip eines kritischen Journalismus, soll da Licht hinbringen, wo verhüllendes, irreführendes Dunkel sich breitgemacht hat. Insofern hat der »Spiegel« im Geist desjenigen Werner Höfer gehandelt, der uns heute immer noch schätzenswert erscheint.

Harro Zimmermann

17. 12. 1987   Kölnische Rundschau

Höfers Zeitbombe tickt

VON PETER WEIGERT

Ist Werner Höfer, einer der Baumeister des Westdeutschen Rundfunks, nun doch noch zum politischen Fall und damit zum Problem für diesen Sender geworden? Seine journalistische Tätigkeit in Zeiten des Dritten Reichs war schon mehrfach seit 1962 kritisiert worden, doch jetzt hat das Nachrichtenmagazin „Der Spiegel" eine sehr detaillierte Zusammenstellung vorgelegt.

Der angegriffene Höfer ist inzwischen Pensionär. Als Moderator des von ihm erfundenen Markenartikels „Frühschoppen" mit ausländischen Journalisten an jedem Sonntag freilich ist er dennoch weiterhin einer der prominentesten Männer auf dem Bildschirm. Das kann den WDR nicht gleichgültig lassen. Er muß für eine Klärung in diesem Fall sorgen.

So hat WDR-Intendant Friedrich Nowottny gestern schon vor Beratungen des zuständigen Rundfunkrat-Ausschusses gehandelt und einen klaren Weg zur Behandlung des Falls gewiesen. Er hat damit den Fall auch dem früheren Ministerpräsidenten Heinz Kühn

aus der Hand genommen, der Vorsitzender des Ausschusses ist und dem Vernehmen nach in der Vergangenheit die Hand zuweilen schützend über Höfer gehalten hatte. Auch Kühn freilich scheint angesichts neuen Materials in der jüngsten Veröffentlichung seine Position zu revidieren.

Nowottny stellt fest, heute gehe es nicht um eine erneute Entnazifizierung, wohl aber darum, daß der WDR vor Schaden bewahrt werden müsse.

Der WDR-Intendant weigert sich, Höfer selbst den Stuhl vor die Tür zu setzen. Er hat mit seiner gestrigen Erklärung auch dafür gesorgt, daß dies die Aufsichtsratsgremien des Senders nicht an seiner Stelle tun. Ein solches Verhalten entspricht der Tatsache, daß Höfer in den Jahren seit 1945 sich viele Verdienste erworben hat und Lehrvater mancher Rundfunkjournalisten war, die inzwischen längst selbst in sehr verantwortliche Positionen eingerückt sind.

Nowottny hat Höfer aber auf silbernem Tablett eine Zeitbombe überreicht — verbindlich im Ton, dennoch mit absoluter Deutlichkeit. Der Meister des Frühschop-

pens bekam eine Frist gesetzt. Innerhalb dieser Frist bleibt es ihm überlassen, den Vorwürfen des „Spiegels" entgegenzutreten, er habe sich dem Jargon der damals Herrschenden allzusehr angepaßt. Und das nicht nur im Zusammenhang mit der Hinrichtung des Pianisten Karlrobert Kreiten wegen sogenannter Wehrkraftzersetzung im Jahre 1943, sondern auch bei anderen Gelegenheiten

Höfer hat bisher nur erklärt, dazu sei schon alles gesagt. So einfach kann und will Nowottny es dem WDR-Pensionär nicht machen. Einmal müsse er sich zu den Vorwürfen gegenüber der Öffentlichkeit erklären. Zum anderen erwartet der Intendant, daß Höfer alle juristischen Mittel einsetzt, um Unrichtigkeiten, Fehlinterpretationen oder Unterstellungen entgegenzutreten. Wenn Höfer das nicht bis Ende März erreichen kann, wird er vom WDR beim Frühschoppen abgelöst.

Was bleibt, ist die Frage, wie Höfer diese drei Monate in der Leitung des internationalen Frühschoppens überstehen kann und welchen Problemen seine Gäste vor der Kamera ausgesetzt sind.

Nazi-Vorwürfe

Nowottny stellt Höfer Ultimatum

Friedrich Nowottny (58) ist seit zweieinhalb Jahren WDR-Intendant. Über Höfer hat er „nicht alles gewußt".

Werner Höfer (74) leitete mehr als 1800 Mal den „Internationalen Frühschoppen".

„Ich gebe den Frühschoppen nicht ab"

Von H. H. TIEDJE und D. WOS

Galgenfrist für TV-„Frühschöppner" Werner Höfer. WDR-Intendant Friedrich Nowottny hat ihn aufgefordert, „alle juristischen Mittel auszuschöpfen", um bis März 1988 seine Rolle als Journalist im Dritten Reich aufzuhellen. Das heißt: Höfer soll klagen. Vorwürfe gegen ihn wurden von BILD schon vor fünf Jahren erhoben, jetzt vom „Spiegel" vertieft. Höfer gestern zu BILD: „Ich werde Nowottnys Empfehlungen entsprechen." WDR-Kenner halten es für möglich, daß bereits der „Frühschoppen" an diesem Sonntag ausfällt.

---

17. 12. 1987   Weserkurier/Stuttgarter Nachrichten

Fernseh-Denkmal Höfer stürzt vom Sockel

74jährigen holte braune Vergangenheit ein/Henkerswerk an genialem Klavier-Virtuosen Kreiten beifällig kommentiert

Köln. Werner Höfer, das Fernsehdenkmal, stürzt vom Sockel: Den 74jährigen, der seit Jahrzehnten allsonntäglich mit Journalisten aus verschiedenen Ländern auf der Mattscheibe über die politischen Zeitläufe parliert, ist von seiner braunen Vergangenheit eingeholt worden. In einer Dokumentation, die von den Oberen im Kölner WDR-Funkhaus als kaum widerlegbar angesehen wird, breitete »Der Spiegel« den bislang nicht annähernd mehr bekannten Umfang der Artikel Höfers im Feuilleton der Berliner Nazi-Gazette »12 Uhr Blatt« aus. Bisher hatte nur ein einziger Aufsatz, der »Essay« zur Hinrichtung des Musikers Karlrobert Kreiten, von Zeit zu Zeit vereinzelte Kritik an Höfer ausgelöst. Der Beitrag »Künstler – Beispiel und Vorbild« war am 20. September 1943 erschienen.

Spiegel-Autor Wieser nennt den Kommentar eine »Hinrichtungshymne«. Der Artikel zollt dem brutalen Urteil Beifall, das die Blutrichter des berüchtigten Volksgerichtshof gegen den bereits zur Weltspitze gehörenden Klaviervirtuosen Kreiten verhängt hatten.

...Erst heute stellt sich heraus, daß Parteigenosse Werner Höfer wöchentlicher Kolumnist des »12 Uhr Blatts« gewesen ist. Spiegel-Autor Harald Wieser nennt den freien Mitarbeiter, der mit vollem Namen zeichnen durfte, den »Star des Feuilletons der Nazi-Gazette«. Die »vornehmste Aufgabe« habe die Zeitung darin gesehen, »den Eroberungskrieg zu verherrlichen«. Höfer hatte die seit den 60er Jahren immer wieder angegriffenen schlimmen Passagen im Kreiten-»Nachruf« damit erklärt, die Redaktion habe diese Stellen in den Text »hineinredigiert«. Fast alle guten Demokraten seit Mai 1945 glaubten ihm das bis Montag gern und unbesehen, weil Höfers NS-Vergangenheit immer nur von DDR-Kommunisten, einigen wenigen Linken in der Bundesrepublik und – seltsamerweise – besonders hartnäckig von bundesdeutschen Rechtsradikalen mit dem Kreiten-Kommentar angegriffen wurde. Wer an Höfers Nazi-Aktivitäten sonst noch erinnerte, mußte aufpassen, nicht als Verleumder zu gelten. So enstand das Klima, in dem der 1945 sofort zum liberalen Demokraten gewandelte Höfer ungestört und mit Ehren überhäuft seine lange, kometenhafte Karriere machen und einer der bekanntesten politischen Journalisten der Bundesrepublik werden konnte.

In Wiesers Indizienkette bleibt kaum Raum für die Annahme, die Redaktion des Naziblatts habe Höfer in seine perfekt gestalteten »Essays« etwas hineinredigieren müssen. Eine Reihe von namentlich gezeichneten Beiträgen in dem NS-Blatt spreche für einen »Durchhalte-Barden von der feinsinnigen Sorte«, so Wieser. 1984 schrieb der Vorsitzende des WDR-Rundfunkrates, Reinhard Grätz (SPD), dem Buchautor Prieberg (»Musik im NS-Staat«), über den Kreiten-Artikel hinaus lägen »zum Verhalten von Herrn Höfer keine wirklich neuen Erkenntnisse vor«. Höfers Erklärungen dazu hätten für den Sender »Bestand«. Grätz nahm zwar an »Stil und Diktion« des Kreiten-»Nachrufs« und an Höfers »merkwürdiger Rolle in der NS-Zeit« Anstoß, betonte jedoch, der Frühschöppner sei eine »glaubwürdige journalistische Figur«.

Jetzt liegen indes neue Erkenntnisse auf dem Tisch. Im WDR-Funkhaus schlugen sie wie eine Bombe ein. Erster Eindruck: »Es sieht nicht mehr gut aus für Höfer.« Möglicherweise habe der TV-Star vorigen Sonntag seinen letzten Frühschoppen, das Weinglas erhebend, abmoderiert.

Unterdessen hörte man im WDR, die NS-»Essays« könnten nicht als Jugendsünden abgetan werden. 1943 sei Höfer 30 Jahre alt gewesen. Sein Hinweis, er habe niemals die Juden in seinen Texten erwähnt, relativiert sich bei der Lektüre einer Kolumne aus dem Jahr 1943 zum Thema Volkslied und »deutsche Seele«. Zitat: »Auch Heinrich Heine hat sich ›volksliedhaft‹ umgetan: Doch die Früchte dieser poetischen Dressur schmecken schal – sind nicht gewachsen, sondern gezüchtet. In ihnen gibt sich der Gegensatz von Kunst und Mache schonungslos preis.« Der große deutsche Dichter Heine (1797–1856) war Jude, stand bei den NS-Kulturbarbaren auf dem Index. Seine Werke galten den Nazis als »undeutsch«, sie machten sie – wie eben auch Höfer – herunter. In einer Theater-Rezension über die Shakespeare-Komödie »Der Kaufmann von Venedig« soll, wie gestern berichtet wurde, Höfer eine Berliner Aufführung in der »BZ am Mittag« vom 1. September 1942 gelobt haben, weil der Darsteller des Shylock »fraglos eine entlarvende Zeichnung des Juden« gegeben habe.   *Hans Wüllenweber*

17.12.1987   Stuttgarter Zeitung

Höfers Maßstäbe

Werner Höfer würde sich, dem Westdeutschen Rundfunk und der Öffentlichkeit eine quälende Diskussion ersparen, wenn er nicht mehr allzulange darauf beharrte, den »Frühschoppen« weiter moderieren zu müssen. Der Mann, der später unbezweifelbare Verdienste um einen liberalen Journalismus erworben hat, hat während der Nazidiktatur in einem einschlägigen Blatt an herausragender Stelle Texte geschrieben, die den Machthabern damals willkommen gewesen sein müssen und heute nur noch peinlich wirken können. Strittig bleibt bis heute lediglich, ob er die schlimmsten Stellen der Beiträge selbst verfaßt hat oder aber zugelassen hat, daß sie ihm hineinredigiert worden sind. Gewiß ist ein ganz erheblicher Unterschied zwischen den Tätern von damals und den Schreibern, die nicht die Kraft besaßen, zu widerstehen oder zu schweigen. Doch Werner Höfer hat im Journalismus eine Position erreicht, wo es nicht mehr ausreichen kann, über das Ausmaß vorwerfbarer individueller Schuld oder Verstrickung zu hadern. Höfers Name steht auch für ein Stück Rundfunkgeschichte und einen Teilbereich des um Aufklärung bemühten Journalismus. Die professionellen Beobachter können sich von den strengen Maßstäben, die sie an die Politiker anlegen, nicht freimachen, wenn es an der Zeit ist, sich selbst mit der kritischen Elle zu messen. Höfer könnte noch einmal Vorbildliches leisten, wenn er beweisen würde, daß man, zumal wenn man sein Lebenswerk bereits vollbracht hat, nicht zwanghaft an einem liebgewordenen Sessel kleben bleiben muß.   *gei*

17.12.1987   Service der SPD für Presse, Funk, TV

Zu der öffentlichen Debatte über die NS-Vergangenheit des Frühschoppen-Moderators Werner Höfer erklärt SPD-Bundesgeschäftsführerin Anke Fuchs:
Mit fragwürdigen und leicht durchschaubaren Methoden soll Werner Höfer zum Aufgeben seiner Rolle als Fernsehmoderator der wichtigen und anerkannten Sendung »Internationaler Frühschoppen« gezwungen werden. Dies ist vor dem Hintergrund, daß es über Höfers publizistische Tätigkeit während der NS-Zeit keinerlei neue oder begründbar andere Erkenntnisse gibt, ein empörender Vorgang. Werner Höfer hat während der NS-Zeit Dinge geschrieben, von denen er längst abgerückt ist. In der Geschichte der Bundesrepublik Deutschland hat sich Höfer durch 40jährige kritische und engagierte Arbeit in Hörfunk und Fernsehen ausgezeichnet und für den Staat verdient gemacht. Dafür ist ihm u. a. das Bundesverdienstkreuz zuerkannt worden. Der neuerliche Versuch, Höfer abzuservieren sollte alle, die sich an der jetzigen Diskussion beteiligen, nachdenklich stimmen. Ich appelliere an den WDR-Intendanten, weiterhin seine Fürsorgepflicht für Mitarbeiter des Senders wahrzunehmen. Werner Höfer wünsche ich, daß er sich von dieser öffentlichen Kampagne nicht unterkriegen läßt.

17. 12. 1987   Süddeutsche Zeitung

WDR bittet Höfer um Klärung der Vorwürfe

Der Westdeutsche Rundfunk wird seinem »Frühschoppen«-Moderator Werner Höfer wegen der Vorwürfe, Autor von Nazi-Artikeln zu sein, vorerst nicht ablösen. Der WDR forderte Höfer aber auf, die Beschuldigungen spätestens bis Ende März 1988 zu entkräften. Er werde Höfer den »Stuhl nicht vor die Tür setzen«, ihn allerdings auffordern, die Moderation des »Frühschoppens abzugeben, wenn bis dahin keine befriedigende Erklärung« vorliege, heißt es in einer Erklärung, die WDR-Intendant Friedrich Nowottny am Mittwoch vor Teilen des Rundfunkrats abgab. Höfer wird darin aufgefordert, alle juristischen Schritte einzuleiten, die zu einer Klärung beitragen können.

18. 12. 1987   FAZ

Frau Fuchs: Fragwürdige Methoden im Fall Höfer

Köln (AP). Die Vorwürfe gegen den langjährigen Moderator des »Frühschoppens«, Höfer, werden wahrscheinlich am Montag den Rundfunkrat des Westdeutschen Rundfunks (WDR) beschäftigen. Trotz der Aufforderung des Vorsitzenden des Rundfunkrats, Grätz, Höfer solle die Leitung der Sendung abgeben, wird der 74 Jahre alte Journalist den »Frühschoppen« am Sonntag jedoch wie gewohnt moderieren. Ein Sprecher des WDR sagte am Donnerstag in Köln, Höfer und der »Frühschoppen« stünden zwar nicht auf der Tagesordnung des Rundfunkrats, »es ist aber kaum vorstellbar, daß er das Thema nicht berät.«

Die SPD-Bundesgeschäftsführerin Anke Fuchs sprach am Donnerstag in Bonn von »fragwürdigen und leicht durchschaubaren Methoden«, mit denen Höfer gezwungen werden solle, seine »Frühschoppen«-Sendung aufzugeben.

Frau Anke Fuchs
Bundes-Geschäftsführerin SPD
Erich-Ollenhauer-Haus
5300 Bonn   11. 1. 1988

Sehr geehrte Frau Fuchs,
es könnte sein, daß Ihnen mein Name nicht ganz unbekannt ist. Ich war von 1971–1981 Generalsekretär der Schauspielergewerkschaft BFF/DAG und als solcher ein häufiger und nicht ungern gesehener Gast in der Baracke, sowie bei größeren Podiumsdiskussionen, die von der SPD veranstaltet wurden. Als ich mein SPD-Parteibuch unter Protest gegen die kulturpolitische Gesichtslosigkeit der Partei zurückgab, hielten die Genossen es immerhin für angebracht, mir Anke Martiny zu einem persönlichen Besuch zu schicken, um mir den Austritt auszureden. (Was ihr nicht gelang.)
Wenn Sie, darüber hinaus, vor Ihrer in aller Öffentlichkeit vorgetragenen Apologie für den Ex-Pg Höfer, es für angebracht gehalten haben, sich über diesen »Fall« gründlich zu informieren – was ich sehr stark bezweifle – ist Ihnen mein Name auch in diesem Zusammenhang aufgefallen: Ich gehöre zu denen, die vor gut zwei Jahren den Anstoß dafür gaben, daß die Widerlichkeiten, die der NS-Glorifizierer 1944 zu verantworten hatte, endlich wieder aufgegriffen wurden.
Ich hätte es nicht für möglich gehalten, daß ich den Tag erleben würde, an dem ein Vorstandsmitglied der Partei, die ich über Jahre mit aller Energie und Überzeugung unterstützt habe, sich öffentlich für einen ehemaligen Handlanger des Hitlerregimes einsetzen würde. Wie immer dieser Herr seither sein dubioses Fähnlein nach dem Wind gerichtet haben mag, mit welchen Lügen er sich selbst und anderen Sand in die Augen zu streuen versuchte – das was er 1944 schwarz auf weiß im wahrsten Wortsinn verbrochen hat, bleibt unbereut und ungesühnt. Es ist somit nicht zu verzeihen. Jemand der in öffentlicher Diskussion auf die Frage, ob er denn jemals versucht habe, sich mit der Widerstandsbewegung in Verbindung zu setzen, die Antwort gibt, der Widerstand habe schließlich nicht im Telefonbuch gestanden – der hat sein eigenes Urteil gesprochen, meine ich.
Für Sie habe ich nur noch Verachtung.
                                                                                                    Holger Hagen

Höfer weist Vorwürfe wegen seiner Tätigkeit im Dritten Reich zurück

WDR-Moderator leitete rechtliche Schritte gegen den »Spiegel« ein

Köln (Reuter/AP). Der Moderator des »Internationalen Frühschoppen«, Höfer, hat rechtliche Schritte gegen das Nachrichtenmagazin »Der Spiegel« wegen dessen Behauptungen eingeleitet, er habe im Dritten Reich Naziartikel verfaßt. Er habe weder gegen Juden geschrieben noch Hitler gehuldigt, und die vom »Spiegel« zitierten Textstellen stammten nicht von ihm, erklärte Höfer gestern in Köln. WDR-Intendant Nowottny hatte Höfer daraufhin aufgefordert, die Vorwürfe bis Ende März zu entkräften. Höfer räumte ein, seit 1933 Mitglied der NSDAP gewesen zu sein, doch sei dies und seine journalistische Tätigkeit nach dem Krieg von den Besatzungsmächten geprüft worden. Wegen des zitierten Artikels sei er bereits in den 60er Jahren angegriffen worden und habe gegenüber dem damaligen WDR-Intendanten, Klaus von Bismarck, schon ausführlich Stellung genommen. Es sei grotesk, ihn immer wieder als »Schreibtischtäter« des Dritten Reichs hinzustellen, heißt es in der Stellungnahme Höfers. Die kritisierten Textstellen seien nachträglich und ohne sein Wissen von der damaligen Redaktion auf Anweisung des Propagandaministerium in seinen Artikel eingefügt worden.

WDR-Intendant Nowottny habe Höfer eine »faire Chance« gegeben, sagte Kühn als Vorsitzender des WDR-Programmausschusses in einem Zeitungsinterview und fügte hinzu: »Wäre ich Werner Höfer, würde ich die Entscheidung, sofort mit dem Frühschoppen aufzuhören, vorziehen, um Schaden vom WDR abzuwenden.«

Der Vorsitzende des Rundfunkrats und SPD-Landtagsabgeordnete Grätz legte Höfer ebenfalls nahe, die Leitung des »Frühschoppens« abzugeben. Der »Westfälischen Rundschau« sagte Grätz: »Ich hoffe, daß Herr Höfer von sich aus Konsequenzen zieht und nicht dem WDR durch eine monatelange Diskussion um seine Person schadet.« Der SPD-Politiker erklärte, er werfe Höfer nicht seine Mitgliedschaft in der NSDAP vor. Wenn der Moderator aber Informationen über seine Vergangenheit zurückgehalten habe, werfe dies »ein schlechtes Licht auf ihn.«

18.12.1987 Abendzeitung München

Höfers Vergangenheit

Für den politisch interessierten Bundesbürger ist er seit Jahrzehnten regelmäßiger Sonntagsgast: Werner Höfer, der »Frühschöppner« des Fernsehens, wort- und kenntnisreicher Vorsitzender der allwöchentlichen Journalistenrunde, deutlich liberal in seinen Ansichten – ein angenehmer und gewinnbringender elektronischer Besucher. Jetzt sieht es so aus, als ob er kurz vor seinem 75. Geburtstag seinen Stuhl räumen müßte. Gezwungenermaßen, mit einem großen braunen Fleck auf der Weste.

Oder er wird, nach rund 45 Jahren, beweisen müssen, daß er nicht geschrieben hat, was unter seinem Namen in der Berliner »BZ am Mittag« erschienen ist: Das meiste davon ziemlich gleichgültiges Zeug, aus heutiger Sicht halb exotische und halb abstoßende Durchhalte-Feuilletons, in denen besonders die heilsame Wirkung in Schutt und Asche sinkender Städte auf Kulturschaffende und ihr Werk betrachtet wird, etwa so: »Ja, zwischen Trümmern möchte die Kunst ihre Fahnen entrollen. Und sie tut's...«

Wer heute damit beschäftigt ist, durch die Betrachtung und Kommentierung der Zeit sein Brot zu verdienen, überlegt mit Grausen, ob er vielleicht in solcher Zeit ähnlichen Mist zusammengeschmiert hätte, zumal man durch Absonderungen dieser Art möglicherweise von der aktiven Teilnahme am idiotischen Gemetzel entbunden wurde. Es ist in *der* Beziehung schon etwas dran an Kohls »Gnade der späten Geburt«.

Bis auf den Artikel vom 20. September 1943. Ein junger Pianist, war wegen defätistischer Äußerungen hingerichtet worden; die Rechtfertigung des viehischen Urteils paßt in des damaligen Höfers Grundmelodie von der Verpflichtung *gerade des Künstlers,* in eisenhaltiger Luft unbeirrt des Reiches Fahne hochzuhalten. Ein ekelhaftes, disqualifizierendes Machwerk.

Nun ist der bald 75jährige Höfer mit Sicherheit nicht mehr der 30jährige Nazi-Journalist. Andererseits hat es kein Mitleid gegeben mit Typen wie dem furchtbaren Durchhalte-Juristen Filbinger, wenngleich da doch wohl noch ein Unterschied ist zwischen dem beflissenen Schreiber und dem Marine-Ankläger und -Richter, der Todesurteile beantragte und die Ausführung beaufsichtigte, sich aber wegen der Teilnahme an einem vorsichtig-kritischen Antinazi-Herrenclub dreist dem *Widerstand* zurechnete.

Und: Kann man wirklich sicher sein, daß in jenen Tagen nicht einfach in Manuskripte hineinredigiert wurde, um ihnen den richtigen nationalsozialistischen Pfiff zu geben, wie Höfer behauptet? Im Zweifel für den Angeklagten? Das schon, aber Höfer sollte sich in diesem Stadium eigentlich selbst fragen, ob nicht andersherum die starken Zweifel an seiner damaligen Rolle *von ihm selbst* Konsequenzen fordern. Er ist über Jahrzehnte davongekommen, als liberaler Publizist unbestritten, und wird als Pensionär auf Sylt eine glänzende Figur machen. Er tut damit seinen Kollegen, die Wächter bleiben wollen, einen Gefallen.   *Wolf Heckmann*

Höfer: Es ist aus!

Aber er verklagt den ‚Spiegel'

Heinz Kühn: Wenn ich Höfer wäre...

Heinz Kühn (SPD), Chef des WDR-Programmausschusses, zu BILD: »Wenn ich Höfer wäre, würde ich sofort aufhören.« WDR-Rundfunkratschef Reinhard Grätz (ebenfalls SPD): »Ich hoffe, daß Herr Höfer von sich aus Kosequenzen zieht.« Höfer, der seinen »Frühschoppen« am Sonntag durchziehen will, kündigte eine Klage gegen den »Spiegel« an. Das Hamburger Magazin dagegen bereitet eine neue Enthüllungsgeschichte vor.

Am Montag tagt der WDR-Rundfunkrat, das höchste Gremium des Senders. Thema: Höfer. Der Frühschöppner gestern: »Der Versuch, mich zu einem ›Schreibtischtäter‹ des 3. Reiches zu machen, ist grotesk. Ich habe weder gegen die Juden geschrieben noch Hitler gehuldigt. Ich habe nicht ein einziges Mal auch nur das Wort ›Jude‹ oder ›Führer‹ erwähnt.« Höfer nannte es »müßig, zu einzelnen Passagen, die aus dem Zusammenhang gerissen sind, immer wieder Stellung zu nehmen.«

BILD befragte mehrere ARD-Intendanten. Einhellige Meinung: Höfer ist nicht mehr tragbar. Einer nannte Höfer einen »arroganten Nazi, der auf ganz dünnem Eis steht«. Ein anderer: »Die Sendung ist ohnehin überholt.«

Aufs Ehrenwort verlassen

Demgegenüber nahm SPD-Bundesgeschäftsführerin Anke Fuchs Höfer in Schutz, sprach von »fragwürdigen und leicht durchschaubaren Methoden« gegen ihn.

Ex-NRW-Ministerpräsident Heinz Kühn gestern zu BILD: »Wir haben uns immer auf sein Ehrenwort verlassen, in den Kreiten-Artikel sei ihm hineinredigiert worden. Von den anderen Veröffentlichungen wußte ich gar nichts.« Kühn: »Wäre ich Höfer, würde ich die Entscheidung sofort aufzuhören, vorziehen, um Schaden vom WDR abzuwenden.« Zu einer Klage Höfers sagte Kühn: »Ich glaube, daß

ihm das Schwierigkeiten bereiten würde.« Kühn: »Ich glaube, daß es in der Tat besser ist, wenn ein anderer den ›Frühschoppen‹ machen würde.«
WDR-Intendant Nowottny bestritt gegenüber BILD Darstellungen, er wolle 1988 den »Frühschoppen« moderieren. Nowottny: »Am liebsten ist mir der Frühschoppen in meiner Dorfkneipe.«   *Hans-Hermann Tiedje/D. Wos*

18.12.1987   Berliner Morgenpost

Höfer leitet Schritte gegen den »Spiegel« ein

Fernseh-»Frühschoppen«-Moderator Werner Höfer (74) hat rechtliche Schritte gegen das Hamburger Magazin »Der Spiegel« wegen dessen Behauptungen eingeleitet, er habe im Dritten Reich Nazi-Artikel verfaßt.
Er habe weder gegen Juden geschrieben noch Hitler gehuldigt, und die vom »Spiegel« zitierten Textstellen stammten nicht von ihm, erklärte Höfer gestern in Köln. Er sei seit 1933 zwar Parteimitglied gewesen. Die Parteizugehörigkeit und seine journalistische Tätigkeit seien aber nach dem Krieg von den Besatzungsmächten eingehend geprüft worden.
Nach Mitteilung des WDR will Höfer am kommenden Sonntag wie gewohnt den »Frühschoppen« moderieren.

19.12.1987   Solothurner Zeitung

»Frühschoppen«-Höfer in Bedrängnis

Schatten der Vergangenheit

Bonn. Holt einen der prominentesten Publizisten der Bundesrepublik nach 40 Jahren seine Vergangenheit im Dritten Reich ein? Werner Höfer (74), vormals Fernsehdirektor des Westdeutschen Rundfunks (WDR), der heute noch wie seit 35 Jahren mit seinem »Internationalen Frühschoppen« ein Markenzeichen setzt, ist vom WDR-Intendanten Friedrich Nowottny aufgefordert worden, sich wegen der in der neuesten Ausgabe des »Spiegels« erhobenen Vorwürfe zu äußern.
Höfer solle darüber hinaus alle juristischen Schritte gegen den »Spiegel« einleiten, die zu einer Klärung beitragen könnten. Sollte dies nicht bis März geschehen sein, werde er Höfer »bitten müssen, den Frühschoppen aufzugeben«, erklärte Nowottny. Er habe zu bewerten, ob durch das, was den »Fall Höfer« seit seinem Aufkommen 1962 ausmache, dem WDR heute Schaden entstehen könne oder nicht. Höfer hat inzwischen bekanntgegeben, daß er dieser Aufforderung Nowottnys nachgekommen sei.

Opportunistische Haltung
Höfer hat, im Gegensatz zu vielen anderen, nicht verheimlicht, daß er seit 1933 Parteigenosse und Kriegsberichterstatter gewesen war sowie auch für ein Berliner

Nazi-Hetzblatt gearbeitet hatte. Höfer ist bereits mehrfach vorgeworfen worden, 1943 in einem Zeitungsartikel die Hinrichtung des Pianisten Karlrobert Kreiten wegen »Wehrkraftzersetzung« begrüßt und gerechtfertigt zu haben.

·Höfer hatte sich schon 1962, als die Vorwürfe erstmals auftauchten, von dem Beitrag mit der Begründung distanziert, seine Manuskripte seien oft von der Redaktion umgeschrieben worden. Im übrigen habe er nie gegen Juden geschrieben und auch Hitler nie gehuldigt. Warum er dennoch Mitarbeiter blieb, hat Höfer nie zu erklären versucht.

Es dürfte Höfer schwer fallen, die Vorwürfe des »Spiegels«, sich zu sehr dem Jargon der damals Herrschenden angepaßt zu haben, durch Klagen zu widerlegen. Die Frage bleibt, warum das Hamburger Nachrichtenmagazin jetzt erst mit voller Schärfe den WDR-Pensionär ins Visier nimmt. Höfer hat inzwischen von der SPD Rückendeckung erhalten, Geschäftsführerin Anke Fuchs erklärte, der Moderator solle mit fragwürdigen und leicht durchschaubaren Methoden zum Aufgeben gezwungen werden. *Claudio Willi*

19. 12. 1987   BILD

Während die ARD die Vorwürfe gegen Höfer bis jetzt dem Publikum verschwiegen hat (»Tagesschau«-Chef Edmund Gruber: »ARD-Vorgänge stellen wir normalerweise nicht in den Mittelpunkt.«), ist die deutsche Presse voll davon.

Chefredakteur Hammer (»Westfälische Rundschau«, SPD-nah) zu BILD: »Vor dem Hintergrund der jüngsten Berichte kann ich bei Höfer am Sonntag nicht über ›Stahl und Wahl‹ reden ...«

Andrew Fisher (»Financial Times«): »Zwar war der Komplex ›Höfers Nazi-Vergangenheit‹ schon länger bekannt, aber jetzt sind zusätzliche Einzelheiten enthüllt worden. Man würde unglaubwürdig erscheinen, nähme man an der Veranstaltung teil.«

Dazu erklärte der WDR, die Sendung werde wie geplant stattfinden – mit Ersatzmännern.

Simon Wiesenthal sagte gestern zu BILD: »Höfer erinnert mich immer mehr an Waldheim – der kann sich auch nicht erinnern.«   *Hans-Hermann Tiedje/D. Wos*

Wiesenthal: Höfer erinnert mich an Waldheim

19.12.1987 Der Tagesspiegel

Nowottny rechtfertigt sein Verhalten im Fall Höfer

WDR-Intendant: Es geht um die Glaubwürdigkeit des Senders

Zu einer Kontroverse zwischen der SPD-Führung und dem Intendanten des Westdeutschen Rundfunks, Nowottny, ist es jetzt in der Debatte um den Gastgeber des »Internationalen Frühschoppens«, Höfer, gekommen. Gestern wies Nowottny den zuvor von der SPD-Bundesgeschäftsführerin Anke Fuchs an ihn gerichteten Appell als »grotesk« zurück, er solle gegenüber Höfer seiner Fürsorgepflicht nachkommen. Seine Fürsorge gelte allen Mitarbeitern des WDR, ließ Nowottny erklären. Frau Fuchs sollte respektieren, daß es in der Angelegenheit um die Sicherung der Glaubwürdigkeit des WDR gehe.

Die Bundesgeschäftsführerin der SPD hatte es, wie berichtet, als »einen empörenden Vorgang« bezeichnet, daß Höfer zur Aufgabe seiner Rolle als Fernsehmoderator gezwungen werden solle. Höfer habe während der NS-Zeit »Dinge geschrieben, von denen er längst abgerückt ist«. Seither habe er sich durch kritische und engagierte Arbeit ausgezeichnet. Ihm sei zu wünschen, »daß er sich von dieser öffentlichen Kampagne nicht unterkriegen läßt«.

Diese Erklärung hatte Aufsehen erregt, weil zugleich zwei andere bekannte SPD-Politiker gegen Höfer Stellung nahmen. Der ehemalige nordrhein-westfälische Ministerpräsident Kühn legte Höfer den Abschied vom Bildschirm nahe, und der SPD-Landtagsabgeordnete Grätz sagte als Vorsitzender des WDR-Rundfunkrats, Höfer solle »die Konsequenzen ziehen«. Im SPD-Hauptquartier wurde betont, die Erklärung von Frau Fuchs sei in der Parteiführung abgesprochen worden und damit die Stellungnahme der SPD. Da sich der Parteivorsitzende Vogel am Donnerstag in Paris aufhielt, ist anzunehmen, daß die Erklärung von den beiden Stellvertretern Rau und Lafontaine oder von einem der beiden gebilligt worden ist. Vogel hatte sich allerdings schon vor Tagen kritisch zu den Vorwürfen gegen Höfer geäußert: sie seien nicht neu, und er sehe keinen Grund, sie aufzuwärmen.

Zur Erläuterung der Stellungnahme von Frau Fuchs hieß es, die Bundesgeschäftsführerin habe dem Eindruck entgegentreten wollen, Höfer sei »mit Waldheim oder Theo M. Loch gleichzusetzen«. Denn anders als der österreichische Bundespräsident und der ehemalige Hörfunk-Chefredakteur des WDR habe Höfer seine Vergangenheit nie bestritten. Er habe zugegeben, »schlimme Artikel« geschrieben zu haben, »und er hat sich eindeutig davon distanziert«. Frau Fuchs habe keineswegs der gelegentlich geäußerten Ansicht das Wort reden wollen, unter die Vergangenheit müsse ein Strich gezogen werden, heißt es im SPD-Hauptquartier. Vielmehr habe sie beabsichtigt, die richtigen Maßstäbe anzulegen.

In diesem Zusammenhang wird auf die jüngste Diskussion um die Einflußnahme von Parteien auf öffentlich-rechtliche Anstalten verwiesen und betont, Höfer »hat nie gekatzbuckelt«. Er sei ein kritischer und durchaus unbequemer Journalist gewesen, der große Verdienste um Rundfunk und Fernsehen habe. Die SPD-Führung wolle nicht hinnehmen, »daß er auf diese schäbige Art abserviert werden soll«.

19. 12. 1987 Stuttgarter Zeitung

Zwei Absagen für Höfers Sendung

Köln (dpa). Zwei Journalisten, die für die nächste Sendung des »Internationalen Frühschoppens« mit Werner Höfer am kommenden Sonntag eingeladen waren, haben ihre Zusage wieder zurückgezogen. Es sind der Chefredakteur der SPD-nahen »Westfälischen Rundschau« in Dortmund, Günter Hammer, sowie Andrew Fisher von der Londoner »Financial Times«. Dies bestätigte ein WDR-Sprecher in Köln. Die Sendung werde aber mit Ersatzmännern wie geplant stattfinden. Fisher habe mit Hinweis auf »Terminschwierigkeiten« abgesagt, berichtete der WDR-Sprecher. Hammer sagte auf Anfrage, als früheres langjähriges Mitglied des WDR-Verwaltungsrats habe er sich mehrfach auch mit der Vergangenheit Höfers beschäftigen müssen, zuletzt 1984. Auch damals sei es um den Vorwurf gegangen, Höfer habe 1943 in einem Nazi-Blatt die Hinrichtung des jungen Pianisten Karl-robert Kreiten gefeiert. Von anderen pronazistischen Artikeln habe der Verwaltungsrat nichts gewußt. Hammer sagte, er wäre bereit, mit Höfer an einer Diskussion »über die ganze Thematik« teilzunehmen. Da dazu am kommenden Sonntag nach Darstellung der WDR-Führung aber keine Gelegenheit bestehe, habe er seine Zusage zurückgezogen. WDR-Intendant Friedrich Nowottny verbat sich Ratschläge der SPD-Bundesgeschäftsführerin Anke Fuchs. Es sei »grotesk«, daß sie ihn an seine Fürsorgepflicht erinnere. Es gehe darum, »die Glaubwürdigkeit des WDR in dieser Situation zu sichern«.

20. 12. 1987 BamS

Er soll gehen, wir machen Schluß

Hat Werner Höfer das alles, was jetzt ausgegraben wurde, in der Nazizeit tatsächlich selber geschrieben? Oder ist es ihm hineingeschrieben worden?

Nach mehr als vier Jahrzehnten ist diese Frage nicht mehr zweifelsfrei zu klären. Die Artikel sind unter seinem Namen und damit unter seiner Verantwortung erschienen.

Werner Höfer sollte deshalb seinen Hut nehmen und vom Hof reiten.

Das ist die eine Seite. Die andere ist, daß wir Schluß machen sollten mit der neumodischen Spät-Entnazifizierung.

Ob bei Waldheim oder bei Höfer – es waren 40 Jahre Zeit anzuklagen und aufzuräumen. Was wir oder die Österreicher in dieser langen Zeit versäumt haben, ist nicht mehr nachzuholen.

Nach 40 Jahren findet niemand sein objektives Recht und sein gerechtes Urteil.

Peter Boenisch

Freimut Duve
Mitglied des Deutschen Bundestages
Obmann der AG „Kunst und Kultur"
der SPD-Bundestagsfraktion

Deutscher Bundestag - HT
.... 0228 - 16 90 90

Lfd. Nr.:
Datum:
Uhrzeit:

5300 Bonn 1, den 21.12.1987
Bundeshaus
Tel. 0228 / 16 71 09 u. 16 31 70
Die Wahl dieser Rufnummer vermittelt den
gewünschten Hausanschluß.
Kommt ein Anschluß nicht zustande, bitte
Nr. 161 (Bundeshaus-Vermittlung) anrufen.

000 Hamburg 1
Abgeordnetenbüro
Kurt-Schumacher-Allee 10
Tel. 040 / 24 01 95

P r e s s e e r k l ä r u n g

Zu den Auseinandersetzungen um Werner Höfer erklärt der
kulturpolitische Sprecher der SPD-Bundestagsfraktion,
Freimut D u v e :

Die Diskussion über die archäologischen Funde von Texten,
die Werner Höfer in der NS-Zeit verfaßt hatte, ist nicht
frei von doppelter Moral. Fast alle aus der ersten Generation
des Führungspersonals der Bundesrepublik in Politik, Wirtschaft und Medien waren "nie dabeigewesen." Es gibt keine
wirklich ehrliche Memoiren-Literatur aus dem schreibfreudigen
Millionen-Volk der Deutschen, wo geschrieben steht: Ja, ich
war Antisemit; ja, ich war Hitler-Fan; ja, ich wollte auch
bei den Nazis Karriere machen. Wir haben Bundespräsidenten,
Bundeskanzler, Wirtschaftsführer gehabt, die Mitglieder oder
Mitläufer jener terroristischen Vereinigung namens NSDAP
waren.

Werner Höfer hat über 40 Jahre in der Bundesrepublik guten,
interessanten und prägenden Journalismus betrieben. Auch das
zählt.

Zu einer großen Lebensleistung gehört Mut: Werner
Höfer sollte souveräner und ehrlicher als Hunderte seiner
Altersgenossen in seinem Innern ausgraben, was er damals
sah, schrieb und dachte. Nachträgliche Versuche zu leugnen
oder zu verschleiern würden einen tiefen Schatten auf die
journalistische Arbeit des Werner Höfer, den wir kennen,
werfen. Mit dem Mut zur Wahrheit heute würde er uns allen
einen Dienst erweisen, den Generationen von Nazi-Mitläufern
bisher verweigert haben.

21. 12. 1987   tz München

Höfer: Beim WDR liefen die Telefondrähte heiß

„Frühschoppen"-Moderator sagte kein Wort zu den Vorwürfen

21. 12. 1987 BILD

Höfer klingelte Gast aus dem Bett

Von H. H. TIEDJE, D. WOS und H. WEMBER
Einen Gast hatte Werner Höfer gestern um 9.30 Uhr noch schnell selbst in Bonn aus dem Bett geklingelt: Patricia Clough von der britischen Zeitung „Independent". Sie („Ich habe keine Ahnung von Wirtschaft") vervollständigte seine umstrittene „Frühschoppen"-Runde, hörte (wie Millionen Zuschauer), wie erstmals ein Journalist (der Italiener Luciano Barile) im „Frühschoppen" auf Höfers NS-Vergangenheit zu sprechen kam. Während Höfer die Sendung scheinbar unbeeindruckt durchzog, riefen Hunderte beim WDR an, forderten „Durchhalten" oder „Höfer muß weg".

21. 12. 1987 Die Welt

Höfers Erbschaft

Werner Höfer, der »Frühschoppen«-Moderator, ist dem Publikum ein klärendes Wort in eigener Sache schuldig geblieben. Der italienische Journalist in der Runde hatte schon recht: Höfers »Vergangenheit« ist (wieder einmal) ein Fall für die Öffentlichkeit. Höfers Hinweis, darüber werde in einer Sendung demnächst diskutiert, verschafft ihm nochmals Zeitgewinn.

Aber die Fragen nach seiner Tätigkeit in der NS-Zeit bleiben, insbesondere nach dem Kommentar 1943 zum Todesurteil und zur Hinrichtung des jungen begabten Pianisten Karlrobert Kreiten. In einem Artikel unter Höfers Namen wurde von einer »verdienten Strafe für einen ehrvergessenen Künstler« gesprochen.

Das Frappierende freilich daran ist, daß dieser Artikel schon seit 25 Jahren (!) diskutiert wird und Höfer in ein schillerndes Licht aus Opportunismus, Feigheit und Verdrängung getaucht hat. Wieso wird er gerade jetzt vom »Spiegel« ausgewalzt, ergänzt durch Auszüge aus weiteren Höfer-Kommentaren?

Die Zielrichtung ist klar. Höfer soll abgeschossen werden – aber aus welchen Gründen denn, nachdem man ihn so lange hat gewähren lassen? Geflüstert wird, ein anderer dränge an den begehrten Moderatoren-Platz. Das sei nicht Intendant

Nowottny, wie manche unterstellen mochten. Nein. Ein früherer SPD-Funktionär, jetzt an leitender Stelle im WDR, wolle auf diesen Platz einen früheren »Spiegel«-Chefredakteur hieven, wobei ein ideales Datum hilfsweise herangezogen werden könnte: Am 21. März wird Höfer 75 Jahre alt.

Wenn das der Hintergrund ist, dann versteht man den späten Eifer. Wie aber steht es dann mit der Ehrlichkeit derjenigen, die von Höfer ein ehrliches Wort zur Aufklärung und Rechtfertigung verlangen? Die Vorgänge der NS-Zeit verlangen nach Sühne, aber sie sollten vom Geruch zynischer Instrumentalisierung frei bleiben. *Manfred Schell*

21.12.1987 Abendzeitung München

Höfer löst eine Flut von Anrufen aus

Bald TV-Runde über seine NS-Vergangenheit? – Nowottny lehnt ab

Köln – Über die umstrittene NS-Vergangenheit des TV-Moderators Werner Höfer soll es eine eigene Fernseh-Debatte geben. Das bestätigte Höfer gestern bei seinem »Internationalen Frühschoppen«.

Höfer ging in der Sendung allerdings über seine Rolle in der NS-Zeit hinweg. Aus der Journalisten-Runde (zwei hatten wegen Höfer abgesagt) sprach nur der Italiener Luciano Barile die jüngsten Vorwürfe an, daß Höfer als Journalist in der NS-Zeit die Hinrichtung eines Pianisten begrüßt habe. Barile: Eine Diskussion über Höfers Vergangenheit wäre wichtiger gewesen als über Stahl und Wahlen in Belgien und Korea. Der WDR habe ihm aber mitgeteilt, daß es eine eigene TV-Diskussion über Höfer möglicherweise schon nächste Woche geben werde, wozu Barile eingeladen sei. Höfer antwortete darauf nur, er freue sich auf die Sendung, die freimütig sein werde. WDR-Intendant Friedrich Nowottny sagte jedoch: »Wo kommen wir denn da hin, wenn wir zu jedem Fall eine eigene Sendung machen?«

Die WDR-Zentrale war zeitweise blockiert, weil es mehr als 500 Anrufe zu Höfer gab. Sie reichten von »Durchhalten« bis zu »Höfer weg« und hielten sich etwa die Waage.

21.12.1987 FAZ

Kein Eklat

»Frühschoppen« planmäßig gesendet

In der jüngsten Folge der sonntäglichen Diskussionsrunde »Der Internationale Frühschoppen« hat der italienische Wirtschaftsjournalist Luciano Barile den Moderator Werner Höfer auf dessen journalistische Vergangenheit während der Hitlerzeit angesprochen. Höfer antwortete, darüber werde es eine eigene Sendung geben, wozu er Barile schon jetzt einlade. Für die Gesprächsrunde am vergangenen

Re-examining the past: *Frühschoppen* Host Höfer, left, on the air with Reporter Barile

WEST GERMANY

TV Farewell

A popular moderator resigns

Last Sunday marked a milestone of sorts in West German television history. After more than 35 years on the air, *Der Internationale Frühschoppen* failed, for only the third time, to appear on viewers' screens. The weekly program, during which foreign and West German journalists discussed current events over a prelunch glass of wine, was canceled by Westdeutscher Rundfunk (WDR), the Cologne-based network. The reason: the show's popular founder and moderator, Werner Höfer, 74, who may be the country's best-known media personality, had been forced to resign over fresh allegations that as a journalist during World War II, he showed pro-Nazi sympathies.

The latest flap over Höfer's past began earlier this month, when the news magazine *Der Spiegel* published an article suggesting that as a reporter for the Berlin *12 Uhr Blatt* in the 1940s, Höfer had supported the Third Reich's policies. *Der Spiegel* specifically cited a 1943 story in which Höfer lauded the execution of a young pianist for anti-Nazi pronouncements. Höfer has successfully defended himself against similar charges in the past, claiming that Nazi propagandists, without his knowledge, had changed the wording of the article. *Der Spiegel* also published extracts of other Höfer pieces written at the time and claimed they too supported the Hitler regime.

Clearly worried about possible repercussions, Reinhard Grätz, the WDR broadcasting council chairman, asked Höfer to step down from his post until cleared of the charges. Höfer refused, branding the *Spiegel* assertions as "grotesque" and announcing that he would take legal action against the magazine.

During the Dec. 20 *Frühschoppen*—his last, as it would turn out—as Höfer tried to steer the conversation toward problems in the West German steel industry, Italian Journalist Luciano Barile told the moderator that a discussion of his past would be a more relevant topic. Barile said WDR executives had told him a few days earlier that a program on the subject would probably take place the following week. The network later denied that any such plans had been made but then asked for Höfer's resignation. He complied, complaining that he had been fired before he could clear up the *Spiegel* accusations.

In an interview with the daily *Hamburger Morgenpost* last week, Höfer repeated his denials of involvement with the Nazis, saying of his wartime years, "I really was no resistance fighter but a fellow traveler, like most Germans of that time." Höfer described himself as an "unpolitical intellectual" who had launched *Frühschoppen* in 1952 in order to acquaint "simple people like me with politics, proving that politics is not a secret science." In reference to his work during the Nazi years, he explained that "I was not in a position to prevent anyone from tampering with my writing."

The forced resignation aroused mixed emotions. A public-opinion poll last week revealed that 70% of those asked thought he should remain on the show. The conservative daily *Die Welt* said the moderator "owes the public a clear explanation" of his past, but wondered why *Der Spiegel* had chosen to feature a story that had been around for 25 years.

The discussion of Höfer's career, said Social Democrat Freimut Duve, a Bundestag member, was "not free of a double standard" about his past. As a practicing journalist in postwar West Germany, said Duve, Höfer was nonetheless now "obliged, more so than hundreds of his contemporaries, to dig up from within, with honesty and dignity, what he saw, wrote and thought at that time."

With *Frühschoppen* and its moderator off the air, WDR viewers will have to get used to a different Sunday routine. The network has announced that a new show, *Presseclub*, will take the program's place. —*By J.D. Reed.*
Reported by Rhea Schoenthal/Bonn

Sonntag waren zwei Teilnehmer kurzfristig eingesprungen, da zwei andere aus Protest gegen Höfer abgesagt hatten. Vorgeworfen wird Höfer, er habe am 20. September 1943 einen Zeitungsartikel veröffentlicht, in dem die Hinrichtung des Pianisten Karlrobert Kreiten durch die Nationalsozialisten beschönigend kommentiert wird. Gegen den Verlag des Nachrichtenmagazins »Der Spiegel« hat Höfer rechtliche Schritte einleiten lassen. Die Wochenzeitschrift hatte Höfer in ihrer Ausgabe vom 14. Dezember als »Schreibtischtäter« des NS-Regimes und »Durchhalte-Feuilletonisten« bezeichnet. Höfer betonte in einer Presseerklärung, er sei zwar seit 1933 NSDAP-Mitglied gewesen. »Die mit der Ermordung Kreiten im Zusammenhang gebrachte Passage stammt nicht von mir, sondern wurde hineinredigiert.«

(AP)

21.12.1987 Kölner Stadt-Anzeiger

Höfer: Ich war ein Mitläufer wie die meisten

Stellungnahme zu Vorwürfen

Hamburg (dpa) – Der wegen seiner umstrittenen beruflichen Vergangenheit im Dritten Reich angegriffene Werner Höfer hat jetzt zu den schweren Vorwürfen im »Spiegel« Stellung genommen. »Ich war wirklich kein Held und wirklich kein Widerstandskämpfer«, erklärte Höfer der »Hamburger Morgenpost«. Auf die Frage, ob er ein Mitläufer des Nazisystems gewesen sei, meinte Höfer, »ja, das kann man sagen – so wie die meisten Deutschen damals«. Und weiter: »Ich bin im Grunde der unpolitische Intellektuelle... Gerade meinen Internationalen Frühschoppen habe ich mir ausgedacht, um schlichte Menschen wie mich mit der Politik vertraut zu machen, um nachzuweisen, daß Politik keine Geheimwissenschaft ist.«

Zu seiner Tätigkeit als Mitarbeiter der Redaktion des »12 Uhr Blattes«, in dem jeden Samstag unter seinem Namen eine Kolumne erschien, sagte Höfer, mit der Redaktion habe er nur telefonisch Kontakt gehalten. »Dann kamen mal Anrufe von der Redaktion, beispielsweise mit der Judensache. Mir wurde mehrfach bedeutet, ich müsse irgendwas, es sei ganz egal was, über Juden schreiben. Über Juden – das heißt natürlich gegen Juden. Das habe ich nie getan. Ich war jedoch nicht in der Lage es zu verhindern, daß an meinen Texten rumgefummelt wurde.«

Höfer äußerte sich über die unter seinem Namen erschienene Kolumne, in der die Hinrichtung des jungen Pianisten Karlrobert Kreiten gefeiert wurde. Er habe Kreiten weder dem Namen nach noch der Person nach je gekannt. Auf die Frage, ob er diesen Artikel nicht selbst geschrieben habe, antwortete Höfer: »Wer weiß, wie es in autoritären Regimen zugeht, der versteht das. Da wird bei jeder Zeitung die Aufmachung schon angewiesen und die Plazierung, vom Inhalt gar nicht zu reden und von der Tendenz.« Seine Texte seien, wie er später erfahren habe, von einem Goebbels-Freund bearbeitet worden. »Da sind Sachen unter meinem Namen erschienen, von denen ich keine Zeile geschrieben habe, keine Zeile.« Mitglied der NSDAP ist Höfer nach seiner Darstellung ohne eigene Initiative geworden. »Da hat mir in Köln ein ›Alter Herr‹ einer Studentenverbindung einen Zettel vorgelegt, den ich unterschreiben sollte. Das sei nicht wichtig, nur irgend-

Werner Höfer
Die Wahrheit über meine Nazi-Jahre

HAMBURGER
MORGENPOST

Montag, 21. Dezember 1987 · 50 Pf · C 1986 A
Nr. 296/52 · Redaktion:(040)88303-0 · Anzeigen:(040)88303-336

Das Exklusiv-Interview

Gestern im „Internationalen Frühschoppen" ging er mit keinem Satz auf die Vorwürfe ein, die „Der Spiegel" vor einer Woche gegen ihn im Zusammenhang mit seiner journalistischen Tätigkeit in der Nazi-Zeit erhoben hat. Heute stellt er sich im MORGENPOST-Exklusiv-Interview: Werner Höfer wird mit seiner Vergangenheit konfrontiert.

Er bleibt dabei, daß er in der NS-Zeit jenen Satz nicht schrieb, der unter seinem Namen im Berliner „12 Uhr Blatt – BZ am Mittag" erschien und der ein Lob war für die Hinrichtung des jungen Pianisten Kreiten durch die Nazis. Aber Werner Höfer sagt auch: „Ich war kein Held, kein Widerstandskämpfer, kein Märtyrer. Ja, ich war ein Mitläufer."

Kommentar S. 2, Interview S. 4/5/6

Das Krisen-Jahr des großen HSV

Der abgetretene Präsident Dr. Wolfgang Klein schreibt über seine letzten 12 Monate, Pokale, Pech und Pannen. Neue Serie auf **Seite 30**

Werder: Vize Fischer auf Intensivstation

Klaus-Dieter Fischer (47), Werders Vize-Präsident, liegt mit Magendurchbruch im Bremer Zentralkrankenhaus St. Jürgen, **Seite 32**

204

soein Verein. Ein paar Wochen später steht ein Mensch in Uniform vor der Tür, sagt, ich sei neues Mitglied der NSDAP, ich sollte Beitrag zahlen. Später in Berlin habe ich mich in der Partei nicht mehr gemeldet.«

Befragt nach einem Traum, den er sich noch erfüllen möchte, meinte der 74jährige: »Arbeiten bis zum letzten Atemzug, beim Frühschoppen sitzen und das Glas heben und dann umfallen – und es ist aus.«

21.12.1987 Stuttgarter Zeitung

Nowottny gegen Sendung über Werner Höfer

Köln/Frankfurt (dpa). Der Intendant des Westdeutschen Rundfunks (WDR), Friedrich Nowottny, hat sich entschieden gegen eine eigene Fernsehdiskussion über die umstrittene Vergangenheit des Fernsehjournalisten Werner Höfer gewandt, wie sie am Sonntag innerhalb des »Internationalen Frühschoppens« angesprochen worden war. Nowottny sagte der »Abendpost/Nachtausgabe«: »Davon kann überhaupt keine Rede sein. Wo kommen wir denn da hin, wenn wir zu jedem Fall eine eigene Sendung machen?« Höfer selbst erklärte dazu in seinem »Internationalen Frühschoppen«, er freue sich auf die Sendung, die mit »Freimut« vor sich gehen werde. Er nehme an, daß die Diskussion im Rahmen eines »Frühschoppens« stattfinden werde. Ansonsten ging Höfer in seiner sonntäglichen Sendung aber mit keinem Wort auf die Vorwürfe ein, die der »Spiegel« vor einer Woche gegen ihn im Zusammenhang mit seiner journalistischen Tätigkeit in der NS-Zeit erhoben hatte. Ein Teilnehmer der Diskussionsrunde, der italienische Wirtschaftskorrespondent Luciano Barile, hatte zu Beginn der Sendung erklärt, daß eine Diskussion über Höfers Vergangenheit wichtiger gewesen wäre als über Stahl und Wahlen in Belgien und Korea. Die WDR-Programmdirektion habe ihm allerdings mitgeteilt, daß es eine eigene Diskussion über Höfers Vergangenheit möglicherweise schon in der nächsten Woche geben werde.

22.12.1987 Kölner Stadt-Anzeiger

Rundfunkrat legt Höfer Rückzug nahe
Sendung »Frühschoppen« soll aber erhalten bleiben

Köln, M. Oe. – Der Rundfunkrat des WDR würde es begrüßen, wenn Werner Höfer die Leitung des »Internationalen Frühschoppens« vor dem März des kommenden Jahres abgibt. Diesen Beschluß faßte das Gremium ohne Gegenstimmen; allerdings enthielten sich drei Mitglieder, die es als »fragwürdig« bezeichneten, Höfer auf diese Weise den Stuhl vor die Türe zu setzen. Das Gremium fordert eine schnelle Klärung, damit kein Schaden für den WDR entstehe. Die Fortführung der von Höfer entwickelten »international respektierten« Sendereihe solle gesichert werden.

Höfer wollte sich am Montag nicht zu der Erklärung äußern: »Ich muß erst einmal 24 Stunden nachdenken.« Allerdings stellte er gegenüber dem »Kölner Stadt-Anzeiger« fest: »Wenn es mit dem ›Frühschoppen‹ zwischen heute und meinem 75. Geburtstag am 21. März zu Ende geht, dann beginne ich ein neues Leben.«

22.12.1987 Kölner Stadt-Anzeiger

Rundfunkrat bat Höfer nicht zur Anhörung

»Dem Sender nicht schaden«
Köln. Der WDR-Rundfunkrat hob in einer über zweistündigen Diskussion zum
»Fall Höfer« vor allem hervor, dem Kölner Sender dürfe nicht durch eine »proble-
matische öffentliche Diskussion über Wochen und Monate« geschadet werden.
Deshalb empfahl das Gremium Höfer den Verzicht auf seine Sendung. Für seine
Beratungen verzichtete der Rundfunkrat auf eine Anhörung des ehemaligen
WDR-Fernsehdirektors; als 1983 der damals zuständige Verwaltungsrat über die
NS-Vergangenheit des damaligen Fernseh-Chefredakteurs Theo M. Loch beriet,
wurde dieser zum Gespräch gebeten.

»Gespräch mit Nowottny«
Einer Erklärung des WDR zufolge, stellte der Rundfunkrat fest, »eine Zerbröse-
lung des »Internationalen Frühschoppens«, des persönlichen und fachlichen Ansehens seines Leiters sei eine Entwicklung, die weder der Moderator noch der WDR
wollen können.« Aus diesem Grunde solle WDR-Intendant Nowottny »kurzfristig« ein Gespräch mit Werner Höfer führen. In dem »Minderheitsvolumen« der
Rundfunkratsmitglieder Heinze, Kroemer und Küchenhoff, in dem die Rück-
trittsaufforderung bedauert wird, heißt es, eine Klärung sei Höfer »jetzt praktisch
unmöglich gemacht worden«.
In der Diskussion des Rundfunkrates wurde auch betont, daß Journalismus in der
Hitler-Diktatur auf eine Glorifizierung des Regimes hinauslaufen mußte. Dennoch seien »bei aller Verstrickung klare, frühzeitige und mutige Distanzierungen
von NS-Überzeugungen und -Artikeln von großer Bedeutung«. Diese Distanzie-
rung vermißt das Gremium offenbar bei Höfer, der sich am Wochenende in einem
Zeitungsinterview als »unpolitischer Intellektueller« bezeichnet hatte; allerdings
hatte Höfer in einer Stellungnahme am letzten Donnerstag sein Bedauern über
»die aus heutiger Sicht zu verurteilenden publizistischen Arbeiten aus der Kriegszeit« betont.

»Kein Tribunal«
Der WDR-Erklärung zufolge warnten mehrere Mitglieder, es sich in der Beurtei-
lung zu leicht zu machen. Der Rundfunkrat könne kein Tribunal deutscher
Geschichte sein. Höfers möglicherweise letzten »Frühschoppen« am vergangenen
Sonntag, der sich mit dem Thema »Stahl und Wahl« befaßte, sahen rund zehn Mil-
lionen Zuschauer. Diese Einschaltquote liegt deutlich über dem Durchschnitt.

Martin Oehlen

22.12.1987   Kölnische Rundschau

Rundfunkrat: Höfer soll sofort gehen

Nächsten Sonntag kein Frühschoppen?

Köln, hge. Nach über zweistündiger Diskussion hat der Rundfunkrat des Westdeutschen Rundfunks (WDR) gestern abend Werner Höfer nahegelegt, seine
Sendung »Der Internationale Frühschoppen« abzugeben.

Das höchste Beschlußgremium des WDR beschloß ohne Gegenstimmen bei nur
drei Enthaltungen, daß die Angelegenheit möglichst rasch geklärt werden solle,
damit kein Schaden für die Rundfunkanstalt entstehe. Intendant Friedrich
Nowottny soll möglichst bald mit Werner Höfer ein klärendes Gespräch führen.
Allerdings würde es der Rundfunkrat begrüßen, wenn Werner Höfer vor dem
März 1988 die Leitung der Sendereihe ›Der Internationale Frühschoppen‹ abgibt.
Noch am vergangenen Mittwoch hatte Nowottny dem Frühschoppen-Moderator
eine Frist bis zum Frühjahr eingeräumt, um die Affäre zu klären. Ausgelöst wor-
den war die Aufregung um Höfer, als der »Spiegel« am vergangenen Montag über
Höfers umstrittene journalistische Vergangenheit umfassend berichtet hatte.
Daraufhin hatte der WDR erhebliche Schwierigkeiten bekommen, die jüngste
Diskussionsrunde am letzten Sonntag ausreichend besetzen zu können. Beim
WDR sprach man schon vom »letzten Aufgebot«. Ein italienischer Journalist
hatte erst zugesagt, nachdem man ihm die Teilnahme an einer Sondersendung
zum Thema Höfer zugesichert hatte. Von dieser Sondersendung war gestern keine
Rede mehr.
Der Rundfunkrat beauftragte den WDR-Intendanten, die Fortführung der von
Werner Höfer entwickelten international respektierten Sendereihe zu sichern.
Nicht zu erfahren war gestern beim WDR, ob der »Frühschoppen« am kommen-
den Sonntag ausgestrahlt wird und wer die Diskussionsrunde führen soll.

22.12.1987   Kölnische Rundschau

Ein Ratschlag an Höfer

Der Versuch, einem Mann eine Schonfrist einzuräumen, der wie kaum ein anderer
zur Institution des Rundfunks und Fernsehens der Nachkriegszeit geworden war
– Werner Höfer mit seinem Frühschoppen –, ist gescheitert. Am letzten Sonntag
gab es erste Anzeichen, daß dieser Frühschoppen der letzte unter Höfers
Gesprächsleitung sein könnte.
Die Absagen bekannter Journalisten, vor allem der Hinweis des italienischen Journalisten Luciano Barile auf eine versprochene Diskussion über Höfers Vergangenheit ließen vollends deutlich werden, daß ein Aufschub nicht mehr möglich war.
Der WDR-Rundfunkrat gab Werner Höfer gestern den Ratschlag, seine Sendereihe einem Nachfolger zu übergeben.
Höfer meldete sich in einem Zeitungsinterview selbst zu Wort. Er mag geglaubt
haben, daß ein ehrliches Geständnis, er sei ein »Mitläufer« gewesen »wie die meisten

Deutschen damals«, hilfreich sein könnte. Es war aber ein Irrtum, wenn er geglaubt hatte, er komme so aus dem grellen Scheinwerferlicht der »Spiegel«-Veröffentlichung heraus und könne gleichsam wieder in der Schar der ähnlich wenig belasteten Volksgenossen jener Tage untertauchen.

Ein solcher Gedanke mag in den ersten Jahren nach 1945 berechtigt gewesen sein, heute bilden neue Generationen die Gesellschaft der Bundesrepublik. Sie sind mit den Formulierungsweisen der Zeitungen aus jenen Tagen nicht mehr vertraut, werden einem Mann wie Höfer möglicherweise nicht mehr gerecht.

Doch warum sollten sie eigentlich? Müssen sie es hinnehmen und gutheißen, daß trotz mancher heute peinlich wirkender Beweisstücke ein Mann als Gesprächsführer des Mediums Fernsehen stellvertretend für die Bundesrepublik eine so populäre Sendung weiterführt wie ausgerechnet den »Internationalen Frühschoppen«?

Hier geht es sicher nicht um eine verspätete Entnazifizierung. Der französische Deutschland-Kenner Alfred Grosser hat gestern darauf hingewiesen, daß in der Vergangenheit schwerer belastete Persönlichkeiten an wichtigen Stellen in der Bundesrepublik Verantwortung getragen haben. Das ist richtig, aber nicht der eigentlich entscheidende Punkt.

Es ist nicht Werner Höfers Schuld, daß der »Fall« in einer Zeit hochgespielt wird, in der die Öffentlichkeit nach eklatanten politischen Mißgriffen besonders moralisch sensibilisiert ist. Gnade uns Gott, wenn es sich herausstellt, daß auch hier nur Intrigen im Spiel gewesen sind. Aber wäre es nicht ein erfreuliches Zeichen, wenn die Abneigungen gegen personelle Kompromiß- und Verlegenheitslösungen deutlicher würden?

Peter Weigert

22. 12. 1987   Stuttgarter Nachrichten

»Angriffe gegen Höfer infam«

Der französische Politologe Alfred Grosser hat den »Frühschoppen«-Moderator Werner Höfer gegen Angriffe wegen dessen journalistischer Arbeit im Nationalsozialismus verteidigt. Die Vorwürfe seien »ziemlich infam«, sagte Grosser, dessen Familie Deutschland 1933 verlassen mußte, am Montag. Es gebe in der Bundesrepublik Leute, die viel Schlimmeres getan und gesagt hätten.

Frühschoppen:

Tritt Höfer (74) heute zurück?

Rundfunkrat beschloß Ende der TV-Karriere

Von E. FRANZMANN und M. HEIDEMANNS

exp **K ö l n** − Jetzt wird es für Werner Höfer(74) immer enger! Gestern beschloß der Rundfunkrat nach mehrstündiger Diskussion: Der in die Schlagzeilen geratene Fernsehjournalist soll nicht mehr länger Gastgeber des „Internationalen Frühschoppens" sein. WDR-Intendant Friedrich Nowottny soll Höfer zum Rücktritt bewegen. TV-Insider rechnen jedoch damit, daß der 74jährige einem Rauswurf zuvorkommt und bereits heute seinen Rücktritt erklärt.

Unmittelbar nach der Entscheidung sprach EXPRESS mit Werner Höfer, der wegen einiger Artikel im Dritten Reich ins Kreuzfeuer der Kritik geraten war.

Geben Sie den Frühschoppen ab?

Höfer: „Es ist noch zu früh, darauf zu antworten. Ich sitze mit Beratern, Freunden und Menschen, die mir nahestehen, bei einem Glas Wein, so wie ich es sonntags um 12 Uhr ja auch tue, und wir besprechen die Situation. Das will alles gut überlegt sein. Es steht ja wohl auch noch ein Gespräch mit Herrn Nowottny bevor."

EXPRESS: Bei Ihnen laufen gerade die Nachrichten. Haben Sie von der Entscheidung aus dem Radio erfahren oder hat man Sie persönlich informiert?

Höfer: „Rundfunkdirektor Jenke hat mich angerufen."

EXPRESS: Hat Sie die Entschließung des Rundfunkrates überrascht, nachdem letzte Woche noch der Programmausschuß eine Frist bis März gesetzt hatte?

Höfer: „Nein. Bei solchen Gremien ist man vor Überraschungen nie sicher."

EXPRESS: In welche Richtung geht denn Ihre Entscheidung?

Höfer: „Ich denke nach. Ob und wie ich mich entscheide, werde ich heute nicht mehr bekanntgeben. Aber wie es auch ausge-

Frühschoppen-Chef Werner Höfer (74)

hen wird, das Leben geht weiter."

Sollte Höfer nicht von sich aus zurücktreten, wird die Entscheidung in einem Vier-Augen-Gespräch mit Nowottny fallen. Bis zum Sonntags-Frühschoppen soll jedenfalls alles klar sein.

Der WDR-Intendant ist in Zugzwang, denn nach EXPRESS-Informationen stieß die Entscheidung des Rundfunkrates in den Chef-Etagen anderer ARD-Sender auf breite Zustimmung.

WERNER HOFER   Köln, den 22. Dezember 1987

—

Durch Boten

An den
Intendanten des Westdeutschen Rundfunks
Herrn Friedrich Nowottny
Appellhofplatz 1

5ooo Köln 1

Sehr geehrter Herr Intendant, lieber Herr Kollege Nowottny,

nachdem ich seit Wochen um ein Gespräch mit Ihnen gebeten
habe, das mir verweigert wurde, sollten wir nun auch auf
die Ihnen empfohlene Unterredung verzichten.

Vor dem Programmausschuß des WDR haben Sie mir eine
Klärungsfrist bis Ende März gestellt. Der Rundfunkrat
fordert nun "eine schnelle Klärung der Angelegenheit",
verbunden mit der Erwartung, die Leitung der Sendereihe
"Der Internationale Frühschoppen" abzugeben.

Da ergeben sich Widersprüche, stellen sich Fragen:

- Was soll geklärt werden?

- Was muß die Klärung ergeben, damit dem WDR
  durch eine Fortsetzung meiner Mitarbeit
  "kein Schaden zugefügt" würde?

- Wer urteilt über das Ergebnis der Klärung?

- Warum gab es keine Anhörung des zur Klärung
  Aufgeforderten, wie vor jeder Sach-und
  Personalentscheidung von geringerer Be-
  deutung üblich?

- Bedeutet die "Fristenregelung" (vor
  März 1988) nicht bereits Vorverurteilung?

- Soll die Sicherung der Fortführung der
  Sendereihe unberücksichtigt lassen,
  daß nach Auskunft des ersten Justitiar
  des WDR mir das Urheberrecht am
  Internationalen Frühschoppen zusteht
  oder beabsichtigt der WDR sich darüber
  hinwegzusetzen?

Aus rechtlichen wie aus moralischen Gründen habe ich
Anspruch auf eine Beantwortung dieser Fragen. Unabhängig
davon muß ich feststellen, daß Sie mir "den Stuhl vor
die Tür setzen", bevor ich zu der erbetenen Klärung beitragen konnte, und daß man von mir erwartet, "den
Frühschoppen aufzugeben".

Nachdem der WDR nicht mehr hinter mir steht, stehe auch
ich ihm nicht weiter zur Verfügung.

Ich ersuche den WDR, sich und mir jedwede öffentliche
Bekundung zu ersparen

                    zu meinem 75. Geburtstag
                    und
                    bei meinem Ableben.

Hanns Hartmann, dem der WDR alles und ich viel ver-
danken, hat, politischem Druck weichend, aufrechten
Ganges seinen Sender verlassen. Obwohl von geringerer
Bedeutung, möchte ich es diesem großen Manne gleichtun.

Es ist mir zur Stunde weder möglich noch erscheint es
mir vordringlich, "Motivforschung" und "Spurensuche"
anzustellen, nachdem ich bislang wehrlos den Angriffen
zweier ungleicher Pressegiganten ausgeliefert war.

Indessen mag die öffentlichkeit sich Gedanken darüber
machen, wie wenig "Volkesstimme" in einer repräsentativen Demokratie zu bewirken vermag. Ich bewerte
es jedoch als eine bewegende Bestätigung meiner Bemühungen um einen leistungsfähigen Sender und ein
gutes Programm, wenn eine überwältigende, demoskopisch
ermittelte und durch zahllose Zuschriften wie Anrufe
ergänzte Mehrheit von Bürgerinnen und Bürgern sich
zu meiner Arbeit und mir bekennt.

Dafür meinen Dank.

Dem Westdeutschen Rundfunk, seinen Mitarbeitern und
seinem Publikum gelten meine besten Wünsche.

Den Mitarbeiterinnen und Mitarbeitern, mit denen ich
seit 1947 einiges für den Rundfunk in Nordrhein-
Westfalen und in der Bundesrepublik Deutschland bewirken konnte, fühle ich mich heute wie immer in
Dankbarkeit und Sympathie verbunden.

Meinem Publikum, besonders der treuen Gemeinde des
Internationalen Frühschoppens, danke ich für er-
mutigendes Geleit wie kritischen Zuspruch.

Ich bitte um Vergebung, wenn ich Unrichtiges vermittelt oder geduldet und jemandem Unrecht getan
habe.

Dem Westdeutschen Rundfunk, dem ich mehr verdanke
als er mir, wünsche ich Erfolg bei seinem Dienst
für Programm und Publikum.

"Adieu" war mein letztes Wort bei der vorletzten
Sonntagsrunde, "Sehr zum Segen" der letzte Gruß
nach der letzten Sendung vor Weihnachten und
Neujahr.

"Glückauf!" sei mein Wunsch für den WDR wie für das
Land und die Leute, denen er zu dienen hat.

Ich wäre dankbar, wenn dieser Brief den Mitarbeitern
des Hauses zugänglich gemacht würde.

Höfer gibt auf

Streit mit dem WDR um Rechte an ‚Frühschoppen'

Köln – Werner Höfer (74),Leiter der TV-Sendung „Internationaler Frühschoppen", steht dem WDR „nicht weiter zur Verfügung". Das schrieb Höfer, der wegen seiner journalistischen Tätigkeit in der Nazi-Zeit erneut ins Gerede gekommen war, gestern an Intendant Nowottny. Zugleich gab es Streit um die Urheberrechte an der Sendung. Siehe Seite 4

AZ magazin

23. 12. 1987

Abschied: Höfer nimmt die Titel-Rechte mit in den Ruhestand.

Nach „Spiegel"-Angriffen: Werner Höfer wirft endgültig das Handtuch

Nicht einmal am Grab will er Lob vom WDR

23. 12. 1987   BILD

Höfer gestürzt

● ‚Frühschoppen' heißt jetzt ‚Presseclub'   ● Er verliert 150000 Mark pro Jahr

Aus! Werner Höfer wird nie wieder einen »Frühschoppen« im deutschen Fernsehen moderieren. Gestern gab er nach der tagelangen massiven Medienkritik auf, schrieb WDR-Intendant Nowottny einen bitterbösen Brief, in dem er mit dem WDR brach. Höfer verbat sich vom WDR »jedwede öffentliche Bekundung zu meinem 75. Geburtstag und bei meinem Ableben«. Höfer entgehen künftig für mehr als 150 000 Mark Honorar pro Jahr (3300 Mark pro Sendung), bis zu seinem 80. Geburtstag wären das etwa eine Million Mark gewesen. Höfers »Frühschoppen« wird ersetzt durch einen »Presseclub«, neue Moderatoren sind im Wechsel Rolf Schmidt-Holtz und Dieter Thoma.   *Hans Hermann Tiedje und D. Wos*

23. 12. 1987   tz München

Endgültig: Werner Höfer wird den „Internationalen Frühschoppen" ab sofort nicht mehr leiten

Das Ende einer fast perfekten Karriere

Geplant war: »Erst wenn ich mit einem Glas in der Hand am Frühschoppentisch umfalle, mache ich Schluß.« Aber gestern setzte sich der mit 74 Jahren noch keineswegs altersschwache Werner Höfer doch an seinen Schreibtisch und schickte einen langen Brief an den WDR-Intendanten Friedrich Nowottny. Der hatte ihm im Auftrag des Rundfunkrats nahelegen sollen, möglichst bald die Leitung des Internationalen Frühschoppens aufzugeben. »Es wird keinen Frühschoppen mehr geben«, erklärte Höfer gestern.
Ohne die »Spiegel«-Veröffentlichung über seine publizistische Vergangenheit in der NS-Zeit wäre die journalistische Karriere des Straßenbaumeistersohnes aus dem Kreis Cochem perfekt gewesen. Er hatte praktisch alles erreicht, was sich ein Journalist wünschen kann. Höfer war bei der Zeitung, im Radio und Fernsehen gleichermaßen zu Hause, er war mit dem Großen Bundesverdienstkreuz und

Anerkennungen wie dem Grimme-Preis und mehreren »Goldenen Bildschirmen« ausgezeichnet worden.

Er war Gründervater des regionalen Fernsehprogramms des WDR, langjähriger Fernsehdirektor des Kölner Senders, Initiator vieler Sendungen und vorübergehend auch Chefredakteur der »Neuen Illustrierten« und diplomatischer Korrespondent des »sterns«. Aber am bekanntesten wurde er durch seinen »Internationalen Frühschoppen« mit sechs Journalisten aus fünf Ländern.

Der erste Frühschoppen war am 6. Januar 1952 aus dem damaligen NWDR-Hörfunkstudio im Bonner Bundeshaus gesendet worden. Seit August 1953 wird der Politstammtisch auch vom ARD-Fernsehen übernommen. Als man sich 1954 einmal entschloß, in der Sommerpause einige Folgen ausfallen zu lassen, hagelte es Proteste. Seither flimmerte der Frühschoppen Sonntag für Sonntag über die Bildschirme der Nation.

Daran konnten selbst Naturgewalten nichts ändern: Als Höfer 1976 bei Sturmflut die Reise von Sylt nach Köln nicht antreten konnte, leitete er die Journalistenrunde telefonisch.

Peter Fischer

23. 12. 1987 Donaukurier

Ein „Spiegel"-Blattschuß

VON MICHAEL ZAHN

Nur eine Woche hat Werner Höfer, als Leiter des Internationalen Frühschoppens ein unangreifbar erscheinendes Denkmal aus den Gründerjahren des öffentlich-rechtlichen Fernsehens in der Bundesrepublik, den gezielten Blattschuß des ‚Spiegel' überlebt. Resigniert und verbittert teilte er gestern dem Intendanten des Westdeutschen Rundfunks (WDR), Friedrich Nowottny, mit, daß er künftig auf die von ihm erfundene und in über drei Jahrzehnten zu einer ständigen Einrichtung gewordene Sendung am Sonntag mittag verzichten werde.

Der Fall wirft Fragen auf. Nichts von dem, was Höfer an journalistischen Verfehlungen während der NS-Zeit jetzt vom Hamburger Nachrichtenmagazin vorgeworfen wurde, ist für den WDR und seine von der SPD kontrollierten Aufsichtsorgane wirklich neu gewesen. Wie konnten „alte Hüte" plötzlich eine solche Brisanz gewinnen und zum geradezu schmählichen Ende einer großen Karriere führen?

Ein Kommentator der „Frankfurter Allgemeinen" hat dazu die Vermutung geäußert, die lange bekannten Vorwürfe gegen Höfer hätten jetzt nur deshalb so schwer gewogen, weil sie vom „Spiegel", also von „links" gekommen seien. Dafür spricht einiges, vor allem das Schweigen in einschlägigen Kreisen, die sofort Protest erheben, wenn von „rechts" Angriffe gegen Journalisten, die wie Höfer als „linksliberal" gelten, kommen. Gegen das Hamburger „Zentralorgan", das in Anspruch nimmt, die politische Kultur gepachtet zu haben, traut man sich schon deshalb nichts sagen, weil man dessen Rache fürchten muß.

Das Schweigen all derer vor allem in den Reihen der SPD, die Höfer in den vergangenen Jahren mit hohen und höchsten Ehrungen bedacht haben, könnte auch in dieser Angst vor der Meinungsmacht des Magazins begründet sein. Trotzdem bleibt es erstaunlich, wie schnell jemand unter den „Linken" ohne Freunde dasteht und geradezu zum Aussätzigen wird, wenn der „Spiegel" als journalistischer Ankläger, Richter und Henker in einem den Stab über ihn gebrochen hat.

Im übrigen ist der Fall Werner Höfer ein Beispiel mehr dafür, wie erbarmungslos und deshalb fragwürdig eine Vergangenheitsbewältigung ist, die keine Nachsicht kennt und im Fehlverhalten eines 30jährigen während einer Diktatur auch nach über 40 Jahren noch ein Schandmal sieht, das durch keinerlei vorgelebte Bewährung in demokratischen Verhältnissen getilgt werden kann.

Warum (erst) jetzt?

Der plötzliche Fall des Werner Höfer
Alte Schuld und die Rolle des WDR

Fernsehzuschauer und Rundfunkhörer werden also die Worte » ... und Werner Höfer als Gastgeber« nicht mehr hören, die seit 1952 Sonntag für Sonntag am Ende des »Internationalen Frühschoppens« standen. Viele werden es bedauern, weil sie diese Uralt-Sendung nach wie vor schätzten; viele sind gewiß der Meinung, es sei längst schon an der Zeit gewesen, ihr den Garaus zu machen, weil sie Höfers Posieren, seine Eitelkeit (die sich jetzt wieder im »Abschiedsbrief« an den WDR zeigt) und seine Art, die Diskussionen zu steuern, vor allem aber seine oft unsäglichen Schlußworte leid waren. Aber wie viele von diesen vielen werden die Gründe akzeptieren, die zum plötzlichen Fall des Frühschöppners führten?

Immerhin läßt sich ja fragen: Warum wurde Höfer jetzt aus dem WDR gedrängt? Vielleicht auch: Warum erst jetzt? Was seine Gegner in 25 Jahren nicht geschafft hatten, nämlich seit dem Tag, an dem der SED-Propagandist Albert Norden den sehr braun gefärbten »Nachruf« Höfers auf den von den Nazis gehenkten Pianisten Karlrobert Kreiten ans Licht der Öffentlichkeit gefördert hatte – das gelang dem »Spiegel«-Autor Harald Wieser binnen weniger Tage.

Höfer, NSDAP-Mitglied seit 1933, hat wie Hunderte anderer in jener dunklen Zeit seine Feder dem Nationalsozialismus geliehen. Er war kein Chefpropagandist wie der Goebbels-Jünger Hans Fritzsche, der zwar in Nürnberg freigesprochen wurde von der Anklage, an Kriegsverbrechen beteiligt gewesen zu sein, später jedoch, von einer Spruchkammer als Hauptschuldiger eingestuft, zu neun Jahren Arbeitslager verurteilt und mit lebenslangem Berufsverbot belegt wurde.

Die Briten hatten keine Bedenken

Höfer war auch kein Schreibtischtäter, wie der »Spiegel« ihn nennt; das waren jene Leute, die die nationalsozialistische Mordmaschinerie vom Schreibtisch aus in Gang setzten und in Gang hielten. Er war, aus der Sicht von heute, ein willfähriger Schreiberling, jedoch offenbar nicht so belastet, daß ihn die 1947 doch sehr kritischen Briten am Eintritt in den damaligen NWDR gehindert hätten.

Das sind Erklärungen – sind es auch Entschuldigungen? Wäre bis in die letzte Zeile die Urheberschaft Höfers an jenem »Nachruf« geklärt, jeder Rechtfertigungsversuch müßte platzen wie eine Seifenblase. Aber bis heute hat niemand Höfer der Lüge bezichtigen können, weil er sagt, da sei ihm etwas hineinredigiert worden. Wer um das journalistische Geschehen in der NS-Zeit weiß, als von Berlin aus den Chefredakteuren der Tageszeitungen die Aufmachung der ersten Seite, ja sogar Schlagzeilen vorgeschrieben wurden, kann dieses Hineinredigieren durchaus für möglich halten.

Und es wurde für möglich gehalten. Die Instanzen des WDR prüften mehrfach und sahen keine Veranlassung, gegen Höfer etwas zu unternehmen. Im Gegenteil, er wurde mehrfach ausgezeichnet, erhielt 1973 sogar das Große Bundesverdienstkreuz; verliehen hatte es ihm der nun wirklich jeder Nähe zum NS-Staat unverdächtige Gustav Heinemann, umgehängt wurde ihm der Orden von Heinz Kühn, der vor den Nazis in den Untergrund fliehen mußte.

Sollten diese aufrechten Männer so sehr geirrt haben? Heute sagt WDR-Intendant Friedrich Nowottny, er habe Neues aus dem »Spiegel« erfahren und müsse abwägen, ob Schaden für seinen Sender entstehen könne oder nicht. Wirklich Neues?

Gewiß, außer dem »Nachruf« gibt es im »Spiegel« etliche Passagen aus bisher unbekannten Höfer-Artikeln des Jahres 1943 zu lesen. Aber sie sind meilenweit entfernt von jenem bösen, auf den hingerichteten Kreiten gemünzten Wort vom »ehrvergessenen Künstler«. Durchhalte-Parolen, wie sie in diesen Artikeln aufscheinen, gehörten damals nicht nur zum täglichen Brot des Journalisten, auch Filmemacher und Schauspieler ließen sich da bereitwillig einspannen.

Worte von heute kommen zu spät

Dennoch, Höfer wäre gut beraten gewesen, wenn er Worte von heute (»Ich war wirklich kein Held«) schon früher gesprochen hätte. Und wenn er es nicht »meinen Kollegen und meinem Publikum« zugeschoben hätte, »meine zu bedauernden und aus heutiger Sicht zu verurteilenden publizistischen Arbeiten aus der Kriegszeit aufzuwiegen gegen meine von jedermann überprüfbare Tätigkeit seit meiner Rückkehr aus Kriegsgefangenschaft bis zum heutigen Tag«. Das ist nur ein verbrämtes, aber kein aufrechtes Bedauern und Verurteilen.

Geradezu abenteuerlich aber wirkt seine Feststellung, er sei »im Grunde der unpolitische Intellektuelle«. Sie mag zwar manch seltsamen Diskussions-Anstoß des Frühschöppners erklären; sie fordert aber zugleich die Frage auf, wie weit er denn befähigt war, mit politischen Journalisten aus aller Welt angemessen zu diskutieren. Doch darum geht es heute nicht mehr.

Es geht um den plötzlichen Fall des Werner Höfer. Warum der »Spiegel« dessen Vergangenheit gerade jetzt neu aufrollte, ist (noch) sein Geheimnis. Die »Welt« vermutete schon, ein ehemaliger Chefredakteur des »Spiegel« solle auf Höfers Stuhl gehievt werden. Andere spekulieren, der WDR habe Höfer schon länger loswerden wollen und jetzt einfach die günstige Gelegenheit genutzt. Darauf könnte schließen lassen, daß er Höfer nicht einmal mehr angehört hat. Die Gelegenheit zum »Abschuß« hätte er jedenfalls schon früher gehabt, wenn der »Nachruf« anders bewertet worden wäre.

Einen besseren Abgang verdient

Höfer ist gewiß kein Unschuldslamm; auch er kann seiner Vergangenheit nicht entfliehen. Dennoch hätte er nach allem, was er seit 1947 für Rundfunk und Fernsehen geleistet hat, einen besseren Abgang verdient gehabt. Er verfing sich in den Schlingen, die andere legten, weil er glaubte, er habe sich selbst genügend reingewaschen von jeder anrechenbaren Schuld. Daß andere ihn viele Jahre in diesem Glauben bestärkt haben, hilft ihm heute nicht mehr. Aber auch er kann fragen: Warum jetzt? Warum erst jetzt? *Reiner Dederichs*

Auf Zehenspitzen

Höfer – ein Skandal der Öffentlichkeit

Der Fall Höfer ist eigentlich kein Fall Höfer, sondern einer der Sendeanstalt und der Öffentlichkeit insgesamt. Höfer hat 35 Jahre den »Internationalen Frühschoppen« geleitet, eine Sendung, die immer zwischen plus und minus Null aufgegangen ist. Er hat sich immer darum herumgedrückt, Stellung zu beziehen. Das ist der Grund, warum er die Sendung so lange machen konnte. Wenn er wirklich einmal Position bezogen hätte, wäre das eines Tages immer radikaler geworden, das liegt in der Natur der Sache, und sein Ende wäre gekommen. Höfer wollte aber nirgendwo anecken. Er wollte verhindern, daß Zuständige aus der Anstalt und politisch Interessierte aus dem Publikum sich deshalb mit seiner Vergangenheit beschäftigten, weil sie sich auf den Schlips getreten fühlten. Deshalb ist er auf Zehenspitzen durch die Jahrzehnte gegangen. Und das ist ihm gelungen. Seine Nazi-Vergangenheit ist zwar aufgekommen, aber er konnte sagen, ich bin jetzt ein patenter Demokrat und tue niemandem etwas zuleide.

Nun passierte 1943 leider Gottes die Ermordung des Musikers Kreiten, liegt sein Jubelkommentar dazu vor. Der angesehene Kritiker Wapnewski hat ihn zitiert und dann gesagt, darüber wollen wir gar nicht reden, denn wir müssen Herrn Höfer glauben, daß er das gar nicht selbst geschrieben hat. In diesem Tenor lief die Duldung Höfers seit Jahren. Man muß ihm glauben, weil er so brav ist. Ich würde umgekehrt sagen, weil Höfer so brav ist, weil er ein Opportunist reinsten Wassers ist, der den Opportunismus des österreichischen Bundespräsidenten noch weit übertrifft, darf man ihm gerade nicht glauben, muß man wissen, daß er genau derselbe miese Opportunist geblieben ist. Das, was er damals geschrieben hat, war schmutzig bis in den Grund. Wenn er nach 1945 jemals den Mut gehabt hätte, irgendeine Position zu beziehen, würde man sagen, ja, der riskiert was und wahrscheinlich war das gar nicht so schlimm, was er gemacht hat. Aber er selbst hat es schließlich so entsetzlich gefunden, so ehrenrührig und beschämend, daß er sich jeden Sonntag gesagt hat, um Gottes Willen, ich darf jetzt niemandem auf die Zehen treten.

Zum Fall Höfer gehört aber auch das deutsche Publikum, das sich diesen Schmus jahrelang hat bieten lassen. Der Gipfel der politischen Verwahrlosung hingegen ist erreicht mit den Erklärungen der SPD zugunsten Höfers, man dürfe ihm die Vergangenheit nicht vorrechnen, weil er sich doch als fabelhafter Demokrat erwiesen habe. Diese Argumentation von Glotz bis Fuchs halte ich für skandalös. Es ist also viel mehr ein Fall der Öffentlichkeit, der politischen Kulisse, als ein Fall Höfer, dem eigentlich niemand übelnehmen kann, daß er wie tausend andere versucht hat, sich zu rehabilitieren. Die außerordentliche Geschicklichkeit allerdings, die er dabei an den Tag legte, ist die gleiche, mit der er es seinerzeit zu einem anerkannten NS-Journalisten brachte.   *Erich Kuby, Venedig*

23.12.1987 Süddeutsche Zeitung

Vom Höfer und vom Höferchen

Der Fall Höfer ist eine deutsche Absurdität. Nicht, daß es ihn nicht gäbe; aber er sieht nicht so aus, wie er sich darstellt oder dargestellt wird. Zum gegenwärtigen Stand: Höfer hat offenbar jene Texte in dem Berliner Nazi-*12-Uhr-Blatt* verfaßt, welche ihm schon immer nachgesagt wurden und die der *Spiegel* jetzt, sozusagen am zeitlichen Schwanz einer merkwürdigen Rechts-Links-Koalition, massiv aufgewärmt hat. Ein mit Höfers Namen gezeichneter parallel zur Hinrichtung des Pianisten Kreiten vom September 1943 verfaßter Text ist »furchtbarer Journalismus«, ob nun – so Höfers stereotype Schutzbehauptung – hineinredigiert worden ist oder. nicht.

Doch dies alles ist eigentlich keine Sache der Empörung von heute, sondern der ausgebliebenen Empörung von gestern. Der heutige Höfer darf darum einiges durchaus schlecht verstehen: Warum ihn in einer künstlich anmutenden Dramatisierung der Rundfunkrat im Dezember 1987 (!) zum Verzicht auf die Leitung des Fernseh-Frühschoppens aufforderte; warum jene, die ihn hoch dekorieren halfen, die ihm, als Höfer ein mächtiger Mann der deutschen Fernsehrepublik war, beflissen bewundert haben, sich plötzlich in gewundenen Halb-pro- und Halb-contra-Erklärungen um den halbfaulen Fall drapierten! Der vierundsiebzigjährige Werner Höfer, der sozusagen das Pech hatte, als »Aktiver« übriggeblieben zu sein, weil er wohl von seiner überragenden Eitelkeit (und Leidenschaft) zu dem Versuch eines lebenslänglichen Direktorats des Frühschoppens verführt wurde, »gibt nun auf«, wie er ankündigt, und will offenbar, rachelüstern und prozeßgeneigt, sein »geistiges Eigentum« mitnehmen.

Damit ist der spezifische Fall Höfer abgeschlossen. Das kühle Abwägen seines öffentlichen Lebens könnte beginnen. Zurück bleibt zunächst die Frage nach den Motiven für die Zähigkeit seiner buntgescheckten Verfolgerschar, die den Stalinisten Norden, die rechtsradikale *Nationalzeitung, Bild* und schließlich den *Spiegel* zusammenführte, die vielleicht dem Pianisten Kreiten gerecht werden, doch zweifellos auch Höfer zu Fall bringen wollte – jeder einen anderen Höfer.

Am Anfang hatten wir gesagt, die eigentliche Rubrik der Angelegenheit müsse die unterbliebene Empörung von gestern sein; hinzuzufügen ist: die unterbliebene Verarbeitung und Aufarbeitung der Übergangszeit Nazistaat – Demokratie. Hier bezieht sich das auf das weithin unbehandelte, unerforschte oder liegengelassene Thema Journalismus in der Nachkriegszeit. Höfer nämlich ist alles andere als ein Einzelfall gewesen. Viele Journalisten seiner Generation mußten oder müssen mit einer verbogenen Biographie leben, auch wenn sie sich nachträglich hinter das Schutzmäuerchen der »inneren Emigration« stellten. Viele waren »offen« dabei, als approbierte Nazi-Schriftleiter, als mitlaufende Kommentatoren und als antisemitische Antreiber. Kaum einer hat jedoch nach dem Zusammenbruch des Nazi-Staates eine Schamfrist eingelegt, oder – ein alter pauschaler Vorwurf gegen Journalisten – sich lange bei Selbstreflexionen aufgehalten; im Gegenteil. Es ist scheinbar erstaunlich, wie rasch das gerade noch braune Pressecorps wieder geschlossen dicht bei der neuen demokratischen Macht stand und stehen durfte, wie viele eine

»Übertragung« ihres tief sitzenden Autoritätsverständnisses auf Konrad Adenauer vorgenommen haben, und auf einen Staat, der mit manchen Repräsentanten der Exekutive (Oberländer, Kraft, Globke, etcetera, etcetera) nicht eben demokratischen Neusinn bewies.

Adenauer, selbst unverdächtig, handelte mit offenem Zynismus. »Die Maschine (mußte) laufen«, erklärte er 1951 einer Teerunde von Journalisten (darunter nicht wenigen, die eben noch Nazi-Schriftleiter gewesen waren) sein Prinzip, warum er ohne Nazi im Auswärtigen Dienst nicht auskomme. Dieser Satz ist gleichsam die salvatorische Klausel der Wiederaufbauzeit gewesen. Weil »die Maschine laufen« mußte (und weil als »Bindeglied« über den Systemen der gelernte »Antibolschewismus« stand), fanden sich alte Geschichtslehrer gleich zurecht, predigte eine regierungsunterstützte »Arbeitsgemeinschaft Demokratischer Kreise« die psychologische Aufrüstung – und vor allem: ist die journalistische Nachkriegsszene von Durchhaltern, Mitmachern und Dabeibleibern gleich beherrscht worden. Unbehelligt, im Wind des Korea-Krieges, konnte sie wieder Segel setzen.

Nun ist es gewiß nicht so, als seien nicht doch überzeugte Demokraten aus ihren Reihen erwachsen, im Lauf der Zeit. Doch wie sollte jemand, dessen Hand noch warm war vom Bejubeln der Wehrmachts-Siege und vom Verfassen der Betrachtungen zur Bildung nationalsozialistischer Menschen – wie sollte der radikaldemokratisch-kritisch oder gar pazifistisch gesinnt sein? Wie sollte sich Höfer, dessen Fall zu den Ur-Sünden der Republik gehört, um sein *12-Uhr-Blatt*-Geschmiere von damals sorgen, von anderen dazu befragt oder gar nicht erst eingestellt werden, wenn er beim Staatsanfang und in der Nachkriegsgesellschaft wie selbstverständlich umgeben blieb von seinesgleichen, die das gleiche, die mehr, die oft Schlimmeres formuliert hatten?

Es ist, wie gesagt, ein unangenehmes, unerforschtes Gebiet. Und was Höferchen nicht lernte, lernt Höfer nimmermehr. Es waren sehr viele Höferchen, damals...

Claus-Heinrich Meyer

23. 12. 1987 Der Tagesspiegel

Höfer stellt Mitarbeit beim Westdeutschen Rundfunk ein

Sender kündigt neue Fernsehdiskussion mit dem Namen »Presseclub« an

Köln (Reuter). Der Westdeutsche Rundfunk (WDR) stellt seine Sendung »Internationaler Frühschoppen« ein, nachdem der bishcrige Moderator Werner Höfer gestern seine Mitarbeit bei dem Sender gekündigt hatte. Die Fernsehdiskussion werde durch eine Sendung mit dem Namen »Presseclub« ersetzt, teilte der WDR in Köln mit. Höfer hatte den WDR-Intendanten Nowottny zuvor in einem Brief wissen lassen, er stehe dem Westdeutschen Rundfunk nicht mehr zur Verfügung.

Höfer wirft Nowottny in seinem in bitterem Ton verfaßten Schreiben vor, er habe ihm den Stuhl vor die Tür gesetzt, bevor er zu der erbetenen Klärung habe beitragen können. Der 74jährige Rundfunk- und Fernsehjournalist, der den »Frühschoppen« seit rund 36 Jahren ohne Unterbrechung geleitet hatte, war von Nowottny zunächst aufgefordert worden, bis März zu Vorwürfen Stellung zu nehmen, er habe im Dritten Reich Propagandaartikel geschrieben. Später hatte ihn dann der Rundfunkrat aufgefordert, die Leitung der Sendung möglichst bald niederzulegen. Meinungsverschiedenheiten bestehen jetzt offenbar noch darüber, wer das Urheberrecht an der »Frühschoppen«-Sendung hat.

In seinem Brief an Nowottny erklärt Höfer, der erste Justitiar des WDR habe ihm zugesichert, daß er das Urheberrecht an seiner Sendung habe. Gleichzeitig stellt Höfer die Frage, ob der WDR sich über diese Erklärung hinwegsetzen wolle. In Pressegesprächen hatte der Journalist zuvor offengelassen, eine Sendung mit gleichem Titel bei einer privaten Fernsehanstalt zu übernehmen.

Die Frage des Urheberrechts habe bei der Absetzung der Sendung keine Rolle gespielt, erklärte dagegen ein Sprecher des WDR. Der Sender habe für den »Frühschoppen«-Titelschutz. Die neue Sendung soll abwechselnd vom Chefredakteur Fernsehen, Rolf Schmidt-Holtz, und dem Hörfunk-Chefredakteur Dieter Thoma geleitet werden.

Glotz bedauert Ausscheiden Höfers

Der Vorsitzende der Medienkommission im SPD-Vorstand, Glotz, bezeichnete gestern das Gehen Höfers als unausweichlich. Glotz hob hervor, daß Höfers Haltung als Journalist in der Zeit des Nationalsozialismus sicher nicht gerechtfertigt werden könne; der Unterschied zu anderen Belasteten aus dem Dritten Reich sei jedoch, daß Höfer seine eigenen Arbeiten nicht nur bedauert, sondern auch gesagt habe, sie seien aus heutiger Sicht zu verurteilen. Dies hätte man sich auch von anderen gewünscht. Man könne verstehen, daß Konservative sich über den linksliberalen Journalisten geärgert hätten.

Höfer habe als junger Mann Schuld auf sich geladen, sagte Glotz weiter. »Er hat aber auch viele Jahrzehnte lang als Moderator einer klassisch gewordenen Sendung, als Chefredakteur eines großen Senders, als mutiger Kommentator und ideenreicher Themenfinder große und zu Recht anerkannte journalistische Leistungen erbracht.« Er habe in den ersten Jahrzehnten dieser Republik unangenehmen Wahrheiten Öffentlichkeit verschafft und demokratisches Bewußtsein vermittelt. »Wer sich ein Bild über Werner Höfer machen will, muß dieses ganze Leben zusammennehmen.«

Düsseldorfer FDP: Höfer wurde »zum Preisschießen freigegeben«

Düsseldorf (AP). Der Fall Höfer soll ein parlamentarisches Nachspiel haben. Die FDP-Fraktion im Düsseldorfer Landtag warf der nordrhein-westfälischen Landesregierung gestern vor, sie habe bei den Vorgängen um den Rücktritt des »Frühschoppen«-Moderators Werner Höfer die Staatsaufsicht über den Westdeutschen Rundfunk vernachlässigt. In einer in Düsseldorf veröffentlichten Erklärung kündigte sie an, sie werde das Verhalten der Staatskanzlei in der entscheidenden WDR-Rundfunkratssitzung im Januar zum Gegenstand einer parlamentarischen Debatte machen. Der WDR-Rundfunkrat als höchstes Gremium des Senders hatte am Montag Höfer einstimmig bei nur drei Enthaltungen zum Rücktritt aufgefordert und damit den wohl entscheidenden Anstoß zum Ausscheiden des 74jährigen Journalisten gegeben, dem seine journalistische Tätigkeit während der NS-Zeit vorgeworfen wird.

Dem WDR-Intendanten Nowottny warf der FDP-Fraktionsvorsitzende Rohde in einem Schreiben vor, Höfer sei »zum Preisschießen freigegeben« worden für Dinge, »die nicht nur 45 Jahre zurückliegen, sondern mit Sicherheit kein Verbrechen waren«. Er erwarte vom WDR-Rundfunkrat, daß er sich nicht zur Spruchkammer aufspiele, sondern berücksichtige, daß die Vergangenheit auch durch die Leistung Höfers bewältigt worden sei.

Der WDR-Verwaltungsrat empfiehlt Werner Höfer den Rücktritt

Zu keinem Bedauern bereit

Er hat eine steile Karriere im öffentlich-rechtlichen Rundfunk nach 1945 hinter sich, er gehört zu den bekanntesten Politmoderatoren des Fernsehens und gilt gemeinhin als »Inkarnation des liberalen Zeitgeistes«: Urplötzlich ist Werner Höfer, langjähriger WDR-Chefredakteur, Programmdirektor und altgedienter Gastgeber des »Frühschoppen«, eine seit 1952 laufende Gesprächsrunde mit sechs Journalisten aus fünf Ländern, ins Gerede gekommen. Nun hat den geläuterten NSDAP-Kameraden (Parteieintritt März 1933) seine nationalsozialistische Vergangenheit doch noch eingeholt.

Wieder einmal war es »Der Spiegel«, der die Lawine losgetreten hat. Detailliert berichtete das Nachrichtenmagazin über das journalistische Engagement Werner Höfers in der NS-Presse während des Krieges, vor allem über seinen Kommentar zum Todesurteil und der Hinrichtung des Pianisten Karlrobert Kreiten im Jahre 1943. Erst seit dieser »Spiegel«-Veröffentlichung ist die durchaus nicht unbekannte NS-Vergangenheit Höfers in aller Munde; ein erneuter Beweis für die Meinungsführerschaft der Enthüller aus der Hamburger Ost-West-Straße.

Auffallend und zu Spekulationen anregend ist vor allem der Zeitpunkt der Enthüllungen. Warum erst jetzt und warum in solch massiver Form? Denn bereits vor 25 Jahren wurde versucht, Werner Höfer wegen seiner nationalsozialistischen Verstrickungen das Handwerk zu legen. Nur – der Vorstoß damals kam aus der Agit-prop-Zentrale in Ost-Berlin und konnte die Reputation des WDR-Mannes kaum erschüttern. Im Gegenteil, er sah sich als Opfer einer kommunistischen Verleumdungskampagne, die auf die Verursacher zurückschlug. Höfers Ehrenwort, die entsprechenden Passagen in dem inkriminierten Artikel zur Exekution Kreitens seien von fremder Hand hineinredigiert worden, stand schon damals gegen die Behauptungen des SED-Propagandachefs und Altstalinisten Albert Norden, und setzte sich durch.

Ein zweiter Angriff, diesmal von Blättern des Axel Springer Verlages Ende der 70er Jahre, stieß ebenfalls ins Leere, denn es wurde unterstellt, die konservative »Kampfpresse« versuche mit dubiosen Verleumdungen einen mißliebigen Liberalen abzuschießen. Erst das aktuelle »Spiegel«-Dossier zeigte Wirkung. Vierzig Jahre nach Kriegsende wurde das journalistische Schaffen des jungen Feuilletonisten Höfer zum drittenmal dem Vergessen entrissen und ins grelle Licht der Verhörlampen der öffentlichen Ankläger gezerrt. Während jedem konvertierten Kommunisten das Recht auf Irrtum und Läuterung zuerkannt wird, gilt dies für einen Nazi-»Mitläufer« (Höfer über Höfer am vergangenen Sonntag) nicht.

Neben dem österreichischen Bundespräsidenten Kurt Waldheim gerät jetzt auch Werner Höfer in den Mahlstrom dieser wie unausweichlich sich anmeldenden Nemesis. Höfers Wandlung zu demokratischer Gesinnung, in den vergangenen Jahrzehnten genügend unter Beweis gestellt, schlägt als Bonus nicht zu Buche. Was sind nun die Gründe, einen Mann aus den eigenen links-liberalen Reihen, den Mentor einer ganzen demokratischen Journalisten-Generation, aufs moralische Schafott zu stellen?

Zum einen vermutlich die ganz profane Absicht, den 74jährigen Dauer-Früh-schöppner vom Schirm zu drängen, um Platz für einen Nachfolger auf dem begehrten Moderator-Stuhl zu schaffen. Das ließe auf ein politisch-publizistisches Zusammenspiel führender WDR-Vertreter mit dem »Spiegel« schließen.

Zum anderen darf natürlich ein Magazin-Journalismus, der sich am Markt behaupten will, nicht abseits stehen, wenn das tragische Schicksal des Künstlers Kreiten, um den sich die Vorwürfe gegen Höfer rankten, von anderen Medien, so etwa auch durch neue Theaterstücke, wieder aufgegriffen wird. Die späte »Entlarvung« des journalistischen »Schreibtischtäters« und ideologischen Rechtfertigers des NS-Terrors geht diesmal aufs Ganze. Die Kritik will diesmal Taten sehen und wird sich damit nicht zufriedengeben, wenn der Fall wieder im Sande der Diskussionsmüdigkeit verlaufen sollte. Man erkennt das auch daran, daß der bisher so attraktive »Frühschoppen« jetzt seinerseits in Mitleidenschaft gezogen wird. Bereits am vergangenen Sonntag sagten zwei Journalisten aus Protest ihre Teilnahme ab, eilig zusammengerufene Kollegen mußten einspringen. Wie lange noch werden seriöse Journalisten der sonntäglichen Einladung aus Köln folgen wollen? Höfer provoziert auch viele damit, daß er eine Haltung der wie unberührt wirkenden Untertreibung an den Tag legt.

Ein Musterbeispiel dafür bot der mit Spannung erwartete Auftakt zur Moderation des vergangenen »Frühschoppens«. Geschickt umging Höfer, dem der »Spiegel« ein gußeisernes Gewissen bescheinigt, Fragen zur eigenen Person, verwies auf übergeordnete Entscheidungen der Programmdirektion und ließ keine Zweifel daran, wem der Moderatoren-Sessel auch in Zukunft zusteht. Wenn Stoizismus zur Waffe werden kann – hier wurde es demonstriert.

Als der italienische Journalist Luciano Barile unumwunden feststellte, die »Höfer-Story« sorge in Deutschland »und auch in Europa« für Beachtung, fragte der Gastgeber mit unnachahmlicher Ungerührtheit zurück: »Ach, auch in Europa?« Im Stil dieser Chuzpe hatte Höfer bereits zu Beginn der Sendung Appetit mit der Ankündigung geweckt, es gelte eine unangenehme und eine angenehme Entwicklung der letzten Woche zu vermelden. Aber das angespannt zuschauende Publikum wurde gezielt getäuscht: Das unangenehme Ereignis der Woche war für Höfer, daß sich Mr. Taylor von der »Financial Times« beim Schmücken des Weihnachtsbaumes in Brüssel eine Fuß-Sehne gerissen hatte und nun vom Bett aus per Telefon in den Frühschoppen hineinplaudern durfte – diese technische Möglichkeit war, laut Höfer, das erfreuliche Ereignis der Woche.

Doch als habe er das Mißtrauen des Publikums gegenüber dieser Erzählung gewittert, ließ der Moderator gegen Ende ein Foto von Taylor's Krankenlager in die Sendung einblenden. Verifikation zum Zwecke der Vertrauensbildung.

Auch die verzweifelte Abwehr der Patricia Clough (vom Londoner »The Independent«) einer sie überfordernden wirtschaftsspezifischen Frage: »Aber Herr Höfer, Sie haben mich doch erst heute morgen aus dem Bett geklingelt!«, beleuchtete schlagartig die Problematik.

Hat der Mann, in dessen Gesprächsrunde zu sitzen den Geladenen schmeichelte, sein Schicksal zu lange herausgefordert? Hat er die neidischen Götter durch zu langen Genuß des Glücks, unbehelligt zu sein, irritiert? In der Tat steht Höfer für eine Unsitte unserer politischen Kultur: Nicht aufhören zu können, wenn der Augenblick günstig oder richtig ist. Welche professionelle Selbsteinschätzung steht eigentlich hinter der Maxime, so lange weiterzumachen, bis man mit dem Glas in der Hand am Gesprächstisch umfällt? Wäre es nicht vernünftiger, sich rechtzeitig auf die Suche nach einem geeigneten Nachfolger zu machen, dem er seinen Besitz, an dem er so hängt, vererben könnte?

Und es ist auch ein Unvermögen im Spiel, »sorry« sagen zu können, ein Zeichen von Schuldgefühl oder zumindest von schlechtem Gewissen zu geben, ob der Verführungen, denen der 30jährige nachgegeben hat, während andere Mutige das schreibende Mitläufertum nicht mitmachten. Höfer hat wie viele andere auch im Falle Filbinger seinerzeit die notwendige Einsicht in die Fehler von damals vermißt. Ein klein wenig von dieser ehrenvollen Einsicht wäre ihm in seinem 75. Jahr zu gönnen, damit er sich nicht in der Schlußphase seiner Ära in jene Wagenburg zurückzieht, in der nur falscher Durchhaltewille und verinnerlichte Selbstgerechtigkeit Triumphe feiern.

Thomas Kielinger
Lutz Kuche

Der Fall Höfer   *Ausreden sind kein Ausweg*

Mit suchender Stimme versprach Werner Höfer seinen Hörern und Zuschauern am vierten Advent, Weihnachten sei ein Fest des Friedens und der Liebe. Doch für ihn selber wird es mit dem frommen Frühschoppen-Wunsch in diesem Jahr so weit nicht her sein. Während in den deutschen Heimen die Geburt von Bethlehem besungen wird, muß sich Höfer mit einer Hinrichtung in Berlin auseinandersetzen, mit dem, was er vor 44 Jahren darüber geschrieben hat, und nicht zuletzt damit, was er der Öffentlichkeit seit 1962 zu jenem Zeitungsartikel erklärt hat.

Zurück ins Jahr 1943: Am 3. Mai wird der 27jährige Pianist Karlrobert Kreiten von der Gestapo verhaftet. Er hatte im privaten Kreise gesagt, der Krieg sei praktisch schon verloren, Deutschland und seine Kultur stünden vor dem Untergang. Kreiten wurde denunziert, am 3. September vom Volksgerichtshof zum Tode verurteilt, vier Tage darauf in Berlin-Plötzensee gehängt – wegen »Feindbegünstigung« und »Wehrkraftzersetzung«. So melden es die Zeitungen am 15. September – auch das *12-Uhr-Blatt (BZ am Mittag).* Und eben im *12-Uhr-Blatt* findet sich am 20. September ein Kommentar von Werner Höfer, der im schlimmen Stil der Zeit dröhnende Phrasen über den Künstler im Kriege drischt ...

Zurück ins Jahr 1962: Am 16. März erinnert der damalige SED-Propagandachef Albert Norden an diesen Kommentar und seinen Autor. Werner Höfer war inzwischen zu einer der prominenten Figuren im westdeutschen Rundfunk- und Fernsehwesen geworden, vor allem durch seinen »Internationalen Frühschoppen«. Doch weil die Erinnerung an Höfers Vergangenheit aus der kommunistischen DDR kam und danach vorwiegend von der äußersten Rechten (sowie von der Springer-Presse) gepflegt wurde, gingen nur wenige der Sache gründlicher nach, nahmen die meisten dem Autor Höfer die Aus- und Widerreden ab.

Als Höfer mit dem Faksimile seines Artikels konfrontiert wurde, bestritt er zunächst dessen Beweiskraft und formulierte weiter: »Ich versage es mir auch, darauf zu verweisen, daß der Name und der Fall Kreiten überhaupt nicht erwähnt sind.« In einem Brief an den Musikwissenschaftler F. K. Prieberg schrieb Höfer 1967: »Ich möchte noch einmal ausdrücklich darauf verweisen, daß ich mich bewußt niemals gegen Karlrobert Kreiten oder für seine Verurteilung geäußert habe.« An einen Verwandten Kreitens schrieb Höfer 1975: »Ich habe nie eine Zeile über Karlrobert Kreiten geschrieben, geschweige denn zur Veröffentlichung angeboten.«

Im übrigen behauptete Höfer, in jenem *12-Uhr-Blatt* seien Passagen unter seinem Namen erschienen, die gar nicht von ihm stammten: »Da die Redaktion mit den politischen Akzenten meiner Arbeiten häufig unzufrieden war, wurden ohne mein Wissen oder gar meine Zustimmung oft in meinen Manuskripten Änderungen vorgenommen.« Höfer behauptete zwar nicht direkt, auf diese Weise sei seine Hinrichtungs-Eloge zustande gekommen, sondern erklärt dies nur für möglich, bestreitet also im engeren Sinne nicht wirklich hart, diese Sätze formuliert zu haben. Und wenn er keine Zeile über den Pianisten und das Leben Kreitens verfaßt hat: Worüber sonst als über dessen Hinrichtung will er am 20. September geschrieben haben – und dies in einem Kommentar, der ohne Bezug auf diesen Volksjustiz-mord sinn- und gegenstandslos wäre? Da gab es nichts zu streichen – und folglich auch nichts hineinzuredigieren.

Oft genug ist Höfer mit diesem Text konfrontiert worden – stets hat er sich mit windigen Wendungen entzogen. Doch in diesem Winter haben zwei Veröffentli-chungen die Fragen neu gestellt: ein bewegendes Memorial von Peter Wapnewski in der *FAZ* und eine umfassende Kompilation von Harald Wieser im *Spiegel,* die eine breitere Auswahl ähnlich peinlicher Höfer-Kommentare darbot.

Schlimm genug, was Höfer im Jahr 1943 geschrieben hat. Doch wie im Fall Filbin-ger, wie im Fall Waldheim: Schlimmer noch wirkt auf uns Heutige die Verschleie-rung der Vergangenheit. Je länger dieser Schleiertanz dauert, desto schärfer gilt: Mag sein, daß es im Dritten Reich schwerfiel, aufrecht zu leben; doch was bedeu-tet es für unsere Zukunft, wenn wir es nicht einmal heute können? Höfer legt uns nahe, seine Verdienste in der Demokratie gegen sein Versagen in der Diktatur auf-zuwiegen. Aber wer vor seiner Schuld flieht, dem kann sie nicht vergeben werden. Solange Höfer flüchten will, bleibt ihm in der Tat nichts als der Rückzug.

Robert Leicht

25.12.1987   Bayernkurier

Heuchelei um Höfer

An sich war die ganze Angelegenheit nicht neu: Man las dieser Tage von dem weid-lich bekannten »Frühschoppen«-Moderator Werner Höfer, seiner Vergangenheit im Dritten Reich und von dem, was er als Journalist damals zu Papier gebracht hat. Neu ist die Aufregung, die jene Erinnerungen an Höfersche Lehr- und Wan-derjahre auslösen, denn schon seit Jahrzehnten sind die Fakten bekannt – zahl-reiche Blätter haben darüber geschrieben. Solange es aber konservative oder bür-gerliche Presseorgane waren, die einen Blick hinter Höfers Selbstgefälligkeit als allwöchentlicher Richter über die weltweite politische Anständigkeit warfen, galt das nichts – und auch der Westdeutsche Rundfunk stellte sich taub, so daß die aktuellen Reaktionen nicht einer heuchlerischen Peinlichkeit entbehren. Es mußte »Der Spiegel« sein, der sich nun Höfers annahm, damit es auch zu einer Reaktion kommen konnte. Dies als erste Erkenntnis: Es scheint so zu sein, daß man von gewisser Seite die zahlreichen Möglichkeiten der heutigen Informationsgesell-schaft auch dazu benützt, Dinge totzuschweigen. Was Höfer angeht, so ist die Sache nun – spät genug – geplatzt. Allerdings gibt es noch Leute, die den Vor-gang gerne etwas niedrig hängen. SPD-Bundesgeschäftsführerin Anke Fuchs: Es seien »fragwürdige und leicht durchschaubare Methoden«, mit denen Höfer zu Leibe gerückt werden solle. Auch Heinz Galinski von der Israelitischen Kultusge-meinde in Berlin, sonst in Sachen Nazi-Sünden von alttestamentarischer Uner-bittlichkeit, meint lediglich milde, es sei fraglich, ob Höfer an diesem Posten »der geeignete Mann« sei. Man stelle sich vor, Höfer läge politisch auf Unions-Linie! Zweite Erkenntnis: Ein Brauner, der zum Roten wird, ist ein guter Brauner, ein Brauner, der zum Schwarzen wird, ist abscheulich. Es bleibt die Frage offen, was den »Spiegel« bewogen haben mochte, gegen Höfer vorzugehen. Da hört man manches munkeln, was sehr einleuchtend klingt, weil es mit personalpolitischen

Interessen von SPD-Seite zusammenhängt. Die Genossen, so hört man, wollen einen der Ihren an den Platz Höfers setzen, von dem man sich – wohl nicht zuletzt wegen seines fortgeschrittenen Alters – nicht mehr viel zu versprechen scheint. Dritte Erkenntnis: Die alte Regel, daß der Mohr, der seine Arbeit getan hat, gehen kann, gilt auch für Rote. *f. s.*

28.12.1987   FAZ

Die Grußbotschaft *»Presseclub« (WDR)*

Eine unentschiedene Stimmung lag über der Studioszene, schwankte hin und her zwischen Zapfenstreich und Nachruf, schlechtem Gewissen und Trotzalledem. Rolf Schmidt-Holtz, dem Chefredakteur des WDR-Fernsehens, fiel als (interimistischer) Moderator die unangenehme Aufgabe zu, verbindliche Worte zu machen, die allemal dumpf wie eine Schweigeminute klingen mußten. 1874 mal habe Werner Höfer in dieser Minute... man habe mit ihm telefoniert, zu Hause... herzliche Grüße, er schaue natürlich zu. Pflicht getan, abgetan, die neue Sendung »Presseclub« werde ihr eigenes Gesicht finden. Sollte das alles gewesen sein? Beinahe.

Ohne Tisch und ohne Schoppenwein, nicht mehr als »talking heads«, sondern in ganzer Gestalt unter Caféhaus-Garderoben mit Zeitungen am Stiel, machten ernste Mienen zum neuen Spiel: Cornelie Sonntag, Johannes Groß, Jens Feddersen, Herbert Rieh-Heyse und Werner Perger aus Österreich, der einzige Auswärtige der Runde. »1987 – was für ein Jahr« lautete die naheliegende Titelvorgabe, Höhepunkte und Tiefschläge waren zu finden, je nach Kondition und Couleur. Man kann annehmen, daß jeder in der Runde an den Fall Höfer und Höfers Fall dachte, während über Franz Josef Strauß' Moskau-Reise, Barschels »kriminelle Energie in der Politik« und den Schwarzen Montag des 19. Oktober geplaudert wurde. Zwanzig Minuten dauerte es, bis Werner Perger endlich auf das wirkliche Thema zu sprechen kam: die Feigheit des Senders vor dem alten Freund.

Der Rücktritt Höfer sei »ein sehr deutsches Thema«, man müsse sich doch fragen, warum gerade die Springerpresse sich mit Absagen an Höfer hervorgetan habe, warum schließlich »eine tolle Chance für das deutsche Fernsehen« vertan worden sei, den Liberalen Werner Höfer zu dem Propagandisten Höfer in einer eigenen Sendung zu hören. »Wir müssen jetzt wohl«, meinte nun Schmidt-Holtz, der von sich aus die Rede offenbar nicht auf den wunden Punkt bringen wollen.

Von Feddersen wurde die Entscheidung des Rundfunkrates ausdrücklich mit »Verachtung« belegt, eine Phalanx der Selbstgerechten und deutscher Rigorismus seien zu beklagen. Riehl-Heyse hätte es lieber gesehen, wenn das »Funktionieren des Journalismus im Nationalsozialismus« aus gegebenem Anlaß untersucht würde. Und so fort, jeder trug seinen Teil bei, Mitleid, Empörung, Unverständnis über die Entscheidung, über Höfer, statt mit Höfer über Höfer zu diskutieren. Dennoch hatten sie sich allesamt darauf eingelassen. Rolf Schmidt-Holtz, zerrissen zwischen der gebotenen Zurückhaltung des Moderators und der Loyalität zum Sender, konnte schließlich nur schwach einwenden, daß alle im WDR Höfer einen besseren Abgang gewünscht hätten. *Uwe Schmitt*

Interview mit SPIEGEL-Chefredakteur Werner Funk

Sprecher: Den »Internationalen Frühschoppen« gibt es nicht mehr, doch das Thema Werner Höfer und die Presse im Nationalsozialismus wird uns weiter beschäftigen. Heute hat der frühere Frühschoppen-Moderator und ehemalige WDR-Fernsehdirektor Klage gegen den SPIEGEL eingereicht. Das Nachrichtenmagazin hatte bekanntlich aus journalistischen Arbeiten Werner Höfers während des sogenannten Dritten Reichs zitiert. Nun will der Journalist erreichen, daß der SPIEGEL seine Behauptung, Höfer sei ein »Schreibtischtäter« gewesen, widerruft. Außerdem klagt Höfer auf ein Schmerzensgeld von 100.000 Mark. Begründung: Durch seinen Rücktritt von der Leitung des »Frühschoppens« sei er um Honorareinnahmen von 150.000 Mark im Jahr gebracht worden. Ich hatte Gelegenheit, mit Dr. Werner Funk, Chefredakteur des SPIEGEL, zu sprechen. Ich fragte Funk zuerst, ob er denn nun den Vorwurf »Schreibtischtäter« noch aufrechterhalten wolle.

Funk: Schreibtischtäter sind anders, als die Anwälte von Herrn Höfer behaupten, nach unserer Ansicht jene Leute, die durch ihre Schreibtischarbeit, durch die Artikel, die sie verfassen, ein System stützen, einem System in seiner Rechtfertigung weiterhelfen. Und in diesem Sinne hat Höfer leider gearbeitet, wie wir inzwischen wissen, in einer Vielzahl von Beiträgen, die ziemlich unangenehme braune Soße sind. Im übrigen hat Herr Höfer die bis zuletzt vorgetragenen Behauptungen, nämlich daß er nie vom »Führer« gesprochen und nicht das Wort Jude in den Mund genommen habe, aufrechterhalten. Das ist aber leider nicht richtig.

Sprecher: Haben Sie dafür weitere Belege?

Funk: Ja, uns sind in den Wochen nach dem Erscheinen des Artikels von Lesern alte Zeitschriften zugeschickt worden, Ausschnitte von Höfer-Artikeln aus jener Zeit, also den frühen 40er Jahren, die eben leider belegen, daß er sehr wohl das Wort »Führer« sehr eindeutig benutzt hat.

Sprecher: Können Sie mal sagen, aus welchen Zeitungen, ist das auch aus dem »12-Uhr-Blatt«?

Funk: Nein, eine in dem vom »Führer« die Rede ist, ist eine Zeitschrift, die heißt »Die Wehrmacht« und da heißt es in einem Artikel über Dr. Todt, den Waffenschmied des Reiches: »Das deutsche Volk, vor allem sein Führer und seine Wehrmacht, haben in kurzer Zeit manchen schmerzlichen Verlust bedeutender soldatischer Persönlichkeiten verwinden müssen. Dr. Todt war schon früh zum Führer gestoßen und erfüllte das Idealbild der national-sozialistischen Führerpersönlichkeit« etc. etc. Ich meine, es ist einfach die schlimme braune Soße, die für das Regime wichtig war.

Sprecher: Was sagen Sie denn zu dem Vorwurf, die Ehre eines so bekannten Journalisten sei verletzt worden?

Funk: Wissen Sie, die Ehre, ich befürchte jeder Journalist muß gegen sich gelten lassen, was er geschrieben hat in seinem Erwachsenenalter, und die Aufsätze aus jener Zeit, die hat eben Herr Höfer geschrieben, niemand sonst. Soviel zur Ehre.

28.12.1987   Der Spiegel, Leserbriefe

Braune Soße

Für Ihren so sorgfältig gearbeiteten Artikel »Tod eines Pianisten« ist Ihnen die Familie Karlrobert Kreitens zu großem Dank verpflichtet.

Völlig zu Recht zweifeln Sie auch das Ehrenwort Werner Höfers an, die Angehörigen hätten seine Erklärungen in der furchtbaren Affäre akzeptiert. Dies ist leider eine bewußte Unwahrheit. Als die Gefängnisleitung den Eltern Karlroberts nach dessen Hinrichtung die Habseligkeiten zurückschickte (auch die schwarzen Lackschuhe, die er bei seiner Verhaftung vor dem Heidelberger Klavierabend trug), war ich dabei und habe die Zusammenbrüche des Vaters Theo und der Mutter Emmy erlebt. Bis zum Ende ihres Lebens haben beide darunter gelitten, daß Werner Höfer sich für den unter seinem Namen erschienenen ›Nachruf‹ auf Karlrobert niemals zu einem Wort der Entschuldigung aufraffen konnte.

Anne Winzer-Füllenbach (Cousine Karlrobert Kreitens), Saarbrücken

Westdeutscher Rundfunk Köln
Anstalt des öffentlichen Rechts
Redaktion
Internationaler Frühschoppen
Appellhofplatz 1
Postfach 10 19 50
5000 Köln 1
Telefon (02 21) 22 01 · Durchwahl 220-
Telegramme: WDR Köln
Telefax: 220 48 00
Telex: 8 88 25 75

Frau
Thinka Fritz

hö-mo

Unser Zeichen

Sehr geehrte Frau Fritz,

für die Übersendung der Schallplatte danke ich Ihnen sehr.

Ich benutze den Anlaß, Sie und Ihren Sohn wissen zu lassen, daß ich nie eine Zeile über oder gar gegen Karlrobert Kreiten geschrieben habe. Dies ist von den Stellen, denen ich Auskunft schuldig bin, akzeptiert worden, auch von Angehörigen des Ermordeten.

Mit vorzüglicher Hochachtung

(Werner Höfer)

29.12.1987   Der Stern

Eine deutsche Karriere

Mußte der Frühschöppner Werner Höfer abtreten? Nein. Hätte er aus eigenem Entschluß abtreten sollen? Ja.

Warum mußte er nicht? Weil er mit dem erzwungenen Rückzug unseren verlogenen Umgang mit der Nazi-Vergangenheit nur um eine Lüge vermehrt hat.

Warum hätte er von sich aus abtreten sollen? Weil es auch 45 Jahre danach nicht zu spät ist, Fehler einzugestehen, Scham zu empfinden und dann so zu handeln, wie es sich für einen öffentlich tätigen Bürger gehört: die Öffentlichkeit nicht mehr mit der eigenen Person zu belasten.

Das ist eine Sache der individuellen Moral. An die muß man appellieren. Da Höfer aber nur wegen des Drucks seiner Kritiker geht, die von links bis rechts einträchtig verkünden, als ehemaliger Nazi-Journalist sei er untauglich für das Amt des Stammtisch-Halters der Nation, verhilft er einer scheinheiligen Polit-Moral zu einem billigen Triumph.

Ja, wenn die Bundesrepublik auf dem Fundament von Schuldbewußtsein und Sühne errichtet worden wäre; wenn es den gerechten Anfang gegeben hätte, den Humanisten wie Alfred Andersch bis 1947 erträumten, einen Staat der friedfertigen, den Machttrieb verachtenden Demokraten: wenn wir alle Schreibtischtäter, Mörder, Mitmacher abgeurteilt und ausgesperrt hätten; wenn Höfer einer der wenigen geblieben wäre, die durch die Maschen der Gerechtigkeit zu schlüpfen vermochten – dann könnte man in den Chor der Moral-Helden einstimmen.

Doch so war es nicht. Die Mörder und anderen Nazis waren unter uns, machten mit beim Aufbau der Demokratie, als Minister, Staatssekretäre, Juristen, Ärzte, Manager und Professoren. Daß ehemalige Nationalsozialisten es zum Bundesverdienstkreuz brachten, war fast schon die Regel, daß ehemalige Widerstandskämpfer vergebens um Entschädigung kämpften, auch.

Die Justiz verfolgte die Verbrecher lax oder gar nicht. Das Volk wählte einen Ex-Nazi zum Kanzler, duldete zwei Bundespräsidenten mit Nazi-Vergangenheit. Man hatte sich arrangiert, getreu jenem furchtbaren, vom Literaturnobelpreisträger Elias Canetti beschriebenen Gesetz: Die Überlebenden haben immer recht. Sie können reden. Die Opfer nicht.

Der Fall Höfer paßt in die Horror-Landschaft des erbarmungslosen Vergessens. Spätestens seit 1962 ist bekannt, daß er 1943 in einem Artikel die Hinrichtung eines jungen Pianisten wegen »Feindbegünstigung und Wehrkraftzersetzung« begrüßte (»strenge Bestrafung eines ehrvergessenen Künstlers«). Höfer behauptet, die entscheidenden Stellen seien hineinredigiert worden. Doch auch das, was er in anderen Beiträgen 1943 im reifen Mannesalter von 30 Jahren schrieb, ist schlimm genug – etwa der Nazi-Zynismus, mit dem Höfer den Ausgebombten die Flucht aufs Land als »Gesundbad gegen Zivilisationserkrankungen« empfahl.

Das alles ist seit 25 Jahren bekannt. Der damalige »Spiegel«-Verlagsdirektor Hans Detlev Becker wußte es, als er 1968 im »Internationalen Frühschoppen« mit Höfer parlierte. Auch »Spiegel«-Herausgeber Rudolf Augstein folgte den Einladungen Höfers. Sie alle redeten mit ihm, ließen ihn seinen »Frühschoppen« zelebrieren, diese staatstragende Parodie eines »objektiven Journalismus«, in der Höfers Herrenmenschen-Denken sich nur dann zeigte, wenn er einem Sowjet-Journalisten über den Mund fuhr.

Hätte der »Spiegel«, hätten alle ernst zu nehmenden Publikationen und nicht nur die »National- und Soldatenzeitung« vor zwei Jahrzehnten geschrieben: Der Ex-Nazi Höfer, Parteimitglied seit 1933, muß weg. Hätten die Demokraten die Widerwärtigkeiten der Höfer-Artikel im Dritten Reich nicht durch seine ausgewiesene Liberalität nach 1945 wiedergutgemacht gesehen – wären die heutigen Angriffe auf Höfer überflüssig, weil er den Sonntagswein längst in einer Sylter Kneipe oder beim Privatfernsehen schlürfen würde.

Doch wir haben Höfer akzeptiert, haben ihm zugehört, haben ihn Kolumnen schreiben lassen, haben nach dem Sonntagsfrühstück seine völkischen Klischees verdaut, ob es um die angeblich neutrale »Neue Zürcher Zeitung« ging oder um die englische »Wiege der Demokratie«.

Wir haben vergessen. Und können Höfer deshalb kaum einen Vorwurf machen, daß auch er unter Vergeßlichkeit litt. Können uns höchstens wundern, wenn er so gerade eben anerkennt, daß seine Artikel von damals »aus heutiger Sicht« zu verurteilen seien. Was ja heißt: Wenn die Nazis regieren, ist es in Ordnung, ein Nazi zu sein; und wenn die anderen dran sind, muß man halt ein bißchen Menschlichkeit zeigen.

Werner Höfer – eine bundesdeutsche Karriere. Eine ganz normale Karriere, die nur etwas Besonderes wurde, weil es den Mann in die Öffentlichkeit drängte. Hunderttausende sind schuldiger geworden als er – wenn man etwa dem Unterzeichner und dem Vollstrecker eines Todesurteils mehr Schuld beimißt als dem opportunistischen Skribenten, der applaudierte.

Daß Höfer jetzt angegriffen wird von Leuten, die Jahrzehnte mit ihm kollaboriert, ihn toleriert haben, ist einigermaßen rätselhaft. Seit vierzig Jahren hätte man jede Woche nicht nur ihn, sondern viele mehr oder weniger ehrbar gewordene Nazis attackieren können – Richter, Vollstrecker, Arisierer.

Das haben die Politiker, die Journalisten unterlassen. Es am vergleichsweise unbedeutenden Fall Höfer nachzuholen macht die sogenannte Vergangenheitsbewältigung zur Posse. Als könne man an ihm demonstrieren, was man vor vierzig Jahren versäumte: die Bundesrepublik Deutschland als einen von Grund auf moralischen Staat zu schaffen.

Damit müssen wir leben. Mit den Kiesingers, Filbingers, Waldheims, Karajans, Höfers. Was bleibt, ist die individuelle Moral. Was bleibt, sind die Sätze von Professor Peter Wapnewski, der mit seinem FAZ-Artikel über den hingerichteten Karlrobert Kreiten vor einem Monat das Problem Höfer wieder zur Sprache brachte: »Man wird diesem Toten nur gerecht, wenn man in ihm das große Schattenheer der auf gleiche Weise Getöteten sieht; wenn man keine Ruhe findet beim Fragen danach, warum die anderen überlebten ...«   *Hans Heinrich Ziemann*

Höfer verklagt den »Spiegel« auf Schmerzensgeld und Widerruf

Anwälte sehen Persönlichkeitsrechte des Fernsehjournalisten verletzt

Der Fernsehjournalist Werner Höfer hat das Nachrichtenmagazin »Der Spiegel« auf mindestens 100 000 DM Schmerzensgeld und auf Widerruf der Behauptung verklagt, Höfer sei »im Zusammenhang mit Nazi-Opfern« ein Schreibtischtäter. Dies berichtete gestern ein Sprecher eines von Höfer beauftragten Kölner Anwaltsbüros der dpa. Die Klageschrift sei inzwischen bei Gericht eingereicht worden.

In der Klageschrift an das Landgericht Köln heißt es, Höfer sei im »Spiegel« vom 14. Dezember im Zusammenhang mit dem Dritten Reich und dem Tod des Pianisten Karlrobert Kreiten als »Schreibtischtäter« bezeichnet worden. Im Artikel werde beim unbefangenen Leser der Eindruck erweckt, als sei Höfer Täter oder Mittäter des Mordes an Kreiten. Tatsächlich sei Höfer nicht schuld an dem Tod des Pianisten, von dem er bis zu seiner Ermordung nichts gewußt habe, »den er weder von Person noch dem Namen nach kannte«.

Die Bezeichnung Höfers als »Schreibtischtäter« im Zusammenhang mit dem Naziregime sei nicht nur unwahr, sondern verleumde Höfer in einschneidender Weise, meinten Höfers Anwälte in der Klageschrift, die das Datum 24. Dezember trägt. Nach Darstellung der Anwälte verliert der 74jährige Höfer, der vom WDR-Rundfunkrat praktisch zum Rücktritt gezwungen worden sei, durch den Wegfall des »Internationalen Frühschoppen« jährliche Honorareinnahmen von 150 000 DM und vor allem die Leitung seiner seit 1952 ausgestrahlten Sendung. Viel schwerer aber als die Trennung vom WDR wiege die Verletzung der Persönlichkeitsrechte Höfers durch die Behauptung, Höfer sei ein Schreibtischtäter. »Schreibtischtäter im Dritten Reich sind im heutigen Sprachgebrauch Nazi-Verbrecher wie Eichmann u. a., die den Tod unzähliger Menschen vom Schreibtisch aus angeordnet und organisiert haben«, erklärten die Anwälte in der Klageschrift. »Der Kläger kann nach 1874 Ausgaben des Internationalen Frühschoppens wohl als der bekannteste deutsche Fernsehjournalist in der Bundesrepublik und im benachbarten Ausland bezeichnet werden.« Die Verletzung seiner Ehre im Alter von knapp 75 Jahren nach einer erfolgreichen Karriere bei der größten deutschen Sendeanstalt wiege um so schwerer. Das von Höfer geforderte Schmerzensgeld solle der »Spiegel« an eine noch zu benennende gemeinnützige Organisation zahlen.

Journalisten kritisieren WDR

Im ersten »Presseclub«, der Nachfolgesendung des »Internationalen Frühschoppen«, stand das Ende der seit Jahrzehnten erfolgreichen Sonntagssendung im Vordergrund. Die Gäste der neuen Sendung kritisieren dabei nachdrücklich das Verhalten des WDR gegenüber Höfer.

Jens Feddersen, Chefredakteur der Neuen Rhein Zeitung/Neue Ruhr Zeitung, meinte, er habe »ein hohes Maß an Verachtung« für den WDR-Rundfunkrat übrig. Die Vorwürfe gegen Höfer seien seit 20, 30 Jahren bekannt gewesen, dennoch habe der Rundfunkrat plötzlich innerhalb einer Woche »den Daumen nach unten gestreckt«, sagte Feddersen.

Johannes Gross, Herausgeber von »Capital« und »Impulse«, sprach von einer »schäbigen Weise«, in der sich der WDR von Höfer getrennt habe. Ähnlich äußerten sich die NDR-Zeitfunkredakteurin Cornelia Sonntag und der Chefreporter der »Süddeutschen Zeitung«, Herbert Riehl-Heyse. Der österreichische Journalist Werner Perger (»Allgemeines Sonntagsblatt«, »Profil«) meinte, es sei nicht nur ein Skandal, was Höfer geschrieben habe, sondern auch, »wie jetzt mit ihm umgegangen wurde«.

WDR-Fernsehchefredakteur Schmidt-Holtz als Moderator warf dagegen die Frage auf, ob der Rundfunkrat nicht auch den Ruf eines Senders im Auge haben müsse. Er kenne niemanden im Rundfunkrat oder in der WDR-Führung, der Höfer nicht einen schöneren Abgang aus dem Berufsleben gewünscht hätte. Schmidt-Holtz richtete zu Beginn der neuen Sendung »herzliche Grüße« an Höfer, der zu Hause am Bildschirm zuschaute.

Abgesagt zum ersten »Presseclub« hatte die Journalistin Carola Stern. Nach Darstellung von Schmidt-Holtz hat Frau Stern erklärt, sie wolle aus Solidarität mit Höfer an der Sendung nicht teilnehmen.

30.12.1987 Der Tagesspiegel

Debatte zur Ablösung Höfers im Düsseldorfer Landtag beantragt

Hamburg (dpa). Der Vorsitzende der FDP-Fraktion im Düsseldorfer Landtag, Rohde, hat gestern eine Aktuelle Stunde zur Ablösung Werner Höfers als Chef des »Internationalen Frühschoppens« für die erste Sitzung im neuen Jahr beantragt. Rohde begründete dies in einem Gespräch mit der »Neue Ruhr-/Neue Rheinzeitung« damit, daß Landtagsabgeordnete ihr Mandat im Rundfunkrat des WDR zum Schaden des Senders sowie der ARD und des Landes ausgeübt hätten. »Wenn es einen Rundfunkmann gibt, der beim Aufbau der Demokratie in der Deutschen Publizistik das größte Verdienst in Anspruch nehmen kann, dann gewiß Werner Höfer, den der Westdeutsche Rundfunk mit Hilfe von Landespolitikern davongejagt hat«, sagte Rohde.

»Spiegel« nimmt Vorwürfe nicht zurück

Das Hamburger Nachrichtenmagazin »Der Spiegel« erklärte unterdessen, daß es »keinerlei Anlaß« sehe, »die vom Magazin erhobenen Vorwürfe gegen Werner Höfer zurückzunehmen«. In einem Interview des privaten Rundfunksenders »Radio 107« sagte »Spiegel«-Chefredakteur Werner Funk, er würde Höfer auch »weiterhin als Schreibtischtäter bezeichnen«. Dagegen hatte Höfer – wie berichtet – eine Klage angestrengt. Wie Funk erklärte, wurden dem »Spiegel« weitere Veröffentlichungen Höfers aus seiner Zeit als Journalist während der NS-Zeit zugesandt, »die ihn als strammen Mitläufer« des Regimes darstellten. »Er gehört zu den Journalisten, die die braune Soße mit verbreiten halfen«, sagte Funk.

2/1988   Titanic Satire magazin

Der erste nationale Frühschoppen

Eine Mikrofonprobe aus dem Jahre '44

Der Internationale Frühschoppen wurde, nach jahrzehntelanger Weintrinkerei und hart ersessenem Prostataleiden aller Beteiligten, endlich eingemottet. Doch nicht immer war der Frühschoppen das Sonntagsvalium Nr. 1; nicht immer gaben sich nur verwitterte Schnarchsäcke aus aller Herren Länder den Korkenzieher in die Hand.
Kenner behaupten, daß die Pilotsendung von 1944 zu den Heillights des deutschen Rundfunkwesens gehört; daß sich nur die erlesensten Schnarchsäcke aus allen Herrenländern zusammenfanden und daß es, alles in allem, sehr locker und flockig zugegangen sei.
Sollten Sie seinerzeit Ihren Volksempfänger auf Durchzug geschaltet haben, müssen Sie diese Sternstunde jetzt nachlesen.

HÖFER: Heil Hitler, meine Herren, meine Damen, ich begrüße Sie zum ersten nationalen Frühschoppen mit fünf Volksgenossen aus zwei Protektoraten. Ich begrüße als erstes die Filmvor . . ., äh, Führerin, äh, Leiterin . . .
RIEFENSTAHL: Sagen Sie einfach Leni zu mir.
HÖFER: Zu meiner Rechten sitzt der Musikbeauftragte der Reichsmusikkammer, Heribert Ritter von Karajan; ich begrüße auch die Herren Waldheim vom Balkan, Filbinger von der Justiz und den Rektor der Freiburger Universität, Herrn Prof. Dr. Heidegger. Meine Herren, ich hoffe, wir haben ein schönes Gespräch, Herr von Karajan, Sie können den Arm wieder 'runternehmen. Kameras bekommen wir erst nach dem Endsieg. Und damit sind wir auch gleich beim Thema, das heute unter dem besinnlichen Motto steht: »Endsieg – was kommt danach?« Zuvor möchte ich den Volksgenossen Wessel entschuldigen, er ist tot und kann nicht kommen.

WALDHEIM: Das wußte ich gar nicht.

HÖFER: Als kleines Trostpflaster werden wir in unserer Gesprächspause sein Lieblingslied einspielen. Wenn Herr von Karajan nachher so freundlich wäre …

KARAJAN: Die Fahnen hoch, die …

HÖFER: Nachher, Herr von Karajan, und nehmen Sie bitte den Arm 'runter. Herr Prof. Dr. Heidegger: Stichwort Endsieg.

HEIDEGGER: Philosophisch spekuliert möchte ich eruieren: den Endsieg entwerfen heißt, ganz und gar in ihm Geworfensein. 1000 Jahre entwerfen bedeutet nichts. Doch das Nichts nichtet nicht nicht, sondern es postuliert das Sein als wesenden Furor teutonicus …

HÖFER: Herr Waldheim, wollten Sie etwas dazu sagen?

WALDHEIM: Eigentlich schon, aber es ist mir völlig entfallen.

HÖFER: Andere Frage –: Der Endsieg steht bekanntlich vor der Tür. Haben Sie Pläne für die Zeit danach? Vielleicht beginnt Leni?

LENI: Ich möchte einmal mit Oberstleutnant Rudel einen drehen.

HÖFER: Ich denke, darauf können wir uns jetzt schon freuen. Und Sie Herr Waldheim?

WALDHEIM: Ich freu' mich schon drauf.

HÖFER: Ich meine, was Sie nach dem Endsieg machen wollen?

WALDHEIM: Ich weiß es nicht. Aber mein Pferd, das, wie Sie sicher wissen, ein hohes Tier in der SA ist, hat schon Pläne. Ich sitz' dann auf und mach' halt mit. Sie wissen ja, das Glück der Erde liegt auf dem Rücken …

HEIDEGGER: Lassen Sie meine Frau aus dem Spiel! Mit ihr wird nämlich nach dem Endsieg eine Reise mit mir durch unser deutsches Vaterland sein.

HÖFER: Eine Weltreise also.

Zeichnung: Hilke Raddatz

HEIDEGGER: Ja, vor allem die einheimische Fauna wie Elefanten und Eisbären observieren. Und diese unglaublich braungebrannten Kaffern.

HÖFER: Wenn dann noch einer übrig ist, nicht wahr, Herr Filbinger?

FILBINGER: Da muß ich gerade nochmal die Todesurteile von letzter Woche durchgehen.

HÖFER: Jetzt nicht, Herr Filbinger. Sagen Sie uns lieber, was Sie vorhaben.

FILBINGER: Im Augenblick fesselt mich noch mein Richteramt, und bis zum Endsieg muß ich noch einiges vollstrecken lassen, aber danach wäre ich zum Schießen gerne Gauleiter.

HÖFER: Herr von Karajan, nein, den Arm können Sie wieder 'runternehmen, ich hätte Sie sowieso drangenommen. Sie sind bekanntlich zweimal in die Partei eingetreten.

KARAJAN: Und zwar am 8. April '33 in Österreich und am 13. Mai '33 in Deutschland.

WALDHEIM: Jaja, Österreich!

HÖFER: Herr Waldheim, ist Ihnen noch etwas eingefallen?

WALDHEIM: I wo!

HÖFER: Herr von Karajan, unter diesen Umständen ist es für Sie also praktisch ein doppelter Endsieg. Wie werden Sie ihn begehen?

KARAJAN: Nun, zum einen werde ich die letzten Scharmützel persönlich musikalisch untermalen. Der Fanfarenzug der »Leibstandarte Adolf Hitler« wird unter meiner Stabführung »An der schönen braunen Donau« intonieren. Zum anderen werde ich nach dem Endsieg dem Führer ein Marschpolkapotpourri widmen. Arbeitstitel: »Eine kleine Gasmusik.«

HÖFER: Na, das klingt ja alles sehr erfreulich. Und bevor uns Herr von Karajan das Horst-Wessel-Lied singt, bedanke ich mich bei Ihnen, meine Dame, meine Herren, das war schon recht ordentlich. Ich glaube, so können wir's machen.

WALDHEIM: Oh Gott, mein Pferd! Ich habe die Handbremse nicht angezogen!

FILBINGER: Apropos Todesurteile, da fällt mir eine lustige Begebenheit ein, also …

Wer spielte mit wem zusammen?

Schmierenstück um verdienten »Frühschöppner«

»Arbeiten bis zum letzten Atemzug« hatte Werner Höfer wollen. Sein Traum: »Beim ›Frühschoppen‹ sitzen und das Glas heben und dann umfallen – und es ist aus.«

Aus der Traum. In einem Schmierenstück sondergleichen hat eine noch undurchsichtige Gemengelage aus *WDR*-Mitarbeitern, Gremien und *Spiegel* ihn zwei Tage vor Heiligabend zur Aufgabe gezwungen. Werner Höfer wurden seine Artikel aus der Nazi-Zeit zum Verhängnis.

Der Fall wirft zahllose Fragen auf – abseits der wohl nicht klärbaren, in welche Höferschen Texte die Nazis ihre Meinung nachträglich hineinredigierten.

Werner Höfer wurde 1947 vom damaligen Kölner *NWDR*-Intendanten Hanns Hartmann und von Hugh Greene, der im britischen Auftrag den Aufbau des demokratischen Senders leitete, eingestellt. Hartmann war ein von den Nazis verfolgter Jude, und die Briten – gerade im sensiblen Presse- und Rundfunkbereich – waren sicher nicht großzügiger mit überführten Nazis als der heutige *Spiegel*.

Warum wurden Höfer dessen Artikel im *12 Uhr Blatt* damals nicht zum Verhängnis? Warum stuften ihn die britischen Besatzer nicht – wie dies jetzt der *Spiegel* in *Bild*-Manier tut – als »Schreibtischtäter« ein? Und läßt sich daraus nicht das Höfersche Unschuldsgefühl teilweise erklären?

Höfer will keine »posthume Persilscheinakrobatik«. Oder wie es Sebastian Haffner sagt: »Wer so wiedergutgemacht hat wie Höfer, wer sich so verdient gemacht hat um die öffentliche Meinung in der Bundesrepublik, der braucht sich jetzt nicht nochmal wieder umständlich zu entschuldigen, der hat sich durch die Tat entschuldigt.«

Seit 1962 erscheinen in regelmäßigen Abständen immer dieselben Anschuldigungen gegen Höfer. Die *WDR*-Führungen und die Aufsichtsgremien haben all die Jahre den Erklärungen Höfers geglaubt.

Noch 1984 erklärte der damalige Verwaltungsratsvorsitzende Heinz Kühn die Sache mit dem Kreiten-Kommentar seit 1969 für »erledigt«. Oder war die Sache nur deshalb erledigt, weil »die neuerlichen Erörterungen um Herrn Höfer … ausschließlich von der rechtsgerichteten Presse gepflegt« wurden, wie das Verwaltungsratsmitglied Reinhard Grätz dem Musikwissenschaftler Fred Prieberg 1984 mitteilte?

Nun hat sich der *Spiegel* des Falls bemächtigt. Warum erst jetzt? Und wer hat Anteil an dem guten Timing – am 14. Dezember erscheint die *Spiegel*-Geschichte, am 16. tagt turnusgemäß der *WDR*-Programmausschuß, am 21. Verwaltungs- und Rundfunkrat?

Und weil der *Spiegel* nicht zur rechtsgerichteten Presse gehört, haben die Höfer-Texte einen anderen Stellenwert? Selbst für so altgediente Gremienmitglieder wie Heinz Kühn und Reinhard Grätz war das *Spiegel*-Material »neu«. Wie kann der *Spiegel* über »neues« Material verfügen, an das der *WDR* im Laufe der 25jährigen Diskussion um die Höfer-Schreibereien nicht hätte herankommen können? Hat sich das journalistische Unternehmen *WDR* überhaupt darum bemüht? Oder war man dort der naiven Ansicht, Höfer habe in der Zeit beim »Deutschen Verlag« nur den Kreiten-Kommentar abgegeben?

Und wie war es um den Wissensdurst der Gremienmitglieder bestellt? Im Programmausschuß, so ist zu hören, hat man sich mit dem hinterfotzigen Ultimatum von Intendant Nowottny zufriedengegeben, daß Höfer bis Ende März eine befriedigende Klärung herbeigeführt haben müsse. Was ist befriedigend – und für wen? Der Programmausschuß-Vorsitzende Heinz Kühn soll sich auf dieser Sitzung sogar für Höfer in die Bresche geworfen haben. Das war am 16. Dezember, zwei Tage nach Erscheinen des *Spiegel.* Wieder zwei Tage später ist Kühn gegenüber *Bild* klüger: »Ich glaube, daß es in der Tat besser ist, wenn ein anderer den ›Frühschoppen‹ machen würde.«

Zufall oder nicht – am 21. Dezember geht die *Welt* einem »Geflüster« nach. Fest steht für den Kommentator: »Höfer soll abgeschossen werden.« Ein früherer SPD-Funktionär, jetzt an leitender Stelle im *WDR,* wolle auf diesen Platz einen früheren *Spiegel*-Chefredakteur hieven – so das Springer-Blatt.

Der frühere SPD-Funktionär ist der seit 1977 amtierende *WDR*-Pressechef Michael Schmid-Ospach, zuvor medienpolitischer Berater von Heinz Kühn beim SPD-Vorstand. Der frühere *Spiegel*-Chefredakteur ist Günter Gaus.

Zufall oder nicht – am 21. Dezember in der Rundfunkratssitzung ist es Heinz Kühn, der dafür plädiert, Gaus zum Höfer-Nachfolger zu machen.

Nicht weniger »vorurteilslos« hatte sich der Rundfunksrats-Vorsitzende Grätz auf die Sitzung vorbereitet. Schon fünf Tage vorher hatte er in einem Interview mit der *Westfälischen Rundschau* Höfer zum Abdanken aufgefordert. Wie verträgt sich das alles mit der »beratenden« Funktion des Rundfunkrats?

Da ist es denn auch kaum verwunderlich, daß dieses Gremium darauf verzichtete, sich die vollständigen Höfer-Texte vorlegen zu lassen. Statt dessen nahm man mit den *Spiegel*-Kurzfassungen vorlieb. Urteilt der Rundfunkrat bei Programmbeschwerden über den *WDR* auch so fahrlässig? Reicht da auch ein verstümmelter Zitatenschatz aus dem *Spiegel?*

Aber eigentlich ging es ja nur darum, Höfer endlich loszuwerden. Gesucht wurde der Aufhänger. Höfer war ihnen zu alt, der »Frühschoppen« nicht minder.

Jetzt muß sich Robert Lembke vorsehen, daß ihm nicht ein kommunistisches Schweinderl zum Verhängnis wird, um endlich ihn und »Was bin ich?« abzusägen.

Jürgen Itzfeldt

2.1.1988 Vorwärts

»Intrige denkbar«

Interview mit Werner Höfer

Herr Höfer, was meinen Sie, hat den Spiegel *bewogen, in die früheren Kerben von* Bild, Welt, National-Zeitung *und* Bunte *zu hauen?*
Ich glaube, das möchten sehr viele Leute sehr gern wissen, an der Spitze ich selbst.
Schließen sie eine Intrige aus?
Also, in der Gesellschaft, in der wir leben und in dem Beruf, den wir ausüben, kann man das nicht ausschließen. Ich schließe aber auch nicht aus, daß ein ganz schlichtes Motiv dahinter steckt: daß der *Spiegel* wieder mal eine Zielscheibe brauchte, auf die er ballern konnte.
SPD-Bundesgeschäftsführerin Anke Fuchs hatte bei Intendant Nowottny dessen Fürsorgepflicht eingefordert. Fühlten Sie sich von der WDR-*Führung fürsorglich behandelt?*
Ich fühle mich von der *WDR*-Führung im Stil und in der Kollegialität, in der Noblesse und in der Fairness nicht so behandelt, wie ich meine, daß ich es und jeder andere Mitarbeiter hätte beanspruchen dürfen.
Wann hatten Sie denn das Gefühl, von der WDR-*Führung fallengelassen worden zu sein?*
Noch nicht in der Sitzung des Programmausschusses, wohl aber seit der Rundfunkratssitzung. Hier war schon ganz offenbar, daß wichtige Leute, wie beispielsweise der Vorsitzende Herr Grätz – den ich nicht kenne – mit einer vorgefaßten Meinung angereist waren.
Hat es sie gewundert, daß Ihr Kind »Internationaler Frühschoppen« bereits am Tag Ihres Verzichts den neuen Namen »Presseclub« und neue Moderatoren bekam?
Zunächst mal Respekt vor dem *WDR,* der erstaunlich schnell – diese Behendigkeit ist nicht alltäglich – einen neuen Namen, neue Leute – die waren allerdings greifbar – und offenbar auch ein im Ansatz nicht ganz identisches Konzept mit dem »Frühschoppen« aufgeboten hat. Was die neuen Namen angeht, so sind das Kollegen, die ich sehr schätze. Ich vermute, daß die über diese Dienstverpflichtung, wie einer das nannte, nicht sehr glücklich sind.
Herr Höfer, ein Blick in die Zukunft: Könnten Sie sich vorstellen, bei einem Privatsender zu arbeiten?
Das glaube ich nicht. Ich bin niemand, der auf große Einschaltquoten aus ist. Leider haben inzwischen ja auch schon Teile der Gesellschaft und der Politik, von denen man früher wußte, daß ihnen Bildung vor großen Zahlen ging, dieselben Regeln angenommen wie die Privaten.
Ich habe die große Angst, daß mal der Punkt kommt, wo in einer Landtagsdebatte über eine der nächsten Gebührenerhöhungen jemand aufsteht und sagt: Wieso wollt ihr mehr Geld? Ihr macht doch überhaupt kein anderes Programm als die, die ohne Gebühren zurechtkommen. Bei diesem Einschaltquotenfetischismus würde es mich nicht wundern, wenn der »Presseclub« eines Tages auch noch Ballett und Feuerwerk macht.
Interview: Jürgen Itzfeldt

4.1.1988 Der Spiegel, Leserbriefe

Aus dem SPIEGEL, auch aus der Presseerklärung Werner Höfers, geht hervor, daß Höfer in der NS-Zeit ausschließlich in der Presse tätig gewesen sei. Die Akten von Goebbels' „Ministerium für Volksaufklärung und Propaganda" enthalten die Niederschrift einer Rundfunksendung vom 10. August 1944 unter dem Titel „Was ist V I?", in der in einem „Zeitspiegel"-Gespräch „zwischen Werner Höfer und Dr. Toni Maus" erstmals „der Schleier des Geheimnisses, der diese Waffe bisher verhüllte, ein wenig gelüftet wird". Hierzu war „unserem Mitarbeiter Werner Höfer Gelegenheit gegeben, sich über das Wesen von ‚V I' zu unterrichten". In dieser zum Sendetermin 1944 auch in den Druckmedien gestarteten Propaganda-Aktion legte Werner Höfer unter anderem dar, die Waffe werde gezielt und damit entgegen Behauptungen der Engländer fair eingesetzt, während „der Bombenterror der Briten und Nordamerikaner ungezielt sei". Die Niederschrift trägt den Vermerk, daß die Sendung vom Reichsministerium Speer, vom General der Flakartillerie von Axthelm und von Oberstleutnant von Unruh freigegeben worden sei. Inhalt und Umstände der Sendung belegen, daß mit dieser wohlvorbereiteten Propaganda-Aktion kein beliebiger Journalist eine nebensächliche Aufgabe durchgeführt hat – und welche Funktion Höfer im Zusammenhang mit der dokumentierten Propaganda-Aktion ausgeübt hat. Vielleicht ist alles ein Irrtum, und Werner Höfer ist mit dem Werner Höfer der Rundfunksendung nicht identisch. Vielleicht kann Höfer dies selbst aufklären, aber hoffentlich nicht so, wie bisher geschehen und wieder einmal zu spät.

Kassel   PROF. DR. LOTHAR DÖHN

6.1.1988 Der Tagesspiegel

Höfer will im ZDF zu den Vorwürfen Stellung nehmen

Mainz (AP). Werner Höfer, ehemaliger Leiter des »Internationalen Frühschoppens« beim Westdeutschen Rundfunk, wird im Zweiten Deutschen Fernsehen Stellung zu seiner Vergangenheit und den Vorwürfen gegen ihn nehmen. Er werde am 14. Januar in der Sendung »Journalisten fragen – Werner Höfer anwortet« Rede und Antwort stehen, teilte das ZDF gestern mit. Höfer war vorgeworfen worden, in Veröffentlichungen die nationalsozialistische Herrschaft unterstützt zu haben, und hatte die Leitung der Sendung nach herber Kritik abgegeben.

Auf Anfrage teilte auch der WDR mit, daß eine Sendung mit Höfer geplant sei. Sie soll allerdings erst zwei Monate später, am 20. März, stattfinden. Günter Gaus wolle ihn in der Reihe »Deutsche« befragen.

Der private Fernsehsender RTL plus teilte in Köln mit, bereits morgen werde Höfer im Sender Auskunft über seinen Fall geben.

„Sünder und Ordensträger"

Deutsche Pressestimmen zur Affäre Höfer (Auszüge)

STUTTGARTER NACHRICHTEN

In einer Dokumentation, die im WDR als kaum widerlegbar angesehen wird, breitete der SPIEGEL den bislang nicht annähernd mehr bekannten Umfang der Artikel Höfers im Feuilleton der Berliner Nazi-Gazette „12 Uhr Blatt" aus. Bisher hatte nur ein einziger Aufsatz, der „Essay" zur Hinrichtung des Musikers Karlrobert Kreiten, von Zeit zu Zeit vereinzelte Kritik an Höfer ausgelöst.

Erst heute stellt sich heraus, daß Parteigenosse Werner Höfer wöchentlicher Kolumnist des „12 Uhr Blatts" gewesen ist. SPIEGEL-Autor Harald Wieser nennt den freien Mitarbeiter, der mit vollem Namen zeichnen durfte, den „Star des Feuilletons der Nazi-Gazette". Höfer hatte die seit den 60er Jahren immer mal wieder angegriffenen schlimmen Passagen im Kreiten-„Nachruf" damit erklärt, die Redaktion habe diese Stellen „hineinredigiert". Doch Wiesers Indizienkette bringt diese Annahme gründlich ins Wanken.

die tageszeitung

Nun ist es endlich heraus – dem SPIEGEL sei Dank: Fernsehstar Werner Höfer errang seine Sporen als Propagandist des NS-Staats, ehe er sich demokratisierte. Vermummung auf Demonstrationen soll strafbar werden. Wer sich aber mit dem Gesicht des Ehrenmannes durch eine Lüge vermummt, gilt als unbescholten. Höfers Schreibtischtat wiegt schwer genug. Sie fast ein Menschenalter lang auf Ehre und Gewissen abzustreiten, zeugt für hartnäckige kriminelle Energie und für bejammernswerte Schwäche. Wer solche Macht hatte wie er, hätte die Wahrheit sagen können. Aber gerade die auf der Höhe der Macht starren ängstlich in die Abgründe. Am Ende läuft vor dem Applaus der Öffentlichkeit alles ineinander, faktische Macht und eingebildete, und aus diesem Brei wird die Lebenslüge fürs bewundernde Volk. Gegen sie hilft nur der Schock der Wahrheit.

Frankfurter Rundschau

Werner Höfer gibt auf. Da ist es nicht nur naheliegend, die Resigna-tion eines alten Mannes ins Gespräch zu bringen, sondern auch legitim, darauf hinzuweisen, daß seine Karten keineswegs blendend sind. Was an Leseproben im SPIEGEL ausgebreitet wurde, macht selbst eine kleine Ewigkeit nach der Nazidiktatur betreten. Wenn Höfer sagt, er sei damals der klassische „Mitläufer" gewesen, also einer unter zig Millionen, die es sich mit den Machthabern nicht verderben wollten, so liegt der Ansatz für dieses Bekenntnis zu tief. Journalisten, 1943 noch am Schreibtisch und mit den heiklen Themen jener Jahre beschäftigt, waren auch Propagandisten des erkennbaren Wahnsinns.

Süddeutsche Zeitung

Der Fall Höfer ist eine deutsche Absurdität. Höfer nämlich ist alles andere als ein Einzelfall gewesen. Viele Journalisten seiner Generation mußten oder müssen mit einer verbogenen Biographie leben, auch wenn sie sich nachträglich hinter den Schutzmäuerchen der „inneren Emigration" stellten. Viele waren „offen" dabei, als Nazi-Schriftleiter, als mitlaufende Kommentatoren und als antisemitische Antreiber. Kaum einer hat nach dem Zusammenbruch des Nazi-Staates die Schamfrist eingelegt oder sich lange bei Selbstreflexionen aufgehalten.

Nun ist es gewiß nicht so, als seien nicht doch überzeugte Demokraten aus ihren Reihen erwachsen, im Lauf der Zeit. Doch wie sollte jemand, dessen Hand noch warm war vom Bejubeln der Wehrmachts-Siege und vom Verfassen der Betrachtungen zur Bildung nationalsozialistischer Menschen – wie sollte der radikaldemokratisch-kritisch oder gar pazifistisch gesinnt sein? Wie sollte sich Höfer, dessen Fall zu den Ur-Sünden der Republik gehört, um sein „12 Uhr Blatt"-Geschmiere von damals sorgen, von anderen dazu befragt oder gar nicht erst eingestellt werden, wenn er in der Nachkriegsgesellschaft wie selbstverständlich umgeben blieb von seinesgleichen, die oft Schlimmeres formuliert hatten?

Frankfurter Allgemeine

Höfer hat in der Tat während der vierziger Jahre kulturpolitische Kommentare veröffentlicht, die ziemlich bruchlos dem braunen Zeitgeist ent-sprachen. Warum aber, so muß man fragen, wird die Kritik an diesen Artikeln gerade in diesen Tagen immer lauter? Und wieso konnte sie seinerzeit dem Fernsehdirektor kaum schaden, während sie nun sogar die Fortsetzung seiner Tätigkeit als freier Mitarbeiter verhindert? Haben die politisch-moralischen Skandale des Jahres als empfindlicher gemacht? Desavouiert etwa das lügenhafte „Ehrenwort" Barschels auch Höfer, der sein „Ehrenwort" gab, daß ihm die mit der Ermordung Kreitens zusammenhängenden Passagen „hineinredigiert" worden seien?

Es geht nicht darum, Höfers mögliche Schuld zu verharmlosen. Aber die Öffentlichkeit im ganzen sollte, bei aller gerechtfertigten Ungehaltenheit, bedenken, daß die Summe eines Lebens vielleicht doch mehr ist als ein gewiß irritierender Teil davon.

DIE ZEIT

Schlimm genug, was Höfer im Jahr 1943 geschrieben hat. Doch wie im Fall Filbinger, wie im Fall Waldheim: Schlimmer noch wirkt auf uns Heutige die Verschleierung der Vergangenheit. Je länger dieser Schleiertanz dauert, desto schärfer gilt: Mag sein, daß es im Dritten Reich schwer fiel, aufrecht zu leben; doch was bedeutet es für unsere Zukunft, wenn wir nicht einmal heute können? Höfer legt uns nahe, seine Verdienste in der Demokratie gegen sein Versagen in der Diktatur aufzuwiegen. Aber wer vor seiner Schuld flieht, dem kann sie nicht vergeben werden.

WESTFÄLISCHE RUNDSCHAU

Das jahrzehntelange, quälende Getue um Höfers Vergangenheit ist mit der Veröffentlichung im SPIEGEL zu einem Fall geworden. Höfer hätte sich an seinem eigenen Platz vor seinem eigenen Publikum der Öffentlichkeit stellen sollen. Diesem Begehren ist er leider nicht gefolgt.

Statt diese bittere Stunde, die sehr spät auf ihn zugekommen war, als eine große, persönliche Herausforderung anzunehmen, trommelte er ziemlich planlos eine neue Runde zusammen und produzierte eine erbarmungswürdige Sendung.

Zurück bleibt nun das Bild eines verbitterten Journalisten, der zwei Systemen auf seine Weise gedient hat, der sich von seinem Haussender und vielen seiner Freunde verraten fühlt, der als Sünder und Ordensträger zugleich in die deutsche Rundfunkgeschichte eingehen wird.

Zufall oder Strategie?

Anmerkungen zum Umgang mit dem Fall Höfer

Der Fall Höfer ist gelaufen – ausgestanden ist er nicht. Seit erscheinen des »Spiegel«-Artikels am 14. Dezember 1987 mit der Überschrift »Tod eines Pianisten« und dem Untertitel »Spiegel-Autor Harald Wieser über das Nazi-Opfer Karlrobert Kreiten und den Schreibtischtäter Werner Höfer« hat es unzählige Leitartikel und Kommentare, Artikel, Interviews und Leserbriefe in nahezu sämtlichen Presseorganen unseres Landes gegeben; auch das Ausland griff die Affäre auf »Altered outlooks on the Nazi past« (»Times« 4.1.1988), ebenso Hörfunk und Fernsehen. Zu entdecken gab es die merkwürdigsten Seilschaften quer durch den Blätterwald bei der Verfolgung der gegensätzlichsten Interessen. Ein journalistischer Tiefpunkt ist für Wieser mit dem »Vorwärts«-Artikel »Wer spielte mit wem zusammen?« vom 2. Januar erreicht: »Für mich ein in der Publizistik der Bundesrepublik einmaliger Fall.« Was das Zentralorgan der Deutschen Sozialdemokratie, mit der er kritisch sympathisiere, alles aufbiete, um einen gewesenen Nazi zu verteidigen, sei schon außerordentlich. Und für ein Ablenkungsmanöver hält er die unsinnige, ohne jede Recherche vorgenommene Unterstellung, der Spiegel habe Personalpolitik im WDR gemacht. »Diese Leute machen, was sie dem Spiegel vorwerfen.«

Sie klang ja auch plausibel, die »Vorwärts«-Frage: »Und wer hat Anteil an dem guten Timing – am 14. Dezember erscheint die ›Spiegel‹-Geschichte, am 16. tagt turnusgemäß der WDR-Programmausschuß, am 21. Verwaltungs- und Rundfunkrat?« Daß es der pure Zufall sein sollte, wird wohl auch den in dieser Sache nur in strategischen Kategorien denkenden Kollegen nicht in den Sinn gekommen sein. Aus einem ursprünglich geplanten Kreiten-Porträt anläßlich der Berliner Theateraufführung von Hartmut Langes »Requiem für Karlrobert Kreiten« war eine Höfergeschichte geworden, ein Stück Aufklärungsarbeit wurde geleistet (bis auf den schon seit 1962 durch Albert Norden [DDR] bekannten Artikel vom 20. September 1943 im Berliner »12 Uhr Blatt« wurden umfangreiche weitere Belege aus Höfers journalistischer Produktion der Nazi-Zeit dokumentiert). Über die Wirkung dieser Aufklärungsarbeit und über die Schnelligkeit, mit der sie eintrat, scheint selbst der »Spiegel« verwundert zu sein.

Die in diesem Kreiten-Höfer-Artikel aufgestellte Indizienkette versuchte bislang weder Höfer noch eine andere Seite zu widerlegen. Höfers in seiner Presseerklärung vom 17. Dezember 1987 angekündigten rechtlichen Schritte gegen den »Spiegel« bestanden zunächst in der Aufforderung, der »Spiegel« solle den Ausdruck »Schreibtischtäter« widerrufen. Da das Blatt diese Bezeichnung nach wie vor aufrechterhalten will, verklagte der inzwischen zurückgetretene Höfer am 24. Dezember 1987 das Nachrichtenmagazin auf mindestens 100 000 Mark Schmerzensgeld und auf Widerruf der Behauptung, er sei »im Zusammenhang mit Nazi-Opfern« ein »Schreibtischtäter«. Diese Klage soll nun am 13. April vor dem Kölner Landgericht verhandelt werden.

Es bleibt die Frage, warum das Magazin erst jetzt diese gründliche Recherche betrieb, 25 Jahre nach dem ersten konkreten Verweis auf den Fall, und es bleibt auch die Frage, warum diese Recherche nicht andere Blätter unternahmen. Der Hinweis auf die erste Quelle – der Kommunist Albert Norden –, später die nur von rechts weitergetragenen Wiederholungen zum Beispiel der »Nationalzeitung«, ist in diesen Tagen stets erfolgt und gilt als Erklärung dafür, warum diesen Anschuldigungen nicht nachgegangen werden mußte. Vielleicht ist aber auch etwas dran an der Feststellung der »Times«, die anmerkt, daß inzwischen bei uns wichtige und einflußreiche Positionen eingenomen werden von denjenigen, die jung genug sind, um unbeeinflußt von Nazi-Vergangenheit zu sein: »They are less sympathetic to the dilemmas that faced those who lived through the period. Their judgements are harsher.«

Wahrscheinlicher jedoch sind die Überlegungen, die der ehemalige Medien-Kolumnist (von 1966 bis 1972) des »Spiegel«, Otto Köhler, in einem ebenso kenntnisreichen wie selbstkritischen Hörfunkbeitrag in der »Kritischen Chronik aus Kultur und Politik: Journalisten-Karrieren – vor und nach 1945« (WDR 3 am 3. Januar) anstellte: Er fühle sich mitschuldig an dem Schweigen, »das sich in unserem Lande ausgebreitet hat ausgerechnet über die Worte derer, die durch das Wort leben«. Zu seinen legitimen Aufgaben hätte es gehört zu ergründen, »wer dieser Mann ist, der als Ritual über die sonntäglichen Mittagstische der Nation hereinbrach«. Aber er habe keine Zeile über ihn geschrieben, obwohl er jetzt in seinem Archiv das WDR-Heftchen von 1962 mit dem Kreiten-Artikel entdeckte. Er habe sich zwar auch um die Vergangenheit von Journalisten gekümmert, mit denen er sich kritisch beschäftigte. »Aber, das muß ich gestehen, ich habe diese Vergangenheit instrumentalisiert. Ich habe erst dann, wenn ein Journalist heute etwas tat, was gegen die Gesetze eines guten Journalismus verstieß, gefragt: Hat der nicht schon damals? Diese Instrumentalisierung war falsch, sie verlor sich in individuellen Zusammenhängen.«

Sicher ist es bitter für den ehemaligen Fernsehdirektor des WDR, nach über 40jährigem engagiertem Einsatz für diesen Sender sich in dieser Form von dem Haus zu trennen. Und mit der Erinnerung an das, was unter seiner Ägide möglich war, welchen Freiraum er seinen Mitarbeitern auf experimentellem Gebiet schuf und daß er den Freiraum für politisch unabhängigen Journalismus gegen Begehrlichkeiten der Politiker behauptete, ist dies auch ungerecht. Zum Verhängnis wurde ihm jedoch die Bravour, mit der er über all die Jahre seine Anfänge verdrängte und Vorwürfe, die seine Haltung während der NS-Zeit betrafen, ignorierte. Richtiger gesagt, seine Unfähigkeit oder seinen Unwillen, die eigene Geschichte zu reflektieren, sich auf sie einzulassen. Für diese Unfähigkeit sprechen alle seine Erklärungen und Interviews, die er nach dem 14. Dezember gegeben hat. Der sich so äußerte und bis heute dabei bleibt, von dem ist eine Position, wie sie zum Beispiel Carola Stern für sich mit ihrem Buch »In den Netzen der Erinnerung« in ihrem sechzigsten Lebensjahr errang, wohl nicht zu erreichen.

Daß es in diesem Zusammenhang nicht darum gehen kann, »Pauschalurteile von unübertrefflicher Selbstgerechtigkeit« abzugeben, wie es WDR-Hörfunkdirektor Manfred Jenke in einem bemerkenswerten Kommentar mit der Überschrift »Widerspruch« in WDR-Print vom Januar formulierte, sollte für jede Kommentierung gelten. Seine bereits am 20. Dezember 1987 geschriebenen Anmerkungen, die er unabhängig von der einen Tag später stattfindenden Rundfunkratssitzung und dem danach wiederum einen Tag später erfolgten Verzicht Höfers unverändert stehen ließ, enden folgendermaßen: »Was Höfer in den letzten Tagen des Jahres 1987 zugestoßen ist, läßt darauf schließen, daß die Zahl der Ignoranten und Opportunisten eher wieder im Wachsen ist – draußen im Lande. Auch drinnen im WDR?« *Marianne Engels-Weber*

8. 1. 1988   BZ Berlin

Der ehemalige »Frühschoppen«-Chef stellte sich im Fernsehen der 22jährigen Kronzucker-Tocher Susanne

Köln/Berlin. Der ehemalige »Frühschoppen«-Moderator Werner Höfer, der durch seine journalistische Tätigkeit während der NS-Zeit ins Gerede gekommen war, sah sich nach eigenen Worten in der Nazi-Zeit vor die Frage gestellt, »Überleben oder Untergehen?«.

Werner Höfer war gestern abend Gast in einer Sendung von RTL plus.

Auf die Frage, warum damals viele Menschen zu »Mitläufern« geworden sind, statt sich dem Widerstand anzuschließen, sagte der 74jährige: »Das war kein Entschluß, den man zu treffen hatte, das war praktisch die Frage nach Leben oder Tod, nach Überleben oder Untergehen«.

In der »totalen Unfreiheit und totalen Beherrschung durch ein totales System« habe sich für ihn die Frage des Widerstandes erst gar nicht gestellt.

Höfer, der von Susanne Kronzucker interviewt wurde, sagte auch, daß er sich getragen fühle von einer »Woge des Interesses« und von einem »Wellenschlag des Verstehens«.

Höfer über seine ehemalige Sendung: Ich habe erst jetzt begriffen, daß der Internationale Frühschoppen vom Fernsehpublikum als Völkerbrücke und Menschenbrücke verstanden worden ist.

Höfer (Erstsendung dem 30. August 1953) über seine mehr als 30jährige Tätigkeit beim Westdeutschen Rundfunk (WDR): Es ist mein Lebenswerk.

Höfer über Freunde: Es gibt viele bedeutende Leute, die ich nie wiedersehen möchte. Ich fühle mich wohl unter intelligenten, fairen und treuen Menschen, bei einem Glas guten Weines.

Höfer über die Zukunft: Ich wünsche mir Gesundheit, damit ich noch viel arbeiten kann. Die Arbeit ist Leben und umgekehrt. Ich möchte noch zwei Sachen machen, die es in der ganzen Fernseh-Welt noch nicht gegeben hat. Was das ist, sagte er nicht.

Höfer über Ehrungen: Das allergrößte, was einem Menschen widerfahren kann, ist es, im Kölner Karnevalszug als Pappmaché-Figur mitgeführt zu werden – und das ist mir widerfahren.

Werner Höfer war am 21. Dezember vom WDR-Rundfunkrat zum Rücktritt gezwungen worden, nachdem »Der Spiegel« ihn in einem Bericht als »Schreibtischtäter« bezeichnet hatte.

Mit dem Wegfall des Frühschoppens verliert Höfer, der am 21. März 75 Jahre alt wird, jährlich 150 000 Mark an Honorar.

9./10.1.1988 Süddeutsche Zeitung

Die Schatten bleiben mächtig

…Je weiter sich die Geschichte von den Überlebenden und Nachkommen entfernt, desto leichter wird es, ihr offen und ehrlich zu begegnen. Höfer hat sich mit einer Lebenslüge durchgemogelt, die seine Alters- und »Zeit«-Genossen noch zu akzeptieren bereit waren, weil sie ähnliche Erfahrungen hatten, daß man nämlich allerlei faule Kompromisse machen »mußte«, um die Nazi-Zeit zu überleben. Seine schäbigen Handlangerdienste von damals hat er jetzt mit der Behauptung zu rechtfertigen versucht, daß er glaubte, vor der »Frage nach Leben und Tod« zu stehen. Er sei zum »Mitläufer« geworden, weil er nicht den Mut zum Widerstand gehabt habe.

Höfers Glaubwürdigkeit

Damit hat sich der wendige Showmaster den letzten Rest von Glaubwürdigkeit geraubt, denn das war damals nicht die Alternative. Er hat übersehen, daß »seine« Geschichte tot ist, daß statt dessen die toten Opfer aufstehen – als Ankläger und als Helden, als Zeugen dafür, daß die Geschichte auch anders hätte verlaufen können, wenn es mehr Kreitens und weniger Höfers gegeben hätte. Denn die Geschichte der Nazi-Zeit ist zu ungeheuerlich, als daß sich die Nachfahren je mit der Erklärung abfinden könnten, daß sie so und nicht anders kommen mußte. Nazi-Deutschland aus den Bedingungen der Zeit zu erklären, eine direkte Linie vom Versailler »Schandvertrag«, dem Elend der Weltwirtschaftskrise, dem »kommunistischen« oder »jüdischen Weltfeind« zu Hitler zu ziehen, ist zu wenig. Da war mehr, da war eigene Schuld. Je distanzierter der Blick auf die Geschichte wird, je mehr Erfahrungen aus den Zeitumständen verblassen, desto absurder und dünner werden die Entschuldigungen.

So mußte über vierzig Jahre danach eine Historiker-Fraktion scheitern, die Hitler »historisch« erklären wollte; so wurde schließlich Höfer doch noch ein Opfer seines Mangels an Ehrlichkeit; so muß Waldheim, ein anderer Mitläufer, seine Lebenslüge verteidigen. Er hat vor allem jüdische Organisationen gegen sich. Die Söhne und Enkel der Opfer können weniger noch als die Söhne und Enkel der Täter verstehen, daß die Geschichte so und nicht anders kommen mußte. Daß die Juden ohne Widerstand in den Tod gingen, bleibt für sie ein Trauma. Sie haben daraus die Lehre gezogen, sich zu wehren, und dazu gehört es einen Mitschuldigen oder der Mitschuld Verdächtigen nicht wieder zu Amt und Würden kommen zu lassen, dem Antisemitismus kraftvoll entgegenzutreten. Ist es unverständlich, daß sie unversöhnlicher sind als viele, die das Grauenvolle miterlebt und überlebt haben? Die Geschichte ist nicht abgeschlossen, solange Handelnde, Täter und Opfer noch am Leben sind. Auch deshalb wird es kein Vergessen und keinen Schlußstrich geben. Solange Verbrechen noch aufgeklärt werden kann, müssen die Gerichte tätig werden…

Dieter Schröder

Täter am Schreibtisch

Teure Vergangenheit

»Was man schreibt, das verbleibt.«   (Deutsches Sprachgut)

Zwei Meldungen zum Jahresende, zwei Beispiele dafür, daß uns die deutsche NS-Vergangenheit auch 1988 nicht loslassen wird:

Erstens: Der 74jährige Publizist Werner Höfer verklagt den »Spiegel«, weil der ihn im Zusammenhang mit dem Terror-Todesurteil gegen den Pianisten Kreiten im Jahre 1943 einen »Schreibtischtäter« genannt hat.

Zweitens: Die Ludwigsburger Zentralstelle zur Aufklärung von NS-Verbrechen wird aufgrund einer UN-Liste annähernd gegen 4500 Deutsche vorgehen. Sie werden beschuldigt, während des Krieges Morde begangen zu haben. Da Mord nicht verjährt, müssen die Staatsanwälte einschreiten.

So zufällig die Gleichzeitigkeit dieser Ereignisse sein mag, ihr innerer Zusammenhang liegt auf der Hand. Es ist der Zusammenhang zwischen weit zurückliegenden Tatbeständen und einer schrecklichen Zeit, in der oft der Zufall darüber bestimmte, ob jemand Opfer oder Täter wurde. Es geht also wieder einmal um den Zusammenhang zwischen individueller und kollektiver Schuld, um Sühne, mindestens um Scham. Und es geht auch darum, ob jemand, der wie Höfer jahrzehntelang als untadeliger Demokrat und trefflicher Verfechter journalistischer Unabhängigkeit nicht längst seine Nazi-Sünden wiedergutgemacht hatte.

Aber nicht nur unsere Nachdenklichkeit, auch die Justiz ist erneut herausgefordert. Sie muß ermitteln, verfolgen, urteilen. Wer von jenen 4000, die noch leben und noch nicht vor ein Gericht gestellt worden sind, hat tatsächlich gemordet, totgeschlagen? Wer also war im Wortsinne ein Täter? Im Fall Höfer aber muß sie herausfinden, ob der Publizist dem Nazi-Regime auf solche Weise mit Füllfederhalter und Schreibmaschine gedient hat, daß die ehrenrührige Bezeichnung »Schreibtischtäter« gerechtfertigt ist, oder ob der »Spiegel« wie Höfers Anwälte vorbringen, den Tatbestand der Beleidigung erfüllte.

Da Schlagwörter weit unbestimmter sind als Tatbestände, werden sich die Richter allein mit der Definition des Schreibtischtäters schwertun. Beschreibt ihn etwa der sechsbändige *Duden* präzise als »jmd., der von verantwortlicher Position aus eine unrechte Tat, ein Verbrechen vorbereitet, veranlaßt, den Befehl dafür gibt, von anderen ausführen läßt«, so ist der *Brockhaus* sowohl vager als auch umfassender: »S. nennt man jene Menschen, die zwar nicht direkt (als Befehlende oder Ausführende) Straftaten begehen, aber durch ihre Tätigkeit als Beamte, Wirtschaftsführer, Publizisten o.ä. indirekt deren Ausführung ermöglichen.«

Mit dem Duden sieht es also für den »Spiegel«, mit dem Brockhaus für Höfer schlecht aus. Denn, sowenig dem Journalisten eine persönliche Schuld an der Ermordung jenes Pianisten nachzuweisen ist, Höfers namentlich gezeichnete Durchhalte-Kolumnen in der NS-Presse haben zweifellos mit dazu beigetragen, der angeschlagenen Nazidiktatur das mörderische Leben zu verlängern. Folgten die Richter dieser Betrachtungsweise, dann hätte Werner Höfer mit seiner Anzeige selbst zu seiner weiteren Entlarvung als Schreibtischtäter beigetragen. Im anderen Falle müßte das Magazin dem Ex-Frühschöppner ein Schmerzensgeld von 100 000 DM zahlen.

Es war eben schon immer etwas teurer, eine deutsche Vergangenheit zu haben.

Günter Geschke

11.1.1988   Der Spiegel, Leserbriefe

„Schweigen und arbeiten"

Der SPIEGEL hat sich Werner Höfer gegenüber bisher u. E. nobler verhalten, als dieser es leider verdient. Dürfen wir Ihnen aus unserem gemeinsam geführten Privatarchiv auszugsweise einige Höfer-Artikel anbieten, die dies belegen? Werner Höfer schrieb unter seinem vollen Namen:

In einem „Weltweite und Weltoffenheit" betitelten Aufsatz im „12 Uhr Blatt" am 30. August 1943:
Was der Feind unter „Kulturpflege" im Kriege versteht, ist aus ungezählten Bildern schmerzlicher Verwüstung abzulesen, deren grausiges Panorama vom deutschen Küstensaum bis zu den Gestaden des Mittelmeeres reicht. Welcher Art die „Kulturleistungen" sind, die derselbe Feind jenseits des Kanals und des Atlantiks anzubieten wagt, zeigt ein Blick in seine Gazetten. Angesichts der dort veröffentlichten Revue- und Theaterszenen fühlt man sich peinvoll erinnert an jene rasseverwandten Darbietungen aus dem Berlin der Inflationszeit, als auch hierzulande manche Bühne ihren Ehrgeiz darein setzte, sich zum Podium der Hysterie und Perversität zu machen.
Gewiß, es waren keine Deutschen, die dieses verwerfliche Geschäft mit einer Talmi-Kunst betrieben. Es gab aber Deutsche, die diesem faulen Zauber zumindest die Ehre ihrer Duldung zuteil werden ließen. Es fanden sich unter ihnen gewisse Intellektuelle, die auch gegenüber dem Hinterteil eines nackten Negergirls noch die Weltoffenheit des deutschen Wesens zur Rechtfertigung ihrer selbstvergessenen Toleranz geltend machen wollten.

In einem Nachruf auf Reichsminister Dr. Todt in „Die Wehrmacht" am 25. Februar 1942:
Das deutsche Volk, vor allem sein Führer und seine Wehrmacht, haben in kurzer Zeit manchen schmerzlichen Verlust bedeutender soldatischer Persönlichkeiten verwinden müssen. Mit Reichsminister Dr. Todt hat das unerbittliche Schicksal des Krieges einen Mann aus der Front abberufen, dessen Wesen und Werk so umfassend war, daß es in der Geschichte kein Beispiel gibt…
Dr. Todt war schon früh zum Führer gestoßen und… erfüllte das Idealbild der nationalsozialistischen Führerpersönlichkeit… Als Reichsminister für Bewaffnung und Munition hatte Dr. Todt unmittelbaren Einfluß auf die Kriegsführung. Seine Aufgabe war es, jeden Leerlauf in der Rüstungskapazität zu beseitigen und die Produktion an Waffen und Munition in kürzester Zeit zu steigern. Bei jeder Granate, die unsere Truppen zum Feind hinüberschickten, durften sie einen dankbaren Gedanken zu dem Manne hinlenken, den sie in kameradschaftlichem Stolz „unseren Todt" genannt hatten.

In einem Kriegsbericht im „12 Uhr Blatt" am 13. April 1943:
In den Sommerplänen der Engländer spielte die französische Atlantik- und die belgische Kanalküste stets eine bevorzugte Rolle. Scharen- und pfundweise bevölkerten die Snobs der Londoner „Society" die Badeorte von Biarritz bis Ostende. Dort hielten sie bei Bridge- und Cocktailparties flirtend und intrigierend vertraute Zwiesprache… Auch heute noch, nachdem seit Jahren der deutsche Soldat Herr dieses mondänen Gestades ist, erinnern verschämte Spuren an die lieben Gäste von ehedem, beispielsweise die Namen etlicher Hotelpaläste, deren Fassaden sich freilich inzwischen manche unpoetische Inschrift deutscher Militär-Dienststellen gefallen lassen mußten.
Die alliierte Propaganda, angepeitscht von ihren sowjetischen Antreibern, spielt wieder mit dem Gedanken eines Invasionsversuches… Wenn sie kommen wollen, so wird ihnen freilich eine „gut deutsche Saison" bereitet werden… Der Strand der Luxusbäder hat sein Aussehen gründlich verändert. Die

Brandung bricht sich an Drahtverhauen und Panzerhindernissen. Die verschwiegenen Strandkörbe haben diskret getarnten Betonbunkern Platz machen müssen. Wo einst die Kurkapelle spielte, ist jetzt Flak oder Marineartillerie aufgefahren, um die eventuellen Besucher mit ihrem robusten Konzert zu empfangen.

In einer Verherrlichung der Organisation Todt im „Kalender der deutschen Arbeit" 1943:
Es ist ein besonderes Geheimnis der deutschen Kriegsführung, daß wir mit unseren Vorbereitungen immer zur rechten Stunde fertig sind, wobei stets das Führerwort Geltung hat, daß alle Möglichkeiten einkalkuliert sind ... Für diese Aufgaben hat die Organisation Todt auch in erheblichem Umfange auf fremdvölkische Arbeitskräfte zurückgegriffen. Fast alle europäischen Nationen sind hier durch freiwillige Arbeiter vertreten. An einer Einsatzstelle wurden Vertreter von dreizehn Völkern gezählt ... Die fremdvölkischen Hilfskräfte lernten hier Energie und Tempo, Tüchtigkeit und Gründlichkeit des deutschen Menschen kennen; sie erlebten aber auch die Vorzüge unseres Lohnsystems und unserer sozialen Einrichtungen. Für Männer, die oft jahrelang unter der Arbeitslosigkeit gelitten hatten, waren das alles zunächst geradezu unfaßliche Eindrücke. Ein neues, arbeitendes Europa unter deutscher Führung hat hier am Atlantik seine erste Probe bestanden ...
Die Heimat aber soll, wenn eine Sondermeldung neue stolze Versenkungsziffern bekanntgibt, daran denken, daß zu diesen Erfolgen auch der deutsche Arbeiter die Hand gereicht hat.

In einer Theaterkritik des „Kaufmanns von Venedig", in der „B.Z. am Mittag" am 1. September 1942:
Paul Rose beginnt die neue Spielzeit mit einer Neuinszenierung von Shakespeares „Kauf-

mann von Venedig". Er nimmt das Stück beherzt als Komödie mit deutlicher Betonung der satyrischen Züge, die fraglos in der entlarvenden Zeichnung des Juden Shylock zu finden sind ... In der Hauptrolle konnte eine der Säulen des Hauses, der vielseitige Georg August Koch, an einem freilich unterwertigen Beispiel, seine des drastischen wie des tragischen Ausdruckes fähige Kunst der Charakterdarstellung darlegen ... Unter den neuen Mitgliedern ist vor allem auf Kurt Strelow hinzuweisen, der den Antonio mit der Noblesse des königlichen Kaufmannes ausstattete und so das rechte Gegenbild zum Schacherjuden schuf.

In einem „Luftrüstung gegen Luftterror" genannten Artikel in den „Bremer Nachrichten" am 30. September 1943:
Es besteht die begründete Hoffnung, daß im Zusammenwirken mit der Qualität unserer Waffen gerade die unerreichte kämpferische Gesinnung und das überlegene Können unserer Flieger bei der endgültigen Niederringung der feindlichen Terrorbomber eine entscheidende Rolle spielen werden. Die Leistung dieser Männer kann durch nichts besser belohnt werden als durch eine ebensolche Einsatzwilligkeit auch des letzten arbeitsfähigen deutschen Menschen ... Wenn heute ein Volksgenosse an seinem Werkplatz oder im Luftschutzkeller schwach zu werden droht, so mag er bedenken, daß es nur noch eine übersehbare Spanne Zeit durchzuhalten gilt, um nach der ständig fortschreitenden Wirkung unserer Abwehr wieder zum Gegenschlag überzugehen.
Bis dahin aber heißt es: schweigen und arbeiten.

Bochum

Prof. Dr. Rolf Taubert
Zeitungshistoriker
Egbert Schenkel
Rechtsanwalt und Notar

13. 1. 1988   epd/Kirche und Rundfunk

Rigorismus

Zur brüchigen Re-Konstruktion von Vergangenheit

… Es ist richtig, daß der WDR an Maßstäbe erinnert, die er selbst, als publizistische Institution der öffentlichen Diskussion und Verhandlung gesellschaftlicher Probleme, formuliert und angelegt hat. An dieser Stelle auch ist zu fragen, ob es ausreicht, wie Werner Höfer es für sich in Anspruch nimmt, *privat,* allein gegenüber dem eigenen Gewissen, die Fragen nach Redlichkeit, Opportunismus, Selbstbetrug, Lebenslüge, Verstrickung zu stellen. Als Person des öffentlichen Lebens, als Publizist, als Verantwortlicher in einem besonderen *öffentlichen* Interesse, in jeglicher Hinsicht. Hier wäre, und durchaus nicht zum persönlichen Schaden, schon früher – zumindest ab dem Zeitpunkt, da die Vorwürfe erstmals publik wurden – eine exemplarische Diskussion zu führen gewesen, hier hätte, fern jeglicher Instrumentalisierung, ein öffentliches Bedenken, Abwägen stattfinden, in Gang kommen können. Schwer ist allerdings die Voraussetzung dazu: die rückhaltlose Aufrichtigkeit, eine, die wortwörtlich zum Verlust der Funktion führen kann.
Der italienische Widerstandskämpfer Primo Levi stellte dem Bericht seiner Auschwitz-Erfahrungen später Überlegungen zur Erinnerung voran. Er analysierte, wie Erinnerungen in die Tiefe abgedrängt werden, um bei erlittenen oder zugefügten Wunden den Schmerz nicht zu erneuern oder das Schuldgefühl zu erleichtern. Vor dem Trauma werde, meist lebenslang, Schutz und Zuflucht gesucht, eine bequemere Wirklichkeit zurechtgezimmert, die Unterscheidung zwischen Lüge und Wahrheit verliere allmählich die Konturen, die Trennungslinie zwischen der Bewertung des Handelns und Denkens auf Treu-und-Glauben oder Wider-besseres-Wissen verwische. Je weiter die Ereignisse in der Zeit zurückträten, um so mehr vervollkomme sich die Konstruktion einer bequemen Wahrheit. Und dies eben nicht, so Levi, aus reiner Unverschämtheit, sondern aus kaum steuerbarer nachträglicher Verfälschung der Motivierung: »Das Erinnern hat zum Nichterinnern werden wollen, und es ist ihm gelungen.«
Hierin liegt sicher auch ein Schlüssel für die kollektiv-individuelle Unfähigkeit, mit einer/unserer Vergangenheit so umzugehen, daß *alle* draus lernen.

Uwe Kammann

Schreibmaschinentäter

Otto Köhler über Journalisten im Dritten Reich und danach: eine vergessene Vergangenheit, eine unwillkommene Debatte

Es war vor achtzehn Jahren, am 16. Januar 1970. Da legte Werner Höfer in der *ZEIT* sein Geständnis ab: »Jetzt hilft kein Schweigen mehr und kein Leugnen, denn es ist heraus: Ich bin ... Was bin ich? Die Hand zittert, da sie es niederschreiben soll. Dabei brauchte es nur abgeschrieben zu werden: Ich sei ›der Schönste im ganzen Land‹, wie es (...) im *Kölner Stadt-Anzeiger,* und ›am beliebtesten‹, wie es auf der Frontseite der meistgelesenen (*Bild*zeitung) stand.«

Elisabeth Noelle-Neumann hatte durch ihr Allensbacher Institut einen repräsentativen Querschnitt von uns Bundesdeutschen fragen lassen, wer der bekannteste und der geschätzteste politische Journalist in unserem Lande sei. Sieger: Werner Höfer, der darauf von der *ZEIT* aufgefordert wurde, seinen Erfolg zu analysieren.

»Fürwahr, eine Aufforderung zum eigenhändigen Rufmord, eine Einladung in gespitzte Bleistifte zu rennen, in heiße Fettnäpfchen zu treten, in feingesponnenen Fallstricken zu landen, in kollegial hergerichtete Mördergruben zu stolpern. Aber Kneifen gilt nicht, vor Freunden noch weniger als vor Feinden; und wer sich – ungefragt – von demoskopischer Thematik so hoch tragen läßt, darf sich – gefragt – nicht fürchten, auch tief zu stürzen.«

»Höfer gestürzt« – so stand es achtzehn Jahre später in der Schlagzeile der meistgelesenen *Bild*-Zeitung. Er stürzte nicht in eine kollegial hergerichtete Mördergrube – wie launig, wie harmlos kam er damals nur auf dieses Wort. Er stürzte nicht, weil unter seinem Namen vor 44 Jahren ein Artikel erschien, der die Hinrichtung eines Künstlers durch Justizmörder begrüßte. Er stürzte wegen des Schweigens, das sich in unserem Land ausgebreitet hat ausgerechnet über die Worte derer, die durch das Wort leben.

Ja, wir Journalisten, deren Beruf es ist, den Mund aufzumachen, wir sind es, die hartnäckig über unsere Vergangenheit schweigen wie keine andere Berufsgruppe im Land. Ärzte, Juristen, ja sogar Militärs haben in den letzten Jahren umfangreiche Bücher über ihr mörderisches Verhalten im Nazi-Staat vorgelegt – von uns Journalisten gibt es keine systematische Untersuchung über unsere Vergangenheit im Dritten Reich. Es war ja wohl nicht Goebbels allein, der zum totalen Krieg rief. Wir Journalisten haben mitgeschrien und mitgeschrieben.

Ich sage: wir. Gewiß, ich genieße die Gnade der späten Geburt sogar mit fünf Jahren Aufschlag – 1945 war ich nicht fünfzehn, sondern zehn Jahre alt. Aber ich weiß sehr gut, was aus mir hätte werden können, wenn uns 1945 die Alliierten nicht die – ja: Gnade ihres Sieges erwiesen hätten.

Damals hatte ich schon mein erstes journalistisches Werk vollbracht, niedergeschrieben in einem Schulheft, das ich stolz herumzeigte und das Verwandte zu dem Lob ermunterte: Ja, aus dem Jungen wird noch was.

Ich hatte auf die Linien eines leeren Heftes ein Kriegsbüchlein geschrieben über unsere Stukas, unsere herrlichen Sturzkampfflieger, die sich mit ohrenbetäubendem Lärm hinunterstürzen auf den zitternden Feind, ihn vernichten, ihn mit Mann und Maus und Kind und Kegel ausrotten.

Ja, ich war stolz auf mein Werk. Denn es entsprach – für mein Gefühl – so ganz dem Vorbild, den bunten Heften der *Kriegsbücherei der deutschen Jugend,* von denen mir mein Vater immer mal eines für zwanzig Pfennig kaufte, wenn er sich für 10 Pf. sein *8-Uhr-Blatt* vom Kiosk holte:

Kriegsbücherei der deutschen Jugend. Heft 52. Jupp Müller-Marein: »Panzer stoßen zum Meer«. – Aus Jupp wurd Josef und eines Tages, von dem Jupp wußte ich längst nichts mehr, Chefredakteur der *ZEIT* – in jenen Jahren, als ich für dieses Blatt zu schreiben begann.

Kriegsheft 122. Jürgen Eick: »Panzerspähtrupp überfällig«. – Eick, mein Kriegs-Vorbild, wurde Mitherausgeber der *Frankfurter Allgemeinen Zeitung.*

Kriegsheft 125. Ludwig von Danwitz: »Fernkampfflieger im Einsatz«. – Danwitz, nach dem Krieg Adenauers liebster *NWDR*-Korrespondent in Bonn, wechselte von der Propagandakompanie zur »Arbeitsgemeinschaft Demokratischer Kreise« – auf diese Einrichtung kommen wir noch.

Kriegsheft 140. Walter Henkels: »38 Mann stürmen Vichy«. – Später siedelte Henkels nach Bonn um und wurde der beliebte Hofchronist der *Frankfurter Allgemeinen.*

Kriegsheft 144. Henri Nannen: »Störungsfeuer von ›M 17‹«. – Ja, der auch.

Das war mein Milieu. Ich blieb 1945 – soweit man das mit zehn Jahren sein konnte, und ich tat alles, was ich dazu konnte – ein kleiner Fanatiker, der für Hitler schwärmte und vom Werwolf träumte. Ich war, nicht zuletzt dank der Kriegshefte für die deutsche Jugend, ein glühender kleiner Nazi, und das noch zwei Jahre lang, bis ich einem vernünftigen Lehrer in die Hände fiel. Ich weiß also nicht, was aus mir geworden wäre, wenn nicht der »Zusammenbruch«, die »Katastrophe« – wie man das damals nannte – gnädig über uns gekommen wäre. Meine Talentprobe – das handgeschriebene Kriegsheft auf dem Schul-Linienpapier – blieb ungedruckt. Aber auch ich hätte, wäre ich so alt wie Werner Höfer gewesen, auch ich hätte die furchtbaren Zeilen schreiben können, die nach dem justizförmig begangenen Mord an dem Pianisten Karlrobert Kreiten am 20. September 1943 unter Höfers Namen im *12-Uhr-Blatt* standen.

Der unversöhnliche Haß, der aus dem Artikel gegen den »ehrvergessenen Künstler« spricht, der den Krieg für verloren und Hitler für einen Wahnsinnigen hielt, dieser Haß war auch mein Haß, den ich als kleiner Junge nach dem verlorenen Krieg noch zwei Jahre lang gegen alle empfand, die dem Führer untreu wurden. Werner Höfer sagt, andere hätten ihm die furchtbaren Zeilen in seinen Artikel geschrieben. Aber, das muß er sich fragen lassen, warum hat er dann für dieses Blatt weitergeschrieben? Weil er nicht als Soldat an die Front wollte, sagt Höfer. Ein ehrenwertes, ja ein sittliches Motiv, wenn es ihm darum ging, nicht auf Menschen schießen zu müssen, die ihm nichts getan hatten – jeder, der sich dem Wehrdienst entzog, verdient Hochachtung.

Aber warum bezeichnete Höfer dann zwei Wochen nach dem Kreiten-Artikel im selben Blatt die Folgen des Krieges als »Gesundbad gegen Zivilisationserkrankungen«? Und warum schrieb er – diesen Artikel hat der *Spiegel* noch nicht erwähnt – im August 1944 auf der Frontseite der Wochenzeitung *Das Reich,* direkt neben dem Goebbels-Leitartikel, einen Jubelartikel auf die zur Ausrottung der Zivilbevölkerung bestimmte V 1, eine Mordwaffe, die das Raketen- und das Fernlenkprinzip, das eine »robust«, das andere »sensibel« – so formuliert Höfer – »auf das glücklichste« vereint? Glück, das ist das Wort, das ihm angesichts des Einsatzes dieser Vernichtungswaffe fünfmal einfällt, und durchaus nicht leichtfertig, wie er betont. »Wenn bei diesem Erfolg das Glück mitspielte, dann war es jenes durch Wissen und Mühen errungene Glück, das zuletzt nur dem Tüchtigen zuteil wird.« Dem Tüchtigsten beim Töten. – Es ist ungerecht, daß Werner Höfer heute, erst heute, nach viereinhalb Jahrzehnten, nach einem erfüllten und erfolgreichen Berufsleben mit den schrecklichen Sätzen konfrontiert wird, die er als Dreißigjähriger schrieb. Schuld an dieser verspäteten Nemesis ist auch er selbst. Er hat vor einem Vierteljahrhundert die ersten Vorwürfe, die wegen des Kreiten-Artikels aus der DDR kamen, abgeschüttelt, so als sei diese Quelle der beste Beweis ihrer Unrichtigkeit. Ihn interessierte seine Vergangenheit nicht, vielleicht in dem richtigen Bewußtsein, mit seinem sonntäglichen Frühschoppen eine Institution unserer Republik zu sein, die bekanntlich keinerlei Vergangenheit hat, keine haben darf. Aber mitschuldig sind wir alle, die wir hörten, daß es da Vorwürfe aus dem Osten gebe, uns aber eben darum nicht dafür interessierten, getreu dem Gesetz, nach dem unser Staat angetreten ist: ein Nazi, der von Kommunisten als Nazi bezeichnet wird, kann kein Nazi sein – er ist fortan unser Verbündeter.

Schuld sind auch die Aufsichtsgremien des *WDR.* Ja, jetzt nach der *Spiegel*-Veröffentlichung hat der Rundfunkrat Werner Höfer rücksichtslos fallenlassen, so als habe sich dieser Mann nicht auch große Verdienste um den *WDR* erworben. Damals 1972, als seine Ernennung zum Fernsehdirektor im Verwaltungsrat beraten wurde, fragte ihn keiner, damals galt es als unschicklich, das Wort Vergangenheit in den Mund zu nehmen.

Und mitschuldig bin ich auch selbst. Ich war von 1966 bis 1972 Medien-Kolumnist des *Spiegel,* und zu meinen legitimen Aufgaben hätte es gehört, zu ergründen, wer dieser Mann ist, der als Ritual über die sonntäglichen Mittagstische der Nation hereinbrach. Keine Zeile schrieb ich über ihn – aber in meinem Archiv entdecke ich jetzt, vergilbt, das DDR-Heftchen von 1962 mit dem Kreiten-Artikel, der uns erst heute, mindestens 25 Jahre zu spät, beschäftigt.

Gewiß, ich kann mir nicht vorwerfen, daß ich mich nie um die Vergangenheit von Journalisten gekümmert hätte, mit denen ich mich kritisch beschäftigte. Im Gegenteil. Aber, das muß ich gestehen, ich habe diese Vergangenheit instrumentalisiert. Ich habe erst dann, wenn ein Journalist heute etwas tat, was gegen die Gesetze eines guten Journalismus verstieß, gefragt: Hat er nicht schon damals? Diese Instrumentalisierung war falsch. Sie verlor sich in individuellen Zusammenhängen und übersah das Gesetz, nach dem unser Nachfolgestaat angetreten ist. Vor mir liegt ein Buch, das erst vor wenigen Tagen erschienen ist. Autor: Dr. Hans Edgar Jahn. Jahn? Ja richtig, der langjährige CDU-Abgeordnete, der schon 1956 vor Bundeswehr-Offizieren die mangelnde Angriffslust des US-Präsidenten Eisenhower (»Er verhinderte stets die Sprache der Waffen«) tadelte und der endlich gehen mußte, als 1979 bekannt wurde, was er 1943 über die »Erbärmlichkeit der jüdischen Rassenseele« schrieb und über den Volkscharakter der Russen: »Bastarde zwischen Tier und Mensch.«

»An Adenauers Seite – Sein Berater erinnert sich«, so heißt Jahns Buch, das jetzt im

Langen Müller Verlag (496 Seiten, 48 DM) erschienen ist und bis ins Namensregister hinein Zeugnis ablegt für die ungebrochene Gesinnungsstärke seines Verfassers: Willy Brandts Name ist dort nach dem Brauch der Neonazis mit dem Zusatz versehen: »alias Frahm.«

Das Buch gibt Rechenschaft über den gigantischen Propaganda-Apparat, den Jahn als erfahrener NS-Führungsoffizier für den ersten Bundeskanzler aufzog, nämlich die Tarnorganisation »Arbeitsgemeinschaft Demokratischer Kreise« – ADK. Auf einem der vielen Photos, die im Buch Adenauer mit Jahn zeigen, sind drei weitere Herren zu sehen. Bildunterschrift: »Gespräch über Schwerpunkte der Öffentlichkeitsarbeit – von links nach rechts Dr. Globke, Erich Peter Neumann, Carl Willy Behr, Dr. Hans Edgar Jahn.«

Die Herren kennen sich – zum Teil schon lange. Dr. Hans Globke, einst Kommentator der von ihm mitvorbereiteten Nürnberger Gesetze gegen die Juden, nun Staatssekretär Adenauers. Carl Willy Beer, nach dem Krieg Redakteur der *Welt,* berichtete 1935 für das *Berliner Tageblatt* vom Nürnberger Parteitag über diese Gesetze, schrieb im Oktober 1942 für das *Reich* feinste Durchhalteprosa aus Stalingrad (»Die Bolschewisten haben sich in Stalingrad selber abgeurteilt. Aber vor ihrem Ende zeigte sich noch einmal, wie noch wohl nie bisher, zu welcher Selbstvernichtung sie fähig sind. Mit Stalingrad wankt die Sowjetfront«).

Der letzte im Gruppenbild mit Konrad Adenauer ist ein enger Freund und Kollege Carl Willy Beers – Erich Peter Neumann: beide waren zusammen beim *Berliner Tageblatt* und wirkten später nach einem Zwischenspiel in der Redaktion als Berichterstatter der Propagandakompanie für das *Reich.* Auch Erich Peter Neumann findet für das *Reich* den richtigen Ton. Bericht aus dem Warschauer Getto vom 9. März 1941: »Mit einem Blick kann man die ungeheure abstoßende Vielfalt aller jüdischen Typen des Ostens überschauen; eine Versammlung des Asozialen, so flutet es aus schmutzigen Häusern und schmierigen Läden, straßauf straßab, und hinter den Fenstern setzt sich die Reihe der bärtigen, bebrillten Rabbinergesichter fort – ein grausiges Panorama.«

Ein phantastisches Bild, dieses Photo im neuen Hans-Edgar-Jahn-Buch: wütende Antisemiten, Durchhaltefanatiker noch in Stalingrad, ein Kommentator der Nürnberger Gesetze – und mittendrin unser erster christlicher Kanzler. Sein Berater Jahn, ein Mann, der gestern noch als NS-Führungsoffizier seinen Soldaten einbleute, nationalsozialistischer Unterricht sei »wichtiger als Pfaffengeschwätz«. Und der hier um 1951 eine schlagkräftige »Arbeitsgemeinschaft Demokratischer Kreise« präsentiert, die mit Hilfe der journalistischen Berater von Hitlers Propaganda-Kompanien ein dichtes Volksaufklärungsnetz über unser Land legt. Aus den Reptilienfonds des Bundeskanzleramtes gespeist, führte die ADK von 1951 bis 1963 über 50 000 Propaganda-Veranstaltungen durch. Hauptziel dieser »Arbeitsgemeinschaft Demokratischer Kreise« war es, die Remilitarisierung in der Bundesrepublik durchzusetzen und jede Opposition zu diffamieren. Sie hatte Erfolg. Globke, Jahn, Neumann, Beer – drei der vier sind tot, den vierten, Hans Edgar Jahn, diesen für seine Partei so ungeheuer verdienstvollen Mann, hat die CDU erst im Rentenalter fallenlassen. Jetzt, nachdem die alten Generäle, die alten Juristen, die alten Beamten erfolgreich unseren Staat als den Nachfolgestaat wiederaufgebaut haben, in die Grube gefahren sind und uns ihre Erblast hinterlassen haben, jetzt bilden wir uns ein, wir könnten etwas ändern, wenn wir schnell noch die Hatz gegen die Übriggebliebenen eröffnen.

Wichtig aber ist, daß gerade wir Journalisten – wir haben es geschafft, wir sind die letzten – endlich die Vergangenheit unseres Berufsstandes aufarbeiten, über die individuellen Lebenskarrieren hinaus. Daß wir erkennen, wie willig unsereiner war: erst Goebbels, dann »Arbeitsgemeinschaft Demokratischer Kreise«. Nahtlos ging unser Geschäft weiter. Weil wir gebraucht wurden. Weil wir uns gebrauchen ließen. Da ist der antiparlamentarische und antidemokratische »Tat«-Kreis, der schon gegen die Republik von Weimar arbeitete – nach dem Krieg besetzten seine Vertreter (Hans Zehrer, Ferdinand Fried, Giselher Wirsing, Klaus Mehnert) die entscheidenden Positionen bei Springers *Welt* und bei *Christ und Welt.*

Noch einflußreicher in der Nachkriegspublizistik wurde die Gruppe um die 1940 gegründete Goebbels-Wochenzeitung *Das Reich,* die Nationalsozialismus auf hohem Niveau bieten sollte, um gegenüber dem Ausland Hitlers Deutschland zu repräsentieren. Gewiß, manche von den Journalisten, die dort als Edelfedern gehobene NS-Prosa schreiben sollten, verweigerten sich dem politischen Anspruch, wichen ins Unpolitische aus oder versteckten gar Widerspenstiges zwischen den Zeilen. Aber merkwürdig ist es doch, daß fast alle, die im *Reich* – Seite an Seite mit Josef Goebbels' wöchentlichen Leitartikeln – als Redakteure und Korrespondenten tätig waren, nach 1945 ohne Anstandspause weiterschreiben konnten: Heinz Barth, Nikolas Benckiser, Martin Bethke, Herbert von Borch, Margret Boveri, Ludwig Eberlein, Fritz von Globig, Herbert Gross, Karl Korn, Carl Linfert, Werner Oehlmann, Jürgen Petersen, Hermann Poerzgen, Helene Rahms, Alfred Rapp, Christa Rotzoll, Ernst Samhaber, Irene Seligo, Jürgen Schüddekopf, Ilse Urbach, Hans Otto Wesemann.

Ja, und auch Erich Peter Neumann, den wir schon vom Gruppenbild mit Adenauer als publizistischen Berater des Kanzlers im strengen Dunstkreis des ADK-Chefs Hans Edgar Jahn kennen. Neumann leitete die Innenpolitik beim *Reich,* bis er zur Propaganda-Kompanie an die Front mußte. Seine Nachfolgerin in der Ressort-Leitung wurde Elisabeth Noelle, die sich heute noch freut, wieviel »Allotria« sie damals im *Reich* des Dr. Josef Goebbels treiben konnte. Den lernte sie näher kennen, weil sie von ihren Studienreisen in den USA 1940 mit einer Dissertation über ein Thema zurückgekommen war, das den Propagandaminister brennend interessierte: »Meinungs- und Massenforschung in den USA. Umfragen in Politik und Presse.«

Goebbels interessierte an der Doktor-Arbeit von Elisabeth Noelle nicht, was er ohnedies wußte, daß »die Juden« das geistige Leben in den USA »monopolisieren« und »ihre demagogischen Fähigkeiten auf die Deutschlandhetze« konzentrieren. Nein, Goebbels reizte an der Noelle-Arbeit etwas, was für ihn noch neu und verlockend war: »Die durch die Massenbefragung einmal eröffnete Aussicht, in die Gedanken, Gewohnheiten und Stimmungen einer beliebig großen anonymen Menge Menschen einzudringen, erscheint in unserem Zeitalter des Zusammenschlusses der Menschen zu gewaltigen Massen oder organischen Volkskörpern als ein so echter Gewinn, (…) daß es fast wie eine Verpflichtung scheint, auch unter europäischen, insbesondere deutschen Verhältnissen den Gedanken der Massenbefragung in irgendeiner Form auszuwerten.«

Wem sagte sie das! Goebbels war wild darauf, in »gewaltige Massen«, »organische Volkskörper« einzudringen, sie demoskopisch zu ergründen. Natürlich ganz anders als in den USA, das hatte Elisabeth Noelle in ihrer Arbeit bereits bedacht, das »ergibt sich aus der deutschen Auffassung vom Wesen der öffentlichen Meinung, nach der, in den Worten des Reichsministers Dr. Goebbels, die öffentliche Meinung ›zum größten Teil das Ergebnis einer willensmäßigen Beeinflussung ist‹«.

Daß Goebbels in seiner Begeisterung Elisabeth Noelle den Antrag machte, sie sollte seine Adjudantin werden, ist zwar nur von ihr selbst überliefert, aber nicht völlig unglaubhaft. Das Institut aber für Demoskopie in Allensbach, das die beiden inzwischen verheirateten *Reich*-Journalisten Elisabeth Noelle und Erich Peter Neumann gründeten, hat unsere Republik und unsere Kanzler, von Adenauer bis Kohl, nicht nur begleitet, sondern auch beeinflußt.

Es wäre gut gewesen, wenn Werner Höfer sich zu seiner Vergangenheit anders verhalten hätte als die anderen. Er hätte auf den Tisch legen können, was er damals geschrieben hat, erklären, wie es dazu kam – ohne Ausrede. Weil er es nicht tat, muß er den Text nun, so wie er steht, stehen lassen. Und er kann, das kann ihm unmöglich schwerfallen, öffentlich bedauern.

Ich habe leicht reden. Die Gnade der späten Geburt, und vielleicht nur sie allein, hat mich davor bewahrt, daß es mir heute geht wie Werner Höfer. Eines aber wünsche ich mir. Wenn auch ich einmal Dinge geschrieben habe oder noch schreiben werde, derer ich mich schämen muß, dann möchte ich, daß jüngere Kollegen aufstehen und fragen: Warum hast du das getan?

Fragten sie mich nicht, dann müßte ich einsehen, daß ich mein Leben lang einem verkommenen Beruf diente.

Prof. Dipl.-Ing. Gerd Schmutzler
Universität Essen
23.01.1988

An die Redaktion
"Die Zeit"
2000 Hamburg

Betr.: Artikel "Schreibmaschinen-Täter" (15.Januar 1988;Seite 33)

Sehr geehrte Damen und Herren,

wenn Herr Otto Köhler in dem o.a.Artikel bekennt,daß auch er die
furchtbaren Zeilen von Werner Höfer anläßlich der Hinrichtung des
Pianisten Karlrobert Kreiten gegen den "ehrvergessenen Künstler"
hätte schreiben können,so muß man ihm das halt abnehmen. -

Schwerer fällt es jedoch zu glauben,daß Herr Köhler nicht zu unterscheiden vermag zwischen den billigen Kriegsheftchen à la "Panzer
stoßen zum Meer" von Müller-Marein,Eick oder Henkels und den Höferschen Zeilen anläßlich der Hinrichtung Kreitens.

Wenn er aber differenzieren kann,warum tut er es nicht?

Will er jemandem weiß machen,daß die Kriegsgeschichten von Müller-
Marein des Jahres 1940,so schlimm sie auch -besonders aus heutiger
Sicht- waren,von der gleichen Verwerflichkeit sind wie Höfers
schäbiger Kreiten-Artikel?

Was bezweckt Herr Köhler damit?

Will er suggerieren,daß Höfer sich nur so verhalten hat,wie alle
anderen damals auch,daß der arme,ach so ungerecht behandelte Mann
sich nur so verhalten hat,wie Du Dich auch verhalten hättest,
lieber Leser?

Mit freundlichen Grüßen

256

17. 1. 1988   Der Tagesspiegel, Leserbriefe

Der Fall Höfer

Wenn man die Stellungnahmen einiger Journalisten und Politiker zum Fall Höfer im Fernsehen und in der Presse liest, hört und sieht, könnte man meinen, der mit einem Jahreshonorar von 150 000 DM und wahrscheinlich auch mit entsprechend hohen Altersversorgungsbezügen bedachte Werner Höfer sei nicht nur ein bedauernswertes Opfer einer schäbigen Verleumdungskampagne, sondern ein geradezu leuchtendes Vorbild für jeden Journalisten. Dagegen sprechen meiner Meinung nach Fakten, die eine geradezu unerträgliche Arroganz und Kaltschnäuzigkeit Höfers erkennen lassen.

So erläutert Werner Höfer seinen Eintritt in die NSDAP wie folgt: »Da hat mir in Köln ein ›alter Herr‹ einer Studentenverbindung einen Zettel vorgelegt, den ich unterschreiben sollte. Das sei nicht wichtig, nur irgend so ein Verein.« Für wie dumm hält Höfer uns eigentlich? War er ein Analphabet? Konnte er nicht lesen? »Nur irgend so ein Verein«, das war die Nationalsozialistische Deutsche Arbeiterpartei, die NSDAP!

1943 hat er in einem Artikel in überaus gehässiger Weise begrüßt, daß der Pianist Karlrobert Kreiten als »vaterlandsloser Geselle« hingerichtet wurde, weil dieser zu äußern gewagt hatte, daß der Krieg nicht gewonnen werden könne. Auf die Frage, ob er diesen Artikel geschrieben habe, ergeht sich Höfer in allgemeinen Ausführungen darüber, daß in autoritären Regimen alles angewiesen werde, die Aufmachung, die Plazierung, von der Tendenz und vom Inhalt nicht zu reden! Er wäre auch nicht in der Lage gewesen, zu verhindern, daß an seinen Texten »rumgefummelt« worden sei. Es seien Sachen unter seinem Namen erschienen, die er nie geschrieben habe, seine Texte seien auch von einem Freund vom Propagandaminister Goebbels bearbeitet worden.

Zu diesen abenteuerlichen Ausreden ist wohl kein Kommentar erforderlich. Zu bedauern ist jedenfalls Werner Höfer nicht. Zu bedauern ist vielmehr, daß er nicht schon vor über 25 Jahren, als seine Nazivergangenheit ans Licht kam, gezwungen worden ist, seinen wohldotierten Posten aufzugeben.

Professor Dr. Rolf Schraepler, Berlin-Charlottenburg

14.1.1988 – ZDF – 22.10–23.10 Uhr

Journalisten fragen – Werner Höfer antwortet

ZDF-Fernsehdiskussion unter der Moderation von Reinhard Appel.
Diskussionsteilnehmer sind neben Werner Höfer die Journalistin Carola Stern, Daniel Vernet
(Chefredakteur von Le Monde, Paris), Gernot Romann (stellvertretender Chefredakteur im
Hörfunk des Norddeutschen Rundfunks) und Hellmuth Karasek (Kulturchef des »Spiegel«).

EDITION HENTRICH · POSTFACH 41 0724 · 1000 BERLIN 41

```
Z D F
Honorare und Lizenzen
Essenheimer Straße

6500 Mainz Lerchenberg
```

```
                                 Berlin, den 29.3.88

     Betr.: "JOURNALISTEN FRAGEN -WERNER HÖFER ANTWORTET"
            (Sendung v. 14.1.88) - Vertrag zur Buchver-
            öffentlichung

     Sehr geehrter ███████████,

     die Genehmigung für den Abdruck von Herrn Karasek,
     Herrn Romann und Herrn Vernet liegt vor.

     Frau Stern verweigert die Genehmigung. Im Auftrag von
     Herrn Höfer, teilte uns heute um 14.53 h Frau ████
     ████████ mit: daß er, "was seinen Part angeht, mit
     einem Nachdruck nicht einverstanden ist".

     Ist das ZDF mit dem Abdruck der Diskussion ohne die
     Texte von Herrn Höfer und Frau Stern einverstanden ?
     Die Herren Romann, Karasek und Vernet hätten nichts
     dagegen.

     Für schnelle Antwort wären wir Ihnen dankbar, da Druck-
     legung unmittelbar bevorsteht.

     Mit freundlichen Grüßen

     EDITION HENTRICH
```

G. Hentrich   K. H. Jans

Der ursprünglich auf den folgenden 17 Seiten vorgesehene Abdruck der vollständigen ZDF-Diskussion kann leider nicht erfolgen, da zwei Diskussionsteilnehmer – Carola Stern und Werner Höfer – den Abdruck ihrer Wortbeiträge verweigert haben und das ZDF keine Genehmigung für den Abdruck der Diskussion nur mit den Beiträgen der Teilnehmer Karasek, Romann und Vernet erteilt hat.

Diese Entscheidung des ZDF entspricht nach Auffassung von Herausgeber und Verlag nicht dem berechtigten Interesse, welches die Öffentlichkeit dem Fall Werner Höfer entgegenbringt.

Die enorme Presseresonanz im In- und Ausland nach den »Spiegel«-Enthüllungen machte deutlich, daß es hier nicht nur um die Person Werner Höfer, sondern einmal wieder um ein Stück unbewältigter deutscher Vergangenheit geht – Journalismus im Dritten Reich und die Erschleichung der Demokratie nach 1945.

Die Veröffentlichung der ZDF-Diskussion in diesem Buch hätte es möglich gemacht, Licht auf diese dunkle Vergangenheit zu werfen.

ZDF

ABTEILUNG HONORARE UND LIZENZEN　　　　　Mainz, 31.03.88
Referat Urheber-, Verlags- und
Leistungsschutzrechte/Programm-
verwertung

F E R N S C H R E I B E N - EILT!

an: Edition Hentrich
　　z.H. Herrn Jans
　　Albrechtstraße 111/112

　　1000 Berlin 41

Lieber Herr Jans,

unter Bezugnahme auf Ihr Telefax vom 29.03.88 teilen wir Ihnen
mit, daß das ZDF Ihnen eine Verwendung der Interviewtexte ohne
die Interviewparts von Herrn Höfer und Frau Stern nicht gestattet.

Sollte es Ihnen nicht möglich sein die Rechte dieser beiden Personen hinsichtlich ihrer Interviewparts doch noch zu erwerben,
müssen wir unser Vertragsangebot vom 08.03.88 wieder zurückziehen,
da gerade diese Rechte Grundvoraussetzung des Vertragsangebots
waren bzw. sind.

Mit freundlichen Grüßen

ZWEITES DEUTSCHES FERNSEHEN
Abteilung Honorare und Lizenzen

Ein Tribunal

Selten sind deutsche Fernsehabende auf so unausweichliche Weise bedrückend wie am vergangenen Donnerstag. Im ersten Programm gab es eine Sendung über jene zahlreichen Nazi-Richter, die für ihre Todesurteile niemals zur Rechenschaft gezogen wurden. Im zweiten Programm ging es ebenfalls um die Hitler-Zeit, allerdings um einen, verglichen mit dem Skandal »Volksgerichtshof«, beinahe harmlosen Fall: »Journalisten fragen – Werner Höfer antwortet.« Der langjährige Gesprächsleiter des »Internationalen Frühschoppens« – eine ARD-Sendung, die viele Fernsehzuschauer inzwischen vermissen – stand im ZDF-Studio ausführlich Rede und Antwort im Zusammenhang mit den unlängst vom »Spiegel« publizierten Artikeln, die Höfer in den vierziger Jahren, als er unter anderem Pressereferent im Rüstungsministerium war, in nationalsozialistischen Publikationen wie »Das Reich« und »12 Uhr Blatt« veröffentlicht hat. Höfer, der vor kurzem auch einen ganzen Programmtag im privaten Kanal RTL-plus durchgestanden hat, stellte sich der Öffentlichkeit just in einer Sendungsart, die er selbst meisterhaft beherrscht: in einer »Gesprächsrunde«, die seltsam suggestiv Interview-Elemente mit Talkshow-Motiven, Hearing-Nüchternheit mit Klub-Atmosphäre verbindet. Höfer mußte ausgerechnet dort, wo jahrzehntelang *er* souverän dirigierte, die glanzloseste, undankbarste Rolle übernehmen, die sich denken läßt: die Rolle dessen, der zugleich Gesprächspartner, Gesprächsgegenstand und wohl auch Angeklagter war. Obwohl Reinhard Appel, der äußerst faire Gesprächsleiter vom ZDF, versprochen hatte, die Sendung solle »kein Tribunal« werden, sondern zur »Aufklärung« über den Journalismus in der Hitler-Zeit beitragen, wurde es eben doch ein Tribunal. In der wachsenden Ungehaltenheit über einen NDR-Mann, der es nicht einmal für erheblich hielt, ob einer seine Nazi-Verstrickung bekennt oder verheimlicht (im Fall Theo M. Loch), sowie über einen Spiegelredakteur, der sogar auf dem objektiv falschen Anwurf »Schreibtischtäter« besteht, vergaß man fast, wie wichtig das Thema ist, und wie ernst die politisch-moralischen Fragen sind, die es erzwingt. Höfer hatte von Anfang an kaum eine Chance. Daß er sich trotzdem stellte, verdient Respekt. Was er sagte, enttäuschte nicht zuletzt durch das Wie. Er sprach wiederholt von seiner »Scham«, bedauerte seine Verstrickung in die Kriegspropaganda (offen antisemitische Hetzartikel sind von ihm nicht bekannt geworden). Aber er erlag allzu oft der – so verständlichen wie aus der Nachkriegszeit vertrauten – Neigung, unter Hinweis auf menschlich-allzumenschliche Einzelheiten die moralischen Fragen einzuebnen. Mit unwichtigen Details wie jenem, er habe niemals das Propagandaministerium betreten und in seinem Pressebüro tagelang Zeitungsartikel ausgeschnitten, bemühte sich Höfer allzu listig um ein biedermännisches Selbstbildnis. Das nährt Verdacht, wie unbegründet er auch sein mag. Formulierungsspiele wie »Ich blicke mehr mit Entsetzen als mit Entzücken zurück« wirkten, als wolle er das Schreckliche elegant verpacken. So reizte er die anwesenden Journalisten zusätzlich, »hart« nachzufragen. Daß den Anwesenden alle Geständnisse als bloße Zerknirschungsgestik erschienen, war auch die Folge des entsetzlichen Ohnmachtsgefühls, das sich in solchen Situationen regelmäßig einstellt – des Gefühls, daß, sofern es nicht um Verbrechen und wirkliche »Schreibtischmorde« geht, Scham- und Schuldbekenntnisse im Fernsehstudio eigentlich nichts zu suchen haben. Sie richten weder etwas aus noch werden sie dem Geschehen von damals in seiner Komplexität gerecht. *m. s.*

16. 1. 1988 Frankfurter Rundschau

Bedrückend

Es war eine bedrückende Veranstaltung – diese Werner-Höfer-Befragung im ZDF über seine Jahre in der NS-Zeit. Schmerzhaft erlebte man das Scheitern der Absicht, die Vergangenheit eines prominenten Journalisten mit Gewinn zu beleuchten. Die vage Hoffnung, der Angegriffene werde vielleicht doch noch ein klärendes Wort finden, trog. Angespannt, getroffen, genervt, selbstgerecht – die Palette der Reaktionen Höfers war breit, aber nicht krampflösend.

Das Gespräch, von ihm als Chance begreifbar, ein letztes Mal eloquent und routiniert die Fernsehgemeinde auf seine Seite zu bringen, verlor nie den Charakter eines Tribunals. Wie denn auch? Einer gegen alle – genau da erwuchsen, so widersinnig es klingt, die Hoffnungen für den Bedrängten, sich achtbar aus der Affäre zu ziehen. Ob ihm das gelungen ist, hängt von den Einstellungen der Zuschauer zum Thema Vergangenheitsbewältigung ab. Und da brauchen sich die Empfindsamen, Nachdenklichen keinen großen Erwartungen hinzugeben. Für die fragenden Journalisten jedenfalls waren die Spielräume eng. Das Fairneßgebot entschärfte, begrenzte die vorhandene Bereitschaft zur Kritik. Wer wüßte dies besser als Werner Höfer.

Erkenntnis: Solche Sendungen sind sinnlos. Sie überfordern alle, auch den, der sich bis ins hohe Alter hinein öffentlich den Vorwürfen bloß abwehrend gestellt hat. Nie stellen wollte? Selbst Höfers Entschuldigungen belegen – leider – mehr die Verdrängungsfähigkeiten dieses Mannes als seine Scham, sein Entsetzen. Man muß auf die Zwischentöne achten. *rr*

16.1.1988   taz

Makabres Feuilleton

… Karasek seinerseits drohte immer mit Belegmaterial hinter seinem Pult. Warum aber wünschte man nicht, daß er's tue? Warum ging die mit so viel Beweisen gedeckte Selbstgerechtigkeit der Höfer-Angreifer auf die Nerven? Einmal deswegen, weil es im Land der ungesühnten Massenmorde unerträglich ist, daß am Ende ein Feuilletonist auf der Strecke bleibt. Zum anderen, weil die absurden Rechtfertigungen von Höfer keinen anderen Schluß zulassen, als daß er es ehrlich meint. Er sei »gedungen« worden; weggehen von der Propagandafront wäre wie »Fahnenflucht« bestraft worden. Mit anderen Worten: Hätte Höfer nicht über »unterwertige Menschen« damals geschrieben und keine Hinrichtung beklatscht , hätte er gewissermaßen den Gang zum Schafott antreten müssen. Unglaubhaft zwar, aber glaubhaft, daß er es noch glaubt. »Selbstverständlich«, so Höfers gereizter Refrain, sei seine Scham. Gewiß, er schämt sich, aber er *weiß nicht* genau, wofür. Verurteilen wir ihn nicht, denn er ist ein redendes Dokument dafür, wie die Demokratie erschlichen worden ist (Karasek).

Klaus Hartung

16.1.1988   Bild

Höfer im TV: Muß ich mir das anhören?

35 Jahre sah das Publikum in Werner Höfer den perfekten Fernsehmann: Gelassen, überlegen, moderat. Donnerstagabend sahen 4,6 Millionen Zuschauer in »Journalisten fragen – Werner Höfer antwortet«, wie die Maske fiel.

Nichts mehr von Überlegenheit, Mut, Zivilcourage. »Nur noch Weinerlichkeit, gepaart mit Altersstarrsinn«, befand Medien-Manager Hans R. Beierlein hinterher.

Höfer über seine NS-Vergangenheit im ZDF: »Ich war nur ein Mitläufer.« Und: »Wo bin ich denn hier eigentlich?« Und: »Muß ich mir das anhören?«

Anhören mußte er sich, daß »Spiegel«-Kulturchef Karasek Behauptung um Behauptung zerlegte.

Höfer: »Man konnte aus der NSDAP nicht austreten.« Karasek: »Vor ein paar Jahren haben Sie gesagt, Sie seien 1937 ausgetreten.«

Ein Mitläufer? Karasek: »Sie machten Karriere.« Höfer: »Ich habe im Ministerium Zeitungsausschnitte sortiert.« Karasek: »Da hatten Sie schon eine Ministerial-Zulage.« Höfer: »Ich war ein unpolitischer Mensch.« Karasek: »Was Sie gemacht haben, war die Fortsetzung der Bücherverbrennungen mit journalistischen Mitteln.« Höfer, zornentbrannt: »Habe ich empfohlen, daß Menschen verbrannt werden?«

Was konnte, durfte ein Publizist im 3. Reich? Das Regime bejubeln (wie Höfer), aber auch Widerstand zeigen, indem er auf Unterhaltungsstoffe auswich (wie Kästner, Bergengruen, Eich, Eggebrecht, Dirks). Wer wie Höfer fürs Regime schrieb, brauchte keinen Zensor – »er hatte die Schere im Kopf.« (Reginald Rudorf)

Henri Nannen sagte einmal: »Höfer hat den Fehler gemacht, gleich nach Kriegsende nichts einzugestehen. Hätte er das getan, wäre gar nichts passiert.« Aber Höfer findet bis heute kein Wort der Trauer über die Erhängung des Klaviergenies Kreiten.

Statt dessen Selbstgerechtigkeit bis zum Schluß. Das Erscheinen von »Spiegel«-Autor Wieser im ZDF hatte er verhindert: »Dann ziehe ich mich zurück.« Zu Karasek sagte er vorher: »Werden Sie unverschämt, gehe ich.«

Eine Drohung – das ist alles, was von Höfer blieb.   *Hans-Hermann Tiedje*

21.1.1988   Stern

Heinrich Jaenecke über die öffentliche Hinrichtung eines Uneinsichtigen

Das Exemplarische am Fall Werner H.

Ein grausameres Stück ist selten über den Bildschirm geflimmert. Strindberg wäre vor Neid erblaßt.

Das Stück hieß »Späte Sühne«. Werner H., seines Amtes und Ansehens bereits verlustig, jedoch immer noch trotzig, wurde zur öffentlichen Hinrichtung vorgeführt. Er hatte die Chance zu einem letzten Wort. Doch er brachte das, was ihm die Begnadigung hätte verschaffen können, nicht über die Lippen: »Jawohl, ich war ein Nazi. Ein echter, kein Mitläufer. Ich glaubte bis zum Schluß an Hitler, und ich sah in allen, die den Untergang des Führers herbeisehnten, Volksverräter, die an den Galgen gehörten. Es dauerte viele Jahre, bis ich den ganzen Wahnsinn begriff, und innerlich bin ich damit immer noch nicht fertig.«

Er sagte dies nicht, vielleicht weil er es gar nicht denkt. Statt dessen die bekannten Ausflüchte. Als wüßte man nicht, daß, wer nach dem 20. Juli 1944, als der Terror Orgien feierte, noch im Propaganda-Apparat befördert wurde, nur ein überzeugter Gefolgsmann sein konnte. Er selbst mag dies vergessen oder verdrängt haben wie die meisten, die damals an den Hebeln und Hebelchen der Macht saßen. Die anderen aber, die damals vor ihnen zitterten, erinnern sich, wenngleich mit zunehmender Müdigkeit.

… Die große Auseinandersetzung und Selbstreinigung – zu der ein paar tausend aufgeknüpfte oder totgeschlagene Denunzianten, Kreisleiter, Richter und Generäle gehört hätten – diese Auseinandersetzung hat nie stattgefunden. Warum sollte sie Werner H. für sich vollziehen? Auf den zwölfjährigen Terror folgte »der Große Friede mit den Tätern«, wie Ralph Giordano so treffend sagt.

Die Bundesrepublik war nicht der Staat der Mitläufer, die sich nach 1945 flugs in »Demokraten« verwandelten, oder was sie dafür hielten.

… Machen wir uns nichts vor: Solange wir Leute wie Höfer, der immerhin einige Jahrzehnte ordentliche Arbeit geleistet hat, mit dem Bannfluch belegen, gleichzeitig aber akzeptieren, daß es in diesem Lande – hier und heute – eine veritable Nazipresse gibt, daß die Reden mancher Provinzpolitiker nicht weit vom Jargon eines

NSDAP-Kreisleiters entfernt sind oder daß Kasernen und Schiffe der Bundeswehr nach den Helden der Hitlerschen Wehrmacht benannt sind – so lange werden wir keinen festen Boden unter die Füße bekommen. Der Morast, auf den dieser Staat gegründet wurde, ist immer noch nicht ausgetrocknet.

22.1.1988   Die Zeit

Spätes Tribunal

Am Fall Höfer ist, wie das zu sein pflegt mit »Fällen«, weniger Höfer interessant als die Tatsache, daß die BRD jahrzehntelang einen Exnazi als Top-Journalisten gehätschelt hat. Sie bricht mit diesem Geist der drei weisen Affen, wenn sie den Mann nun doch drankriegt – und sei er noch so alt und verdient. In der Zufälligkeit eines solchen »Falls« und in der Tatsache, daß viele, die Schlimmeres getan haben, davongekommen sind, liegt eine Ungerechtigkeit. Die aber wiegt leicht im Vergleich zu dem ungesühnten Unrecht, und nirgendwo in der Welt kann ein Täter durch den Umstand entlastet werden, daß andere, üblere, unbehelligt blieben.
Carola Stern, die Verteidigerin, führte mit dem »Recht auf politischen Irrtum« die Verharmlosungsstrategie fort. Gerade sie, die selbst ihren »Irrtum« öffentlich eingestanden hat, hätte wissen müssen, worauf es hier ankam: zu klären, daß es eben kein Irrtum, sondern eine Überzeugung gewesen war, die Höfer handeln ließ. Die falsche, wie er und wir heute wissen. Aber damals die seine.
In jedem ihrer Beiträge ließ Carola Stern »die jungen Leute« vorkommen, um derentwillen es angezeigt sei, die Wahrheit zu sagen. Frau Stern, die jungen Leute wissen Bescheid. Es sind die Alten, die nicht hören wollen. In seinem Schlußwort wiederholte Höfer, was schon öfter zu seiner Entlastung angeführt worden ist: daß seine Verdienste um die Demokratie seine Verfehlungen im Dritten Reich gutmachten. Wörtlich sagte er: »Es muß doch eine Ausgewogenheit geben zwischen Schuld und Sühne.«
Höfers Karriere in der Bundesrepublik – eine Sühne.   *Barbara Sichtermann*

16.1.1988   epd / Kirche und Rundfunk

Mangelnde Sorgfalt

Erich Küchenhoff, von der Rundfunk-Fernseh-Film-Union (RFFU) in den WDR-Rundfunkrat entsandt, gehörte zu den drei Mitgliedern des Gremiums, die sich beim am 21. Dezember 1987 gefaßten Beschluß über Werner Höfer der Stimme enthielten (neben Doris Heinze und Michael Kroemer). Ganz unabhängig von der politisch-moralischen Bewertung von Höfers Verhalten während der NS-Zeit und dessen späterer Reaktionen auf Anschuldigungen zu journalistischen Arbeiten bemängelt Küchenhoff, bis vor kurzem Professor für öffentliches Recht und politische Wissenschaft an der Universität Münster, das Verfahren des Rundfunkrates. Die Entscheidungsgrundlagen seien mangelhaft gewesen. Vor allem sei der Artikel Höfers mit der für viele Beurteilungen maßgeblichen und für den Beschluß wesentlichen Passage zur Hinrichtung des Pianisten Karlrobert Kreiten nicht im vollen Umfang bekannt gewesen, sondern lediglich der im »Spiegel« faksimilierte Absatz. Küchenhoff selbst trug vor dem Rundfunkrat textkritische Anmerkungen vor, die er für epd / Kirche und Rundfunk noch einmal systematisiert hat. Nicht um Höfer zu exkulpieren, sondern um die Fragwürdigkeit des institutionellen Verfahrens, das exemplarische Bedeutung hat, herauszustellen.

Ausgangspunkt des Höfer-Sturzes durch den WDR-Rundfunkrat war nach dem öffentlichen Zeugnis seines Vorsitzenden der »öffentliche Druck«, der von einem Artikel im »Spiegel« vom 14.12.1987 ausging: »›Tod eines Pianisten‹: Spiegel-Autor Harald Wieser über das Nazi-Opfer Karlrobert Kreiten und den Schreibtischtäter Werner Höfer.« Eine ganze Kette von Schuldzuweisungs-Vokabeln mit der gemeinsamen Tendenz, den besonders schweren Vorwurf journalistischer und menschlicher Unmoral auszudrücken, verleihen diesem Artikel seine brisante Wirkung, bei strenger Auslegung laufen sie auf die Behauptung ehrenrühriger Tatsachen hinaus wie Tatbeteiligung, Tat- und Täterlob. Wenn ungerechtfertigt, wären sie auch nicht bloß als rechtlich sanktionsloses Werturteil, sondern als *rechtswidrige Schmähkritik* zu bewerten.

Vokabeln wie »Schreibtischtäter«, »Feiern der Hinrichtung«, »Mitwirkung im Kreis der Täter«, »Lob für das Werk des Henkers«, »Laudatio auf die Hinrichtung«, »Hinrichtungshymne«, »zynische Hinrichtungspointe« und »aus Höfers Sicht völlig zu Recht sein Leben verwirkt« bestimmten auch die Anschluß-Berichterstattung und spätere Bezugnahmen vieler Medien bis hin zu analogen Wortbildungen wie »Rechtfertigungsnachruf«. Es ist deshalb erforderlich, neben anderen Fragen auch der Frage nachzugehen, ob die von allen diesen Vokabeln ausgedrückten Schuldvorwürfe denn überhaupt im Wieser-Artikel substantiiert belegt werden.

Zweifel daran ergeben sich schon bei flüchtigem Blick auf das Faksimile des »12-Uhr-Blatt«-Auszugs im Wieser-Artikel: Das Thema über dem Auszug war es nicht, was Wieser Werner Höfer anlastet; und jener Artikel verlor ohne die auf die Kreiten-Ermordung bezogenen Sätze durchaus nicht seinen Sinn, wie Wieser und andere behaupteten. Sein Thema lautete vielmehr: *»Künstler – Beispiel und Vorbild / Legende und Wirklichkeit, Rechte und Pflichten«* (so hieß es gleich doppelt: in der Überschrift des Artikels auf der Feuilleton-Seite und im Kasten-Hinweis neben dem »12-Uhr-Blatt«-Titel). Es ging also danach und auch nach dem weder im Spiegel abgedruckten noch den WDR-Gremien vorgelegten Gesamt-Text um eine Grundaussage über die Stellung des Künstlers in der *Volksgemeinschaft« im 5. Kriegsjahr:* keine Privilegien für den Prominenten, aber auch keine falschen Vorstellungen über »die Wirklichkeit eines Künstlerlebens aus dem 5. Kriegsjahr« im Rahmen des »gewaltigen Arbeitsorganismus namens Film« mit seinem »gar nicht romantischen, sondern eher grausamen Apparat«, der den Schauspieler »für lange heiße – wörtlich genommen – Stunden ... im Vollbesitz seiner körperlichen und geistigen Spannkraft im Atelier ... in bester Form am Start ... beansprucht«; auch mit den Einzelheiten des Tagesablaufs, vom »zeitigen Rasseln des Weckers« über die Kürze der Mittagspause mit »keineswegs opulentem Mahl ... in einer keineswegs sonderlich komfortablen Kantine«, der Fahrt im öffentlichen Verkehrsmittel oder mit dem Fahrrad zur »körperlichen Belastung und seelischen Achsenschwenkung um 180 Grad« eines zwei- bis dreistündigen Bühneneinsatzes und schließlich dem Studium neuer Aufgaben »in Form von Dreh- und Rollenbüchern auf dem Schreibtisch oder dem Nachttisch«.

Dieser Kerngedankengang, unter den Zwischenüberschriften »Rhythmus der Arbeit« und »Ein Künstlerleben 1943« ausgeführt und mit der Schlußfolgerung beendet, daß »vor solchen Beispielen, die durchaus die Regel für den Tagesablauf unserer besten Film- und Bühnenschaffenden bilden, ... der Einwand von den Vorrechten des Künstlers verstummt«, trägt auch schon den letzten Satz: »Der berühmte Mann und der namenlose Arbeiter, die in der abendlichen U-Bahn nebeneinander sitzen, – sie können sich ohne Vorbehalt kameradschaftlich grüßen«.

Dazwischen stehen aber unter der dritten und letzten Zwischenüberschrift »Prominenz verpflichtet« Aussagen darüber, daß dem Künstler »nur ein Privileg, das zugleich auch eine Verpflichtung enthält, geblieben ist: mit empfindlicheren und empfänglicheren Sinnen alle Schwingungen und Strömungen der Zeit auffangen zu dürfen«; mit seinem »feineren Organ für die Fragen und Hoffnungen, für die Sorgen und Wünsche, aber auch für den Glauben und die Zuversicht der Menschen« werde von ihm »erwartet, ... daß er dort, wo er sich durch Worte oder Taten bemerkbar macht und auf Grund seines Ansehens doppelt auffällig bemerkbar machen muß, es mit positivem Erfolg tut: durch Worte, die bei seinen ›Zuhörern‹ – und seien es nur ein paar Beleuchter im Atelier – einen Zuwachs an aufrechter Gesinnung bewirken, durch Taten, die bei seinen ›Zuschauern‹ – und seien es nur die Nachbarn des bombardierten Hauses – einen Gewinn an unverdrossener Haltung wecken«.

Auch diese Ausführungen im vorletzten Absatz sind unabhängig von der Hinrichtung Kreitens und unbestreitbar auf das Generalthema bezogen: Die Stellung des prominenten Künstlers in der »Volksgemeinschaft« im 5. Kriegsjahr.

Aber auch der letzte Absatz, in dessen Mitte die Sätze über die »Meldung der letzten Tage« stehen, »die von der strengen Bestrafung eines ehrvergessenen Künstlers berichtete«, und aus der hervorging, »wie unnachsichtig mit einem Künstler verfahren wird, der statt Glauben Zweifel, statt Zuversicht Verleumdung und statt Haltung Verzweiflung stiftet«, widerlegt die These, ohne diese Bezugnahme auf den Mord an Kreiten sei der Gesamttext sinnlos. Denn dieser Absatz wird mit dem weit allgemeineren und unmittelbar an den vorhergehenden Absatz über die Durchhaltepflichten des Künstlers anschließenden Satz eingeleitet: »Kürzlich ist in einem Kreise Berliner Künstler in kameradschaftlichem Tone ins Gewissen geredet worden, sich durch einwandfreie Haltung und vorbildliche Handlungen der Förderung würdig zu erweisen, die das neue Deutschland – auch in den Stunden seiner härtesten Prüfung – den künstlerisch Schaffenden hat angedeihen lassen.« Damit fordert dieser Satz nicht nur (implizit) das Unterlassen »ehrvergessener« Äußerungen, sondern ausdrücklich positive Haltung und Handlungen, ganz im Sinne der Feststellungen von Autor Wieser, es sei *das Thema des Autors Höfer* gewesen, daß der berühmte Mann dem namenlosen Arbeiter gegenüber keinerlei Vorrechte genießen dürfe, sondern seine weithin wirkende Autorität dem gemeinsamen Kampf zur Verfügung stellen müsse.

Umso unverständlicher und selbstwidersprüchlicher, daß Wieser seine *allgemeine* Erkenntnis von Höfers »Standard-Thema« trotz Kenntnis des gesamten »12-Uhr-Blatt«-Textes (die den WDR-Gremien nach wie vor fehlt) mit dem Satz einleitete: »Nach Höfers Geschmack mußte Karlrobert Kreiten der ›strengen Bestrafung‹ vor allem auch deswegen zugeführt werden, weil der Pianist zur deutschen Prominenz gehörte.« Denn: weil diese Behauptung über eine solche Absicht Höfers, also über eine subjektive Tatsache, nicht einmal von dem Satz über den »ehrvergessenen Künstler« gedeckt wird, geschweige denn von dessen Stellung im gesamten »12-Uhr-Blatt«-Text, läuft Wiesers Logik hier auf den Spontan-Schluß hinaus: Wer Durchhalte-Artikel noch im 5. Kriegsjahr auf der Grundlage penetranter Anwendung der NS-Volksgemeinschaftsideologie auf das Verhältnis Künstler – Arbeiter geschrieben hat, dem kann man durchaus zutrauen, daß er bezüglich der Hinrichtung eines Künstlers durch das NS-Regime auch ein Hinrichtungsfeierer, -hymniker und -laudator usw. gewesen ist. Den Artikel, der das belegen soll, den braucht man dann gar nicht mehr (genau) zu lesen, ja ihn sich nicht einmal im Ganzen vorlegen zu lassen. Und den Beitrag, der jene besonders vorwurfsschweren Schuldzuweisungs-Vokabeln zum Angriff auf eben solchen »Schreibtischtäter« nutzt, darf (soll) man ohne kritische Analyse so oberflächlich lesen wie ein Unterhaltungsblatt.

Aber selbst jener Satz über die Meldung von dem »unnachsichtigen Verfahren einer strengen Bestrafung eines ehrvergessenen Künstlers« steht in einem bedenkenswerten Kontrast zu dem folgenden Satz, in dem es heißt: »Es dürfte heute niemand Verständnis dafür haben, wenn einem *Künstler, der fehlte,* eher verziehen würde als dem letzten gestrauchelten Volksgenossen« – und ebenso zu den weiter folgenden, Absatz und Artikel abschließenden Sätzen: »Das Volk fordert vielmehr, daß gerade der Künstler mit seiner verfeinerten Sensibilität und seiner weithin wirkenden Autorität so ehrlich und tapfer seine Pflicht tut, wie jeder seiner unbekannten Kameraden aus anderen Gebieten der Arbeit. Denn gerade Prominenz verpflichtet! Diese Verpflichtung haben unsere Künstler eingelöst. Der berühmte Mann und der namenlose Arbeiter, die in der abendlichen U-Bahn nebeneinander sitzen, – sie können sich ohne Vorbehalte kameradschaftlich grüßen.«

Alle diese Sätze bestätigen nicht nur nicht Wiesers Schuldzuweisungs-Vokabeln –

sie sind eher geeignet, sie zu widerlegen: Wenn ein NS-Glorifizierungs- und Durchhalte-Schreiber im 5. Kriegsjahr einen meinungspolitischen Rechts- und Justizmord feiern wollte, dann schrieb er nicht – wie einleitend hier – von einer »unnachsichtigen Verfahrensweise«, also mit einer damals wie heute eher negativ besetzten Wendung, und auch nicht von »einem Künstler, der fehlte« sondern von einer »gerechten Strafe für einen Verräter an Führer, Volk und Vaterland in dessen schwerster Stunde«. Ein wirklicher Hinrichtungslaudator, -hymniker und -pointierer, der »das Werk des Henkers lobt« und »die Hinrichtung feiert«, hätte seine einleitende Warnung an andere Künstler als markigen Appell und nicht als zur Vorsicht mahnenden Bericht über ein »ins Gewissen Reden in kameradschaftlichem Tone in einem Kreise Berliner Künstler« umschrieben. Schon gar nicht hätte er in einem solchen Zusammenhang, ein knappes Jahr vor dem 20. Juli 1944, betont, daß es außer dem »Künstler, der fehlte«, auch noch den »letzten gestrauchelten Volksgenossen« mit wohl gleichartigem und gleichwertigem Verhalten gab. Am Ende erweckt dieser ganze Passus geradezu den Eindruck eines Gedankensprunges und Stilbruchs. Denn der Satz über die Meldung vom unnachsichtigen Verfahren mit einem ehrvergessenen Künstler und seiner strengen Bestrafung paßt weder nach der Logik noch nach dem Stilzusammenhang zu der abschließenden Laudatio: »Diese (Prominenz-)Verpflichtung haben unsere Künstler eingelöst. Der berühmte Mann und der namenlose Arbeiter, die in der abendlichen U-Bahn nebeneinander sitzen, – sie können sich ohne Vorbehalt kameradschaftlich grüßen.« Diese absoluten Formulierungen knüpfen vielmehr wieder an die Problemerörterung unter der ersten Zwischenüberschrift »Rhythmus der Arbeit« im Sinne kameradschaftlich-volksgemeinschaftlicher Gleichwertigkeit an: »Was soll der Arbeiter davon halten, wenn er abends in der U-Bahn neben einen gut aussehenden vortrefflich gekleideten Herrn gerät, der mit einer ihm ebenbürtigen Dame sich über Fragen des Theaters und des Films erhitzt? Dieser Arbeiter wird denken: die Sorgen möchte ich haben!« Und dann weiter über den Kontrast zwischen dem vermuteten Wohlleben der von ihm alsbald identifizierten Künstler und seinem eigenen zehn- bis zwölfstündigen strengen Arbeitsrhythmus bei nur wenigen Stunden Schlaf nachdenken, aber – von Höfer über »Ein Künstlerleben 1943« (2. Zwischenüberschrift) aufgeklärt – die Gleichwertigkeit und im Grunde sogar Gleichartigkeit der Belastungen erkennen.

Bestätigt sich – unabhängig von der Frage der Autorenschaft – mithin keine von Wiesers vorwurfsschweren Schuldzuweisungs-Vokabeln, schon gar nicht die vom »Schreibtischtäter«, so müssen die für das vorweihnachtliche Schnellurteil Verantwortlichen sich ernsthaft fragen, ob sie mit ihrer Verteidigungslinie vom »öffentlichen Druck« nicht doch nur die Spruchkammerperspektive praktiziert haben, der sie zuvor ausdrücklich abgeschworen hatten. Dann allerdings werden sie auch über Rechtsmaßstäbe nachdenken müssen wie Rechtskraft, Verjährung, Gleichheits-Gerechtigkeit und Verfolgungsverwirkung und auch das Recht auf Gehör für jeden von einer Maßnahme Betroffenen, selbst wenn er nur (noch) freier Mitarbeiter einer öffentlich-rechtlichen Rundfunkanstalt ist; nicht zuletzt auch über ihre Rechtspflicht, die von ihnen zur Bestätigung ihrer Absichten bemühten Gremien mit allen Entscheidungsgrundlagen auszurüsten.   *Erich Küchenhoff*

18. 1. 1988   taz

Neueste FAZ-Falschmeldung: Werner Höfer »hingerichtet«
von Gerhard Zwerenz

Als ich vorigen Montag an dieser Stelle von Werner Höfer sprach, wußte ich nicht, daß er am Donnerstagabend (14. 1. 88) im ZDF den Beweis seiner Unfähigkeit zur Selbstdistanz antreten würde. Der Donnerstag brachte 3 tv-Schwerpunkte: 1. Das Hanauer Atomdesaster. 2. den Giordano-Streifen über unsere furchtbare Unfähigkeit, mit den Blutjuristen fertig zu werden. 3. den selbstverschuldeten Untergang Höfers, wie ihn seine ärgsten Feinde nicht wünschen konnten.

Womit wir auf unsere liebe FAZ zu sprechen kommen. Ich machte schon beim letzten Mal darauf aufmerksam, daß es mit Wapnewskis Kreiten-Artikel in der FAZ vom 28. 11. 87 begonnen hatte. Dann veröffentlichte Harald Wieser im SPIEGEL vom 14. 12. einen Teil jener schönen Literatur, die Höfer geglaubt hatte, sich im 3. Reich ungestraft leisten zu können, woraufhin die FAZ den Mann am 23. 12. tränenreich bedauerte, ihn aber giftig mit Globke zusammenkoppelte. Schöne Freunde.

Die letzte Höferrunde fand dagegen zweifache Aufmerksamkeit. Der Artikel von m. s. im Feuilleton kreuzte sich mit dem Artikel von Nm. auf der Seite »Zeitgeschehen«, linke Giftspalte unten. Titel: »Unwürdig.« (Oder ist's Selbstkritik?) Höfer sei »hingerichtet« worden, heißt es. Aber hatte Professor Wapnewski den Mann nicht im selben Blatt einer »Hinrichtungshymne« auf den exekutierten Pianisten Kreiten bezichtigt? Macht nichts, jetzt muß der Zunftkamerad verteidigt werden. Also werden die Höfer fragenden Journalisten flugs zu »Inquisitoren« ernannt, und: »Die moralische Überheblichkeit der nachgeborenen Frager mag Höfer geschmerzt haben, doch sie hat sich zumindest bei jenem Rundfunk-Redakteur selbst dekuvriert, der ihr noch die aggressive Dummheit hinzufügte…«

Nun, die nachgeborene aggressive FAZ-Dummheit, die sich hier äußert, wird zugleich im Feuilleton dem teilnehmenden »Spiegelredakteur« übergekübelt, der das Wort vom Schreibtischtäter nicht minimalisieren mochte, wie es sich die Weißwäscher in ihrer Einfalt wünschten.

In beiden Artikeln kein Wort darüber, daß in der FAZ selbst der Startschuß zur Höferhatz gegeben wurde. Der Getroffene hatte danach nur die knappe Chance eines schnellen, freiwilligen Rücktritts. Indem er sie nicht nutzte, war sonnenklar, die trüben Fluten seiner früheren feuilletonistischen Wirksamkeit würden über ihm zusammenschlagen. Der brave Deutschmichel aber hatte noch am letzten Donnerstag absolut nichts begriffen und gebärdete sich im ZDF wie eine beleidigte Jungfrau. Sah aus wie Noelle-Neumann, wenn's donnert.

Dies bis zu dem Argument, er wäre »fahnenflüchtig« geworden und im Strafbataillon gelandet, hätte er die braune Schreibscheiße verweigert. Und kein Hauch einer Ahnung davon, daß das Strafbataillon ein ehrenhafter Ort gewesen wäre. Diese Karriere aber schaffte der Bückling nicht. Und da nun soviel über »Tribunal«, »Scham«, »Würde« geschrieben wird, fragen wir mal nach, worum's denn geht. Da hat doch ein Mann als Dreißigjähriger nazitreueste Kriegshymnen abgesondert und hernach ein erfolgreiches tv-Demokratenleben geführt, daß man ihm einen bess'ren Abgang wünschte. Nur: Weshalb fand unser Un-Täter, der Herr der vielen Worte in vier Jahrzehnten kein einziges wahres Wort über seine eigene Kriegsmitschuld? Warum sagt er nicht wenigstens jetzt: Ich war feige, fiel auf die Nazis herein, machte auf die denkbar scheußlichste Weise mit…? Ich, ein führender Opportunist?

Welcher Kriegsübervater fand überhaupt befreiende Worte? Karriere machen, Reden halten, Sendungen dirigieren, Bücher schreiben, das konnten alle von Waldheim bis Filbinger und Dregger bis Schmidt. Und wo sind die offenbarenden, schmerzhaften Bekenntnisse? Vielleicht hab' ich sie überlesen, dann korrigiere man mich, ich werde Abbitte leisten.

Ich sehe nur eine alte eiserne Garde von nationalen Verschweigern in seelischen Reitstiefeln. Heldengedenktagspropagandisten. Volkstrauertagsrhetoriker. Und mitten darunter Höfer als kleines Würstchen. Und er war so lange aufgeblasen. Geh auf Sylt zurück, Werner, schreib dir in mönchhafter Einsamkeit den Schleim und Schmutz der Vergangenheit von der Seele. Gutzumachen ist da nichts. Die Toten sind tot und verdorben. Auch die unseligen Jungs, die 1944/45 noch an den Endsieg glaubten, weil die Höfer-Garde ihnen was von Wunderwaffen vorfaselte. Die glaubten daran bis in den Tod, und da kann jetzt nicht einer einfach aus der blutigen Kulisse treten: Ätsch, war alles nicht so gemeint. Ich suchte nur meinen Arsch zu retten.

Dafür so unendlich viele Leiden, Schmerzen, Untergänge? Mein Herr, Sie fungierten als Schreibtischmordgehilfe, bei dem das schöne Mahnwort Tucholskys »Soldaten und Mörder« exzessiv zu kurz greift und jeden Landser freispricht. Ihre Chance, Herr, wäre die Desertation gewesen. Sie wagen sie heute noch nicht. Wofür Ihnen die Sympathie der FAZ zufällt, die brünstig aufschäumt, wagen kluggewordene Verweigerer in Bremen oder anderswo ein Deserteursdenkmal. Dieselben Federn schreiben rehabilitierend über Jodl & Manstein, die Kriegsverbrecherbagatellisierer.

Aber gewiß doch, es gibt für fast jede Sünde Vergebung. Nach der Sühne. Wer sie nicht auf eine andere Welt verschieben will, sollte wenigstens bei den Opfern, die er mitproduzieren half, um Vergebung bitten. Doch da schweigt des Sängers Höferlichkeit. Was ihn FAZ-tauglich macht.

Bleibt das Geheimnis, weshalb Politfeuilletonisten, die Höfer erst den Abdeckern empfahlen, ihn nun beweinen und diejenigen wütend verfolgen, die die ganze Wahrheit wissen möchten. Am Exempel Höfer wird deutlich, daß Kriegs- und Waffenhetze als Bumerang zurückkehrt. Auch die heutigen Waffenhändler und ihre Propagandisten können von den eigenen Worten ereilt werden. Denn die unheilige Gemeinschaft von Tätern und Schreibtischbeihelfern setzt sich bis heute fort. So entstehen Traditionen und Eliten.

Uns aber, den Deserteuren gestriger, heutiger und morgiger Reiche sei ins Stammbuch geschrieben: Auch Medienmacht währet nicht ewiglich. Heute sitzen die Hohlköpfe ganz weit droben, morgen gehts hinab wie anno 1945, und dann tritt ein Menschlein hervor, ein Höfer pur und nackt, schuldbeladen, feige, häßlich und uneinsichtig bis über den jüngsten Tag hinaus. Schade drum.

21. 1. 1988

Rede des CDU-Abgeordneten Karl Nagel vor dem Landtag Nordrhein-Westfalens

»Meine Kollegen haben bereits deutlich gemacht, worum es in dieser Aktuellen Stunde geht.
Eines steht fest:
Der Herr Höfer ist mitnichten das arme Opfer einer Hetzkampagne, noch haben der Rundfunkrat oder der Intendant seinen jähen Absturz verursacht:
Dieser Mann ist an seiner eigenen Vergangenheit und an sich selbst gescheitert!
Deswegen ist der Ruf nach der Fürsorgepflicht äußerst makaber.
Ich gehöre zu derjenigen Generation, die als 16jährige durch die zynischen Durchhalteparolen der Höfers und Nannens ins Feuer gejagt wurden und zu Hunderttausenden das Leben dabei ließen.
Ich verspüre eine Fürsorgepflicht für all die Mißbrauchten und mit Durchhalteparolen in den Tod Gehetzten 16 und 17jährigen, die ihre Stimme nicht mehr erheben können.
Und da sagt dieser Herr:
Widerstand, ich hätte gar nicht gewußt, an wen ich mich wenden sollte, man könnte doch nicht unter »W« im Lexikon nachschauen.
Das ist wieder blanker Zynismus, genau so zynisch und verlogen, wie seine damaligen Durchhalteparolen und seine heutigen Rechtfertigungsversuche.
Wenn dieser selbsternannte »Censor Germaniae« schon nicht unter »W« – Widerstand nachgeschlagen hat, dann hätte er unter »A« wie Anstand nachschlagen sollen.
Ich brauchte nicht unter »W« nachzuschlagen, ich habe als Kind mit eigenen Augen die Synagogen brennen sehen, ich habe als Heranwachsender den Abtransport unserer jüdischen Mitbürger erlebt, und noch danach hat Herr Höfer – am 1. 9. 1942 – in einer Theaterkritik vom rechten Gegenbild zum Schacherjuden gesprochen, wohlgemerkt *nach* der Massendeportation unserer jüdischen Mitbürger.
Und am 30. August 1943 fühlte er sich in einem Aufsatz »peinvoll erinnert an jene rasseverwandten Darbietungen aus dem Berlin der Inflationszeit« und an die Bühnen als »Podium der Hysterie und Perversität«. Was ist das denn anders als eine späte Bücherverbrennung, und das noch zu einem Zeitpunkt, als jeder denkende Mensch beurteilen konnte, in welches Grauen die Bücherverbrennung geführt hatte. Wahrhaftig, dieser Herr hat mehr als sein Soll erfüllt, und ich glaube seinen heutigen Dementis ebensowenig wie ich den damaligen Propagandisten geglaubt habe.
Und wenn der Herr Höfer heute sagt: »Ich hatte in keiner Phase meines Lebens eine Überzeugung, die nationalsozialistisch war«, – was war er denn, ein Mitläufer, wie er sich selbst bezeichnet? Ein Mitläufer, und noch mit 32 Jahren, der sich für 12 Jahre aus dem Denken verabschiedet hatte?
Nun, es gab sie ja tatsächlich, diese Mitläufer. Die Nazis hatten es ja ohnehin mehr in den Stiefeln als im Kopf.
Aber dieser Herr war offensichtlich einer von der feineren Sorte, der mit sehr subtilen Mitteln seinen damaligen Herren gedient hat.
Darum trifft diese auch eine größere Mitschuld als die Schläger und Marschierer, die es nur in den Stiefeln hatten.
Der WDR hat immer strengste Maßstäbe an andere angelegt, manche sind hier schon genannt worden. Allein 1947 wurden 22 Angestellte im Kölner Funkhaus wegen früherer Nazitätigkeit entlassen. Wer sich so sehr zum moralischen Gewissen der Nation aufspielt, wer immer strengste Maßstäbe an andere angelegt hat, muß sich gefallen lassen, daß er an diesem Maße gemessen wird. Oder ist hier einmal mehr ein Einziger im Saal, der mich glauben machen wollte, der Herr Höfer hätte 1946/47 auch nur die Spur einer Chance beim WDR gehabt, wenn er damals die volle, grausame Wahrheit gesagt hätte?
Nicht, daß jemand von seiner eigenen Vergangenheit eingeholt wurde, ist der Skandal, sondern, daß jemand in so exponierter Stellung mehr als vier Jahrzehnte die eigentliche Dimension seiner Mittäterschaft in einem solchen Ausmaß verwischen konnte. Ein Schreibtischtäter im gängigen Verständnis ist er nicht, der Terminus ist tatsächlich besetzt. Aber ein am Schreibtisch Tätiger für die Nazischergen war er schon.
»Ich habe im ganzen Leben so viel Glück gehabt, daß mir manchmal schwindelt.« Das ist der einzige Satz, den ich jemand glaube, der mit so gekonnter Manier die schrecklichen Spuren seines Tuns verwischt hat, ohne sich auch nur ein einziges Mal in der Öffentlichkeit zu dieser Mitschuld und Mitverantwortung zu bekennen.
Meine Damen und Herren von den Liberalen, die Sie die Aktuelle Stunde beantragt haben, etwas von der Kollektiv-Scham von der der große Liberale Theodor Heuß sprach, hätte Herrn Höfer wohl angestanden. Und wenn er sich schon selbst und der WDR ihm nach 1945 nicht wenigstens eine Schamfrist verordnet hat, dann ist es heute höchste Zeit, in tiefer Scham von der Bühne abzutreten, von der aus er über so viele geurteilt hat.

Die Pro-Höfer-Liberalen duckten die Köpfe

Ob der in Unfrieden aus dem Westdeutschen Rundfunk geschiedene Frühschöpp-ner Werner Höfer ungestraft ein »Schreibtischtäter« genannt werden darf, wie dies der »Spiegel« Ende vergangenen Jahres getan hatte, müssen demnächst die Gerichte entscheiden. »Aber ein am Schreibtisch Tätiger für die Nazischergen war er schon«, donnerte am Donnerstag Karl Nagel mit lauter Stimme in den Plenar-saal des Düsseldorfer Landtags, in dem 200 Abgeordnete den Atem anhielten.

... Der FDP-Fraktionsvorsitzende Achim Rohde hatte unmittelbar nach Höfers Rücktritt den Rundfunkrat als »Spruchkammer« diffamiert, seine Mitglieder als »Piefkes« gescholten, die auf diesen »großen Mann der deutschen Publizistik« nun ein »Preisschießen« veranstalteten. Am Donnerstag setzte Rohde im Landtag noch eins drauf, als er dem 41köpfigen Aufsichtsgremium des Senders vorhielt, er habe Höfer Ende Dezember ohne Anhörung einfach die Pistole zum Selbstmord hingelegt.

... Daß ausgerechnet die FDP, die jahrelang bei jeder sich bietenden Gelegenheit den zu großen Einfluß von Staat und Parteien auf den Sender beklagt hatte, im Fall Höfer die Regierung als Staatsaufsicht tätig sehen wollte, wurde von SPD und CDU in seltener Einigkeit abgelehnt. Als Ministerpräsident Johannes Rau gar den Verdacht äußerte, die FDP schimpfe nur deshalb auf den Rundfunkrat und jene Landtagsabgeordneten von SPD und CDU, die auch im Rundfunkrat Sitz und Stimme haben, weil es ihnen trotz heftigster Anstrengungen nicht gelungen war, in dieser Runde aller gesellschaftlich relevanten Gruppen im Lande Sitz und Stimme zu erhalten, war die Erregung groß bei der FDP.

Zu späte Reue

Wochenlang hat der »Fall« Werner Höfers Schlagzeilen gemacht. Seine Rolle als Journalist während der Nazizeit war durch eine ausführliche Veröffentlichung im Hamburger Nachrichtenmagazin »Der Spiegel« Mitte Dezember erneut ins Zwielicht geraten. Die wesentlichen Fakten dürften »fermate«-Lesern jedoch seit langem bekannt gewesen sein: Schon im September 1983 berichteten wir über die tragische Lebensgeschichte des jungen Düsseldorfer Pianisten Karlrobert Kreiten und brachten sie in Zusammenhang mit einem erschreckenden Zeitungsartikel, den der spätere Frühschoppen-Moderator Werner Höfer 1943 für ein Berliner Blatt geschrieben hatte.

Doch auf das Fachbuch des Musikhistorikers Fred K. Prieberg, auf unzählige Arti-kel in verschiedenen Tageszeitungen seit den sechziger Jahren oder eben auf den Bericht von »fermate« blieb das Echo verschwindend gering. Immerhin mußte sich 1981 schon einmal der Verwaltungsrat des Westdeutschen Rundfunks mit der publizistischen Vergangenheit seines ehemaligen Fernsehdirektors beschäftigen. Damals glaubten die Leitenden im Kölner Sender jedoch noch Höfers Dementi: Er habe doch nie gegen Juden geschrieben, und längst nicht alles, was unter seinem Namen in der Zeitung stand, sei auch von ihm wirklich verfaßt worden.

Kamen Anfang der sechziger Jahre die Vorwürfe gegen Höfer zunächst aus Ost-Berlin, so nahmen zehn Jahre später (nicht zuletzt aus taktischen Gründen) konservative Kreise in der Bundesrepublik die gleichen Argumente auf, um gegen den als liberal geltenden Rundfunkmann zu Felde zu ziehen. Doch Höfers Position beim WDR war nicht zu erschüttern.

Bis zu jenem 14. Dezember 1987, als der mächtige »Spiegel« sich der Sache annahm. Den Hamburgern kam jedoch auch der Zeitfaktor zugute: Wie in vielen Bereichen hatte inzwischen auch beim Westdeutschen Rundfunk ein Generationswechsel stattgefunden. Ob es am neuen Aufsichtsgremium oder an einer weitergelaufenen Zeit lag – der Rundfunkrat legte dem Intendanten ein Gespräch mit Höfer nahe, dessen eindeutige Tendenz der erwünschte Abtritt von der Frühschoppen-Bühne war.

Höfer kam dem schließlich zuvor: Mit bitteren Worten verabschiedete er sich schriftlich von einer Rundfunkanstalt, die er nicht unerheblich mitgeprägt hat. Das sentimentale Tagesthemen-Interview, mehr noch die in vielerlei Hinsicht enthüllende ZDF-Diskussion entlarvte viel vom persönlichen Stil jenes Werner Höfer: Selbst sein (viel zu spätes) Reuebekenntnis nahm ihm der Zuschauer nicht so recht ab.

Der Fall des 1943 nach einer Denunziation wegen lächerlicher Äußerungen hingerichteten Karlrobert Kreiten spielte in diesem (vorläufig) letzten Akt eines bundesdeutschen Medien-Dramas nur noch eine Rolle am Rand. Dennoch wäre der Fall vielleicht kein Fall geworden, wenn nicht unterschiedliche Autoren dem Pianisten Kreiten in den letzten Jahren zu einem gewissen Bekanntheitsgrad verholfen hätten: Die Theaterstücke von Heinrich Riemenschneider in Düsseldorf und Hartmut Lange in Berlin gehören ebenso dazu wie unzählige Presseartikel und die Schallplatten-Publikation von Kreitens Dokumentaraufnahmen bei Thorofon.

Die hohe Popularität Höfers ließ seinen unfreiwilligen Abgang und die Diskussion darüber um so peinlicher werden. Peinlich nicht zuletzt für die spezielle Art von Vergangenheitsbewältigung im Nachkriegsdeutschland. Das wahre Drama, so kommentierte der Düsseldorfer Landtagsabgeordnete Karl Nagel (CDU), liege eben darin, daß Höfer mit seiner journalistischen Vergangenheit bei den Nazis (immerhin als Pressesprecher im Rüstungsministerium) im Rundfunk der Nachkriegszeit überhaupt so lange eine so führende Position habe bekleiden können. Der Abgeordnete machte sich im Landtag zum Sprecher jener 16- und 17jährigen, die durch Artikel von Leuten wie Höfer noch in letzter Minute in den Krieg gehetzt wurden. Höfers heutige Rechtfertigungen seien ebenso zynisch und verlogen wie seine damaligen Durchhalteparolen, sagte Nagel im Parlament.

Diese schonungslose Wertung überzeugt in ihrer Ernsthaftigkeit und trifft den Kern der Affäre. Leider war Werner Höfer jedoch beim fristlosen Wechsel von der Nazi-Vergangenheit zum Nachkriegsjournalismus kein Einzelfall. *Wolfgang Horn*

3. 2. 1988   medien-telegramm

»Spiegel«-Autor Harald Wieser im Gespräch mit Horst Lietzberg

FRAGE: Die schrecklichen Artikel von Werner Höfer erschienen in den Jahren 1942 bis 1944. Sie waren allen für Höfers Verpflichtung beim WDR Verantwortlichen bekannt. Sie waren auch dem »Spiegel« bekannt. Was hat Sie dazu veranlaßt, die Kritik an Werner Höfer gerade jetzt zu formulieren?

WIESER: Die Höfer-Artikel waren uns keineswegs bekannt; und um so ungünstiger für den WDR, wenn sie ihm bekannt gewesen sein sollten. Bekannt war uns allein Höfers Nachruf auf den in Plötzensee hingerichteten Pianisten Karlrobert Kreiten, also der »12 Uhr Blatt«-Artikel vom 20. September 1943. Und in der spekulativen Diskussion über das angebliche Timing der »Spiegel«-Veröffentlichung ist völlig untergegangen, daß der »Spiegel« über diesen Kreiten-Nachruf bereits zweimal kurz berichtet hatte, und zwar 1979 in einer Serie über die nach wie vor lebendigen Traumata der Nazi-Opfer – Titel: »Nachts kommt das KZ zurück« – und 1984 anläßlich des Erscheinens einer Schallplatte mit spät entdeckten Tonaufnahmen des Pianisten.
Schon damals hatten wir uns in der Kulturredaktion überlegt, das Schicksal Karlrobert Kreitens bei einem neuen Anlaß einmal etwas ausführlicher unter die Lupe zu nehmen. Dieser Anlaß schien sich im vergangenen Jahr zu bieten, als der Regisseur Hartmut Lange für den 27. September in Berlin die Premiere seines Theaterstückes »Requiem für Karlrobert Kreiten« ankündigte. Im Hinblick auf diese Premiere begann ich mit der Arbeit und stellte sehr schnell zweierlei fest: Erstens, daß sich hinter der Kreiten-Geschichte tatsächlich eine Höfer-Geschichte verbarg und zweitens, daß diese Höfer-Geschichte niemals genau recherchiert worden war.

FRAGE: Aber Höfers Kreiten-Nachruf war doch in anderen Blättern immer mal wieder zitiert worden.

WIESER: Nur haben sich die Kritiker meist nur auf dieses eine Zitat fixiert, von dem Höfer dann jedesmal postwendend sagte, es sei ihm »hineinredigiert« worden. Aber niemand, außer Fred K. Prieberg in seinem Buch »Musik im NS-Staat«, hat jemals eine Antwort auf die Frage gesucht: Gibt es Indizien, die gegen diese Verteidigungslinie Höfers sprechen? Diese Indizienkette hat der »Spiegel« Punkt um Punkt präsentiert. Nicht nur sie jedoch war neu. Neu war auch das »12 Uhr Blatt«-Porträt, die Analyse des ideologischen Charakters dieser Zeitung. Schließlich hat der »Spiegel« einem größeren Publikum die Artikel bekannt gemacht, die Höfer an prominenter Stelle zeitlich nach dem Kreiten-Artikel im »12 Uhr Blatt« geschrieben hat und die beweisen, daß der Kreiten-Nachruf alles andere als eine journalistische Eintagsfliege war.

FRAGE: Warum haben Sie Ihren Beitrag denn nicht zur Premiere des Kreiten-Stückes von Hartmut Lange ins Heft genommen?

WIESER: Dieses Theaterstück wurde in den deutschen Feuilletons überwiegend verrissen. Und da auch wir, trotz der guten Absichten des Regisseurs, mit seinem Kreiten-Pathos gewisse Probleme hatten, beschlossen wir, das Stück könne nicht mehr der Aufhänger für einen längeren Beitrag im »Spiegel« sein. Vom

Premierentermin frei konnte ohne Zeitdruck weiterrecherchiert werden. Der Artikel wurde gedruckt, als er fertig und sachlich geprüft war. Das ist das ganze Geheimnis des Timing beim »Spiegel«.

FRAGE: Werner Höfer hat erklärt, Ihr Bericht über ihn sei nicht zufällig erschienen, sondern von Kreisen innerhalb der nordrheinwestfälischen SPD inspiriert worden, um seine Ablösung als Leiter der sonntäglichen Plauderrunde »Der Internationale Frühschoppen« durch Günter Gaus zu ermöglichen. Da Gaus einige Jahre Chefredakteur des »Spiegel« war, schließt Höfer auf ein Zusammenspiel zwischen »Spiegel«, SPD und Gaus. Wie beurteilen Sie diese These?

WIESER: Zum Wahrheitsgehalt dieser von einigen Leitartiklern hartnäckig verfochtenen Verschwörungstheorie könnte man Lichtenberg zitieren: »Ein Messer ohne Klinge, an welchem der Stiel fehlt.« Abgesehen davon, daß die Redakteure des »Spiegel« keine Schreibautomaten sind, die von der SPD gefüttert werden, stellt diese abenteuerliche These die Wirklichkeit völlig auf den Kopf. Denn das Bittere an der Höfer-Affäre ist ja gerade, daß es Sozialdemokraten wie Anke Fuchs und Peter Glotz waren, die sich schützend vor den gewesenen Nazi gestellt haben. Sie haben sich nicht mit Ruhm bekleckert. Und was den vom »Spiegel« designierten »Frühschoppen«-Moderator Günter Gaus betrifft: Meiner Kenntnis nach gibt es den »Frühschoppen« seit Wochen nicht mehr. Und auch im »Presseclub«, der Nachfolgesendung, trat als Moderator nicht Günter Gaus ins Bild.

FRAGE: Werner Höfer erfreute sich über die Jahre hinweg der ausgesprochenen Hochachtung des »Spiegel«. Rudolf Augstein, Erich Böhme und andere »Spiegel«-Redakteure waren Gäste in der Höfer-Runde. Dies hat Höfer zu der Feststellung veranlaßt, daß Ihre Veröffentlichung über ihn im »Spiegel« sehr umstritten sei, und daß ein großer Teil der Redaktion Ihren Artikel mißbillige.

WIESER: Der »Spiegel« ist kein Politbüro. Jede Theaterrezension, jede Buchbesprechung, jede Filmkritik ist umstritten. Darum ist es durchaus möglich, daß es unter den Kollegen auch zum Höfer-Artikel verschiedene Stimmen gab. Mir gegenüber allerdings hat keiner von ihnen Kritik geübt. Im übrigen könnte ich die Mißbilligungs-These ja geradezu als Schmeichelei auffassen. Denn sie suggeriert, einer wie ich könnte in den Spalten des »Spiegel« jederzeit sein Privatmenü anrichten. Was ist das alles für ein kolossaler Unsinn. Vom Höfer-Artikel haben Rudolf Augstein und die Chefredakteure Erich Böhme und Werner Funk, bevor er in Druck ging, natürlich jedes Wort gekannt.

FRAGE: Sie sind in einigen Zeitungsartikeln dahingehend zitiert worden, daß weitere Enthüllungen über Höfer geplant seien. Bisher gibt es keine weiteren Veröffentlichungen mit Ausnahme einiger Höfer-Zitate, die bemerkenswerterweise in Form eines Leserbriefes verbreitet wurden. Haben Sie vor, das Thema Höfer weiter zu behandeln, oder hat die Androhung einer Klage gegen den »Spiegel« Sie zum Schweigen gebracht?

WIESER: Finden Sie nicht, daß das bisher Vorgezeigte reicht? Tatsächlich sind wir im Besitz weiterer Originale und Faksimiles, die auch in den Leserzuschriften noch nicht enthalten waren. Dazu gehört beispielsweise eine Hymne auf Adolf Hitler und eine seitenlange Arno-Breker-Hommage, bei denen einem die Haare zu Berge stehen. Wir hatten ursprünglich vor, auch diese Dinge zu präsentieren, aber nach Höfers Rücktritt hätte das wie bloßes Nachkarten ausgesehen. Möglicherweise jedoch spielen diese Artikel vor Gericht eine Rolle.

FRAGE: Besonders schwer wiegt der Vorwurf der »Schreibtischtäterschaft«. Höfer definiert diesen Begriff so, als ob der »Schreibtischtäter« ein Mörder wie Eichmann sei, der Morde organisiert, aber nicht selbst ausgeführt hat. Wie definieren Sie den Begriff »Schreibtischtäter« im Zusammenhang mit Höfers Nazi-Vergangenheit?

WIESER: Niemand im »Spiegel« hat Werner Höfer einen Schreibtischmörder genannt. Schreibtischmörder sind weiße Kragen, die durch ihre Unterschrift Deportationen, Hinrichtungen und andere Verbrechen angezettelt haben. Davon kann nach unserem augenblicklichen Kenntnisstand bei Werner Höfer keine Rede sein. Aber Höfer hat, im Falle des Pianisten Kreiten, einem Mord unter seinem vollen Namen applaudiert und damit auch bei seinen Lesern um Verständnis für diesen Mord geworben. Doch nicht nur die Kreiten-Tirade rechtfertigt unserer Ansicht nach das Schreibtischtäter-Wort. Es ist auch für die meisten anderen Artikel, die Höfer in den letzten Kriegsjahren geschrieben hat, eine wohlüberlegte Metapher. Nehmen Sie den »Brockhaus«. Im »Brockhaus« heißt es: »Schreibtischtäter nennt man jene Menschen, die zwar nicht direkt (als Befehlende oder Ausführende) Straftaten begehen, aber durch ihre Tätigkeit als Beamte, Wirtschaftsführer, Publizisten o. ä. indirekt deren Ausführung ermöglichen.«

Genau das hat Höfer in einer so unermüdlich aktiven Weise getan, daß neulich sogar im »Deutschen Allgemeinen Sonntagsblatt« zu lesen war, er habe durch seine Durchhalte-Publizistik das Leben eines angeschlagenen verbrecherischen Regimes zu verlängern geholfen. Höfer hat den Menschen, die infolge der alliierten Bombenangriffe in den Städten alles verloren, nicht einmal Trauer und Tränen darüber gestattet, sondern ihnen die Umquartierung aufs Land als »Gesundbad gegen Zivilisationskrankheiten« schmackhaft zu machen versucht.

FRAGE: Worauf führen Sie zurück, daß über 40 Jahre ins Land gehen mußten, ehe der Nazi-Journalist Werner Höfer aus dem Verkehr gezogen wurde? Worauf führen Sie zurück, daß Politiker, journalistische Kollegen, Intendanten, Programmdirektoren, Rundfunk- und Fernsehräte so lange geschwiegen und durch ihr Schweigen Höfer gedeckt haben?

WIESER: Werner Höfer sagte vor Jahren in einem Interview, er habe in seinem Leben immer unverschämtes Glück gehabt. Damit hatte er im doppelten Wortsinn recht: Höfer hat Glück gehabt, weil die ersten Angriffe gegen ihn im Klima des Kalten Krieges 1962 aus der DDR kamen und sich auf dem Weg in die Bundesrepublik in Adelstitel verwandelten. Was Besseres, als damals von Albert Norden beschimpft zu werden, konnte einem Bundesbürger gar nicht passieren. Als ihn wegen seiner Nazi-Vergangenheit 16 Jahre später auch westdeutsche Zeitungen unter Beschuß nahmen, waren dies rechte Blätter, und Höfer hatte abermals Glück. Nun nämlich konnte er, und dies klang absolut einleuchtend, darauf verweisen, daß die rechte Kritik zwar vordergründig den gewesenen Nazi attackierte, aber in Wirklichkeit den liberal auftretenden »Frühschoppen«-Moderator treffen wollte. Das heißt: Die verschiedenen Angriffe auf Höfer waren regelmäßig dessen beste Schutzbriefe. Und von dieser merkwürdigen Dialektik hat er jahrelang profitiert.

Aber Höfer hat noch von einer anderen Sache profitiert. Er hat davon profitiert, daß die Kritik der Printmedien an seiner Nazi-Vergangenheit niemals vom Fernsehen übernommen wurde. Auch nach der »Spiegel«-Veröffentlichung hat das Fernsehen über die Affäre erst berichtet, als es beim besten Willen nicht mehr anders ging. Nicht etwa die Belichtung seiner »12 Uhr Blatt«-Artikel, erst sein Entlassungsrücktritt hat Höfer für das Fernsehen zum Thema werden lassen.

FRAGE: Hat die ZDF-Sendung »Journalisten fragen – Werner Höfer antwortet« an Ihrer Einstellung zu diesem Thema etwas geändert? Ist Ihnen Werner Höfer durch seine Erklärungen sympathischer geworden?

WIESER: Man konnte schon seltsam berührt sein, als der beinahe 75jährige Höfer in der Sendung gleich mehrfach bekannte: »Ich schäme mich.« Man konnte seltsam berührt sein, obwohl ich den Eindruck nicht los werde, daß sich dieses Bekenntnis mit keinem wirklichen Gefühl verband und später Gratismut war. Trotzdem kann ich in der ganzen Affäre keine Schadenfreude empfinden. Der »Spiegel« hat aufgeklärt, und dazu ist der »Spiegel« da. Und wenn man bedenkt, daß Höfer nicht gegen einen einzigen Satz des Artikels auch nur eine Gegendarstellung angestrengt hat, dann haben wir dies offensichtlich auf seriöse Weise getan.

FRAGE: Werner Höfer versucht sich heute als bloßer Mitläufer zu präsentieren und sagt, er sei damals ein »apolitisches Kerlchen« gewesen.

WIESER: Da erzählt uns ein Mann, der noch im August 1944 auf der Titelseite des »Reich« gleich neben dem Leitartikler Joseph Goebbels zu den »Volksgenossen« sprach, der sein Geld zeitweise als Pressereferent im Reichsministerium Speer verdiente und um dessen kriegsbegeisterte Durchhalte-Artikel sich die Nazi-Blätter förmlich rissen, er sei ein apolitisches Kerlchen gewesen. Mit dieser Märchenerzählung, die selbst seinen Freunden peinlich ist, hat Werner Höfer der Liste der von ihm verbreiteten Unwahrheiten nur eine weitere Unwahrheit hinzugefügt.

FRAGE: Welche Unwahrheiten schlagen für Sie in besonders eklatanter Weise zu Buche?

WIESER: Unwahr ist Höfers Behauptung, er habe dem »Führer« nie gehuldigt; unwahr ist seine Behauptung, er habe »in negativem Sinne« das Wort Jude zu keiner Zeit niedergeschrieben; unwahr ist, er habe im »Reich« nichts veröffentlicht; unwahr ist seine jetzt interessanterweise nicht mehr wiederholte Behauptung, er sei 1937 aus der NSDAP wieder ausgetreten. Und unwahr ist mit an Sicherheit grenzender Wahrscheinlichkeit, er habe den Namen Karlrobert Kreiten 1943 gar nicht gekannt. Einer der umtriebigsten Nazi-Feuilletonisten Berlins, der in seinen zahlreichen Kolumnen jede Petitesse würdigte, will den berühmtesten deutschen Pianisten der jüngeren Generation nicht gekannt haben – der von einem Feuilleton-Gott wie Furtwängler öffentlich gelobt wurde, der zweimal mit den Berliner Philharmonikern auftrat, und dessen letztes Konzert im Beethovensaal an den Berliner Litfaßsäulen plakatiert war?

FRAGE: Gibt es Dinge, die Sie in der Affäre Höfer besonders irritieren?

WIESER: Mich irritiert, daß in den vergangenen Wochen vor allem Höfers journalistische Anwälte so wortakrobatisch mit der Verharmlosung seiner Nazi-Publizistik beschäftigt waren, daß ihnen für die Erinnerung an Karlrobert Kreiten kaum Zeit blieb. Auch aus dem Munde der ehrenwerten Carola Stern, die das ZDF-Streitgespräch über ein nicht eben unwichtiges politisches Thema streckenweise in ein Kaffeekränzchen verwandeln wollte, habe ich über Kreiten und andere Opfer wenig gehört. Auf diese Weise wird der »ehrvergessene Künstler« ein zweites Mal wie eine Unperson behandelt. Zum anderen muß einen noch jüngeren Journalisten irritieren, wie schulterklopfend einige Leute den Versuch unternommen haben, Höfers Nazi-Vergangenheit mit dem Argument zu übertünchen, er habe nach 1945 doch eine fabelhafte demokratische Gesinnung an den Tag gelegt. Davon abgesehen, daß ich daran meine Zweifel habe, weil zu dieser Gesinnung auch so etwas wie die Fähigkeit zur Selbstkritik gehörte: Merken diese Leute eigentlich nicht, daß sie mit ihren Komplimenten eine Selbstverständlichkeit für lobenswert erachten?

3.2.1988   medien-telegramm

Der Spiegel: Unerläßlich für die politische Hygiene

Die Zeile las sich wie ein Pariser Vorortkrimi: »Tod eines Pianisten.« Zehn Tage vor Weihnachten 1987 hob der »Spiegel«, ohne sonderlichen Aktualitätsdruck, die altbekannte »Werner-Höfer-Story« aus vergangenen NS-Zeiten ins Blatt.

Auf einer Neun-Seiten-Strecke belegte »Spiegel«-Autor Harald Wieser in einem ebenso glänzend geschriebenen wie perfekt recherchierten Bericht erstmals komplex und komplett die politische Qualität und den publizistischen Umfang der NS-Elaborate des ehemaligen WDR-Fernsehdirektors und Frühschöppners Werner Höfer. Wieser stellte die Exekution des Klaviergenies Karlrobert Kreiten am 7. September 1943 und die von Werner Höfer am 20. September 1943 dazu im Nazi-»12 Uhr Blatt« veröffentlichte »Hinrichtungshymne« in den Mittelpunkt des Reports mit der zutreffenden Unterzeile: »Über das Nazi-Opfer Karlrobert Kreiten und den Schreibtischtäter Werner Höfer.«

Das war am 14.12.1987. Zwei Tage später mahnt der WDR Höfer ab. Am 21. Dezember beschließt der WDR-Rundfunkrat mit 38 Stimmen bei nur drei Enthaltungen das Aus für Höfer. Einen Tag später, am 22. Dezember, wirft er das Handtuch und tritt nach 1.874 Frühschoppen-Folgen und 1 Mio DM Gage dafür ab. Dies ist die Story.

Kaum war der »Spiegel« am Kiosk, miesepeterten die journalistischen Auguren zur Rechten wie zur Linken:

Die Höfer-Story ist uralt. Warum kommt der »Spiegel« erst jetzt damit?

Warum »klappt« erst beim »Spiegel«, was alle Veröffentlichungen zuvor nicht erreichten – eben Höfers Ausstieg?

Angesehene Journalisten wie Werner Giers oder Manfred Schell machten sich immerhin am Leitartikel-Platz ihrer Blätter Gedanken über diese Fragen.

Warum jetzt? Und warum mit diesem Erfolg? Sicher sind viele Antworten möglich: Der »Spiegel« hat hierzulande, ob einem das paßt oder nicht, die publizistische Leitfunktion inne. Die Öffentlichkeit, ob links oder rechts, nimmt das, was montags im »Spiegel« steht, für bare Münze.

Die publizistische Führungsrolle des Nachrichten-Magazins, das jeden Montag den wohl gigantischsten Abschreib-Journalismus nach der »Prawda« in Gang setzt, ist allerdings nicht auf staatstragende Befehlsausgabe wie beim sowjetischen Zentralorgan gegründet, sondern ausschließlich auf professionellen Investigations-Journalismus anglo-amerikanischer Prägung. Und auf das beste Archiv der Republik.

Unter diesem Gesichtspunkt erscheinen die erwähnten Fragen untauglich. Zum einen stimmt es nicht, daß der »Spiegel« beim Fall Höfer vor dem 14.12.87 nichts publiziert hätte.

In Nr.13/79 beschrieb der »Spiegel« in dem Beitrag »Nachts kommt das KZ zurück« Werner Höfers »üblen supernazistischen Artikel« im Berliner »12 Uhr Blatt«.

Am 2.4.1985 veröffentlichte der »Spiegel« einen Dreispalter mit der inkriminierten Hinrichtungshymne Höfers im »12 Uhr Blatt«, in dem nicht nur die Autorenschaft Höfers mit der Zeile zitiert wurde »kein Zweifel möglich«, sondern überdies auf Höfers NSDAP-Parteibeitritt hingewiesen wurde.

In diesem Zusammenhang ist eher erstaunlich, daß Paradeblätter der Linken, vom »Stern« bis zur »FR«, sonst fiebrig zur Übernahme von »Spiegel«-Themen angetreten, diese beiden Höfer-Artikel des »Spiegel« zur Seite schoben. Aber selbst, wenn man dem »Spiegel« vorwürfe, den Fall Höfer bislang auf kleiner Flamme gekocht zu haben, bleibt die Frage »Warum jetzt erst?« kleinkariert.

Die zweite Frage, warum der »Spiegel« bewirkte, was allen anderen Publikationen (und zwar nicht nur im Falle Höfer) vorher versagt blieb, ist zweifach verräterisch, weil sie unfreiwillig den tiefsitzenden Neid aller (uneingeschränkt aller) Medien über die Leitfunktion des »Spiegel« artikuliert. Und zwar weil dieser Spitzen-Platz publizistisch und nicht politisch erobert wurde, und mit jeder »Spiegel«-Ausgabe neu behauptet wird.

Reginald Rudorf

Holger Hagen 2.2.1985

An den Herrn
Bundespräsidenten
Richard von Weizsäcker
Villa Hammerschmied

5300 Bonn

Sehr geehrter Herr Bundespräsident von Weizsäcker,

in der Anlage erlaube ich mir, Ihnen zwei Dinge zu überreichen, die nur scheinbar nichts miteinander zu tun haben:

1. Das mir 1978 für meine »Verdienste um die sozialen Belange der deutschen Schauspieler« verliehene Bundesverdienstkreuz am Bande. – Ich war zu der Zeit Generalsekretär der Bundesfachgruppe Bühne, Film, Fernsehen (BFF) in der DAG.

2. Eine Schallplatte in memoriam KARLROBERT KREITEN, der 1943 wegen »Feindbegünstigung und Wehrkraftzersetzung« durch den »Volksgerichtshof« zum Tode verurteilt wurde und am 7. September 1943 in Plötzensee mit 27 Jahren sein Leben am Strang aushauchte. Ich mache ganz besonders auf den Text des Plattenumschlages aufmerksam!

Ich bin Träger des BRONZE STAR Ordens für Tapferkeit vor dem Feind, verliehen von der amerikanischen Armee, der ich von 1942 bis 1948 diente, zuletzt als Oberleutnant der Infantrie. Ich möchte diese Auszeichnung nicht entwerten, dadurch daß ich sie gleichzeitig mit einem Orden trage, der u. a. auch einem Werner Höfer verliehen wurde.

Nur kurz noch zur persönlichen Legitimation: Ich wurde als Sohn von Oskar Hagen, dem Begründer der Händelrenaissance und der Göttinger Händelfestspiele, in Deutschland geboren. Mit meiner Familie wanderte ich 1925 in die Vereinigten Staaten von Amerika aus. 1945 kehrte ich als Offizier der U.S. Army nach Deutschland zurück, diente dann bis zum Frühjahr 1948 als Theater- und Musik-Offizier bei der Information Control Division der amerikanischen Militärregierung und lebe seither als Schauspieler und Schriftsteller wieder im Land meiner Geburt. Ich bin mit meiner Schauspielerkollegin Bruni Löbel verheiratet.

Eine Kopie dieses Schreibens schicke ich an W. Höfer. Es auch an die Presse zu geben, behalte ich mir vor.

Mit vorzüglicher Hochachtung

Ihr Holger Hagen

Der Chef des Bundespräsidialamtes 12.3.1985

Herrn
Holger Hagen

Sehr geehrter Herr Hagen,

der Herr Bundespräsident hat Ihren Brief vom 2. Februar 1985 erhalten, mit dem Sie das Ihnen am 21. Februar 1978 verliehene Verdienstkreuz am Bande des Verdienstordens der Bundesrepublik Deutschland zurückgeben.

Zu den Gründen, die Sie zu diesem Schritt veranlassen, darf ich folgendes feststellen:
Herr Werner Höfer ist am 21. Februar 1973 von Bundespräsident Heinemann mit dem Großen Verdienstkreuz des Verdienstordens der Bundesrepublik Deutschland ausgezeichnet worden. Als fünf Jahre später durch einen Beitrag der Zeitung »Bild am Sonntag« vom 19. Februar 1978 die gegen ihn erhobenen Vorwürfe bekannt wurden, ist alles versucht worden, eine restlose Aufklärung des Sachverhaltes zu erreichen. Herr Höfer hat selbst nachdrücklich bestritten, Autor des inkriminierten Artikels aus dem Jahre 1943 zu sein, vielmehr beharrte er darauf, er habe nie eine Zeile über Karlrobert Kreiten geschrieben bzw. die auf die Hinrichtung von Herrn Kreiten zu beziehenden, das nationalsozialistische Unrechtsurteil billigenden Aussagen seien von fremder Hand in dem Artikel aus dem Jahre 1943 eingefügt worden.

Das Bundesinnenministerium und der Chef der Staatskanzlei des Landes Nordrhein-Westfalen, die in die Bemühungen um die Wahrheitsfindung eingeschaltet wurden, sahen sich schließlich zu der Feststellung veranlaßt, daß die gegen Herrn Höfer erhobenen Vorwürfe nicht beweisbar seien. Angesichts dieses Ermittlungsergebnisses waren die tatsächlichen Voraussetzungen für ein Ordensentziehungsverfahren nach § 4 des Gesetzes über Titel, Orden und Ehrenzeichen, das sonst in Betracht zu ziehen gewesen wäre, nicht gegeben.

Erkundigungen des Bundespräsidialamtes haben ergeben, daß sich an dieser Lage nichts geändert hat.

Mit vorzüglicher Hochachtung

Klaus Blech – Staatssekretär

20. 3. 1988   Der Tagesspiegel

Bundespräsident gratuliert Höfer zum 75. Geburtstag

Bundespräsident Richard von Weizsäcker hat Werner Höfer vorab zu dessen morgigen 75. Geburtstag gratuliert. In seinem Schreiben würdigte der Bundespräsident den »Internationalen Frühschoppen«, den Höfer jahrelang moderiert und schließlich unfreiwillig aufgegeben hatte. Höfer habe mit seiner Sendung »Wesentliches zur politischen Meinungs- und Urteilsbildung von Millionen unserer Landsleute« beigetragen, heißt es in dem Brief, den Höfer in Köln dpa vorab zur Verfügung stellte.

Durch das »verschiedene Meinungen spiegelnde und respektierende Gespräch« habe Höfer dem Publikum internationale Probleme, aber »auch unsere eigenen« nahegebracht. Er habe damit der bundesdeutschen »Demokratie einen bleibenden Dienst« erwiesen.

Höfer will seinen Geburtstag »in gehörigem Abstand von Köln« und »in einem sehr kleinen ausgewählten Kreis« feiern. Ursprünglich hatte er vor, im Bahnhof Rolandseck einen großen Geburtstagsempfang zu geben.   (dpa)

21. 3. 1988   Der Spiegel

Werner Höfer, 75, Ex-Frühschöppner, verzichtet auf Gratulationscouren seines früheren Haussenders WDR: Seinen 75. Geburtstag feiert Höfer schmollend nur mit Schwester, Tochter, Neffen und zwei früheren Mitschülern. Für die Party an diesem Montag hat der Jubilar allerdings ein ganzes Lokal für sich und seine Gäste angemietet – das Café Plüsch im Eifelörtchen Monreal. Der WDR respektiert den Geburtstagswunsch seines früheren Mitarbeiters nur in Grenzen: Am Abend strahlt der Sender ein Feature über Höfer aus.

Trouw

Tv-presentator ontmaskerd als nazi-journalist

Van een onzer verslaggevers
ROTTERDAM – Werner Höfer, de elegant formulerende Westduitse tv-gespreksleider, is door het weekblad Der Spiegel ontmaskerd als nazi-journalist.

In acht pagina's wordt hij beschreven als een 'Schreibtischtäter' (schrijftafelcrimineel). Zwaarste beschuldiging: hij juichte in 1943 de terechtstelling toe van een pianist, die twijfelde aan de Duitse eindoverwinning.

Höfer geniet ook in Nederland populariteit als presentator van het op zondagmorgen uitgezonden internationale journalistenforum 'Frühschoppen'.

Hij heeft nooit ontkend vanaf 1933 lid te zijn geweest van de toenmalige nationaal-socialistische partij, de

Tv-presentator Höfer

NSDAP. Maar Der Spiegel toont aan dat Höfer onvervalste nazi-retoriek bezigde als columnist van '12 Uhr Blatt', een nationaal-socialistische krant. De kern het verhaal is dat Höfer als 30-jarige de 'strenge bestraffing' van de toen 26-jarige pianist Karlrobert Kreiten als 'voorbeeld' aanprees. Kreiten werd opgehangen in de gevangenis Berlin-Plötzensee. Zijn 'misdaad' was, dat hij zijn mening dat 'de praktisch verloren oorlog tot de ondergang van Duitsland en de Duitse cultuur' zou voeren, niet voor zich hield. Voor een honorarium van 75 rijksmark hekelde Werner Höfer op 20 september 1943 de houding van een kunstenaar die 'inplaats van geloof twijfel zaait'. Uit het artikel blijkt dat Höfer instemt met de manier waarop de Duitse geheime politie, de Gestapo, Kreiten had aangepakt.

RFA
Une star du petit écran compromise par son passé nazi

Werner Höfer, l'un des présentateurs les plus célèbres de la télévision est mis en cause pour ses écrits nazis durant la guerre. L'affaire, déjà évoquée en 1962 par la RDA, a été exhumée par l'hebdomadaire «Spiegel». Dossier à l'appui.

Bonn, de notre correspondant

Tous les dimanches que Dieu fait, depuis trente-cinq ans, Werner Höfer préside un rituel allemand observé par quelque huit millions de personnes. Ce septuagénaire rubicond, planté devant un verre de vin blanc et flanqué d'une brochette de journalistes allemands et étrangers, anime une émission de télévision intitulée «l'Apéritif international» («Das Internationale Frühshoppen»). Il ne s'agit pas de débattre en direct des mérites comparés des vins du Rhin et de ceux de Moselle, mais plutôt de discuter de sujets aussi

enivrants que les euromissiles, les plans de paix pour l'Amérique centrale ou la situation en Roumanie.

La popularité de cette émission en dit long sur l'intérêt que portent les Allemands aux affaires internationales, et sur le plaisir aussi peut-être, qu'ils éprouvent à observer des correspondants étrangers manier avec un inégal bonheur la langue de Goethe et de Schiller. Il est vrai que ces journalistes sont prêts à tout, car si la popularité de cette émission est grande dans le public, elle est plus grande encore chez les invités qui touchent à chaque apparition la confortable pige de 870 deutsche

marks, soit à peu près 3 000 francs, le verre de vin blanc non compris.

Certains, pourtant, sont aujourd'hui assez gênés, et la plupart se résignent à renoncer au confortable chèque du «Frühshoppen». Le magazine *Der Spiegel* vient en effet de publier un long article sur les écrits nazis qu'avait publié Höfer pendant la guerre, et le quotidien à grand tirage *Bild* (cinq millions d'exemplaires vendus chaque jour) réclamait hier la démission du présentateur vedette. L'un de mes confrères, qui apparaît très régulièrement au «Frühshoppen» déclarait cette semaine être bien ennuyé par toute cette histoire,

partagé qu'il était sans doute entre son peu de sympathie pour le passé du présentateur et l'appât du gain.

Finalement, pour lui comme pour la plupart des journalistes étrangers régulièrement invités, l'antipathie l'a emporté et il semble donc que l'on verra à l'avenir des visages nouveaux le dimanche matin autour de la figure massive de Höfer. Celui-ci prétend en effet continuer son émission comme si de rien n'était, même si le directeur de la chaîne de télévision WDR, monsieur Friedrich Nowottny, a donné trois mois au présentateur pour qu'il s'explique sur les accusations portées contre lui.

FINANCIAL TIMES

EUROPE'S BUSINESS NEWSPAPER

Ex-Nazi quits W German TV job

BY DAVID MARSH IN BONN

MR WOERNER HOEFER the 74-year-old doyen of West German TV journalism, was yesterday forced to resign from his broadcasting job after a flare-up in the press over his Nazi past.

The affair underlines the way that the Third Reich still sends contorted shadows over West Germany. The often ambiguous role of Germans during the war, especially of those who went on to success in the federal republic, is still the focus of a mixture of emotions powerful enough to detonate periodically in explosions that rock careers.

Mr Hoefer, with sparse silvery hair and patrician manners, has fallen foul not only of genuine sensitivities about his war-time record but also of current political intrigue in which the press, during the past 10 days, has played an important and somewhat unsavoury role.

Mr Hoefer, who has hosted for nearly 36 years a successful journalistic show on television at Sunday noon, yesterday said he was giving up the programme. This followed a diplomatically worded call for his resignation from his employers, the Westdeutsche Rundfunk broadcasting organisation, on Monday evening.

Whatever the exact nature of Mr Hoefer's activities during the Nazi period, his downfall has been prompted by an unusual alliance of West Germany's two most successful and controversial newspapers – the left-leaning news magazine *Der Spiegel*, and the raucous right-wing daily, *Bild*.

The two publications, for different reasons, have been campaigning for his removal. This has partly mirrored Byzantine efforts within Westdeutsche Rundfunk to unseat him. Mr Hoefer's elegant longevity seems to have aroused impatience among other broadcasters there.

In a bitter farewell letter yesterday, Mr Hoefer disputed WDR's right to carry on the programme he invented. The station said it would go out under another name, in a different format, from next Sunday.

It has never been disputed that Mr Hoefer joined the Nazi party in 1933, immediately Hitler had gained power, and worked on Nazi papers during the war. After Germany's defeat, he passed unscathed through "denazification" vetting by the Allies and started a successful broadcasting career. He also gained a reputation for liberal opinions which earned him support on the left during the first post-war decades when the federal republic was run by conservative governments.

After sporadic controversy during the 1960s and 1970s about Mr Hoefer's past – mostly stirred by right-wing publications – a long piece 10 days ago in *Der Spiegel* revived the debate, mainly in connection with an article under his name in a Nazi newspaper in 1943, which praised the Nazis' execution of Karlrobert Kreiten, a talented young pianist hanged for insulting Hitler and undermining the war effort.

THE TIMES

Frederick Bonnart on changing German attitudes in the light of the Höfer case

Altered outlooks on the Nazi past

A wave of war crimes accusations is about to hit West Germany. Some 30,000 names recently released from United Nations archives – including those of 4,500 people wanted for murder – have been submitted to the Nazi War Crimes Centre at Ludwigsburg. The charges are likely to be rigorously investigated – and they will illustrate a change in German attitudes to the war.

Many of those in positions of power and responsibility in West Germany now are young enough to be free of any taint of personal involvement with the Nazi past. They are less sympathetic to the dilemmas that faced those who lived through the period. Their judgements are harsher.

If demonstration of this were needed, one need look no further than the case of Werner Höfer, the television presenter whose popular Sunday morning discussion programme on the WDR network has just come to an abrupt and bitter end after 35 years.

Called *Internationaler Frühschoppen* (literally international morning drink) the programme had become a regular feature of German life. Höfer, aged 74, was the creator of the programme that brought him fame. Every Sunday at noon he assembled a group of five journalists from different countries and opposing opinions who discussed problems of the moment over a glass of wine.

The programme always attempted to define a situation by contrasting opposing views, and it normally came to a liberal, open-minded conclusion. Journalists everywhere considered it an honour to be invited on to the programme, although it was a testing experience for them which required complete concentration, strong knowledge of the subject, and the ability to express ideas rapidly and concisely in German. The ball was kept in the air and, whenever it threatened to drop, Höfer intervened ruthlessly and threw it up again. Apart from West Germany it was also broadcast in

Austria, Switzerland and in East Germany, where it had considerable influence. Audience figures ranged up to 100 million in its heyday and more recently have been a respectable 20 million.

Just before Christmas Höfer resigned under pressure after an article in *Der Spiegel* accusing him of being a "desk war criminal" for his journalistic activities in Nazi Germany, and, in particular, for his alleged praise of the execution in 1943 of Karlrobert Kreiter, a young pianist who had been condemned to death for defeatist remarks. (Höfer is now appealing against the loss of his position and suing *Der Spiegel* for some £30,000 for defamation.)

But the facts had been known for years. Höfer had, indeed, been a member of the Nazi party since

1933 and a journalist throughout the war. Although his subject was mainly the arts, he had written articles castigating war waverers. After the war he was investigated, forswore his Nazi past, apologized for his errors, and was able to resume his journalistic career. He has always denied writing the offending passages about Kreiten, claiming they had been inserted editorially without his knowledge or approval.

In fact, all the main items of the present accusations against Höfer were made by an East German propagandist as long ago as 1962, when they were clearly a reaction to the power of the programme in the East. But that was still a period when many Germans in positions of responsibility had been involved with the previous regime – Höfer's explanations were accepted.

Werner Höfer will not be one of those names checked in the forthcoming investigations of the UN archives. A journalist may be considered to have a particular responsibility in times of unrest. It is perhaps this fact that led the directorate of the WDR network to adopt what many consider an inelegant way of terminating a brilliant career.

EL PAIS

Werner Höfer

El retiro forzoso del periodista político más popular de la RFA

HERMANN TERTSCH, Viena

Ha sido durante décadas el periodista político más popular de la República Federal de Alemania. Dirigió los últimos 35 años, sin interrupción, todos los domingos, la mesa redonda televisada *Internationales frühschoppen*, sobre temas de actualidad, con periodistas alemanes y corresponsales extranjeros. Werner Höfer es una personalidad histórica de la televisión alemana. Desde hace un mes se halla en retiro forzoso, tras salir a la luz artículos suyos de la más rancia retórica nazi, publicados en los últimos años de la guerra.

En uno de los artículos publicados, Werner Höfer aplaude la ejecución de un pianista que puso en duda la victoria final de la Alemania hitleriana. A los 74 años, le ha alcanzado el pasado a este gran periodista, cuyos méritos profesionales en los cuatro decenios de existencia de la República Federal de Alemania nadie discute. Su caso es, sin embargo, más que una tragedia personal. Ha recordado a la opinión pública alemana los grandes silencios de complicidad y culpa sobre los que se basó en su día la creación de la república. Por primera vez, el escándalo de la complicidad con el régimen nazi afecta ahora a un periodista. Höfer escribió por encargo personal del ministro de Propaganda, Joseph Goebbels, himnos a la guerra y ataques a los derrotistas y "débiles" que no creían en una victoria ya imposible.

Werner Höfer.

The **Guardian**

Veteran anchorman forced to quit
after 'Hitler glorification' links

'Nazi past' catches up with German TV presenter

From Anna Tomforde
in Bonn

The past finally caught up yesterday with Mr Werner Hoefer, the veteran presenter of West German television's most popular current affairs programme, forcing his resignation after allegations that he glorified the Nazi war effort and applauded the execution in 1943 of a promising young pianist.

One day after the programme supervisory council of West German Radio and Television (WDR) in Cologne voted in favour of the presenter, aged 74, giving up his job, Mr Hoefer announced his resignation, accusing the council of "forcing" him out.

In a bitter note to the WDR director, Mr Hoefer claimed the rights of the highly popular Internationaler Fruehschoppen programme, which he started in 1952 and which has consistently attracted huge television and radio audiences. WDR said that the programme would be continued under another title.

Mr Hoefer, who joined the Nazi party in March, 1933, has never denied being a party member. But he has contested the authorship of some passages in a commentary in the pro-Nazi gazette, the Berlin 12 Uhr Blatt, on the execution of a pianist, Karlrobert Kreiten, aged 26, in Berlin's Ploetzensee Prison on September 7, 1943.

The New York Times

German TV Host Quits Over His Nazi Past

By SERGE SCHMEMANN
Special to The New York Times

BONN, Dec. 22 — The 74-year-old host of West Germany's longest-running television talk show resigned today, a week after a magazine reopened his past as a Nazi journalist.

The moderator, Werner Höfer, presided over a Sunday round-table discussion of current events with a group of foreign correspondents. The program, "Der Internationale Frühschoppen," was on the air for 35 years, and about five million West Germans and at least twice that many viewers in East Germany and Switzerland tuned in regularly.

The fact that Mr. Höfer had joined the Nazi Party in 1933 and wrote articles with a Nazi bent — mostly on cultural affairs — was no secret. The charges had been aired in public at least twice before and Mr. Höfer had not denied them.

Thus the detailed account of his Nazi career in the Dec. 14 issue of Der Spiegel, West Germany's most influential news weekly, came under criticism from many who felt that he had atoned for his past by repenting of it and by his postwar record as a liberal and respected journalist.

Most in Poll Support Him

A public opinion poll found that 70 percent of those questioned thought Mr. Höfer should stay with his show, and in an editorial echoed in many other newspapers, the Neue Westfälische Zeitung wrote, "Whoever needs to demonstrate the purity of his convictions through the so-called Höfer case has to be careful not to be seen as a self-righteous hypocrite."

The Spiegel report focused in greatest detail on a newspaper article published in a Berlin paper in 1943 under Mr. Höfer's name soon after the execution of a young piano virtuoso, Karlrobert Kreiten, who had been denounced to the Gestapo by a neighbor for offhand comments he had made about Hitler. Mr. Höfer's article said there should be no difference between the treatment of an artist who went astray and of a common citizen.

Although Mr. Kreiten was not named, the reference to the "harsh punishment meted out to a dishonorable artist" would have been obvious to Berliners.

While Mr. Höfer said he "deeply regretted" his writings as a Nazi and in particular the article about the pianist, he maintained that the offending passage about Mr. Kreiten had been inserted by Nazi propagandists, a practice he said was common in the tightly controlled press of the time.

He also insisted he had never written against the Jews or in support of Hitler.

The Spiegel article created an instant sensation. On the day after it was published, Friedrich Nowottny, the director of West German Broadcasting, the state-owned network for which Mr. Höfer worked, publicly declared that he had until March to clear his name or leave the show.

Next, two of the reporters invited by Mr. Höfer for last Sunday's program declined to come after they were told that the program would not touch on the moderator's past. On the program, which went on the air as usual, Mr. Höfer pledged to dedicate the next show to the subject.

On Monday, however, the policy-setting board of West German Broadcasting went a step further and asked Mr. Höfer to resign. The board said that Hitler-era journalism "cannot be appraised only by today's points of view," but that "early and courageous distancing from Nazi convictions and articles should be of great importance."

In his resignation letter, Mr. Höfer said: "It seems neither possible nor necessary to look for motives and sources. At the same time, the public should think about how little the popular voice in a representative democracy can do. I see from the public opinion polls and the many letters I got that the citizens are still behind me and my work. I'm thankful for that."

At Der Spiegel, Harald Wieser, the author of the Höfer article, said he had felt compelled to write it because in all the years Mr. Höfer appeared on television and gathered high awards for his journalism no one had delved into his past in detail.

"It's better if it had been done 20 years ago, but nobody else did it," he said by telephone. "I'm sad to write this article and to know all the horrible things he has written. But there was no alternative."

285

Zwei Theaterstücke

Heinrich Riemenschneider

DER FALL KARLROBERT K.

Schauspiel

Zum Gedenken
an Karlrobert Kreiten
und seinen 185 am 7. September 1943
in Plötzensee hingerichteten
Mitgefangenen

Heinrich Riemenschneider, 1924 in Düsseldorfs Altstadt geboren, entstammt einer alteingessenen Düsseldorfer Familie. Sofort nach dem Kriege begann er ein umfassendes Musik- und Theaterstudium bei namhaften Lehrern. Seine über zehnjährigen Bühnenerfahrungen sammelte er an den Theatern in Trier, Düsseldorf, Bonn und Essen als Bühnendarsteller, Regisseur und Dramaturg. 1977 wurde Riemenschneider von der Stadt Düsseldorf zum Direktor des Dumont-Lindemann-Archivs berufen, begründete 1979 das Theatermuseum der Stadt. Sowohl die Gustaf-Gründgens-Ausstellung als auch andere große Ausstellungen haben das Dumont-Lindemann-Archiv in wenigen Jahren im In- und Ausland bekannt gemacht.

Die von ihm verfaßte zweibändige Theatergeschichte der Stadt Düsseldorf ist 1987 erschienen.

Aufführungen von »Der Fall Karlrobert K.«

6. Februar 1984, Köln
18. März 1984, Bonn
15. April 1984, Köln
16. Oktober 1984, Hilden
8. Mai 1985, Düsseldorf

Personen:

Ellen Ott-Monecke

Annemarie Windmöller
NS-Schulungsleiterin

Tiny Passavent – geb. Debüser
Mitglied der NS-Frauenschaft

Karlrobert Kreiten

Frau Kreiten, *Karlroberts Mutter*

Rosemarie, *Karlroberts Schwester*

Grand'maman

Herr Kreiten, *Karlroberts Vater*

Anneli

Hotelportier

1. Gestapomann

2. Gestapomann

SS-Obersturmführer

Gefängniswärter

Pfarrer Buchholz

Staatsanwalt

1. Szene
BERLIN MÄRZ 1943

Geschlossener Bühnenvorhang, im Zuschauerraum erklingt Klavier-
musik – Beethovens f-Moll-Sonate op. 57, »Appassionata« –
Musikzimmer einer Offiziersfamilie im Berlin der dreißiger
Jahre
Karlrobert Kreiten sitzt am Flügel und spielt beim Öffnen des Vor-
hangs die letzten Takte

FRAU OTT: Also Karlrobert, wenn Sie übermorgen so zur
    Sache gehen, wird das Publikum im Beethovensaal
    rasen. Es ist wirklich phantastisch wie Sie das Instru-
    ment beherrschen, ich glaube Beethoven hätte seine
    helle Freude an Ihnen! Sie müssen entschuldigen, unser
    »Blüthner« ist nicht so ganz exakt gestimmt: – vielleicht
    sind es auch die Temperaturschwankungen, die ihm zu
    schaffen machen? ... aber Sie wissen ja, das Heizmate-
    rial ist knapp und ich bin froh, daß der Raum wenigstens
    einigermaßen temperiert ist, wenn Sie hier üben.

KARLROBERT: Ich bin Ihnen sehr zu Dank verpflichtet Frau
    Ott-Monecke.

FRAU OTT: Ach was – ich freue mich schon so auf Ihr Konzert.
    Wenn es wieder so ein Erfolg werden sollte wie das
    letzte Mal: – die Berliner waren ja förmlich aus dem
    Häuschen ... und die Presse: Ein wahrer Hexenmeister
    des Klaviers ... Der Paganini des Klaviers ... Das junge
    Klaviergenie – also einfach toll!

KARLROBERT: Aber Frau Ott-Monecke, Sie beschämen mich
    ... Ich bin froh, daß Sie mir Gelegenheit geben, bei
    Ihnen üben zu dürfen, solange ich meine neue Woh-
    nung noch nicht benutzen kann.

FRAU OTT: Nein, nein, das hatte ich Ihnen ja angeboten! Den
    Umzugstermin mußten Sie einfach wahrnehmen, sonst
    finden Sie in ganz Berlin niemanden, der Ihnen Ihr
    Instrument transportiert!

KARLROBERT: Solange ich Ihren Flügel benutzen darf, ist das
    Konzert ja nicht gefährdet – vorausgesetzt es gibt kei-
    nen Fliegeralarm!

FRAU OTT: Malen Sie den Teufel nicht an die Wand! Die wert-
    vollsten Dinge habe ich schon im Keller deponiert, denn
    die ewige Schlepperei wird mir auf die Dauer doch zu
    viel!

KARLROBERT: Apropos – *auf das Hitlerbild zeigend* – den würde
    ich an Ihrer Stelle auch abhängen und am besten so weit
    wegstellen, daß ihn niemand mehr bei Ihnen findet.

FRAU OTT: Herr Kreiten! – wie soll ich das denn verstehen? ...

KARLROBERT: Ich meine es doch nur gut mit Ihnen. Dieser
    Krieg ist praktisch schon verloren! Er wird am Ende

nicht nur zur totalen Zerstörung Deutschlands führen, er wird auch der deutschen Kultur nie wieder gutzumachenden Schaden zufügen! In Westdeutschland steht bald kein Stein mehr auf dem anderen: ich habe gerade Post aus Düsseldorf bekommen, die Stadt ist fast ein einziger Trümmerhaufen ... In Köln soll es noch schlimmer aussehen.

FRAU OTT: Nein – Nein Herr Kreiten, das hieße ja, daß alle Opfer, die man uns abverlangt, umsonst gewesen wären ... Bedenken Sie, mein Mann ist Offizier!

KARLROBERT: Ja ... Frau Ott-Monecke – so wie es aussieht ist es leider so. – Herr Hitler meinte, er könnte ungestraft gegen die ganze Welt Krieg führen ... Bedenken Sie doch einmal, wie großsprecherisch der Herr Reichsmarschall Göring vor ein paar Jahren in aller Öffentlichkeit behauptete, wenn je ein feindliches Flugzeug Deutschlands Grenzen überfliegen sollte, wolle er Meier heißen ... Viele nennen ihn ja hinter der vorgehaltenen Hand so, das kann aber kein Trost dafür sein, daß wir täglich miterleben müssen, wie die deutschen Städte den feindlichen Bombenflugzeugen hoffnungslos ausgeliefert sind ... Wir können uns nur alle wünschen, daß dieser Krieg bald zu Ende geht und wir heil davonkommen! – Seien Sie nicht traurig Frau Ott-Monecke, wir müssen es halt durchstehen ... Darf ich morgen wiederkommen?

FRAU OTT: ... Ja, Herr Kreiten ... Auf Wiedersehen ...

KARLROBERT: Auf Wiedersehen, Frau Ott-Monecke.

Frau Ott-Monecke macht sich ganz verstört im Zimmer zu schaffen Klingelzeichen an der Wohnungstür

FRAU WINDMÖLLER: Heil Hitler, Frau Ott-Monecke – ist Ihr Gast schon weg?

FRAU OTT: ... ja – er ist eben gegangen.

FRAU WINDMÖLLER: Wie schade, ich hätte ihn gerne mal aus der Nähe gesehen, Ihren berühmten Pianisten ... Kommt er noch mal?

FRAU OTT: ... Ja – ja ... morgen

FRAU WINDMÖLLER: Es wäre schön, wenn Sie morgen mit zu unserem Schulungsabend kämen, wir brauchen jetzt jede Frau ... Warum sind Sie so verstört? ... Haben Sie sich die Sache mit meiner Schwester so zu Herzen genommen?

FRAU OTT: Nein – Frau Ministerialrat ...

FRAU WINDMÖLLER: Das müssen Sie verstehen. Das kann man nicht mehr durchgehen lassen, auch wenn es die eigene Schwester ist. Die unbeirrbare Treue zum Führer geht über alles – auch über die eigene Schwester.

Frau Windmöller wird immer erregter

Ich habe für vieles Verständnis, aber Untreue zum Führer – jetzt in seinen schwersten Stunden! Wo es gilt, die
Feinde in Ost und West zu schlagen – nein – Untreue
dem Führer gegenüber werde ich niemals verzeihen!

FRAU OTT: ... Aber es ist doch Ihre Schwester, die nicht weiß,
daß Sie sie beobachten lassen. Sie könnte unbeabsichtigt
einen Fehler machen ...

FRAU WINDMÖLLER: – Nein – da gibt es für mich kein Pardon!
Wer dem Führer die Treue bricht und damit den Endsieg gefährdet, gehört aus der Volksgemeinschaft ausgeschlossen. Der ist nicht mehr würdig der großdeutschen Volksgemeinschaft anzugehören ... Das würde
ich selbst meinem eigenen Mann nicht verzeihen!

FRAU OTT: Ich kann Sie ja verstehen, Frau Ministerialrat, aber
es gibt doch außer Ihrer Schwester auch noch andere
Menschen, die an dem Endsieg zweifeln ... Erst eben hat
mir der junge Kreiten gesagt, daß er nicht daran glaubt,
daß dieser Krieg noch zu gewinnen ist ... und die Wei-
terführung unter der Parole des Endsieges nur noch zu
weiteren unnützen Opfern führt ...

FRAU WINDMÖLLER: – Das ist ja ungeheuerlich ...

FRAU OTT: Er meinte ja nur, das sei das Ergebnis, weil der Führer glaubt, die ganze Welt herausfordern zu können:
und sich zum Feind zu machen ...

FRAU WINDMÖLLER: Das ist eine unglaubliche Frechheit, das
müssen Sie mir alles noch einmal ganz genau erzählen,
und dann werden wir die Sache zu Papier bringen ...
Das dürfen wir nicht auf sich beruhen lassen ... Ich
werde mich noch heute mit Frau von Passavent besprechen ...

FRAU OTT: Muß das denn sein? ... Frau Ministerialrat, ich
wollte Ihnen doch nur sagen, daß auch andere Menschen Zweifel am Endsieg hegen. Ach ... das ist ja alles
so schrecklich.

FRAU WINDMÖLLER: Nein, Frau Ott-Monecke – hier gibt es
kein Pardon mehr! Wer dem Führer jetzt in den Rücken
fällt, hat sein Recht verwirkt! Diese Sache werden wir
unnachsichtlich verfolgen! – Am besten ist, ich komme
morgen mit Frau von Passavent zu Ihnen und wir gehen,
bevor dieser Dreckskerl kommt, in den Nebenraum ...
vielleicht können Sie noch etwas aus ihm herauslocken.
Das wird unseren Brief an die Reichsmusikkammer
noch untermauern. Heil Hitler Frau Ott-Monecke!

FRAU OTT: Heil Hitler Frau Ministerialrat.

Vorhang

2. Szene

Das gleiche Zimmer. Frau von Passsavent,
Frau Windmöller, Frau Ott-Monecke.

FRAU VON PASSAVENT: Offensichtlich sind die Schlappschwänze in der Reichsmusikkammer der Meinung, daß sie unseren Brief ignorieren können. Vielleicht glauben diese Herrschaften sogar, daß wir solche Ungeheuerlichkeiten einfach hinnehmen – ungestraft ... Sie sollen sich geirrt haben.

FRAU WINDMÖLLER: Anstatt den Kerl seiner Bestrafung zuzuführen, wollen sie ihn zu einem Konzert nach Florenz schicken. – Heute steht es in der Zeitung – hier: Der Pianist Karlrobert Kreiten wird am 2. Mai in Florenz ein Konzert geben! Hier muß sofort gehandelt werden, damit dieses Gastspiel in Florenz verhindert wird.

FRAU VON PASSAVENT: Auch diese Schlamperei werde ich dem Propagandaminister mitteilen, er wird diesen Drückebergern schon Beine machen und den Saustall richtig ausmisten.

FRAU WINDMÖLLER: Wir haben nochmals eine genaue Beschreibung dieser niederträchtigen und widerlichen Besudelung unseres Führers und seiner nationalsozialistischen Idee vorbereitet, die Sie nur noch unterschreiben müssen!

FRAU OTT: Nein, Frau Ministerialrat, ich kann jetzt nicht unterschreiben, das regt mich alles furchtbar auf, wir haben doch schon einmal geschrieben – lassen Sie uns doch erst einmal abwarten ...

FRAU VON PASSAVENT: Wir dürfen jetzt nicht mehr warten – Frau Ott-Monecke! Ich habe schon alles mit einem leitenden Herrn im Propagandaministerium besprochen.

FRAU WINDMÖLLER: Der schnellste Weg, diesem Hochverräter das Handwerk zu legen, geht über den Reichspropagandaminister. Der wird mit diesem Kerl schon fertig werden!

FRAU OTT: Ich weiß wirklich nicht, ob das jetzt alles sein muß ... vielleicht sprechen wir erst einmal mit Herrn Kreiten ... Hätte ich doch nur nichts gesagt.

FRAU WINDMÖLLER: Machen Sie sich nicht noch mitschuldig mit diesem Defaitisten, der versucht hat, Sie in Ihrer Treue zum Führer und im Glauben an unseren glorreichen Endsieg zu erschüttern!

FRAU VON PASSAVENT: Also kommen Sie, Frau Ott-Monecke ... und unterschreiben Sie, wenn Sie nicht mitschuldig werden wollen. Morgen früh werde ich den Brief im Reichspropagandaministerium übergeben!

Vorhang

2. Bild

Zimmer der Familie Kreiten in Düsseldorf, Karlrobert betritt gefolgt von seinem Vater das Wohnzimmer, in dem sich Grand'maman und seine Mutter befinden.

KARLROBERT: Hurra, da bin ich! – *die beiden Frauen umarmend* – Wie geht's hier bei Euch in Düsseldorf? … Das Haus steht ja Gottseidank noch.

MUTTER: Komm, mein Junge, und setz Dich erst einmal hin nach dieser langen Fahrt. Grand'maman macht uns ein Tässchen Kaffee. – *Grand'maman Abgang* –

VATER: Erzähl mal, was gibts neues in der Reichshauptstadt, wie gefällt es Dir in Deiner neuen Wohnung? Wie gehts Deiner Schwester? Und was mich am meisten interessiert, wie sehen Deine nächsten Konzerttermine aus?

KARLROBERT: Nun wartet mal ab … alles hübsch nach der Reihe. Also, die neue Wohnung ist herrlich groß, und mein Flügel hat jetzt einen ganz anderen Klang … das heißt, ich höre ihn jetzt anders. Es war für mich eine Riesenüberraschung, als ich nach dem Konzert zum erstenmal wieder darauf spielen konnte. Vorbereitet hatte ich mich ja bei Deiner Studienfreundin. Wenn ich böse wäre, würde ich sagen: Der Blüthner von Frau Ott-Monecke stammt noch aus grauer Vorzeit, wo ihr am Saarbrücker Konservatorium euren Lehrer Theo Kreiten zur Verzweiflung gebracht habt.

MUTTER: Nun sei mal nicht so undankbar, Du Frechdachs. Es war doch sehr nett von ihr, daß sie Dir den Raum zur Verfügung gestellt hat. Wie hat ihr denn Dein Konzert gefallen?

KARLROBERT: Was soll ich sagen … ich weiß nicht so recht, ob ihr etwas nicht gefallen hatte, oder ob ich nicht höflich genug gewesen bin, sie war, so fand ich, ein bißchen kurz angebunden. Ich habe sie allerdings nach dem Konzert nur ganz kurz zu Gesicht bekommen. Die Kritiken habt ihr ja selbst gelesen: Grandios wie immer! Oder?

Für Mai stehen drei Konzerte auf dem Programm: Brahms in Mülheim, Grieg in Erfurt und Schäfer in Oldenburg! Dazu noch 5 Klavierabende.

MUTTER: Du bist und bleibst ein Schlingel!

KARLROBERT: Und nun habe ich noch eine Überraschung für Euch. Von der Konzertagentur bekam ich ein Angebot für Florenz. Ich soll dort am 3. Mai in einer Festaufführung Liszt's Es-Dur-Klavierkonzert spielen.

MUTTER: In Florenz? Nein wie schön mein Junge!

VATER: Ich hab es ja gewußt – endlich, endlich!

KARLROBERT: – *geht auf die Grand'maman zu und nimmt sie in den Arm* –

Das habe ich alles nur meinem guten Geist, meiner lieben Grand'maman, zu verdanken. Das ist eine Sekretärin ... perfekt! Vorläufig bekommt ihr sie nicht mehr ausgeliehen. Ich nehme sie wieder mit nach Berlin!

Allgemeine Ausgelassenheit
Telefon klingelt: *Grand'maman nimmt den Hörer ab*

GRAND'MAMAN: Hier bei Kreiten ... Ja, der ist hier, er ist eben erst gekommen ... Moment, ich ruf ihn an den Apparat: Karlrobert, für Dich. Die Konzertdirektion.

KARLROBERT: Kreiten ... guten Tag Herr Backhaus ... ja, ich bin gut in Düsseldorf angekommen ... danke gut, unser Haus steht noch, aber es sieht wüst aus hier. Es gibt Schwierigkeiten ... was für Schwierigkeiten? ... wegen des Visums? Ich denke, das wäre alles klar. Sie sagten mir doch gestern, daß die Plakate in Florenz schon gedruckt seien. Ich verstehe das wirklich nicht, warum sollte man mir kein Visum geben? Darf ich Sie morgen anrufen? Ja, danke ... gerne, bis morgen, auf Wiederhören.

– alle schauen gespannt –

KARLROBERT: Also das verstehe ich nicht. Herr Backhaus von der Konzertdirektion sagt, es gäbe Schwierigkeiten wegen des Visums.

VATER: Was heißt das denn konkret ... was für Schwierigkeiten?

KARLROBERT: Es ist nicht erteilt worden, Herr Backhaus will noch einmal bei der Behörde vorsprechen, ich rufe ihn morgen an.

GRAND'MAMAN: Vergeßt bitte nicht: wir leben in schlimmsten Kriegszeiten, da ist den Behörden ein Visum für einen Pianisten nicht mehr ganz so wichtig. Das wird sich noch geben. Der Herr Backhaus ist ein tüchtiger Mann ... der schafft das schon. Du kommst noch früh genug nach Florenz.

KARLROBERT: Ich wollte sowieso erst noch ein paar Tage Ferien machen ... mit Annelie. Ist bei Stützels noch alles in Ordnung? Hat Annelie sich schon gemeldet?

MUTTER: Bei Stützels ist noch alles ganz, auch der schöne Garten.

Sirenen – Fliegeralarm – Flakgeschützdonner

MUTTER: Um Himmelswillen ... schnell, schnell, nehmt die Taschen.

GRAND'MAMAN: Komm Karlrobert, warte nicht so lange, nimm Deinen Koffer mit in den Keller.

KARLROBERT: Ja, Grand'maman, ich komme schon ... Vater komm'.

Flakgeräusche kommen näher – Abgang alle

Vorhang

2. Bild/2.Szene

Dasselbe Zimmer
Karlrobert geht im Zimmer auf und ab
Vater kommt dazu

VATER: Na, was sagt die Konzertdirektion?

KARLROBERT: Ich verstehe das nicht, Papa, er hat kein Visum für mich bekommen.

VATER: Mußt Du selbst hin?

KARLROBERT: Nein! ... Es ist nicht erteilt worden ... und es würde auch nicht erteilt!

VATER: Soll das heißen, daß das Konzert in Florenz nicht stattfindet?

KARLROBERT: Ja!

VATER: Aber die Plakate sind doch schon gedruckt: Carlo-Roberto-Kreiten!

KARLROBERT: Ja, Papa! Aber stattdessen muß ich am 3. Mai einen Klavierabend in Heidelberg geben!

Klingelzeichen an der Wohnungstür

KARLROBERT: Das könnte Anneli sein!

VATER: Moment ... ich schau mal nach.

Stimmen auf der Diele
Grand'maman kommt mit Anneli ins Zimmer

GRAND'MAMAN: Sieh mal, wen ich Dir hier mitgebracht habe!

ANNELI: Karlrobert ...

KARLROBERT: Meine Anneli ... – *nimmt ihre beiden Hände und küßt sie* – Wie schön, daß Du da bist ... mein Gott, was habe ich mir Sorgen gemacht nach dem Bombenhagel gestern.

ANNELI: Ich bin ja da! Bei uns ist nichts passiert, aber die Innenstadt sieht verheerend aus. Gut, daß ich ein Fahrrad habe, sonst wäre ich noch nicht hier ... Nun erzähl mal!

Grand'maman gibt Herrn Kreiten Zeichen, gehen beide ab

KARLROBERT: Ja Anneli, sofort ... – *nimmt ihre Hände und küßt sie* –

ANNELI: Grand'maman hat mir eben soetwas von einem Konzert in Florenz zugeflüstert ... – *Karlrobert wird auffällig ernst* – Was hast du? ... habe ich Dich erschreckt?

KARLROBERT: Nein Anneli! ... Nur ... es ist so ... ich habe heute mit der Konzertdirektion in Berlin telefoniert: mir wird kein Einreisevisum für Italien erteilt!

ANNELI: Dann kannst Du ja gar nicht in Florenz spielen!

KARLROBERT: Ja, so ist es ... dafür ist am 3. Mai ein Klavierabend in Heidelberg angesetzt ... Ich verstehe das alles nicht.

ANNELI: Aber Karlrobert! Wir haben doch schließlich Krieg, die Herren da oben werden sich schon etwas dabei denken, wenn sie Dich nicht nach Florenz lassen! Dann bleibst Du eben noch ein paar Tage länger in Düsseldorf. Dafür fährst Du mit uns zum Drachenfels – meine Eltern laden Dich dazu ein.

KARLROBERT: O ja, darauf freue ich mich schon ... trotzdem wäre ich auch gerne nach Florenz gefahren: es wäre mein erstes offizielles Auslandsgastspiel gewesen – wenn ich von meinem Wettbewerbsdebut damals in Wien absehe.

ANNELI: Du ... laß das bloß niemanden von den Parteifritzen hören, daß Du die Ostmark als Ausland bezeichnest; die war schon immer deutsch ... die hatten das nur vergessen. – *beide lachen* –

KARLROBERT: Das war 1933 – also vor genau 10 Jahren! ... Vergiß bitte nicht, daß ich nach meinem Wettbewerbssieg noch einige Jahre in Wien gelebt und studiert habe. Da war es noch Ausland! ... Was habe ich dort für Persönlichkeiten kennengelernt ... jetzt sind sie fast alle verjagt worden ... weißt Du – manchmal denke ich darüber nach, ob mein Entschluß richtig war, nicht nach Amerika zu gehen ... 1938 hatte Frau Professor Rosenthal-Kanner mir das Angebot gemacht ... mein Gott, was war ich für ein Narr!

ANNELI: Karlrobert ... denke doch jetzt nicht mehr über solche Dinge nach, die sind nicht mehr zu ändern. Du hast Deine Karriere in Berlin gemacht, und wir sind hier! Wir müssen hoffen, daß dieser schreckliche Krieg bald zu Ende geht und wir ihn heil überstehen. Dann steht Dir die ganze Welt offen!

KARLROBERT: Du hast Recht Anneli! Hoffentlich überstehen wir ihn, dann wird alles anders werden, wenn die Zeit der braunen Barbaren erst vorbei ist.

ANNELI: Komm ... philosophiere nicht mehr soviel! Jetzt bist Du erst einmal ein paar Tage in Düsseldorf.

Vorhang

3. Bild

Heidelberg, 3. Mai 1943
Hotelszene *(schlichter Empfang – Portiersloge)* mit kl. Tisch und
Stühlen
Portier beschäftigt sich in der P.-Loge
Auftritt Gestapo-Beamte

1. GESTAPOMANN: Heil Hitler! – wohnt ein Karlrobert Kreiten
bei Ihnen?
Portier schaut fragend – zögernd
2. GESTAPOMANN: – *zeigt kurz Ausweis* – Gestapo!
PORTIER: Jawohl – Herr Kreiten wohnt hier – Zimmer 16.
1. GESTAPOMANN: Hat er sich wecken lassen?
PORTIER: Ja, um 7 Uhr dreißig ... soll ich ihn holen?
Gestapoleute schauen sich an
2. GESTAPOMANN: Nein – danke, er wird ja gleich kommen:
wir warten hier!
Gestapoleute setzen sich an den Tisch, einer nimmt Zeitung

Auftritt Karlrobert

an den Portier gewandt
KARLROBERT: Guten Morgen.
PORTIER: Guten Morgen, Herr Kreiten.
KARLROBERT: Entschuldigen Sie, wie lange gehe ich wohl
zum großen Universitätssaal?
PORTIER: So cirka 10 Minuten, wenn Sie sich nicht gar so beei-
len ...
KARLROBERT: Danke schön ...
PORTIER: Ich glaube, die Herren dort wollen zu Ihnen!
*Gestapoleute stehen gleichzeitig auf – Karlrobert schaut etwas ver-
wundert*
KARLROBERT: Ja – bitte?
1. GESTAPOMANN: Sind Sie Karlrobert Kreiten?
KARLROBERT: – *befremdet* – Ja!
1. GESTAPOMANN: Dann kommen Sie mit – Sie sind verhaftet!
2. GESTAPOMANN: Gestapo!
KARLROBERT: Ja – aber ...
1. GESTAPOMANN: Nichts aber – das erfahren Sie schon alles
noch!
Gestapoleute fassen die Arme von Karlrobert
KARLROBERT: Ich muß doch zur Probe – ich habe heute abend
ein Konzert ...
im Abführen
2. GESTAPOMANN: Probieren ... probieren können Sie noch
genügend bei uns. Das Konzert fällt aus!
black out?

4. Bild

einfacher Büroraum der Gestapo-Heidelberg mit Hitlerbild
1. Gestapomann sitzt am Schreibtisch, nimmt Telefonhörer ab, wählt Nummer

1. GESTAPOMANN: Hier Gestapo-Heidelberg, Bläser! ... Heil Hitler, Obersturmführer! Es geht um den Fall Karlrobert K. ... Jawoll, Obersturmführer, ist alles erledigt worden! Kreiten ist verhaftet, wie befohlen! ... Jawoll, Obersturmführer – alle Privatsachen sind vereinnahmt und gesichert ... nein, nichts besonderes! ... Jawoll, Obersturmführer – Konzert ist abgeblasen ... ich notiere: Verhör LE – versuchen, in Widersprüche zu verwickeln – weitere Anordnungen abwarten! Jawoll, Obersturmführer! Heil Hitler!

Vorhang

5. Bild

Gestapo-Berlin, 17. Mai 1943
größerer Büroraum mit Hitler- und Himmlerbild
Tisch mit 4 Stühlen, separater Schreibtisch. Kleiner Tisch mit Stuhl für Stenographin. Karlrobert wird hereingeführt.

SS-OBERSTURMFÜHRER: Na – da ist ja unser großer Künstler! Endlich haben wir Sie wieder in Berlin – wir waren schon ganz beunruhigt! Das große Publikum fehlt allerdings noch! Aber das bekommen Sie ganz bestimmt – das verspreche ich Ihnen! Zunächst stelle ich Ihnen einmal ein paar Damen vor: – *geht zur Türe* – Darf ich die Damen bitten?

Auftritt Frau Windmöller, Frau von Passavent, Frau Ott-Monecke

SS-OBERSTURMFÜHRER: Herr Kreiten! Sie kennen diese Damen?
KARLROBERT: Ja!
SS-OBERSTURMFÜHRER: Meine Damen – Sie kennen diesen Herrn?
FRAU VON PASSAVENT: Jawohl! – *Frau Ott-Monecke nickt nur* –
FRAU WINDMÖLLER: Jawohl! Das ist der Kerl!
SS-OBERSTURMFÜHRER: Herr Kreiten: Haben Sie gegenüber Frau Ott-Monecke die zu Protokoll gegebenen Äußerungen getan?
KARLROBERT: – *leise* – Ja!

SS-OBERSTURMFÜHRER: – *an Frau Windmöller und Frau von Passavent gewandt* – Sie können bestätigen, daß es sich bei Herrn Kreiten um den Mann handelt, dessen zu Protokoll gegebene Äußerungen Sie am 22. März vom Nebenzimmer der Wohnung der Frau Ott-Monecke mit angehört haben?

FRAU VON PASSAVENT: Jawohl! – *Karlrobert schaut ganz entsetzt* –

FRAU WINDMÖLLER: Jawohl! Wir haben vom Nebenzimmer aus genau die widerlichen und verleumderischen Äußerungen gehört, die dieser Kerl gegen unseren geliebten Führer ausgestoßen hat!

SS-OBERSTURMFÜHRER: Frau Ott-Monecke! Sie bestätigen, daß Sie, nachdem der Angeklagte am Vortage bei Ihnen war, am 22. März dem Angeklagten die im Protokoll niedergelegten Fragen gestellt haben. Sie bestätigen weiter, daß die beiden Damen die Beantwortung der Fragen vom Nebenzimmer aus mitangehört haben?

FRAU OTT: – *zögernd und beschämt* – Ja – ich habe das doch nur getan, weil Frau Windmöller und Frau von Passavent das ausdrücklich von mir verlangten.

SS-OBERSTURMFÜHRER: Danach habe ich Sie nicht gefragt! Ich will von Ihnen nur wissen, ob der Tatbestand so ist! Nichts anderes!

FRAU OTT: – *ganz bedrückt* – Ja!

SS-OBERSTURMFÜHRER: Ich danke Ihnen, meine Damen, daß Sie sich hierher bemüht haben – Sie können jetzt gehen!

Abgang Ott-Monecke, v. Passavent, Windmöller

FRAU VON PASSAVENT: Heil Hitler!

FRAU WINDMÖLLER: Heil Hitler! – *wirft verächtlichen Blick auf Kreiten* –

SS-OBERSTURMFÜHRER: Na? Was sagt denn unser großer Künstler jetzt? Da sind Sie wohl platt, was? Hätten's nicht dran gedacht, daß die Damen hinter der Türe saßen und alles mitanhören konnten! Ihr Pech – mit klimpern ist vorläufig nichts mehr … Abführen!

Kreiten wird abgeführt

SS-OBERSTURMFÜHRER: – *an die Schreibkraft gerichtet* – Veranlassen Sie die Überführung Kreitens nach Moabit! Den Überführungsrevers können Sie mir gleich zur Unterschrift vorlegen!

Vorhang

6. Bild

Gefängniszelle: Kreiten sitzt vor einem kl. Tisch, macht Fingerübungen und summt dazu Übungsmelodien

Zellentür öffnet sich – Wärter tritt ein, Wärter spricht möglichst Berliner-Jargon

WÄRTER: Nun hörnse mal mit den Trockenübungen auf – hier ist Ihr Frühstück – gleich jehts wieder anet Tütenkleben! Ist dat denn so wichtig mit den Fingern? – Wie lange spielen Sie eigentlich schon Klavier?

KARLROBERT: Als Kind habe ich angefangen ... mit 11 Jahren habe ich mein erstes großes öffentliches Konzert gespielt. In Düsseldorf! Es war das Klavierkonzert in A-Dur von Mozart. Ich weiß noch den Namen des Dirigenten: Es war Generalmusikdirektor Hans Weisbach.

WÄRTER: Mit 11 Jahren? Dann waren se ja son richtiges Wunderkind. Wie ville Konzerte habense denn inzwischen gespielt?

KARLROBERT: Ach – schon mehrere hundert – mit und ohne Orchester.

WÄRTER: Hamse och schon mal son Preis gewonnen? Son Wettstreit?

KARLROBERT: Ja – das ist aber schon lange her: 1933 in Wien. Da war ich sechzehn und habe den großen internationalen Wettbewerb gewonnen ... und kurz danach in Berlin den großen Mendelssohn-Preis.

WÄRTER: Mendelssohn? War det nich och en Jude?

KARLROBERT: Ja – dessen Musik durfte einige Jahre später nicht mehr gespielt werden ... die gehörte zur entarteten Kunst!

WÄRTER: Da wolln wir besser mal nicht von reden! Nu machense mal voran ... Übrigens, die letzten Plakate von Ihnen ha ick an der Litfaßsäule gesehen. Da habense globe ick im Beethovensaal gespielt. Na bald werden se ja wieder spielen können, nur müssense uffpassen, dat se sich nich an de Papierstreifen schneiden, det tut eklig weh an den Fingern.

KARLROBERT: Das ist wahr, aber da nutzt auch das Aufpassen nicht viel, meine Hände sind schon ganz schön ramponiert.

WÄRTER: Ick muß mal sehen, dat ick Ihnen andere Arbeit besorje: Vielleicht Formulare stempeln, dann können se sich nicht mehr verletzen!

KARLROBERT: Darf ich Sie um etwas bitten? – Ich habe meinen Angehörigen einen Brief geschrieben, den würde ich Ihnen gern vorlesen, damit ich weiß, ob der so durchgeht?

WÄRTER: Na meinetwejen, aber machen se nich so lange!

Karlrobert liest Brief vor

KARLROBERT: Berlin, 22. Juli 1943, Meine Lieben, Euer Besuch war eine große Überraschung und eine Riesenfreude für mich. Gottseidank sah Mama gut aus, auch Bübchen und Rosemarie. Bübchen konnte meine Lage natürlich noch nicht begreifen. Um Grand'maman mache ich mir Sorgen, sie nimmt sich meine Haft zu sehr zu Herzen. Sie ißt zuwenig und magert ab. Das ist besonders in ihrem Alter nicht gut. Möge sie doch auf mich hören und jeden Morgen vor dem Frühstück eine Suppe essen (Hafer, Gries oder Zwieback). Schreibt es ihr nach Düsseldorf. Nach Eurem Besuch war ich noch den ganzen Tag guter Dinge, am nächsten Tag aber fing der Katzenjammer an. Jetzt bin ich wieder gefaßt und hoffe, Euch alle, meine Lieben, doch noch in diesem Jahre in Freiheit wiederzusehen. Habt Ihr Nachricht, wie es unseren Verwandten und Bekannten nach dem dritten Luftangriff in Köln geht? Vorige Woche, Donnerstag, war der Rechtsanwalt hier. Ich sprach nur kurz mit ihm. Meine Tagesbeschäftigung ist, gefütterte Tüten herzustellen. Um 6 Uhr stehe ich auf, dann mache ich etwas Fingerübungen am Tisch, um 7 Uhr Frühstück: Kaffee-Ersatz und eine Scheibe Brot; um 12 Uhr Mittagessen: eine Schüssel Suppe, um 6 Uhr Abendessen: Eine Scheibe Brot und Kaffee-Ersatz. Von Anneli seit drei Wochen keinen Brief. Grüßt sie und ihre Eltern bestens von mir. Euch allen, meine Lieben, herzliche Grüße von Eurem Karlrobert.

WÄRTER: Den könn'se so abjeben, der is in Ordnung! Nu komm'se aber schnell! – *beide Abgang –*

Vorhang

7. Bild

Düsseldorf, 3. September 1943
Wohnzimmer (Musikzimmer) der Familie Kreiten
Im Zimmer – am Tisch sitzend – befinden sich: Grand'maman, Mutter, Vater, Schwester Rosemarie)

VATER: Ich glaube, daß es am besten ist, wenn wir jetzt, wo Rosemarie auch dabei ist, erst einmal ein Resümee all unserer Bemühungen ziehen. Denn nur so können wir feststellen, ob wir in Berlin oder in Düsseldorf irgendeine Möglichkeit ausgelassen haben.

MUTTER: Vielleicht erzählt Rosemarie zuerst einmal, was sie in Berlin erreicht hat.

ROSEMARIE: Eigentlich wollte ich Euch erst den Brief von Karlrobert vorlesen. Er braucht keine Tüten mehr zu kleben, dafür muß er jetzt Formulare stempeln, das ist besser für seine Hände.

MUTTER: O, ja, gib ihn mir ...

nimmt den Brief und liest zwischendurch

VATER: Den Brief können wir hinterher immer noch lesen, jetzt erzähl mal erst.

ROSEMARIE: Das meiste wißt ihr ja schon von Mama, was wir alles in Berlin unternommen haben. Etwas beruhigt hat mich die Ansicht von Wilhelm Furtwängler, er habe sich bei einem höheren Offizier des Sicherheitsdienstes für Karlrobert eingesetzt. Es ist ihm versichert worden, daß die Sache nicht schlimm ausgehen werde. Sorgen machen mir aber die Andeutungen des Herrn von Borries von der Reichsmusikkammer: man hat ihm strengstens untersagt, sich um den Fall Kreiten zu kümmern!

MUTTER: – *Mutter, den Brief in der Hand haltend* – Der gute Junge, er denkt nur an uns und unsere Sorgen, die wir uns seinetwegen machen. Wenn man ihm nur etwas zu essen schicken könnte, er hat ganz dick geschwollene Füße. Er möchte gerne ein paar andere Schuhe und den Wintermantel haben. Es wird langsam kalt, schreibt er. Wir sollten ihm auch warme Unterwäsche dazulegen.

ROSEMARIE: Das besorge ich sofort, wenn ich wieder in Berlin bin.

GRAND'MAMAN: Ich suche das alles gleich heraus und packe es Dir schön ein.

VATER: Ja, ja, aber jetzt erzähl erstmal weiter!

ROSEMARIE: Nachdem Mama schon mit Frau v. Passavent gesprochen hatte, habe ich nochmals bei ihr vorgesprochen und um Nachsicht bei der Gerichtsverhandlung gebeten. Es schien mir, als habe Frau Debüser ihr sehr ins Gewissen geredet. Aber ich trau ihr nicht richtig. Frau Windmöller hat mich nicht empfangen, obwohl ich mehrfach versucht habe, sie zu erreichen. Sie hat mir ausrichten lassen, sie hätte mit mir nichts zu besprechen ... Frau Ott-Monecke, die völlig fertig ist hat mir gesagt, daß die beiden Weiber ihr die Pistole auf die Brust gesetzt hätten, sonst hätte sie das nicht getan. Sie will sich bei der Gerichtsverhandlung ganz zurückhalten, um Karlrobert nicht noch mehr zu belasten ... das war eigentlich alles, was ich erreichen konnte.

VATER: Hier in Düsseldorf sieht's nicht besonders gut aus! Der Kunstschriftleiter der Rheinischen Landeszeitung Raupp und auch Dr. Winterhager haben versucht, sich bei der Gauleitung für Karlrobert einzusetzen. Es scheint aber, als wenn der Gaupropagandaleiter Brouwers versucht, alle Hilfeleistungen für Karlrobert zu unterlaufen, er hat die Sache völlig an sich gezogen.

Immerhin ist Herr Raupp ja auch Gaukulturreferent, trotzdem hat Brouwers bisher verhindern können, daß Raupp ein Gespräch mit Gauleiter Florian bekam. Sein Ausspruch, daß solche Leute wie Karlrobert ausgerottet werden müßten, läßt nichts Gutes erwarten.

MUTTER: Ich habe das ungute Gefühl, daß der Florian sich auch nicht für Karlrobert einsetzen will und mit dem Brouwers gemeinsame Sache macht, damit der ihm den Raupp vom Leib hält.

Telefon läutet – Grand'maman nimmt den Hörer ab

GRAND'MAMAN: Ja, hier bei Kreiten: wen möchten Sie sprechen? Rosemarie, die Schwester von Karlrobert Kreiten, ja, die ist hier – einen Moment –, hier Rosemarie für Dich – aus Berlin.

ROSEMARIE: Ja – Hallo – … ja, hier ist Rosemarie! Karl … warum soll ich gefaßt sein … was ist mit Karlrobert? Hat's wieder einen Bombenangriff gegeben? … nein, das ist doch nicht wahr! Wann war denn die Verhandlung? Heute morgen – nein Karl, ich werde nichts verraten … ja, ich komme sofort nach Berlin. Ich danke Dir sehr … nein Karl, Du kannst Dich auf mich verlassen.

Rosemarie läßt sich in den Stuhl fallen

Es ist furchtbar!

VATER: Was ist furchtbar?

ROSEMARIE: Karlrobert ist heute morgen vom Volksgerichtshof zum Tode verurteilt worden!

Entsetzen

VATER: Wieso denn? Von einer Gerichtsverhandlung ist doch gar nichts bekannt. Waren denn Rechtsanwälte geladen?

ROSEMARIE: Nein – mein Informant hat es mir unter strengster Geheimhaltung gesagt: der Freisler wütet in Berlin wie toll! Nach den Bombenangriffen auf das Gefängnis hat er Angst, daß Gefangene entfliehen könnten, und jetzt fällt er wie ein Irrer ein Todesurteil nach dem andern, und keiner wagt ihm zu widersprechen.

VATER: Ich rufe sofort Herrn Raupp an, er muß uns helfen.

MUTTER: Ich fahre mit Dir nach Berlin! Mama, mach bitte die Sachen für Karlrobert fertig.

Vorhang

8. Bild

Gefängniszelle
Karlrobert K. sitzt, den Kopf in den Händen vergraben
Wärter kommt herein

WÄRTER: Ich hab's jehört, man hat Sie zum Tode verurteilt. Sie dürfen jetzt nicht warten, Sie müssen sofort ein Gnadengesuch einreichen! Sie werden bestimmt begnadigt … dafür kann man doch keinen zum Tode verurteilen. Kommen se, rappeln se sich auf und nehmse Papier und Bleistift.

KARLROBERT: Meinen Sie, das hätte noch Zweck?

WÄRTER: Aber sicher. Über den Vorsitzenden des Volksjerichtshofes Freisler schreiben se an den Justizminister.

KARLROBERT: Über den Freisler? Wenn Sie gehört hätten, wie der mich in der gemeinsten Art angeschrien und beschimpft hat, dann hätten Sie auch keine Hoffnung mehr … von diesem Teufel in Menschengestalt erhoffe ich mir keine Gnade.

WÄRTER: Det bestimmt der Freisler nich allein. Hier muß nur der Dienstweg eingehalten werden. Wenn der Justizminister das nicht entscheiden kann, geht det zum Führer in die Reichskanzlei. Nun schreibense schon. Sie können nich warten bis Ihre Verteidiger kommen. Wenn die bei der Verhandlung nicht dabei waren, werdense auch nich mehr zu ihnen jelassen.

KARLROBERT: Gut – ich schreibe.

WÄRTER: Ick diktiere Ihnen det:
Sehr jeehrter Herr Justizminister!
Gestatten Sie mir bitte, daß ich wegen das am 3. September 1943 gegen mich verhängte Todesurteil ein Gnadengesuch einreiche … und um Ihre Milde bitte. Ich bereue meine Äußerungen sehr und gebe mein festes Versprechen ab, daß ich mich in Zukunft nur noch meiner Kunst widmen werde … So und jetzt noch den Schluß: Mit der inständigen Bitte um Gnade, sehr Hochachtungsvoll – oder so ähnlich. Hamse det? – *schaut nach und nimmt Kreiten den Brief ab* – Schnell, schnell, steckenses ins Kuvert – ick lasse die Adresse druff schreiben.

Vorhang

9. Bild

Hinrichtungsstätte Plötzensee
Pfarrer Buchholz und Kreiten stehen seitlich der Hinrichtungsstätte

PFARRER BUCHHOLZ: Mein Sohn, Du hast mich rufen lassen.

KARLROBERT: Ja, Herr Pfarrer … mein Name ist Kreiten, Karlrobert …

BUCHHOLZ: Ich bin Pfarrer Buchholz – Sie sind der Pianist Kreiten? … ja, ich kenne Sie.

KARLROBERT: Herr Pfarrer, ich soll heute hingerichtet werden: obwohl ich ein Gnadengesuch eingereicht habe …

BUCHHOLZ: Mein Sohn – hier in Plötzensee sind über dreihundert zum Tode verurteilte Gefangene inhaftiert – und alle haben ein Gnadengesuch eingereicht! Aber die Henker arbeiten seit heute abend ununterbrochen. Es gibt keine Hoffnung! Ich muß noch vielen Ihrer Leidensgefährten den letzten Trost spenden.

KARLROBERT: Es wurde mir nicht gestattet, noch einen Abschiedsbrief zu schreiben … ich hätte so gerne noch eine Nachricht an meine nächsten Angehörigen gesandt.

BUCHHOLZ: Man hat niemandem erlaubt, einen Abschiedsbrief zu schreiben! Ich notiere mir Deine Wünsche und verspreche Dir, daß ich sie übermitteln werde. An wen sollen sie gehen?

KARLROBERT: An meine Eltern in Düsseldorf … ich bitte Sie, meinen lieben Eltern, der Grand'maman, meiner Schwester Rosemarie und Annelie Grüße auszurichten und ihnen zu sagen: daß meine letzten Gedanken bei Ihnen sein werden und sie sich nicht soviel Sorgen um mich machen sollen.

BUCHHOLZ: Ich werde Dir den Wunsch erfüllen und Deinen Lieben Nachricht geben … jetzt laß uns gemeinsam in Reue und Leid beten, damit Du den Weg zu Gott gestärkt und gefaßt gehst.

Gebet:

Gang zur Hinrichtung.

Hinrichtung:
siehe Beschreibung in »Gedenkstätte Plötzensee«, S. 3 ff.

Black out

10. Bild

Justizministerium Berlin
Frau Kreiten und Tochter Rosemarie sitzen wartend im Büro eines Staatsanwaltes.
Staatsanwalt tritt ein

STAATSANWALT: Ja bitte meine Damen, was kann ich für Sie tun?

FRAU KREITEN: Herr Staatsanwalt – mein Name ist Kreiten, Emmy Kreiten, das ist meine Tochter Rosemarie. Wir kommen gerade aus der Reichskanzlei des Führers, wir haben dort ein Gnadengesuch für meinen Sohn Karlrobert abgegeben. Es ist auch entgegengenommen worden.

STAATSANWALT: *– merklich entsetzt* – Für Karlrobert Kreiten?

FRAU KREITEN: Ja, – der Beamte hat gesagt: sobald ein Gnadengesuch in der Kanzlei angenommen ist, wird die Vollstreckung des Urteils bis zur Entscheidung durch den Führer ausgesetzt.

STAATSANWALT: *– betroffen* – Ja … das stimmt, sobald ein Gnadengesuch in der Reichskanzlei angenommen ist, wird das Justizministerium verständigt und die Urteilsvollstreckung ausgesetzt – sofern nicht vorher schon anders entschieden worden ist.

ROSEMARIE: Damit wir keine Zeit verlieren, sind wir sofort von der Reichskanzlei aus zu Ihnen gekommen. Nur zur Vorsicht – damit die Vollstreckung des Todesurteils ausgesetzt wird. Vielleicht wird dann noch alles gut.

STAATSANWALT: *– räuspert sich erst mehrmals um seine Stimme zu finden* – Meine Damen … obwohl ich Ihnen keine Auskünfte erteilen darf, möchte ich sie nicht weiter über den wirklichen Stand der Dinge im unklaren lassen. Der Fall Karlrobert K. ist schon abgeschlossen. Karlrobert Kreiten ist in der vergangenen Nacht hingerichtet worden.

Black out

11. Bild

Als Projektion erscheint der Text von Werner Höfer, den er im »Berliner 12 Uhr Blatt« zur Hinrichtung von Karlrobert Kreiten veröffentlicht hat. Der Wortlaut des Textes wird über Lautsprecher verlesen.

Schlußprojektion: Kostenrechnung für die Hinrichtung Karlrobert Kreitens an die Eltern.

Ende

Hartmut Lange

REQUIEM FÜR KARLROBERT KREITEN

Uraufführung
am 27. September 1987

Geschrieben im Auftrag der
Staatlichen Schauspielbühnen Berlin

Hartmut Lange wurde 1937 in Berlin geboren und wuchs in der DDR auf. Er verließ die Schule vor dem Abitur, wurde Gelegenheitsarbeiter, besuchte von 1957–1960 die Deutsche Hochschule für Filmkunst, war von 1961–1964 Dramaturg am Deutschen Theater; lebt seit 1964 als freier Schriftsteller: erst in Ost-, seit Sommer 1965 in Westberlin. Lange bezeichnet die Grenzüberschreitung als Wohnsitzwechsel, der rein geographisch aufzufassen sei. 1967–1968 wurde er Mitarbeiter der Schaubühne am Halleschen Ufer und erhielt 1968 den Gerhart-Hauptmann-Preis der Freien Volksbühne. In den folgenden Jahren war er wiederholt als dramaturgischer Berater und Regisseur seiner eigenen Stücke an den Staatlichen Schauspielbühnen Berlin tätig.

Personen:

Karlrobert Kreiten

Furtwängler

Mutter

1. Denunziantin

2. Denunziantin

Goebbels

Gestapobeamter

Pfarrer

Stimme des Beamten

HARTMUT LANGE
REQUIEM FÜR KARLROBERT KREITEN
Uraufführung

Geschrieben im Auftrag der Staatlichen Schauspielbühnen Berlin

Kreiten gibt ein Konzert. Anwesend sind als Zuhörer: seine Mutter, zwei Denunziantinnen, Furtwängler, Goebbels, ein höherer Gestapobeamter. Kreiten spielt ein Nocturne von Chopin.

FURTWÄNGLER: *nach einer Weile, indem er sich zur Mutter neigt* Wie wunderbar er spielt.

MUTTER: O, ich danke Ihnen.

FURTWÄNGLER: Wirklich wunderbar.

GOEBBELS: *nach einer Weile* Was meinen Sie?

FURTWÄNGLER: *versucht zu flüstern* Ich meine, Herr Minister, hier haben wir wirklich ein Talent, auf das wir rechnen können. Und das ist die Mutter.
Goebbels küßt der Mutter über zwei Reihen hinweg die Hand.

FURTWÄNGLER: *nach einer Weile zum Gestapobeamten* Die linke Hand. Beachten Sie die linke Hand.

DER GESTAPOBEAMTE: Was meinen Sie?

FURTWÄNGLER: Ich meine, die linke Hand ist bei Chopin das allerwichtigste.

DER GESTAPOBEAMTE: So.

MUTTER: *nach einer Weile* Karlrobert soll nächste Woche in Florenz spielen. Florenz, verstehen Sie. Er war noch nie in Florenz.

FURTWÄNGLER: Er wird auch in Paris spielen. Und in Budapest. Und wenn dieser Krieg gewonnen ist, auch in London. Und man wird ihn feiern.

MUTTER: Sie sind zu liebenswürdig.

FURTWÄNGLER: Ganz und gar nicht. Wir reden über das Talent Ihres Sohnes.

GOEBBELS: *nach einer Weile zu Furtwängler* Hatten Sie nicht vor, die Vierte von Bruckner zu dirigieren?

FURTWÄNGLER: Durchaus. Aber ich überlege noch, ob es nicht an der Zeit ist, endlich einmal die Achte zu bringen.

1. DENUNZIANTIN: *erhebt sich. Zur Mutter* Moment mal! Ihr Sohn fährt nach Florenz, ja das wäre doch …
Sie sieht auf den Gestapobeamten, der sich erhebt und hinausgeht.

2. Denunziantin: Wir haben eine Eingabe an die Gestapo gemacht.

Goebbels: Pst!

Die Denunziantinnen setzen sich. Kreiten beendet das Nocturne.

Furtwängler: Bravo. Das war außerordentlich. Das war das Nocturne posthum op. 72 e-moll. Und ich versichere, ich habe es noch nie mit solch einer Innigkeit gehört.

Goebbels: Wir sind stolz auf jedes Talent, das unter der nationalsozialistischen Bewegung zum Blühen und Gedeihen gebracht werden kann. Sie spielen, wie ich höre, nächstens in Florenz. Das ist schön, außerordentlich schön sogar. Aber im Augenblick befinden wir uns natürlich in Heidelberg, und ich erlaube mir die Bemerkung... Wie sind Sie eigentlich darauf gekommen, in dieser deutschen Stadt ein Konzert zu geben?

Er hat sich erhoben, geht zum Klavier.

Kreiten: Ich spiele in vielen deutschen Städten.

Goebbels: Das gefällt mir. Aber Sie sind in Köln gebürtig?

Kreiten: In Bonn.

Goebbels: Bonn, eine große Stadt der Musiker. Wie oft habe ich am Grab Schumans gestanden. Ich bin leider aus Rheydt.

Kreiten: Aber das macht doch nichts...

Goebbels: Und der Rhein, der Rhein ist natürlich das Schönste an Bonn.

Kreiten: Ja, das finde ich auch.

Goebbels: Und die Ecke um Königswinter herum. Oh, ich kenne sie sehr gut. Bis nach Koblenz hinauf kenne ich fast alles. Und wie lange spielen Sie Klavier?

Kreiten: Von Kind auf.

Goebbels: Sind Sie zufrieden? Ich meine, hat man Ihnen alles gegeben, was Sie brauchen, nicht nur in Heidelberg?

Kreiten: Sehr zufrieden.

Goebbels: Hat Deutschland gute Vorbilder?

Kreiten: Oh ja.

Goebbels: Nennen Sie mir eines!

Kreiten: Oh es gibt mehrere...

Goebbels: Ihre Frau Mutter habe ich ja nun kennengelernt. Und Ihr Vater?

Kreiten: Komponiert gelegentlich.

Goebbels: So, komponiert gelegentlich. Ich freue mich, ich freue mich aufrichtig.

Furtwängler: Herr Minister...

Goebbels: Man wird weiter von Ihnen hören?

Kreiten: Ich hoffe es sehr.

Furtwängler: Das Konzert ist noch nicht beendet!

GOEBBELS: Was meinen Sie?

FURTWÄNGLER: Herr Minister, Karlrobert Kreiten will uns noch etwas anderes vortragen.

GOEBBELS: Wieder Chopin?

FURTWÄNGLER: Ich denke, ja.

GOEBBELS: Umso besser. Nun, dann will ich nicht weiter stören. Spielen Sie weiter, Herr Kreiten. Sie haben sicher gehört, daß Herr Furtwängler Ihnen sein allerhöchstes Lob gezollt hat.

Kreiten wartet, bis Goebbels sich wieder gesetzt hat, spielt eine Mazurka. Der Beamte kommt zurück, eine Akte unterm Arm. Er setzt sich. Nach einer Weile erhebt sich die zweite Denunziantin, geht zum Gestapobeamten, beginnt mit ihm zu flüstern. Abwehrende Handbewegung. Sie bleibt hartnäckig, nimmt die Akte an sich, blättert darin herum, verweist eindringlich auf gewisse Stellen, die der Beamte zur Kenntnis nehmen soll. Unruhe kommt auf.

GOEBBELS: Ja, was ist denn!

2. DENUNZIANTIN: *hält ihm die Akte hin* Herr Minister...

GOEBBELS: *nimmt die Akte* Aber das geht doch wirklich nicht. Ich fordere Sie hiermit auf, Volksgenossin...: Sie stören den Pianisten.

Er reicht die Akte an Furtwängler weiter.

FURTWÄNGLER: *reicht nach einer Weile die Akte an die Mutter weiter* Gehört das Ihrem Sohn?

MUTTER: *nimmt die Akte* Nicht, daß ich wüßte.

GOEBBELS: Was haben Sie denn da?

FURTWÄNGLER: Sie haben es mir eben gegeben.

GOEBBELS: Darf ich es einmal sehen?

Er bekommt die Akte, blättert darin herum, winkt nach einer Weile den Beamten zu sich, redet unhörbar mit ihm. Der Beamte verweist auf die Denunziation, die Goebbels nun ebenfalls zu sich winken will. Da sie es nicht bemerken, tippt Furtwängler ihnen auf die Schulter. Sie eilen zu Goebbels. Erneutes Geflüster.

FURTWÄNGLER: *zu Goebbels* Wenn Sie etwas suchen, es steht alles in diesem Programmheft.

MUTTER: Ist irgend etwas?

GOEBBELS: Pst! – Aber so spielen Sie doch weiter, bester Herr Kreiten! Wir hören Ihnen zu. Oder haben Sie einen anderen Eindruck?

KREITEN: Nein, sicher nicht. *will weiterspielen*

GOEBBELS: Oder fallen Ihnen die Noten nicht mehr ein? So etwas gibt es ja. Auch noch so hoch begabt leider das Gedächtnis...

KREITEN: Nein, nein, das wäre lächerlich... *will weiterspielen*

GOEBBELS: *zu Furtwängler* Wie ist das eigentlich? Hat ein Pianist zuletzt alle Noten im Kopf?

Furtwängler: Aber sicher doch.

Goebbels: Muß er haben. Denk ich mir auch so. Aber vorher lernt er sie aus einer... wie soll ich sagen, Mappe auswendig!

Furtwängler: Das ginge gar nicht anders.

Goebbels: Worin die Noten gedruckt stehen.

Furtwängler: Sicher, sicher.

Goebbels: *zu Kreiten, der weiterspielen will* Nun, haben Sie schon einmal aus dieser Mappe etwas vorgespielt, Herr Kreiten?

Kreiten: *setzt seine Brille auf, versucht die Akte von weitem zu fixieren* Nein.

Goebbels: Wollen Sie es versuchen?

Furtwängler: Aber Herr Minister, ich bitte Sie...

Goebbels: Wieso? Trauen Sie den Noten nicht, die ich Herrn Kreiten überantworte?

Furtwängler: Sicher, aber es ist völlig unüblich...

Goebbels: Dann tun wir einmal das Unübliche. Ich habe mir sagen lassen, das Unübliche wäre das wahre, ja das einzige Betätigungsfeld des Genies.

Der Gestapobeamte: *legt Kreiten die Akte vor* Können Sie das spielen oder wollen Sie es erst lesen?

Kreiten: *nimmt seine Brille ab, fixiert die Akte* Aber das ist doch...

Goebbels: ...allerdings nicht Chopin. Das ist Ihre eigene Komposition, Herr Kreiten.

Mutter: *erhebt sich* Herr Furtwängler...

Goebbels: Wie groß ist die Scheu eines Pianisten, eigene Kompositionen vorzuspielen?

Furtwängler: Nun, eine gewisse Scheu gibt es schon.

Goebbels: Denke ich mir auch. Trotzdem, Herr Kreiten, wir wollen es bei keiner Bescheidenheit bewenden lassen. Wir wollen Sie bitten, nun endlich einmal aus Ihren eigenen Werken zu spielen.

Kreiten: Aber das sind keine Noten!

Goebbels: Keine Noten? Läßt sich aber vortragen, das Ganze, oder?

Kreiten: Ich müßte es lesen.

Goebbels: Dann tun Sie es. Worauf warten Sie, Herr Kreiten?

Kreiten: *liest zögernd*
»Der Führer ist krank, und einem solchen Wahnsinnigen ist nun das deutsche Volk ausgeliefert.«
Eisiges Schweigen. Nach einer Weile Darf ich jetzt weiterspielen? *Keine Antwort. Er setzt die Brille auf, spielt weiter.*

Mutter: *nach einer Weile* Das hat Karlrobert nie gesagt.

Furtwängler: Darüber bin ich froh. Es wäre auch, so wie ich Ihren Sohn kenne, ganz und gar unwahrscheinlich.

1. Denunziantin: Aber ich kann es beschwören!

Goebbels: *erhebt sich* »Der Führer ist krank, und einem solchen Wahnsinnigen ist nun das deutsche Volk ausgeliefert.« Das ist ja, nun, wie soll ich sagen, ein geradezu antikisierender Satz!

Furtwängler: Wir werden doch derart dumme und unreife Äußerungen eines, wie ich glaube, unpolitischen jungen Pianisten nicht auf die goldene Waage legen. Wo kämen wir hin, wenn beispielsweise Beethoven, dessen Fünfte dem deutschen Volk soviel Kraft gegeben hat, heute noch leben würde und aus irgendeiner Verärgerung heraus, mein Gott, was redet man nicht den Tag über für dummes Zeug, erklären würde, er glaube auch nicht immer nur an den Endsieg.

Goebbels: *ist zum Klavier gegangen* Sie sind nicht nur ein begnadeter Pianist, Sie haben auch das Zeug zu einem Philosophen!

1. Denunziantin: Er hat noch ganz andere Sachen gesagt!

2. Denunziantin: Lesen Sie! Er soll alles vorlesen, was rot unterstrichen ist.

Kreiten greift wieder zur Akte, setzt die Brille ab, will lesen

Der Gestapobeamte: Nein, nicht hier. Auf dieser Seite! Sehen Sie, hier ist alles rot unterstrichen.

Kreiten: *liest* »Nach den eidesstattlichen Aussagen der Volksgenossinnen Frau Ott-Moneke, Frau Windmöller und der Frau von Passavent habe ich, Karlrobert Kreiten, die Meinung geäußert, der Krieg sei verloren und die Kultur Deutschlands ein für allemal zugrunde gerichtet.«
Schweigen

Goebbels: Tja, das ist betrüblich. Außerordentlich betrüblich sogar. Da fährt man nun ins schöne Heidelberg, besten Glaubens... *zu Furtwängler* Es ist ja nicht so, daß ich die Musik nicht zu schätzen wüßte, Herr Generalmusikdirektor.

2. Denunziantin: Er hat noch ganz andere Sachen gesagt, die er natürlich nicht vorlesen will. Er hat gesagt...

Goebbels: Wir wollen aber annehmen, daß ein Künstler, der vor allem mit der Virtuosität seiner Hände beschäftigt ist, oft nicht weiß, was seine Lippen sprechen. *Er nimmt die Akte an sich, reicht sie dem Gestapobeamten weiter.* Wann hat er diese Äußerungen getan?

Die Denunziantinnen: Am Nachmittag des 10. März. Es war genau siebzehn Uhr fünfzehn, das können wir beschwören!

Goebbels: Das besprechen wir höheren Orts. Ich kann mir nicht vorstellen, daß der Führer, so wie ich den Führer kenne, die Bemerkungen eines politischen Wirrkopfes *zu Furtwängler* und hier will ich einmal Ihren Begriff verwenden, Herr Furtwängler, auf die Goldwaage legen wird.

FURTWÄNGLER: Bravo.

DER GESTAPOBEAMTE: *zur Mutter* Es wird sich alles einrenken. Natürlich hätte Ihr Sohn solch dumme Sachen nicht äußern sollen. Es reicht doch schließlich, daß man so außerordentlich begabt ist.

FURTWÄNGLER: Spielen Sie weiter, junger Mann. Es wird Ihnen nichts passieren, solange der Herr Minister anwesend ist. Seien Sie froh, daß der Herr Minister ein so großes Herz für die Kunst hat.

Kreiten spielt weiter. Alle setzen sich wieder.

nach einer Weile Wie wunderbar ruhig es hier ist. Die deutschen Kleinstädte sind ja doch zu beneiden.

DER GESTAPOBEAMTE: Was meinen Sie?

FURTWÄNGLER: Ich meine, die Bombenangriffe auf Berlin stören doch das Konzertleben wesentlich. Neulich hatte ich eine Orchesterprobe, und es gab wieder Sirenen. Gut, dachte ich mir, gehen wir in den Keller, in einer Stunde wird alles vorbei sein.

DER GESTAPOBEAMTE: Ja, und? Es war ja auch alles vorbei, oder?

FURTWÄNGLER: Sicher, sicher. Aber im Gedränge, denken Sie sich, zerbrach mir der Dirigentenstab.

1. DENUNZIANTIN: Ich möchte noch etwas sagen.

DER GESTAPOBEAMTE: Pst! Stören Sie das Konzert nicht.

GOEBBELS: *zu Furtwängler* Sehr bedauert habe ich, daß Ihnen neulich der Strom ausfiel, so mitten im Vortrag. Das müssen wir künftig unterbinden.

FURTWÄNGLER: Wir hatten Kerzen.

GOEBBELS: Trotzdem. Ich lasse Ihnen ein Notaggregat aufstellen.

1. DENUNZIANTIN: Ich möchte noch etwas sagen.

DER GESTAPOBEAMTE: Das ist unnötig, wirklich Frau Windmöller, ganz und gar unnötig.

GOEBBELS: Der Krieg hat im übrigen nichts daran ändern können, daß man Ihre Konzerte im Ausland erwähnt und, wie Sie sicher wissen, auch beurteilt. Nicht nur politisch.

FURTWÄNGLER: Ganz recht.

GOEBBELS: Man muß zugeben, daß wir nicht nur Panzergranaten, sondern auch Klangkörper wie die Berliner Philharmoniker zur Wirkung bringen können.

FURTWÄNGLER: Ganz recht. Und deswegen ist ja auch wichtig, daß wir neue Talente wie Karlrobert Kreiten unterstützen und heranreifen lassen.

2. DENUNZIANTIN: Frau Windmöller wollte noch etwas sagen.

GOEBBELS: Ja, was ist denn, Volksgenossin, was ist denn! Es wurde Ihnen vorhin schon gesagt: Sie sollen das Konzert nicht stören!

Schweigen. Man hört Kreiten zu.

1. DENUNZIANTIN: *springt auf, schreit* Er hat noch ganz andere Sachen gesagt! Er hat gesagt: In zwei bis drei Monaten gibt es eine Revolution, und dann werden der Führer, Göring, Goebbels, Sie, Herr Minister, und Frick um einen Kopf kürzer gemacht!

Kreiten unterbricht sein Spiel, betrachtet die Denunziantin. Eisiges Schweigen.

1. DENUNZIANTIN: Es tut mir leid, aber was er gesagt hat, das hat er gesagt. *Sie setzt sich.*

MUTTER: Herr Furtwängler ...

FURTWÄNGLER: Um Gottes willen, gnädige Frau, was haben Sie. Schnell, etwas Wasser oder Eau de Cologne, schnell!

Er versucht sie zu halten, niemand rührt sich, die Mutter fällt in Ohnmacht.

GOEBBELS: *läßt sich die Akte reichen* Ihr Klavierspiel ist vorzüglich. Gilt dies auch für Ihre politischen Ansichten, Herr Karlrobert Kreiten?

KREITEN: Ich kann mich nicht erinnern.

DER GESTAPOBEAMTE: *zieht Handschellen hervor* Geben Sie der Frau etwas von Ihrem Kölnisch Wasser.

Die 2. Denunziantin kümmert sich um die Mutter.

FURTWÄNGLER: Aber Herr Minister ... Wir können doch nicht wegen einer Lappalie ...

GOEBBELS: Lappalie, Herr Generalmusikdirektor?

FURTWÄNGLER: Zugegeben, die Bemerkungen dieses jungen Mannes sind ungerecht, ja, sie streifen, wenn man engherzig sein will, den Tatbestand der Verleumdung. Aber bedenken Sie doch, er scheint ja wirklich völlig unpolitisch zu sein und nur dem Klavierspiel ergeben, und unser Volk könnte ja doch solch einen Verlust ...

GOEBBELS: Verlust?

FURTWÄNGLER: Ja, immerhin für die Kunst.

GOEBBELS: Sie reden von Verlust, wenn täglich Tausende für unser Volk ihr Leben lassen müssen?

FURTWÄNGLER: Richtig, Herr Minister, aber immerhin ...

GOEBBELS: Immerhin, was meinen Sie?

DER GESTAPOBEAMTE: Alles absolut folgerichtig. Mein Bruder blieb auf dem Feld der Ehre. Leute, die uns in den Rücken fallen, müssen ausgerottet werden.

Er legt Kreiten Handschellen an.

FURTWÄNGLER: Tja, dann ...

DER GESTAPOBEAMTE: Haben Sie Mühe, die Mutter zu beruhigen?

2. DENUNZIANTIN: Nein, nein, sie kommt zu sich.

MUTTER: Oh ich bitte um Entschuldigung. Ich war wohl etwas unpäßlich. Warum spielt Karlrobert nicht weiter?

GOEBBELS: Es ist wahrhaft deprimierend, wie ein wertvoller junger Mensch, *zu Furtwängler* ohne ersichtlichen Grund, ich sehe keinen Grund, Herr Furtwängler, sich gegen die Regierung des deutschen Volkes wendet. Ja, hat Ihnen zu Ihrem Glück irgend etwas gefehlt, Herr Kreiten?

KREITEN: Nein.

GOEBBELS: Waren Sie mit Ihrer Gage unzufrieden?

KREITEN: Nein.

GOEBBELS: Und Sie durften spielen, wo und wann immer es Ihnen beliebte!

KREITEN: Gewiß.

GOEBBELS: Sie wurden öffentlich gefeiert. Oder hat man erwogen, Sie in irgendeine Strafkompanie der Ostfront zu kommandieren?

KREITEN: Nein, das hat man nicht erwogen.

GOEBBELS: War Ihre Kunst schließlich doch politisch motiviert? Macht nichts, das kann vorkommen.

KREITEN: Nein.

GOEBBELS: Und Sie wußten, ja Sie mußten es wissen, daß ich viel, ja fast das Unmögliche für die Musik getan habe. Ich habe die Berliner Philharmoniker, ja das darf man wohl sagen, mit den Mitteln meines Ministeriums überreich ausgestattet, damit sie in der Welt nicht als arme Sünder dastehen. Wußten Sie davon?

KREITEN: Gewiß.

GOEBBELS: Sind Sie mit diesem Orchester zusammen aufgetreten?

KREITEN: Ja, zweimal.

GOEBBELS: Und können Sie erklären, warum Sie ausgerechnet meinen Kopf wünschen?

KREITEN: Nein, das kann ich Ihnen nicht erklären.

GOEBBELS: Nun, also dann: Warum wünschen Sie meinen Kopf!

Kreiten wendet sich ab, spielt Schuman. Die Mutter sieht die Handschellen, erhebt sich, eine verzweifelte Geste, indem sie die Arme gegen ihn, den sie nicht erreichen kann, ausstreckt.

MUTTER: Oh mein lieber Sohn! Oh Herr Minister, verzeihen Sie ihm! Er will ja nur spielen, Sie sehen, er will spielen! Er hat ja doch keine Vorstellung davon, was die gegenwärtige Regierung von ihm zu hören wünscht! Und das kann ich beschwören: Er fordert Ihren Kopf in aller Unschuld...!

Sie erschrickt.

STIMME DES GESTAPOBEAMTEN ÜBER LAUTSPRECHER: Sehr geehrte Frau Kreiten, anbei übersende ich Ihnen die drei Lichtbilder, die Ihr Sohn zu seinem Geburtstag erhalten hat. Die Glückwünsche auf den Lichtbildern habe ich seinerzeit darauf geschrieben, damit Ihr Sohn etwas Freude haben sollte. Inzwischen werden Sie wohl den Aufenthaltsort Ihres Sohnes erfahren haben. Geben Sie die Hoffnung nicht auf, auch dieser Schmerz wird vorübergehen und Ihr Karlrobert wird einstens als geläuterter Mensch, der die Welt mit anderen Augen ansieht, seinen Künstlerberuf wieder ausüben können. Mit deutschem Gruß, Heller.

Kreiten hat aufgehört zu spielen.

KREITENS STIMME ÜBER LAUTSPRECHER: Meine Lieben, über euren Besuch habe ich mich sehr gefreut. Leider sieht die liebe Mama nicht mehr so gut aus wie vor einem Monat. Liebes Muckelchen, schone deine Nerven, damit sie in diesen unruhigen Zeitläufen stark bleiben. Gehe dafür früher schlafen und empfange weniger Besuch. Papa, Rosemarie und Bübchen sehen dagegen gut aus wie immer. Wie geht es aber der lieben Grandmaman in Düsseldorf? Es beunruhigt mich sehr, daß sie in ihrem Alter alles allein machen muß und sich nicht genügend Ruhe gönnt.

GOEBBELS: *der an die Rampe getreten ist* Es ist ja nicht so...

STIMME KREITENS: Zur Ablenkung arbeite ich viel und philosophiere. Draußen ist es wieder warm und schön. Gelbe Schmetterlinge tummeln sich im Gemüsegarten und flattern manchmal hinauf bis zu meinem Fenster. Oh Freiheit, du höchstes Glück!

GOEBBELS: Es ist ja nicht so...

STIMME KREITENS: An die Ernährung habe ich mich allmählich gewöhnt. Brot und Suppe und jetzt einmal in der Woche Kartoffeln, nie Salat oder Gemüse. Ich hoffe aber, die längste Zeit hier gewesen zu sein. Wie freue ich mich auf die Arbeit und auf meine Konzerte.

GOEBBELS: Es ist ja nicht so...

STIMME KREITENS: Nun etwas Dringendes! Schicke mir sofort ein Paar alte Schuhe, meine sind so ausgetreten, daß ich sie nicht mehr lange tragen kann. Für den Fall, daß es im September schon kälter wird, lasse ich mir auch meinen alten dunkelblauen Mantel schicken. Vorgestern erhielt ich von Annelie einen lieben Brief. Sie will die restlichen sieben Urlaubstage mit mir verbringen. Ich freue mich schon sehr darauf. Wird es aber noch in diesem Jahr sein? Grüße die liebe Annelie herzlich von mir. Ich träume oft, ich sei in Stützels herrlichem Garten. Wäre die Zeit schon da, im Wachen in diesem kleinen Paradies zu träumen! Nun, Geduld haben habe ich in den vier Monaten meiner Haft gelernt und werde sie auch noch weiter üben müssen. Papa sollte sich für seine neuen Kompositionen einen Musiker engagieren, der schnell und gut all seine neuen Stücke aufschreiben kann. Euch allen herzliche Grüße! Karlrobert.

Er beginnt wieder zu spielen.

GOEBBELS: *zieht einen Strick aus der Tasche, währenddessen:* Es ist ja nicht so, wie man immer behauptet, daß wir die Leute gnadenlos umbringen, und ich hätte mir immer gewünscht, man würde auch uns, die wir zu den härtesten Maßnahmen gezwungen sind, etwas Gerechtigkeit widerfahren lassen. Ich gebe zu, es ist nicht angenehm, wenn jemand meinen Tod wünscht. Aber dies wäre natürlich kein Grund, gleiches mit gleichem zu vergelten. Wir Nationalsozialisten waren nie kleinlich. Wie oft habe ich, der Führer ist Zeuge, über Witze gelacht, auch über bösartige, die über mich im Umlauf waren. Aber nun, in der Stunde der Gefahr, muß auch ein junger, begnadeter Pianist geopfert werden, und zwar einzig aus Sorge um Deutschland. Kein deutscher Soldat, der an der Front mit seinem Leben dafür bürgt, daß Herr Karlrobert Kreiten ungestört an seinem Pianoforte sitzen kann und dem Spiel seiner Finger freien Lauf lassen kann, würde es verstehen, wenn wir jetzt Nachsicht oder Gnade für Recht oder Schwäche zeigen würden. Und so sage ich, und ich versichere, ich habe keinerlei Rachegefühle:
Auch wenn er der neue Beethoven wäre, der Kopf muß ab!

FURTWÄNGLER: *erhebt sich* Nein.

GOEBBELS: Doch.

FURTWÄNGLER: Nein, Herr Minister, nein.

GOEBBELS: Doch, Herr Furtwängler. *Er hält ihm den Strick hin.* Oder möchten Sie Bruckners Achte Symphonie auf den Trümmern Berlins spielen?

MUTTER: Aber es wird so sein, es wird zweifellos so sein.

FURTWÄNGLER: Beruhigen Sie sich, gnädige Frau, bis jetzt ist noch nichts geschehen.

DER GESTAPOBEAMTE: Vollkommen richtig. *nimmt den Strick, geht zum Klavier. Währenddessen zu Kreiten, der sein Spiel unterbrochen hat.*
Karlrobert Kreiten. Ich nehme nicht an, daß Sie wünschen, was Sie sagen. Denn was Sie sagen, ist Feindbegünstigung und Wehrkraftzersetzung und wird vor dem Volksgerichtshof mit dem Tode bestraft.

Er legt ihm den Strick um den Hals.
Aber da doch viele und besonders ein Mann wie Herr Furtwängler wünschen, daß man mit Ihnen Nachsicht übt, wollen wir überlegen, ob es einen Weg gibt, dies auch wirklich zu tun.

FURTWÄNGLER: Was bliebe?

DER GESTAPOBEAMTE: Ein Gnadengesuch an die Reichskanzlei.
Er zieht ein Papier aus der Tasche. Zur Mutter Der Führer wird entscheiden, was zu tun ist, und solange der Führer entscheidet, kann Ihrem Sohn nichts passieren.

FURTWÄNGLER: Dann gehen Sie in die Reichskanzlei, schnell. Ich werde Sie begleiten, schnell, verlieren wir keine Zeit!
Die Mutter nimmt das Gnadengesuch, verläßt, von Furtwängler gestützt, eilig den Raum.

GOEBBELS: Es ist doch merkwürdig, daß ein Mann, der so unnachahmlich Beethovens Fünfte dirigieren kann, absolut nicht weiß, was er dem deutschen Volk schuldig ist.

1. DENUNZIANTIN: Nun kann die Gerechtigkeit ihren Lauf nehmen. *Die Denunziantinnen nehmen den Strick auf.*

2. DENUNZIANTIN: Er hat den Führer beleidigt. Ich kann nicht sagen, wie mir zumute war, als er den Führer beleidigt hat.

KREITEN: Mein liebes Muckelchen, wo gehst du hin?

GOEBBELS: Haben Sie noch einen Wunsch?

KREITEN: Ja. *Er zögert.*

DER GESTAPOBEAMTE: Nun also!

KREITEN: Mein Muckelchen... Ich meine, meine Mutter, aber auch Grandmaman, haben immer gewünscht, ich solle nicht soviel Chopin, sondern auch einmal Mozart spielen, Mozart, man möge verstehen... Was gibt es Schöneres als... Um Grandmaman mache ich mir Sorgen, sie nimmt sich meine Haft zu sehr zu Herzen. Sie ißt zu wenig und magert ab. Das ist besonders in ihrem Alter nicht gut. Möge sie doch auf mich hören und jeden Morgen vor dem Frühstück eine Suppe essen...
Er beginnt zu spielen. Die Denunziantinnen ziehen langsam an dem Strick, so daß Kreiten immer mehr Mühe hat, das Pianoforte zu erreichen.

DER GESTAPOBEAMTE: *währenddessen* Am 7. September 1943 ist der 27 Jahre alte Pianist Karlrobert Kreiten aus Düsseldorf hingerichtet worden, den der Volksgerichtshof wegen Feindbegünstigung und Wehrkraftzersetzung zum Tode verurteilt hat. Kreiten hat durch übelste Hetze, Verleumdungen und Übertreibungen eine Volksgenossin in ihrer treuen und zuversichtlichen Haltung zu beeinflussen versucht und dabei eine Gesinnung an den Tag gelegt, die ihn aus der deutschen Volksgemeinschaft ausschließt.

Kreiten ist tot. Furtwängler, die Mutter, wie eine mater dolorosa gekleidet, ein Pfarrer.

FURTWÄNGLER: *tritt an die Rampe* Mit Entsetzen hörte ich über das Schicksal von Karlrobert Kreiten. Im Sommer, als mir seine Verhaftung mitgeteilt wurde, habe ich mich sofort mit einem höheren Offizier des Sicherheitsdienstes in Beziehung gesetzt und getan, was mir irgend zu tun möglich war, um auf seine Qualitäten als Künstler und seine, soweit mir bekannt, völlig unpolitische Persönlichkeit hinzuweisen. Und als ich im Sommer Berlin verließ, glaubte ich, wie Sie ja alle auch, daß die ganze Sache eine günstige Wendung genommen hatte. Und dann dies Ende! Ich versichere Ihnen, daß ich Ihren Schmerz mitfühle und teile. Ich erinnere mich sehr gut an die letzten Male, da ich ihn spielen gehört habe. Hier ist eine wirkliche, echte, große Hoffnung begraben worden. Vor allem bitte ich Sie, der armen Mutter, deren Lebensinhalt der Sohn war, zu sagen, wie sehr ich Anteil nehme an diesem Schicksal.

PFARRER: Mit Grauen erinnere ich mich an jene schaurige Nacht nach einem Luftangriff, bei dem das Haus in Brand geriet, in dem dreihundert zum Tode Verurteilte gefesselt lagen. Keiner kam durch Bomben zu Tode, aber in der nächsten Nacht wurden einhundertsechsundachtzig in Gruppen zu acht hintereinander gehängt, ohne daß man ihnen Zeit zu einem Abschiedsbrief gelassen hätte. Unter ihnen befand sich der bekannte rheinische Pianist Karlrobert Kreiten, einer der besten aus unserem jungen Künstlernachwuchs, der für einen landläufigen Witz zum Tode verurteilt war und für den noch ein Gnadengesuch lief. Erst in der Morgenfrühe um 8 Uhr stellten die Henker wegen Übermüdung ihre blutige Arbeit ein, um sie am Abend wieder aufzunehmen.

Er geleitet die Mutter nach vorn.

Diese eine Versicherung kann ich Ihnen geben: Er ist diesen letzten Weg gefaßt und ruhig gegangen, er ist gut gestorben. Leider hatte ich nicht viel Zeit für den einzelnen, aber an Ihren Karlrobert erinnere ich mich besonders gut, weil er mich gleich ansprach und mir der Name Kreiten bekannt war und weil mir sein Schicksal besonders naheging. Darum habe ich mich seiner vor allem angenommen, habe mir seine Wünsche notiert, seine letzten Grüße an die Seinigen, Eltern, Grandmaman und Schwester mitgenommen, habe dann mit ihm

Reue und Leid erweckt und ein kurzes Gebet gesprochen und ihn so bereit gemacht für seinen Weg hin zu Gott.

VERDI

No. 1 Requiem
Das Andante

Requiem aeternam dona eis, Domine: et lux perpetua luceat eis.
Die Mutter erhält einen Stuhl.
Das Poco piu:
Te decet hymnus, Deus, in Sion, et tibi reddetur votum in Jerusalem: exaudi orationem meam, ad te omnis caro veniet.
Grablegung Kreitens: Er wird der Mutter in die Arme gelegt. Pietà. Goebbels wendet sich ab.
Das Attaca subito:
Requiem aeternam dona eis, Domine: et lux perpetua luceat eis.
Die beiden Denunziantinnen schminken Kreiten: Ein Gesicht wie unter der Dornenkrone.
Das Animando un poco:
Kyrie eleison.
Christe eleison.
Kyrie eleison.
Danach: Schweigen.

PFARRER: »Siehe, da weinen die Götter, es weinen die Göttlichen alle,
Daß das Schöne vergeht, daß das Vollendete stirbt!
Auch ein Klaglied zu sein im Mund der Geliebten ist herrlich,
Denn das Gemeine geht klanglos zum Orkus hinab.«
Er schlägt ein Buch auf, das er in Händen hält.
Wir wollen lesen aus dem Totenbuch von Plötzensee.
liest
Elisabeth Schleien, geborene Kurzmann, geboren am 2. September 1900, hingerichtet am 3. Mai 1941.
Er blättert weiter.
Herrmann Sauter, geboren am 15. Dezember 1889, hingerichtet am 10. Mai 1942.
Er blättert weiter.
Ernst Friedrich Einhardt, geboren am 9. April 1908, hingerichtet am 14. Oktober 1942.
Er blättert weiter.
Und am 7. September 1943 du, Karlrobert Kreiten, und mit dir einhundertsechsundachtzig andere unterschied-

lichen Alters, Greise und Männer, Frauen und Mädchen. Siehe also, es ist kein Trost, aber du bist unter so vielen Toten nicht allein.

1. Denunziantin: Er ist zu Recht gehängt worden! Und ich habe dafür gesorgt, daß er seiner Strafe nicht entgeht. Und nun soll man ihn nicht übermäßig beklagen, sondern verscharren. Unter die Erde mit ihm!

No. 2 Requiem
Die Mutter singt das Allegro molto sostenuto:
Liber scriptus proferetur,
In quo totum continetur
Unde mundus judicetur.

Judex ergo cum sedebit
Quidquid latet apparebit:
Nil inultum remanebit.
Bei der Wiederholung des dies irae verläßt Goebbels den Raum.
Schweigen.

2. Denunziantin: Ja, aber was ist denn?

1. Denunziantin: Warum verläßt der Minister den Raum?

Pfarrer: *leise* Wir sind im Requiem.

2. Denunziantin: Ersparen Sie sich Ihre Umstände.

1. Denunziantin: Geben Sie das Buch her.

2. Denunziantin: Wir wollen nicht belobigt werden, aber wir verlangen, daß man unsere guten Absichten in keinem falschen Licht darstellt!

Pfarrer: *leise* Wir sind im Requiem.

1. Denunziantin: Was hat das zu bedeuten?

Pfarrer: Wir sind im Requiem. *Kurzes Schweigen.* Ihre guten Absichten gelten nichts mehr. Hier werden die Ermordeten geehrt.

1. Denunziantin: Die Ermordeten?

Pfarrer: Fassen Sie sich, Frau Windmöller. Es wird eine Zeit kommen, in der Sie als Mörderin dastehen.

2. Denunziantin: Als Mörderin?

Pfarrer: Ja. Vielleicht wird Ihnen verziehen werden, aber der Mord an Karlrobert Kreiten, Frau Passavent, ist Ihre auf ewig verfehlte Existenz.
Kurzes Schweigen.

1. Denunziantin: Ich habe es für den Führer getan.

Pfarrer: Den Führer gibt es nicht mehr.

2. Denunziantin: Und für Deutschland.

Pfarrer: Deutschland, Frau Passavent, trauert um seine Toten. Trauern wir also. Es bleibt uns nichts anderes übrig, als in Ewigkeit zu trauern.

No. 2 Requiem
Die Mutter und der Pfarrer singen das Largo
Lacrymosa dies illa,
Qua resurget ex favilla
Judicandus homo reus.

Huic ergo parce, Deus:
Pie Jesu Domine,
Dona eis requiem. Amen.
Währenddessen verändert sich die Szene, so daß Kreiten inmit-
ten der Gruppe aufgerichtet wird.

RATLOSIGKEIT

FURTWÄNGLER: Tja. Das ist wahrhaft entsetzlich. Gibt es
keine Hoffnung? Natürlich nicht. Welche Hoffnung
sollte es schließlich geben, man kann einen gemordeten
Menschen nicht wieder lebendig machen.

DER GESTAPOBEAMTE: *fällt vor ihm auf die Knie, versucht, seine*
Hände zu fassen. Verzeihen Sie mir! Ich bitte Sie aufrichtig, mir zu verzeihen!

FURTWÄNGLER: Mann, beherrschen Sie sich!

DER GESTAPOBEAMTE: Ich habe alles besten Glaubens
getan! Es gab ja doch Gesetze, und es waren andere Zeiten!

FURTWÄNGLER: Beherrschen Sie sich!

DER GESTAPOBEAMTE: Wie hätte ich es sonst tun können...
Es waren Hunderttausende, Hunderttausende, ich bitte
Sie... Und nun fragen Sie meine Nachbarn: Ich bin
doch kein schlechter Mensch!

FURTWÄNGLER: Und ich bin nicht Gott! Und nun reißen Sie
sich zusammen. Begegnen Sie Ihrer Schuld nicht in
solch jämmerlicher Haltung!

Der Gestapobeamte erhebt sich. Kurzes Schweigen.

Tja. *rückt seine Manschetten wieder zurecht.* Denn schuldig
sind wir ja schließlich alle. Wir hätten es wissen müssen,
es war ja deutlich genug. Andererseits: Natürlich waren
es andere Zeiten, und niemand, der in besseren Zeiten
lebt, sollte sich darüber erheben. Ich erinnere mich
genau... Ich glaube, es war im Dezember 1944, als ich
Bruckners Vierte dirigierte, und einige der maßgeblichen Herren, die wir heute wohl für verbrecherisch halten müssen, kamen in meine Garderobe, und ich fragte,
ob der Krieg noch zu gewinnen sei, und sie antworteten:
Nein... Das war schlimm, natürlich war das schlimm.
Ich hatte deutlich das Empfinden, ich würde dies wunderbare Werk der Romantik in einer vom Untergang
bedrohten Stadt dirigieren, und ich wünschte damals,

die Herren hätten sich, was den Ausgang des Krieges anging, irgendwie geirrt.

Anton Bruckner, Sinfonie Nr. 4. Die ersten Takte des Primo movimento, die langsam wieder ausgeblendet werden.

War es Bruckner? Vielleicht. Ich kann mich nicht mehr erinnern. Es ist lange her.

Schweigen.

Kommen Sie, junger Mann... *zur 1. Denunziantin, die sich an ihn wenden will* Nein, nicht Sie, gnädige Frau... Bitte, bleiben Sie mir vom Leibe, Frau Windmöller... Ja, bitte, solange Sie sich nur von Ihrer Schuld reinwaschen wollen!

zu Kreiten Kommen Sie, junger Mann...

geht zu ihm Ich muß Ihnen ja nicht erst erklären, wie leid es mir tut, ja wie unwiderruflich die Tatsache auf meinem Gewissen lastet, daß ich unter dem gleichen Regime bis an dessen Ende... Oder sagen wir besser, daß ich bis ins reifere Alter Triumphe feiern durfte, während Sie... Haben Sie das A-Dur-Konzert von Mozart schon einmal versucht?

KREITEN: Ja, zweimal. Das erste Mal unter Herrn Weisbach, da war ich zwölf Jahre alt.

FURTWÄNGLER: Lieben Sie es immer noch?

KREITEN: Oh ja.

FURTWÄNGLER: Oder die Hammerklavier-Sonate von Beethoven?

KREITEN: Dazu war ich zu unerfahren.

FURTWÄNGLER: Sagen Sie das nicht. Ich habe mich auch sehr früh an Bruckner gewagt, wie gesagt, an die Vierte, und ich hatte, wie gesagt, Schwierigkeiten mit den Bläsern, gleich im ersten Movimento, Sie verstehen... Wie geht es da gleich: baba babbaba baba! Aber warum so umständlich, wir haben doch unseren Dirigentenstab...

Er dirigiert, mit der Stimme kommentierend, Takte aus dem Primo movimento, bricht ab. Ja, so war es. Ich war natürlich ungestüm, sehr ungestüm. Bei Bruckner muß man sich zügeln, aber ich habe es trotz meiner Unerfahrenheit geschafft.

KREITEN: *lächelt* Ich verstehe.

FURTWÄNGLER: Warum haben wir nie etwas miteinander gearbeitet? Wenn Sie in meiner Nähe gewesen wären... Ich meine, wenn Sie nicht mit diesen... Frauen...

KREITEN: Frau Ott-Moneke war immer sehr nett zu mir. Und sie war ja auch die Freundin meiner Mutter. Und die beiden anderen Damen kannte ich nicht.

FURTWÄNGLER: Ich verstehe.

KREITEN: *nach kurzem Schweigen* Und die Zelle in Moabit war natürlich sehr kalt, obwohl es August war, und ich fürchtete, im Oktober ohne Mantel zu sein. Aber das sagte ich bereits.

FURTWÄNGLER: Ja, das sagten Sie bereits.

KREITEN: Von dem Tütenkleben bekam ich immer so trockene Finger. Das gefiel mir gar nicht.

FURTWÄNGLER: Kann ich mir vorstellen.

KREITEN: Aber das Schlimmste war natürlich der enge Raum in Plötzensee, und daß wir so gefesselt aneinanderliegen mußten. Und der Gestank, und daß draußen alles brannte, es fielen ja Bomben... Aber endlich kamen einige Herren, die waren sehr freundlich. Und das Strangulieren war dann nicht mehr so schlimm. *Er lächelt.*

FURTWÄNGLER: Ich verstehe.

KREITEN: Meine Finger waren im übrigen bis zuletzt geschmeidig. Ich hätte noch ein Konzert geben können. Ich hatte ja am Tisch Fingerübungen gemacht, dies schien mir sehr wichtig. Ich schrieb es auch meiner Mutter.

FURTWÄNGLER: Ich verstehe.

Schweigen. Die 2. Denunziantin zieht ihr Taschentuch.
Hatten Sie zuletzt noch andere Erinnerungen? Ich meine, Erinnerungen, die freundlicher waren?

KREITEN: Ich dachte an meine Familie.

FURTWÄNGLER: Ja, natürlich.

KREITEN: Und ich dachte an Frau Professor Rosenthal-Kanner, sie mußte aus irgendeinem Grund...

FURTWÄNGLER: Sicher war sie Jüdin.

KREITEN: Nach Amerika ausreisen. Sie mochte besonders meine Lisztsonate, und sie beschwor mich... Sie war meine Lehrerin.

FURTWÄNGLER: Ich weiß, ich weiß. *Kurzes Schweigen.* Tja, Amerika, richtig. Amerika wäre ein Ausweg gewesen. Obwohl...

KREITEN: Sie schrieb mir, es gäbe gewissermaßen eine Chance. Horowitz war krank, Gieseking hatte die Sommerkonzerte abgesagt, Poldi Mildner... Ich hätte natürlich vor Impresarios und einigen Klavierfabrikanten spielen müssen, und in Deutschland... *Er lächelt.*

FURTWÄNGLER: Natürlich, Sie haben vollkommen recht. In Deutschland war dies alles äußerst verpönt. Hier werden die Talente wegen ihres Talents verehrt. *Sie schweigen. zum Pfarrer* Wieviele Tote, sagten Sie, ständen in Ihrem Buch?

PFARRER: An die Hunderttausend.

FURTWÄNGLER: Und Millionen starben auf dem Feld der Ehre, und man kann nicht einmal sagen, daß dies der Ehre irgendwie Abbruch getan hätte.

No. 1 Requiem
Das Andante bis zum Poco piu, das langsam ausgeblendet wird.
Requiem aeternam dona eis, Domine: et lux perpetua lucet eis.
Te decet hymnus, Deus…

FURTWÄNGLER: Hören Sie dies?

KREITEN: Ja.

FURTWÄNGLER: Gefällt es Ihnen?

KREITEN: Oh ja, sehr.

FURTWÄNGLER: Ich hätte Ihnen statt des Requiems gern ein anderes Konzert gewünscht. Herr Pfarrer, ich verstehe wenig von den allerletzten Dingen unseres Daseins. Dennoch sollte man, so scheint es mir wenigstens, dem Libera me, Domine, de morte aeterna einen Sinn geben…

PFARRER: Gott allein entscheidet über das ewige Leben.

FURTWÄNGLER: Und über die Schuld?

PFARRER: Auch über die Schuld.

FURTWÄNGLER: Gut. – Dann sollte man aber Gott, bevor er entscheidet, wenigstens im Tode jenes Beispiel geben, das uns im Leben nicht möglich war. Würde es das Requiem stören, wenn wir…

PFARRER: Keineswegs.

FURTWÄNGLER: Es gibt sicher viele Möglichkeiten, Gott doch noch gnädig zu stimmen. *zu Kreiten* Mit Mozart vielleicht? Ich hätte gern an Ihrer Seite…Ich weiß, es ist natürlich alles viel zu spät, trotzdem: Ich hätte gern an Ihrer Seite das A-Dur Klavierkonzert von Mozart dirigiert. Fühlen Sie sich dazu aufgelegt?

KREITEN: *lächelt* Warum nicht.

FURTWÄNGLER: Gut, das freut mich. Gut, daß Sie das sagen. Ich bin sehr erleichtert. – Frau Windmöller, können Sie Violine spielen?

1. DENUNZIANTIN: Ich glaube nicht an Gott.

PFARRER: Das liegt nicht in Ihrem Ermessen. Denken Sie daran, daß es nicht in Ihrem Ermessen liegt!

1. DENUNZIANTIN: Ich bin nicht schuldig.

FURTWÄNGLER: Darauf würde ich keine Wette wagen, Gnädige Frau, ich bitte Sie, wagen Sie auf Ihr Gewissen keine voreilige Wette!
Kurzes Schweigen

2. DENUNZIANTIN: *zieht ihr Taschentuch* Ich spiele schlecht Violine, aber ich weiß, daß Frau Windmöller sehr gut die Violine spielt.

1. Denunziantin: Aber ich werde nicht spielen.

Der Gestapobeamte: Und ich spiele Fagott. Ich habe sehr oft, wenn es auch lange her ist, gelegentlich und recht ordentlich das Fagott gespielt.

Pfarrer: Dann nehmen Sie die Plätze ein.
Die drei zögern. Sie werden alles bereit finden, falls Sie es nur ehrlichen Herzens wünschen.
Der Gestapobeamte, die 2. Denunziantin nehmen Platz, finden die Instrumente.

2. Denunziantin: Frau Windmöller!

1. Denunziantin: Ich denke nicht daran.

2. Denunziantin: *zu Furtwängler* Sie spielt am besten, und wenn sie nicht mitmacht...

Furtwängler: *zur 1. Denunziantin* Nehmen Sie die Violine!

1. Denunziantin: Ich will keine Versöhnung.

Furtwängler: Dann spielen Sie für alle Toten, die dieser Krieg uns aufgenötigt hat.

Pfarrer: Ich erinnere Sie daran, wir sind im Requiem.

1. Denunziantin: *zeigt auf die Mutter* Nun, wenn auch sie mitspielt...

Kreiten: Mutter, ich bitte dich.
Die Mutter setzt sich, ergreift die Violine.

1. Denunziantin: *setzt sich, ergreift ebenfalls eine Violine, gegen Kreiten.* Aber ich gebe ihm nicht die Hand. Sollte es zu einer Begrüßung kommen, die Hand gebe ich ihm nicht!

2. Denunziantin: *Der Pfarrer setzt sich, nimmt ebenfalls die Violine.* Das ist auch nicht nötig. Es ist nicht nötig, daß Sie etwas tun, was Ihrem Herzen widerspricht, Frau Windmöller.
Die Mutter will sich erheben.

Kreiten: Mutter, ich bitte dich!
Die Mutter bleibt sitzen. Furtwängler gibt Kreiten die Hand, begleitet ihn zum Pianoforte.

Furtwängler: Tja denn... Sind wir bereit?

Pfarrer: Ja, wir sind allerdings bereit.

No. 2 Dies irae
Das Allegro agitato:
Dies irae, dies illa,
Solvet saeculum in favilla,
Teste David cum Sibylla.

Quantus tremor est futurus,
Quando judex est venturus,
Cuncta stricte discussurus!

Furtwängler: *währenddessen, unter der Posaune, indem er den Arm gebieterisch ausstreckt:* Und nun kommen auch Sie! Erscheinen auch Sie und bekennen Sie sich zu Ihrer

Schuld, Herr Goebbels! Ich fordere Sie hiermit auf: Setzen Sie sich zu uns, nehmen Sie an unserem Versöhnungskonzert teil, Herr Reichspropagandaminister Doktor Josef Goebbels!

Herr Reichspropagandaminister Doktor Josef Goebbels!

Zieht die drei mit dem Führergruß hoch, streckt zuletzt die Zunge raus. Goebbels erscheint. Er geht zur ersten Denunziantin, erhebt den Arm zum deutschen Gruß, den die erste Denunziantin beinahe erwidert. Goebbels verschwindet.

Ende des Allegro agitato. Kurzes Schweigen, Furtwängler zieht seinen Dirigentenstab hervor, tritt ans Pult.

1. DENUNZIANTIN: *setzt die Violine an, bricht plötzlich zusammen.* Ich glaube nicht an Gott! *Sie schluchzt auf.* Es gibt keinen Unterschied zwischen Gut und Böse! Und wer sagt Ihnen denn, daß es eine Schuld gibt, wenn man etwas für sein... Ja, für sein Vaterland getan hat!

2. DENUNZIANTIN: So beruhigen Sie sich doch, Frau Windmöller.

1. DENUNZIANTIN: Ich spiele die Violine! Oh ja, wie oft habe ich die Violine gespielt. Wenn mein sterbender Bruder den Blick zum Himmel nicht mehr erheben konnte, dann habe ich sie gespielt, immer wieder gespielt. Denn Gott, Euer Herr, hat mich allerdings nicht getröstet. *Sie attackiert die Geige.*

2. DENUNZIANTIN: Aber, Frau Windmöller...

1. DENUNZIANTIN: *weint* Waren wir schlechte Menschen, Frau Passavent?

2. DENUNZIANTIN: Nein, das waren wir nicht.

1. DENUNZIANTIN: Haben wir nicht vielmehr immer nur an das Schöne, Wahre und Gute geglaubt? Ja, ich war eine Idealistin, von Kind auf! Ich hätte keine Äpfel aus Nachbars Garten stehlen können, ohne vor Schamröte zu versinken! Und warum ist uns Euer Allmächtiger, dieser angeblich so Gerechte, nicht in den Strick gefallen, als wir diesen da hängen ließen? Wo war er denn, wenn es ungerecht gewesen sein soll, für Deutschlands Ehre diesen Krieg zu führen? Und warum mußten Millionen sterben, und er hat sich doch abgewandt, und ich soll darüber schuldig geworden sein? Nein, ich spiele nicht. Ich spiele vor einem solchen Ungetüm nicht die Violine!

2. DENUNZIANTIN: Frau Windmöller, so fassen Sie sich. *Zum Gestapobeamten:* Und nun sagen Sie auch etwas! Er hat uns schließlich ermuntert, gegen Herrn Kreiten vorzugehen!

DER GESTAPOBEAMTE: Und Sie denunzieren schon wieder!

2. DENUNZIANTIN: Was Sie nicht sagen!

DER GESTAPOBEAMTE: Hätten Sie ihn nicht denunziert, würde er noch leben!

2. DENUNZIANTIN: Lüge!

DER GESTAPOBEAMTE: Ich lüge nie …

2. DENUNZIANTIN: Versprechen Sie uns nicht zu viel.

DER GESTAPOBEAMTE: Nicht vor Gott, Frau von Passavent, vor Gott nicht!

2. DENUNZIANTIN: Daß ich nicht lache! Sie, mit Ihrem Hakenkreuz am Ärmel. Ausgerechnet Sie …!

DER GESTAPOBEAMTE: Ach und Sie, Sie glauben, Sie kommen durch!

2. DENUNZIANTIN: Allerdings!

DER GESTAPOBEAMTE: Mit Ihrem Parteiabzeichen an der Bluse …

2. DENUNZIANTIN: *springt auf* Seien Sie still!

DER GESTAPOBEAMTE: *springt ebenfalls auf* Ich rede, wann es mir paßt!

2. DENUNZIANTIN: Ich verbiete Ihnen zu reden!

MUTTER: *springt auf* Aufhören! Ich halte es nicht mehr aus! Hören Sie auf!

No. 7 Requiem Libera me
Die zweite Denunziantin singt das Moderato

2. DENUNZIANTIN: Libera me, Domine, de morte aeterna, in die illa tremenda, quando caeli movendi sunt et terra. *Der Chor wird langsam ausgeblendet. Die zweite Denunziantin und der Gestapobeamte setzen sich wieder. Schweigen.*

MUTTER: Nicht genug, daß Sie mir meinen Sohn getötet haben, Sie zeigen auch noch, über seinen Leichnam hinweg, mit blutigen Fingern aufeinander. Was für eine Welt! Ich wünschte, ich hätte meinen Sohn nie …

KREITEN: Mutter, ich bitte dich.
Die Mutter setzt sich.

MUTTER: Und er hat kein Grab, wo ich hingehen könnte, man hat ihn irgendwo verscharrt. Und sie haben mir für seine Hinrichtung eine Kostenrechnung über 639 Reichsmark und 20 Pfennige zugeschickt. Und sie haben mich gezwungen, einen Brief zu schreiben: *zieht den Brief hervor* »Strafsache gegen meinen Sohn Karlrobert Kreiten, Aktenzeichen des Volksgerichtshof 2J 468/43. Ich bitte um Aushändigung seiner Kleidungsstücke und persönlichen Gegenstände nebst Briefschaften. *Sie erhebt die Hand* Heil Hitler!«

2. DENUNZIANTIN: *zum Gestapobeamten* Ich wollte Sie nicht kränken.

DER GESTAPOBEAMTE: Aber ich bitte Sie. Ich hoffe, meine etwas aufbrausende Art hat Sie nicht verletzt.

2. DENUNZIANTIN: Aber nein. *will sich erklären* Ich …

FURTWÄNGLER: Reden Sie ruhig, wir haben Zeit.

2. DENUNZIANTIN: Ich ... will mich nicht rechtfertigen. Ich ... Oh ich schäme mich so. Ich habe die eigene Schwester bespitzeln lassen. *Sie schluchzt, beruhigt sich wieder. Nach einer Weile zum Gestapobeamten:* Was meinen Sie: Sind wir schuldig geworden?

DER GESTAPOBEAMTE: Es sieht so aus.

2. DENUNZIANTIN: Wären wir in einer anderen Zeit weniger schuldig geworden?

DER GESTAPOBEAMTE: Möglich. Aber ich mache mir darüber keine Gedanken.

2. DENUNZIANTIN: Worüber machen Sie sich Gedanken?

DER GESTAPOBEAMTE: Daß es im Leben so gar keine Sicherheit gibt, wofür man sich Tag und Nacht aufopfert. Ist es das Gute? Ist es das Böse? Mir scheint alles, was ich gestern getan habe, war erstrebenswert. Aber der Schein trügt.

2. DENUNZIANTIN: Sie haben vollkommen recht.

1. DENUNZIANTIN: Und ich wünschte, die Welt hätte mehr Charakter. Was ich besten Glaubens getan habe, dafür stehe ich ein. Und wenn der Himmel über mir bricht, ich könnte daran nichts ändern – Haben Sie Angst vor Ihrer Courage, Frau von Passevent?

2. DENUNZIANTIN: Nein, vor dem Irrtum, Frau Windmöller. Es könnte ja sein, daß wir uns geirrt haben.

1. DENUNZIANTIN: Wir haben uns nicht geirrt.

FURTWÄNGLER: *erhebt den Taktstock gegen sie:* Sagen Sie das nicht noch einmal! Ich bitte Sie, dies nicht noch einmal zu sagen!

PFARRER: Es gibt keinen Grund zur Aufregung. Wollen Sie die Violine spielen, Frau Windmöller?

1. DENUNZIANTIN: Ich kann nicht jeden Tag eine andere Überzeugung haben. Sie kennen jetzt meine Qual. Wenn Sie mich akzeptieren wie ich bin, werde ich mit Ihnen spielen.

PFARRER: Wollen wir die Instrumente tauschen?
Er nimmt die demolierte Violine an sich.

FURTWÄNGLER: Können Sie damit spielen?

PFARRER: Es wird schon gehen.
Er ordnet die Saiten. Furtwängler wartet, bis er fertig ist.

FURTWÄNGLER: Nun, dann ... Wie sagte doch der große Philosoph? »Wir haben in jedem Stücke solche, die über uns sind.« Ob es allerdings ein Gott ist, weiß niemand sicher zu sagen. Und es macht auch nichts. *Er lächelt.* Falls es Gott nicht geben sollte, haben wir Mozart. Mozart ... Ich hoffe, Sie verstehen, was ich meine ... Die Kunst hat noch niemanden getötet. Sind Sie nicht der gleichen Meinung, Herr Kreiten?

KREITEN: Allerdings.

Er setzt sich ans Klavier. Furtwängler erhebt den Taktstock, dirigiert das A-Dur-Klavierkonzert von Mozart. Ein feiner, überirdischer Ton, als würde eine Saite reißen. Die Musik bricht ab, Furtwängler dirigiert ins Leere.

FURTWÄNGLER: Aber was ist denn?

DIE FIGUREN WERDEN GRAU

Warum spielen Sie nicht weiter?

KREITEN: Ja, ich weiß auch nicht.

Er nimmt die Brille ab.

FURTWÄNGLER: Aber es war doch gut, sehr gut.

KREITEN: Ja, ja, vielleicht. *Nach einer Weile.* Weißt du noch, Mutter, wie ich mein Abschiedskonzert im Gürzenieh-saal gegeben habe?

MUTTER: Ja, das weiß ich.

KREITEN: Alle haben sie gesagt, er würde nicht voll werden, weil er so groß war.

MUTTER: Ja, das haben sie gesagt.

KREITEN: Und dann war er doch ausverkauft.

MUTTER: Dann war er ausverkauft, und sie haben dich gefeiert.

KREITEN: *nach einer Weile* Mutter? Man hat mich zu früh aus dem Leben gerissen, nicht wahr?

MUTTER: Aber ja. Man hat dich zu früh aus dem Leben gerissen.

FURTWÄNGLER: Wollen wir nicht weiterspielen?

KREITEN: *setzt seine Brille wieder auf.* Doch, doch.

Er bleibt bewegungslos sitzen.

Klaus Völker

Jenseits von Schuld und Sühne

Gedichte, Überlegungen, Zitate zur »Vergangenheitsbewältigung« und zu den Möglichkeiten eines politischen Dramas nach Auschwitz.

1

Doch die sich entsinnen,
Sind da, sind viele, werden mehr.
Kein Mörder wird entrinnen.
Kein Nebel fällt um ihn her.
Wo er den Menschen angreift,
Da wird er gestellt.
Saat von eisernen Sonnen,
Fliegt die Asche über die Welt.
Allen, Alten und Jungen,
Wird die Asche zum Wurf gereicht,
Schwer wie Erinnerungen
Und wie Vergessen leicht.

(Stephan Hermlin, Die Asche von Birkenau)

2

Es läßt sich nicht allein damit erklären, daß ein totaler Staat seine äußerste Macht entfaltete, das genügt nicht – um die ungeheuren Ausmaße dieser Macht zu erreichen, mußte die ganze Gesellschaft sich daran beteiligen.

(Peter Weiss, Jan. 1965, nach einem Besuch der Gedenkstätte Auschwitz)

3

Nach 1945 fühlte sich niemand in Deutschland schuldig. Schuld hatten die »Nazigewaltverbrecher«, die jedenfalls, derer man habhaft werden konnte. Die »freie« rechtspolitische Entscheidung der Deutschen, »gesundes deutsches Rechtsempfinden«, verlangt von denen, die Fragen stellen, endlich das Vergangene zu vergessen: »Machen wir doch endlich Schluß mit diesen Dingen.« Die Lehren, die das deutsche Volk aus jener Niederlage gezogen hat, sind leider nur wieder jene Erfahrungen, die es die Nazis einst akzeptieren ließ: »Ich gehöre zu gar nichts. Ich mache meine Arbeit.« – »Es geschieht ihm recht. Warum mischt er sich in die Politik.« – »Sei doch still! Das hilft doch nicht!« – »Ich bin zu allem bereit!« Diese Sätze aus Bertolt Brechts Szenenfolge »Furcht und Elend des Dritten Reiches« bezeichnen weiterhin den gesellschaftlichen Erfahrungshorizont des Durchschnittsdeutschen.

4

Nur ist Brecht, indem er das politische Drama von dessen Subjekten auf die Objekte verschob, vermutlich noch nicht weit genug gegangen. Sie sind unvergleichlich mehr zu Objekten geworden, als er es sichtbar werden läßt. Unter diesem Aspekt sind die Beckettschen Menschenstümpfe realistischer als die Abbilder einer Realität, welche diese durch ihre Abbildlichkeit bereits besänftigen.

(Th. W. Adorno, Offener Brief an Rolf Hochhuth)

5
Was ist Faschismus?
Nicht nur eine gesellschaftliche Gegebenheit –
Folge eines psychologischen Prozesses –
Entwicklungskette der Erziehung tief eingefleischt –
in diesem Land zu riesiger Wucherung aufgeblüht, vernichtend, todessüchtig – niedergeschlagen – im Stillen weiterwuchernd –
nimmt jede Gelegenheit wahr, sich frech emporzurecken –
stößt noch auf Maßnahmen des Selbstschutzes – potentiell
aber überall noch vorhanden –
(Peter Weiss, Notizen zum Auschwitz-Prozeß, Frankfurt 1964)

6
Ist ein General ohne Soldaten gefährlich?
Ein Polizeichef oder Präfekt ohne Polizisten?
Ein Papst ohne Kardinäle, ohne Erzbischöfe und ohne Pfarrer?
Mir wären diese recht.
Die Engländer wissen: ein König ohne Macht ist im besten Sinne harmlos.
Aber der kleine Mann ist eine ausschlaggebende Kraft.
Hunderte kleine Leute sind eine Gefahr für den einzelnen.
Hunderttausend kleine Leute reichen für einen Krieg.
Hundert Millionen kleine Leute machen das Unglück der Menschheit aus.
Der Direktor der Staatlichen Eisenbahn ist nicht in der Lage, von seinem Schreibtisch aus einen Zug entgleisen zu lassen; um das tun zu können, muß er sich in einen Weichensteller verwandeln – oder in einen kleinen Mann – und die Signale verstellen. Aber ein Weichensteller! Da sitzt man am Hebel!
Hitler ganz allein! Ein herrliches Schauspiel.
Aber 85 Millionen kleine Leute hinter ihm, da hört der Spaß auf. Hitler ist tot, die kleinen Leute leben weiter und geben sich Mühe, einen harmlosen Eindruck zu machen – wie alle kleinen Leute der Welt.
(Boris Vian, Der kleine Mann ist der wahre Schuldige)

7
Überhaupt: die ständige Bereitschaft zur Gewaltausübung (Faschismus), zur »Machtergreifung«. Jeder Untergeordnete mit seinem Drang zum Aufstieg – Aufstieg immer erkämpft durch das Niedertreten anderer.
(Peter Weiss, Notiz zur »Ermittlung«)

8

Im jüngsten Film von Louis Malle, »Auf Wiedersehen, Kinder«, der 1944 im von den Nazis besetzten Teil Frankreichs spielt, gibt es eine Szene in einem Restaurant, wo sowohl deutsche Leutnants als auch betuchte französische Bürger sich eine gute Mahlzeit und eine Flasche Wein schmecken lassen. Da betreten französische »Kollaborateure« das Lokal, in jeder Beziehung zu kurz gekommene kleine Leute, um ihre Macht spielen zu lassen. Sie, die nicht genug Geld haben, um hier essen zu können, hauen nun auf den Putz, sie greifen sich »eine Judensau«, die hier vom Wirt entgegen dem Befehl der Deutschen als Gast toleriert wird. Da zeigen sich die Leutnants der Naziarmee von ihrer mutigen Seite. Was denn sollte auch jene hübsche Dame am Nebentisch von ihnen denken, der man imponieren möchte? Sie demonstrieren, Ehrensache, diesen feigen Franzosen und diesen Quislingsnaturen, die Kapital aus der dreckigen Anbiederung an den »Feind« schlagen wollen, was »Haltung« ist: sie fordern die Denunzianten auf, schleunigst abzuhauen. Ein »Lehrstück« für den Internatszögling, der mit seiner Mutter und einem Mitschüler Zeuge dieser Szene im Restaurant ist, denn nun weiß er, was es heißt, ein Jude zu sein, und er weiß, daß seinem Kameraden , dessen »Geheimnis« er kennt, nicht nur Gefahr von den Henkern droht. Es gibt genügend »Verräter«, Mißgünstige, Neider, Verängstigte, zu kurz Gekommene, die sich einen Vorteil, Belohnung oder auch nur Verschonung, erhoffen. Der, den er nun beschützen möchte, wird dann von einem, der kein Unrechtsbewußtsein hat, weil ihm sowieso nie Recht widerfahren ist, denunziert, und die Leutnants, die nur Verachtung für Denunzianten übrig haben, werden sich nicht zu schade sein, für den ordnungsgemäßen Abtransport der Opfer zu sorgen, und andere »mutige« Leutnants tun ihre Pflicht als Vollstrecker der Vernichtungsbefehle. Täter und Opfer sind sie alle, wenn das »System« einmal funktioniert. Für den Künstler, der die faschistischen Verbrechen bewältigen und darstellen will, ist es wichtiger, den »Mechanismus« totalitärer Systeme zu enthüllen und das Klima zu beschreiben, in dem »Verrat« blüht, statt zu moralisieren, in der oder jener Richtung.

9

Wenn Menschen, die gleiche Worte sprechen wie ich und eine gleiche Musik lieben wie ich, nicht davor sicher sind, Unmenschen zu werden, woher beziehe ich fortan meine Zuversicht, daß ich davor sicher sei? Vielleicht liegt hier der wesentlichere Grund, warum wir uns soviel mit dem deutschen Menschen befassen, und zugleich der Grund, warum das allermeiste, was wir heute in Deutschland finden können, wenig Zuversicht gibt; es wird wieder, als hätte es daran gefehlt, allenthalben nichts als Kultur gemacht, Theater und Musik, Dichterlesungen, Geistesleben mit hohem und höchstem Anspruch; aber meistens ohne Versuch, den deutschen und vielleicht abendländischen Begriff von Kultur, der so offenkundig versagt hat, einer Prüfung zu unterwerfen.

Zu den entscheidenden Erfahrungen, die unsere Generation hat machen müssen, gehört meines Erachtens die vielfach offenbarte Tatsache, daß, um es mit einem namentlichen Beispiel anzudeuten, ein Mann wie Heydrich, der Mörder von Böhmen, ein hervorragender und sehr empfindsamer Musiker gewesen ist, der sich mit

Geist und echter Kennerschaft, sogar mit Liebe hat unterhalten können über Bach, Händel, Mozart, Beethoven, Bruckner. Nennen wir es, was diese Menschenart auszeichnet, eine ästhetische Kultur. Ihr besonderes Kennzeichen ist die Unverbindlichkeit. Es ist eine Geistesart, die das Erhabenste denken und das Niederste nicht verhindern kann, eine Kultur, die sich säuberlich über die Forderungen des Tages erhebt.

(Max Frisch, Kultur als Alibi)

10

Die Verfasser der »Kreiten«-Schauspiele wollen profitieren vom schlechten Gewissen der Überlebenden und vom Gefallen eines unkritischen Publikums, das sogenannte »Helden« sehen will, Auserwählte, die von den Göttern geliebt werden, Christusse, die sich auch ans Kreuz nageln lassen für eine Idee oder noch besser für die »Kunst«. Daß Kreiten ein Unpolitischer gewesen ist, macht seinen Tod nicht tragischer oder »sympathischer«. Etwas weniger Glauben an die rettende Kraft von »Kunst« hätte vielleicht seine Sinne für das Erfassen der Wirklichkeit geschärft. Die Stücke über Kreiten sind so unpolitisch wie ihr Held, dessen sie gedenken wollen. Der zu dokumentierende »Fall Kreiten« ist das politischere Stück. Ist dieser Fall überhaupt auf der Bühne darstellbar? Gewiß nur dann, wenn es einem Autor gelingt, das, was den Alltag des »gewöhnlichen Faschismus« ausgemacht hat, in einer Bühnenhandlung glaubhaft zu vergegenwärtigen.

11

Was meine Person betrifft, habe ich nie an Mißhandlungen teilgenommen oder irgend jemand dazu aufgefordert. Das darf ich wohl vor aller Öffentlichkeit betonen. Eine tragische Geschichte, kein Zweifel. Ich bin nicht schuld, daß es dazu gekommen ist. Ich glaube im Namen aller zu sprechen, wenn ich, um zum Schluß zu kommen, nochmals wiederhole, daß wir den Lauf der Dinge – damals – nur bedauern können.

(Der Doktor in Max Frischs »Andorra«)

12

Die mir nicht geheuren Figuren des Kreiten-Dramas sind Furtwängler und die Frau Ott-Monecke: weil sie nicht zu den Schuldigen, sondern nur zu den Mitschuldigen zählen. Auf deren »Versagen« verweisend, können sich die, die etwas mehr Schuld in einem juristischen Sinn auf sich geladen haben, immer herausreden. Sicher hat jemand wie Frau Ott-Monecke zuviel »dumme« Musik gehört und verantwortungslos an das Gute im Menschen geglaubt, und ein Künstler wie Furtwängler hat sich bemüht, gestützt auf seine musikalische Begabung und seine »innere Verbundenheit mit der deutschen Musik«, menschliche Integrität zu bewahren. Die Nazis wußten natürlich, daß Furtwängler kein Nazi war, Hitler bezeichnete ihn öffentlich (bei der Eröffnung des Hauses der Deutschen Kunst in München 1937) als »einen der unangenehmsten Zeitgenossen, die ich kenne«, und dennoch war dieser große Musiker ihnen nützlich als Aushängeschild. Die Angst, die Furtwängler um seine Stellung im Dritten Reich hatte, war offensichtlich immer größer als der Nutzen, der unter Umständen ein gutes Wort von ihm für einen Gefährdeten bedeutete. Wie der Fall Kreiten lehrt, ist sein Wort überhaupt nichts wert gewesen: er konnte allenfalls »ein Werk« des verfemten Komponisten Hindemith gegen das Verdikt der Nazis durchsetzen, aber nicht »das Leben« eines in Deutschland lebenden Musikers retten (der für die Nazis eben nicht wichtig genug war, so daß sie sein Genie als Alibi nicht gelten ließen).

Die Frage, warum die Nazis es sich nicht leisten konnten, Kreitens unpolitischen Leichtsinn zu ignorieren, wäre gewiß wert, von einem Dramatiker behandelt zu werden, der dann unweigerlich auch den Fall Werner Höfer einbeziehen müßte. Auch Höfer ist nur ein Mitschuldiger. Was hat er denn, so fragt er sich heute, der er längst seine Schuld erfolgreich verdrängt und im Sinne offensiver bundesdeutscher Wiedergutmachungsstrategie sein Leben als eine stolze Leistung hinter sich gebracht hat, überhaupt mit Kreitens Ermordung zu tun? Nicht einmal dessen Name wurde doch von ihm erwähnt und auch nur ganz zufällig stand der Name Werner Höfer unter einem harmlosen Artikel über das Verhalten von ehrvergessenen Künstlern im Dritten Reich, den er allenfalls irgendwo auf Reisen schnell als Kommentargrundlage für Leute verfaßt hatte, die einem dann in den Redaktionsstuben, die man persönlich nie zu betreten pflegte, bekanntlich die strittige Gesinnung erst hineinredigierten, aus der ihm nun Mißgünstige, die auf das Glück ihrer späten Geburt verweisen können, einen Strick drehen wollen. Er hat weder Einsicht, noch Scham, nur Unverständnis über eine Welt, die ihm unerwartet Unrecht tut, obwohl er doch besten Gewissens ihr nur opportunistisch zu willen war. Auch Werner Höfer ist nun am Ende ein Verlierer, ein »Denunziant«, ein Rädchen, das im Mechanismus des Systems seine Rolle spielte. Die Höfers würden wahrscheinlich nicht mehr leben können, müßten sie sich ihre Schuld eingestehen.

13

Ein jüdischer Überlebender des Dritten Reiches, Jean Améry, schrieb 1977 in »Bewältigungsversuche eines Überwältigten«: »In zwei Jahrzehnten Nachdenkens dessen, was mir widerfuhr, glaube ich erkannt zu haben, daß ein durch sozialen Druck bewirktes Vergeben und Vergessen unmoralisch ist. Der faul und wohlfeil Vergebende unterwirft sich dem sozialen und biologischen Zeitgefühl, das man auch das »natürliche« nennt. Natürliches Zeitbewußtsein wurzelt tatsächlich im physiologischen Prozeß der Wundheilung und ging ein in die gesellschaftliche Realitätsvorstellung. Es hat aber gerade aus diesem Grunde nicht nur außer-, sondern »wider«moralischen Charakter. Recht und Vorrecht des Menschen ist es, daß er sich nicht einverstanden erklärt mit jedem natürlichen Geschehen, also auch nicht mit dem biologischen Zuwachsen der Zeit. Was geschah, geschah: der Satz ist ebenso wahr wie er moral- und geistfeindlich ist. Sittliche Widerstandskraft enthält den Protest, die Revolte gegen das Wirkliche, das nur vernünftig ist, solange es moralisch ist. Der sittliche Mensch fordert Aufhebung der Zeit – im besonderen, hier zur Rede stehenden Fall: durch Festnagelung des Untäters an seine Untat. Mit ihr mag er bei vollzogener moralischer Zeitumkehrung als Mitmensch dem Opfer zugesellt sein ...

Kollektivschuld. Das ist natürlich blanker Unsinn, sofern es impliziert, die

Gemeinschaft der Deutschen habe ein gemeinsames Bewußtsein, einen gemeinsamen Willen, eine gemeinsame Handlungsinitiative besessen und sei darin schuldhaft geworden. Es ist aber eine brauchbare Hypothese, wenn man nichts anderes darunter versteht, als die objektiv manifest gewordene »Summe« individuellen Schuldverhaltens. Dann wird aus der Schuld jeweils einzelner Deutscher – Tatschuld, Unterlassungsschuld, Redeschuld, Schweigeschuld – die Gesamtschuld eines Volkes. Der Begriff der Kollektivschuld ist vor seiner Anwendung zu entmythisieren und zu entmystifizieren.«

14
Lied des einfachen Menschen

Menschen sind wir einst vielleicht gewesen
Oder werden's eines Tages sein,
Wenn wir gründlich von all dem genesen.
Aber sind wir heute Menschen? Nein!

Wir sind der Name auf dem Reisepaß,
Wir sind das stumme Bild im Spiegelglas,
Wir sind das Echo eines Phrasenschwalls
Und Widerhall des toten Widerhalls.

Längst ist alle Menschlichkeit zertreten,
Wahren wir doch nicht den leeren Schein!
Wir, in unsern tief entmenschten Städten,
Sollen uns noch Menschen nennen? Nein!

Wir sind der Straßenstaub der großen Stadt,
Wir sind die Nummer im Katasterblatt
Wir sind die Schlange vor dem Stempelamt
Und unsre eignen Schatten allesamt.

Soll der Mensch in uns sich einst befreien,
Gibt's dafür ein Mittel nur allein:
Stündlich fragen, ob wir Menschen seien?
Stündlich uns die Antwort geben: Nein!

Wir sind das schlecht entworfne Skizzenbild
Des Menschen, den es erst zu zeichnen gilt.
Ein armer Vorklang nur zum großen Lied.
Ihr nennt uns Menschen? Wartet noch damit!

(Jura Soyfer, von den Nazis 27jährig in Buchenwald ermordet.)

Autoren

Götz Aly, Dr. rer. pol., geboren 1947, Sozialwissenschaftler und Zeithistoriker in Berlin, Mitherausgeber und Redakteur der »Beiträge zur nationalsozialistischen Gesundheits- und Sozialpolitik«. Herausgeber u. a. von »Aktion T4 1939–1945 – Die ›Euthanasie‹-Zentrale in der Tiergartenstraße 4« und »Verfolgte Berliner Wissenschaft« (zusammengestellt von Rudolf Schottlaender), beide in der Edition Hentrich erschienen.

Albrecht Dümling, Dr. phil., geboren 1949 in Wuppertal, ist seit seiner musikwissenschaftlichen Promotion 1978 Musikkritiker des Berliner »Tagesspiegel« und ständiger Mitarbeiter mehrerer Rundfunkanstalten und Musikzeitschriften. Buchveröffentlichungen zu Arnold Schönberg, Bertolt Brecht und zur NS-Musikpolitik. Herausgeber der Kindler-Edition »Lied und Lyrik«. 1985 konzipierte er zum 40. Jahrestag des Kriegsendes in Zusammenarbeit mit der Evangelischen Kirche und dem SFB das »Berliner Friedenskonzert 1985«. Zusammen mit Peter Girth ist er verantwortlich für die kommentierte Rekonstruktion der Düsseldorfer Ausstellung »Entartete Musik« von 1938, die 1988/89 in verschiedenen europäischen Städten gezeigt wird.

Klaus Völker, geboren 1938 in Frankfurt/M. Nach dem Studium der Literaturwissenschaft, Philosophie und Kunstgeschichte in Frankfurt und an der Freien Universität Berlin freier Mitarbeiter als Literatur- und Theaterkritiker bei mehreren Zeitungen und Rundfunkanstalten. Seit 1969 Dramaturg an Bühnen in Zürich, Basel, Bremen und von 1980–85 an den Staatlichen Bühnen Berlins. Klaus Völker veröffentlichte mehrere Bücher über Brecht (Brecht-Chronik/Brecht – eine Biographie/ Brecht-Kommentar zum dramatischen Werk), Monographien über Frank Wedekind, Yeats und Synge, Sean O'Casey, Lesebücher über Vampire, Tiermenschen, Künstliche Menschen, Faust, Die Päpstin Johanna. Herausgeber der Werke von Boris Vian, Max Herrmann-Neiße, Henri-Pierre Rochè, Alfred Jarry. Zahlreiche Übersetzungen aus dem Französischen. 1986 »Beckett in Berlin«, 1987 »Fritz Kortner – Schauspieler und Regisseur«, beide in der Edition Hentrich erschienen.

Peter Wapnewski, Dr. phil., geboren 1922 in Kiel. Nach dem Studium der Germanistik und anderer Fächer in Berlin, Freiburg, Jena und Hamburg 1949 Promotion. Seit 1959 ordentlicher Professor der Deutschen Philologie in Heidelberg, Berlin und Karlsruhe. Zwischen 1958 und 1973 Lehraufträge an ausländischen Universitäten, u. a. an der Harvard- und Columbia University. Von 1980–1986 Rektor des »Wissenschaftskollegs zu Berlin«. Zahlreiche Buchveröffentlichungen. Außerdem etwa 250 Aufsätze, Essays, Artikel und Rezensionen zur deutschen Literatur sowie zur Situation des Bildungswesens in der Bundesrepublik.

Harald Wieser, Dr. phil., geboren 1949. Von 1974–1980 Herausgeber der Zeitschrift »Kursbuch«. Seit 1980 Journalist beim Nachrichtenmagazin »Der Spiegel«. Buchveröffentlichungen: »Gespräche mit Ernst Bloch« (Suhrkamp 1975), »Von Masken und Menschen. Portraits und Polemiken.« (Brandstätter 1987).

Die Kurzbiographien stellen die Autoren der Originalbeiträge und der beiden Zeitungsartikel vor, die der Affäre zeitlich unmittelbar vorausgingen. Für diese, angesichts der großen übrigen Autorenzahl leider unumgängliche Beschränkung bitten Herausgeber und Verlag um Verständnis.

In memoriam
Karlrobert Kreiten
bei Thorofon

Historische Aufnahmen
aus den Jahren 1934-1938,
gespielt von Karlrobert Kreiten

Johannes Brahms
    Paganini-Variationen op. 35
    Intermezzo As-Dur op. 76
Fryderyk Chopin
    Préludes B-Dur und b-moll op. 28
    Nocturne cis-moll op. posth.
Theo Kreiten
    Sonatine E-Dur in 4 Sätzen
    „An der schönen blauen Donau"
    (nach Johann Strauß)
Othmar Schoeck
    Toccata op. 29 Nr. 2

Rudolf Schottlaender

Verfolgte Berliner Wissenschaft

Ein Gedenkwerk

Mit Vorworten von
Wolfgang Scheffler
(Institut für Antisemitismusforschung,
Berlin-West)
Kurt Pätzold
(Humboldt-Universität, Berlin-DDR)
und einem Nachwort von
Götz Aly

Rudolf Schottlaender

Das Schicksal, das heißt vornehmlich rassische Verfolgung von Wissenschaftlern durch den nationalsozialistischen Staat sowie die durch solchen Kahlschlag betroffene Forschung und Lehre sind der Gegenstand dieses Gedenkwerkes. Aber mehr noch: Diese Arbeit selbst ist letztlich ein Dokument. Der Herausgeber und zurückhaltende Kommentator Dr. Rudolf Schottlaender war selbst im „Dritten Reich" rassischer Verfolgung ausgesetzt, wurde 1947 in Dresden Professor für Philosophie, ging 1949, da er sich nicht zum Marxismus bekennen wollte, nach Westberlin und wurde dort Lateinlehrer in Berlin-Hermsdorf. Als er dann 1959 wegen seines Engagements für die damalige Bewegung gegen Wiederbewaffnung und Atomrüstung als Lehrer vom Dienst suspendiert und mit Berufsverbot belegt wurde, berief ihn ein Jahr später die Humboldt-Universität in Ostberlin auf den Lehrstuhl für Klassische Philologie. Auf Schottlaenders Antrag hin erteilte sie ihm 1960 den Auftrag, das Gedenkwerk zu schreiben und zusammenzustellen. Als es dann 1964 fertig war, lehnte die Universitätsspitze die Drucklegung des Werkes ab mit der mündlich gegebenen Begründung: „die Zionisten könnten zuviel Kapital daraus schlagen". Erst jetzt – also 27 Jahre später – wird diese Arbeit veröffentlicht. Sie erscheint mit zwei Vorworten – einem von Professor Wolfgang Scheffler vom Institut für Antisemitismusforschung in Westberlin und einem von Professor Kurt Pätzold vom Lehrstuhl für Neuere Geschichte der Humboldt-Universität in Ostberlin. In einem Nachwort würdigt Götz Aly die Geschichte des Werkes und seinen Herausgeber, Professor Rudolf Schottlaender.
Der erste Teil dieses Bandes besteht aus weitgehend unveröffentlichten Dokumenten oder längst vergriffenen Erinnerungen; im zweiten Teil läßt Professor Schottlaender die damals Verfolgten selbst zu Wort kommen. Die Beiträge der bekannten und weniger bekannten Wissenschaftler aus allen Gebieten sind so ausgewählt, daß sie einen Einblick in die jeweiligen Forschungsbereiche ermöglichen. Außerdem enthält das Buch eine mehrere hundert Namen umfassende Liste verfolgter Berliner Wissenschaftler, die von Albert Einstein über Fritz Karsen, Heinrich Finkelstein bis zu Lise Meitner und Fritz Haber reicht.

DM 48,00
Format: 17,1 x 24,4 cm
206 Seiten
25 Abbildungen
Hardcover mit Schutzumschlag
ISBN 3-926175-37-0

EDITION HENTRICH

Kristine von Soden

Die Sexualberatungsstellen der Weimarer Republik 1919–1933

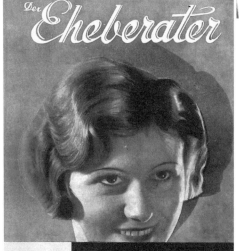

Aus dem Inhalt:

Auto-Erotismus
Öffentl. Sexualberatung

Auf der Grundlage bislang wenig erschlossener Quellen und Archivbestände geht die Autorin der Entstehungs- und Entwicklungsgeschichte der Sexualberatungsstellen nach und beschreibt die Beratungsarbeit: Aufklärung in sexuellen Fragen, Beratung über Empfängnisverhütung, Hilfe bei sexuellen Störungen sowie ungewollter Schwangerschaft. Besonders die Berichte einstiger Ratsuchender, Ärzte und anderer Beratungsstellenmitarbeiter machen die Geschichte der weithin in Vergessenheit geratenen Sexualberatungsstellen der Weimarer Republik wieder ein Stück weit lebendig.

EDITION HENTRICH

DM 36,00
Format: 17,1 x 24,4 cm
235 Seiten
80 Abbildungen
Broschur
ISBN 3-926175-09-5

Aktion T4

1939–1945
Die „Euthanasie"-Zentrale in der Tiergartenstraße 4
Herausgegeben von Götz Aly

In den Jahren 1940–1945 residierte in der Tiergartenstraße 4 ein unscheinbares Amt, von dem aus die Ermordung von mehr als 200.000 Psychiatriepatienten, kranken Lagerinsassen, verzweifelten oder unangepaßten Menschen organisiert wurde. Die Adresse gab diesem staatlich organisierten Töten den Decknamen – „Aktion T4".

Das Gebäude, eine Stadtvilla mit Bürotrakt, war zuvor „arisiert" worden. Die Villa sowie die später errichteten Bürobaracken standen dort, wo heute die Bushaltestelle vor dem Haupteingang der Berliner Philharmonie ist.

Organisationsform und Know-how der als „Euthanasie" bezeichneten Verbrechen waren ein Modell für die „Endlösung der Judenfrage". 100 ihrer Fachleute gab die „T4" 1942 „nach Osten" ab. Und auch die ersten Kommandanten der Vernichtungslager Belzec, Sobibor und Treblinka kamen aus den „Euthanasie"-Anstalten.

Gleichzeitig sah die „Aktion T4" im Massenmord ein Mittel zur Modernisierung der Psychiatrie. Sie betrieb die Reform der Therapien und der Anstaltsstrukturen und intensivierte die Forschung. Das Ziel war ein gesetzlich geregeltes Töten, das als „letzte Therapie" zur Selbstverständlichkeit der ärztlichen Praxis und Ausbildung werden sollte.

DM 29,80
Format: 17,1 x 24,4 cm
208 Seiten
60 Abbildungen
Broschur
ISBN 3-926175-43-5

EDITION HENTRICH

Mary Tucholsky   Friedrich Lambart

Kurt Tucholsky

und Deutschlands Marsch ins

Dritte Reich

Herausgegeben von Mary Tucholsky
und Friedrich Lambart

Betrachtungen zum Dritten Reich
von Kurt Tucholsky
aus den Jahren 1923–1935
mit einer Dokumentation von
43 Plakaten der NSDAP.

EDITION HENTRICH

DM 14,80
Format: 18,2 x 25,5 cm
128 Seiten
69 Abbildungen, davon 1 in Farbe
Broschur
ISBN 3–926175–26–5

Uwe Westphal

Berliner Konfektion und Mode 1836–1939
Die Zerstörung einer Tradition

EDITION HENTRICH

DM 29,80
Format: 17,1 x 24,4 cm
216 Seiten
103 Abbildungen,
davon 8 in Farbe
Broschur
ISBN 3–926175–04–4

„...eine verdienstvolle Dokumentation"
(FAZ)
„Das Buch kennzeichnet, unter dem
Aspekt von Bekleidungsindustrie und
Modeschöpfung, die Bedeutung jüdi-
schen Bürgertums für das Leben, die
Arbeit und das wirtschaftliche Ansehen
der ehemaligen Reichshauptstadt."

(Allgem. Jüd. Wochenzeitung)

Klaus Völker

**Fritz Kortner –
Schauspieler und
Regisseur**

THEATER

Einen Zeitgeist, dem die fünfziger Jahre zur schrillen Nierentischepoche gerinnen, muß es schwerfallen nachzuvollziehen, wie bedrohlich Adenauers zügig entnazifizierte Bundesrepublik einem vierzehn Jahre lang emigrierten Juden erschienen ist. Einer überheblich selbstgefälligen Demokratie, die sich von Uwe Barschel nicht verunsichern läßt, können die Ängste der nach 1945 Zurückgekehrten nur paranoid erscheinen. Daß unangenehme Fragen an den geballten Wirtschaftswunderoptimismus damals wundere Punkte getroffen haben als es vermeintlich provozierende Theaterinszenierungen heute ahnen lassen, war bislang fast nur in verstaubten Zeitungsarchiven nachzulesen.

Das ist jetzt einfacher. Klaus Völker hat über den unbequemen Exponenten des kritischen Gegenwartstheaters der fünfziger und sechziger Jahre ein Buch vorgelegt: *Fritz Kortner — Schauspieler und Regisseur*, erschienen in der Edition Hentrich, Berlin. Völker hat keine Biographie geschrieben wie in seinem längst zum Standardwerk avancierten Brecht-Buch, sondern einen 400 Seiten starken Materialband zusammengestellt. Sein Buch kombiniert Kritiken, Artikel von und über Kortner mit Briefen und reichhaltigem Bildmaterial aus Proben und Aufführungen. Dazwischen immer wieder eingestreut eine vollständige Chronik der Inszenierungen und Filme, an denen Kortner als Schauspieler, Regisseur, Autor oder Drehbuchmitarbeiter beteiligt war.

Die einzelnen Kapitel, die Kortners Weg vom Anfänger in Mannheim bis zum Starschauspieler in Berlin, über die Emigration und Rückkehr zum Regisseur in der Nachkriegszeit entwerfen, leitet Völker mit knappen Kommentaren ein, so daß in der Materialfülle nie die Übersicht verloren geht. Graphische Gestaltung und die bestechende Qualität in Buchherstellung und Reproduktion erleichtern zudem den Umgang.

Völkers Materialcollage ist chronologisch aufgebaut. Sie kann wie eine Biographie gelesen werden und leistet doch mehr. Die *vielen* sich ergänzenden Texte erzählen komplexer und genauer von Kortner als es im Sinngefüge *eines* Textes möglich wäre.   *Franz Wille*

Der Kaufmann von Venedig: *Fritz Kortner als Shylock, 1968*

DM 39,80
Format: 17,1 x 24,4 cm
419 Seiten
300 Abbildungen
Broschur

ISBN 3-926175-05-2

*BIOGRAPHIE.
EIN SPIEL*

Aus der EDITION HENTRICH

ZEITGESCHICHTE

Doris Obschernitzki
„DER FRAU IHRE ARBEIT!"
LETTE-VEREIN
DM 36,80   200 S., 100 Abb.
ISBN 3–926175–06–0

Christian Pross u. Rolf Wienau
„NICHT MISSHANDELN"
DAS KRANKENHAUS MOABIT
DM 29,80   264 S., 226 Abb.
ISBN 3–926175–20–6

Heiko Roskamp
VERFOLGUNG UND
WIDERSTAND
DM 29,80   168 S., 306 Abb.
ISBN 3–926175–27–3

Hans-Norbert Burkert u. a.
ZERSTÖRT · BESIEGT ·
BEFREIT
Der Kampf um Berlin bis zur
Kapitulation 1945
DM 29,80   284 S., 207 Abb.
ISBN 3–926175–28–1

Wolfgang Wippermann
STEINERNE ZEUGEN
DM 19,80   116 S., 75 Abb.
ISBN 3–926175–25–7

Heidrun Joop
BERLINER STRASSEN
BEISPIEL: WEDDING
DM 19,80   154 S., 98 Abb.
ISBN 3–926175–35–4

Kurt Schilde
VOM COLUMBIA-HAUS ZUM
SCHULENBURGRING
DM 19,80   335 S., 180 Abb.
ISBN 3–926175-40-0

„MACHTERGREIFUNG" –
BERLIN 1933
Hg. Pädagogisches Zentrum
Berlin
DM 29,80   264 S., 206 Abb.
ISBN 3–926175–19–2

KUNST

DAS VERBORGENE MUSEUM
Hg. Neue Gesellschaft für
bildende Kunst, Berlin
DM 58,00   368 S., 300 Abb.
ISBN 3–926175–38–9

„DEIN LAND IST MORGEN
TAUSEND JAHRE SCHON"
Hg. Neue Gesellschaft für
bildende Kunst, Berlin
DM 28,00   104 S., 55 Abb.
ISBN 3–926175–39–7

Dagmar von Gersdorff
LIEBESPAARE – EHELEUTE
DM 48,00   185 S., 173 Abb.
ISBN 3–926175–33–8

Dagmar von Gersdorff
KINDERBILDNISSE
DM 39,00   168 S., 195 Abb.
ISBN 3–926175–16–8

Otto von Simson
DER BLICK NACH INNEN
DM 48,00   136 S., 124 Abb.
ISBN 3–926175–02–8

Heinz Cibulka
Wieland Schmied
IM PECHWALD
DM 29,80   86 S., 130 Abb.
ISBN 3–926175–13–3

DER UNVERBRAUCHTE BLICK
Hg. Christos M. Joachimides
DM 29,80   229 S., 207 Abb.
ISBN 3–926175–07–9

M. Vorobeichich
WILNA –
EIN GHETTO IM OSTEN
DM 16,80   88 S., 74 Abb.
ISBN 3–926175–15–X

Aus der EDITION HENTRICH

THEATER

Klaus Völker
FRITZ KORTNER
DM 39,80
419 S., 300 Abb.
ISBN 3–926175–05–2

Schaubühne Berlin
PEER GYNT
DM 36,00
148 S., 130 Abb.
ISBN 3–926175–45–1

Franz Wille
THEATERREGISSEURE
AUS DER DDR
ca. DM 36,00
ca. 160 S., 50 Abb.
ISBN 3–926175–46–X (Herbst)

Knut Boeser
DIE MENAGERIE VON
SANSSOUCI
DM 24,00
176 S., 15 Abb.
ISBN 3–926175–47–8

Frank-Manuel Peter
VALESKA GERT
DM 29,80
144 S., 150 Abb.
ISBN 3–926175–31–1

Dietrich Steinbeck
MARY WIGMANS
CHOREOGRAPHISCHES
SKIZZENBUCH
DM 128,00
292 S., 234 Abb.
ISBN 3–926175–03–6

PENTHESILEA
Heinrich von Kleist
Edith Clever /
Hans-Jürgen Syberberg
ca. DM 48,00
ca. 260 S.
ISBN 3–926175–49–4

THEATER

SAMUEL BECKETT IN BERLIN
Hg. Klaus Völker
DM 36,00
184 S., 193 Abb.
ISBN 3–926175–14–1

ERWIN PISCATOR
Hg. K. Boeser u. R. Vatková
2 Bde., je DM 36,00
296 und 322 S.
ISBN 3–926175–21–4
und   3–926175–22–2

MAX REINHARDT IN BERLIN
Hg. K. Boeser u. R. Vatková
DM 98,00
354 S., 295 Abb.
ISBN 3–926175–23–0

Wolfgang Jansen
GLANZREVUEN DER
ZWANZIGER JAHRE
DM 48,00
208 S., 140 Abb.
ISBN 3–926175–34–6

Markus Bier
24 GROSSE SCHAUSPIELER
UM MAX REINHARDT
ca. DM 36,00
ca. 120 S., 100 Abb.
ISBN 3–926175–44–3
(Herbst 1988)

Wolfgang Jansen/
Rudolf Lorenzen
POSSEN, PIEFKE UND
POSAUNEN
DM 29,80
180 S., 125 Abb.
ISBN 3–926175–36–2

Richard Wagner
DER RING DES NIBELUNGEN
Der Originaltext in
deutsch/englisch/französisch
DM 19,80
Geklammerte Hefte in Mappe
ISBN 3–926175–41–9